国家社科基金
GUOJIA SHEKE JIJIN HOUQI ZIZHU XIANGMU
后期资助项目

跨文化视野下的狄奥尼索斯崇拜研究

A Study of Dionysus Cult from a Cross-Cultural Perspective

魏凤莲 著

科学出版社
北京

内 容 简 介

狄奥尼索斯不仅是古代希腊人崇拜的一个神祇，也是贯穿于西方文明的一个稳定因素，至今仍然是现代欧美社会中一种独特的文化心理现象。狄奥尼索斯作为神的名字最早出现在线形文字B泥版上，但是他的源头可能更早，在古代地中海世界的其他文明里也都可以找到与狄奥尼索斯崇拜相似的宗教现象，它是多种文化冲突、交融与发展的结果。19世纪末，“狄奥尼索斯精神”被赋予现代内涵，表达了人类对于文明异化的反抗，狄奥尼索斯成为西方人表达内心情感的代名词，象征着所有难以言说的情怀。

本书可供对世界史及西方文化感兴趣的读者参阅。

图书在版编目（CIP）数据

跨文化视野下的狄奥尼索斯崇拜研究/魏凤莲著. —北京：科学出版社，2021.10

ISBN 978-7-03-069939-8

Ⅰ. ①跨… Ⅱ. ①魏… Ⅲ. ①神—崇拜—研究—古希腊 Ⅳ. ①B933

中国版本图书馆CIP数据核字（2021）第203270号

责任编辑：王　媛　杨　静/责任校对：王晓茜

责任印制：张　伟/封面设计：楠竹文化

联系电话：010-64011837

电子邮箱：yangjing@mail.sciencep.com

科学出版社 出版

北京东黄城根北街16号

邮政编码：100717

http://www.sciencep.com

北京中石油彩色印刷有限责任公司 印刷

科学出版社发行　各地新华书店经销

*

2021年10月第　一　版　开本：720×1000　1/16

2021年10月第一次印刷　印张：19 1/4　插页：4

字数：358 000

定价：138.00元

（如有印装质量问题，我社负责调换）

国家社科基金后期资助项目
出版说明

后期资助项目是国家社科基金设立的一类重要项目，旨在鼓励广大社科研究者潜心治学，支持基础研究多出优秀成果。它是经过严格评审，从接近完成的科研成果中遴选立项的。为扩大后期资助项目的影响，更好地推动学术发展，促进成果转化，全国哲学社会科学工作办公室按照“统一设计、统一标识、统一版式、形成系列”的总体要求，组织出版国家社科基金后期资助项目成果。

全国哲学社会科学工作办公室

序　一

黄　洋

二十多年以前，一位中国史前辈史家问过我一个问题，当时我无法回答，但问题一直萦绕在心里。时至今日，我发现仍然难以给出令人满意的答案。他的问题是，为什么在不同的早期文明中，人们都酿造酒，皆有饮酒之习俗，但只有在希腊罗马文明中，人们才崇拜“酒神”？最浅显的回答当然是，希腊人信奉多神崇拜，万事万物皆可为神。从新石器时代起，居住在希腊地区的居民就已学会种植葡萄，酿造葡萄酒了。到迈锡尼文明后期，饮用葡萄酒业已成为普遍的习俗。古风时代以降，酒会成为贵族阶层生活方式的重要组成部分，柏拉图和色诺芬的《会饮篇》生动地描绘了希腊贵族举行酒会的情形。希腊人制作的最为精美的彩绘陶器大多是酒器，包括贮酒坛、调酒缸、酒壶、高脚酒杯等。因此，希腊人崇拜酒神并不出人意料之外，就如同他们崇拜海神、狩猎女神、山林水泽之神、风神、山羊神、胜利女神、复仇女神一样。一年中的不同季节，希腊人会举办和葡萄与葡萄酒相关的节日，包括秋季的葡萄收获节（Oschophoria，庆祝葡萄采摘和葡萄酒酿造），早春的花月节（Anthesteria，庆祝新酒酿成），祭祀酒神狄奥尼索斯。他们相信，是他发明了葡萄酒。罗马人之所以崇拜酒神，则是受了希腊宗教的影响。罗马人的酒神巴库斯（Bacchus），其名称是狄奥尼索斯神的别称 βάκχος 的拉丁文转写。

然而，问题并非如此简单。我们通常认为，狄奥尼索斯神是个酒神而已，但这是个大大的误解。不过，这却难怪我开头提到的前辈史家。国人的误解，在很大程度上是周国平先生所译尼采《悲剧的诞生：尼采美学文选》（生活·读书·新知三联书店，1986 年）所致。在这部影响广泛的经典中，尼采使用的一对核心概念是 Das Apollinische 和 Das Dionysische，周国平先生分别译为“日神”和“酒神”，这一译法显然是不准确和误导性的。尼采使用的概念并非简单的神名，而是定冠词加神名的形容词形式，目的在于用神名指代一种精神，更确切的译法可以是“阿波罗精神”和“狄奥尼索斯精神”。在尼采的表述中，阿波罗是预言之神。从辞源意义上而言，他是“光明之神”（die Lichtgottheit）。但更为重要的是，阿波罗和狄奥尼索斯是艺术之神，前者代表雕塑艺术，后者代表音乐艺术。这两个艺术之神代表的两种相对立的精神相结合，导致了悲剧的诞生。尼采的主题由此展开。尼采进一步提出，阿波罗精神和狄奥尼索斯精神代表了艺术的两个对立状态，那就是“梦”与“醉”。“梦”的状态向人们展示了美丽的表象世界，因而是雕塑意识的源泉。然而对哲人和真正的艺术家而言，这表象后面还有一个更高的真实，那就是内心的想象世界。而“醉”的状态虽然可能来自酒的作用，但却并不限于此，它还产生于春天的复苏，亦即生命的动能。

很显然，尼采并未把阿波罗和狄奥尼索斯简单地看成是“日神”和“酒神”，事实上他在《悲剧的诞生：尼采美学文选》中也从未使用过“日神”和“酒神”的说法。他对阿波罗精神和狄奥尼索斯精神独到的解释，恰恰是因了希腊人神明的复杂性。相比起来，狄奥尼索斯是希腊人信奉的神明中最为复杂的一位，也是最难以把握的一位。酒神只是他最为显见的特性，同样重要的是，他还是戏剧之神。雅典最重要的节日之一是狄奥尼索斯节，就是祭祀戏剧之神狄奥尼索斯的节日。它分为乡村狄奥尼索斯节和城市狄奥尼索斯节（又称“大狄奥尼索斯节”），节日的主要祭祀活动是举行盛大的游行和戏剧表演。雅典和其他伊奥尼亚城邦还举行勒奈亚节（Lenaia），祭祀的同样是戏剧之神狄奥尼索斯。此外，狄奥尼索斯神还有诸多象征。他的随从包括萨提儿（Satyrs）和狂女（Maenads）。前者代表了人的动物性，后者代表了癫狂的状态。狄奥尼索斯被说成是“食生肉者”，表达的显然也是他的动物性。欧里庇得斯的悲剧《酒神的伴侣》最为清楚地表现了狄奥尼索斯崇拜者的癫狂状态。忒拜妇女（包括彭特乌斯王的母亲和她的两个姊妹）为狄奥尼索斯神的力量所驱使，进入疯狂状态，遁入山林，并将试图禁止狄奥尼索斯崇拜的彭特乌斯王活活撕死。有关多里安人城邦俄尔科美诺斯（Orchomenos）崇拜狄奥尼索斯的节日 Agrionia 的传说中，同样提到妇女们在狄奥尼索斯的驱使下进入疯狂状态。米尼阿斯王之女留基佩（Leukippe）在姊妹的帮助下，撕碎了自己的儿子。狄奥尼索斯还是男性性欲的象征。在狄奥尼索斯节上，行进的队伍举着巨大的阳具游行。希腊人在陶瓶画和雕塑中刻画的萨提儿形象也常常夸张地突出其阳具。

这样看来，我们开头提到的问题，即为什么只有在希腊罗马文明中人们才崇拜“酒神”，就不是简单的酒神崇拜问题了。我们应该要问的是，希腊人为什么要崇拜狄奥尼索斯神呢？考虑到狄奥尼索斯神所包含的诸多观念内涵，以及狄奥尼索斯神崇拜在希腊人生活中的重要意义，我们面临的问题实则是要从一个特定的侧面深入解读古代希腊人的文化与社会。在《悲剧的诞生：尼采美学文选》中，尼采以天才的方式揭示了希腊文化中两种相互对立又交相作用的精神，他称之为“阿波罗精神”（Das Apollinische）和“狄奥尼索斯精神”（Das Dionysische），前者代表理性和节制的文明秩序，后者则代表野蛮的力量和生命的本能。正是这两种精神的结合给希腊文化带来了创造性的活力。尼采的洞见极具启发性，深刻影响了后世对希腊文化的理解。但他的论述十分隐晦，而且他是在象征意义上使用阿波罗精神和狄奥尼索斯精神这样的概念，我们还需要做进一步的全方位探讨。从尼采没有触及的社会层面看，狄奥尼索斯崇拜象征着城邦秩序的颠覆和解体。在崇拜狄奥尼索斯的节日里，妇女走出家门，甚至掌握和使用暴力，奴隶获得自由，放纵代替了节制。然而狄奥尼索斯崇拜却似乎又是城邦生活中十分重要且广受欢迎的一部分。如何理解这种明显矛盾的现象呢？看起来，城邦秩序的暂时解体显然有助于它的稳固，在暂时的解体中，城邦秩序得到一次次确认。然而也只有在稳固的城邦体制下，城邦秩序的暂时解体才变得可能。从这个意义上说，狄奥尼索斯神是城邦之神，狄奥尼索斯崇拜是希腊城邦特征的体现，因而也是希腊文化的一个重要特征。

因此，要回答为什么希腊人崇拜狄奥尼索斯神这个问题，我们需要对有关狄奥尼索斯的神话、图像、狄奥尼索斯崇拜的节日和仪式进行系统的梳理，需要对狄奥尼索斯崇拜与希腊城邦社会的内在关系做深入的探讨。也就是说，只有从狄奥尼索斯崇拜的角度入手，理解了希腊文化一些突出的特征，才能理解狄奥尼索斯崇拜的独特意义。遗憾的是，国内学界一直缺乏系统研究，致使我们的理解基本上还停留在“酒神”崇拜的层面。所幸魏凤莲教授集多年之力，著成《跨文化视野下的狄奥尼索斯崇拜研究》。该书的初稿为作者的博士学位论文，但她并不满足，又在多年来进一步研究的基础上加以完善和提高，终于形成一部对狄奥尼索斯神崇拜进行全方位探讨的著作，而且将视野扩大到古代希腊之外，触及罗马的狄奥尼索斯崇拜、狄奥尼索斯崇拜对基督教的影响及其现代意义等问题。我相信，该书的出版将有助于我们突破“酒神”崇拜的局限，把希腊人对狄奥尼索斯崇拜的理解提升到一个新的层次。

黄　洋

2021年8月

序　二

杨少波

阅读这样的文字，是一次温暖而百感交集的过程，澄明的理性，却充满感性的疗愈。

“谁是狄奥尼索斯？”“酒神者，何人也？”

这也是在西方思想史上的“大哉问”。如同问起“什么是哲学”这样的问题，仿佛是同语反复的回答是：“哲学就是哲学史。”对于“谁是狄奥尼索斯？”这一问题，同样的发问，同样的回答。

狄奥尼索斯的名字可以追溯到西方的米诺斯-迈锡尼时期，狄奥尼索斯的传统变动不居地活跃在西方思想史的大河潮流中。鲜有如狄奥尼索斯这样的神祇，起源如此古远，而列入奥林波斯仙班的时间又如此延宕，如此具有希腊的本土性，又具有诸多文明的融合性。他可以凝聚为一两个最为鲜明的名号：“酒神——狄奥尼索斯”，“戏剧之神——狄奥尼索斯”，但同时他又以其无比丰富的内涵不断溢出这些名号，成为历史中更多精神内涵的神圣担当。

对于这样一个历史驳杂丰赡、时至今日仍然活跃创造的人类精神载体，我们似乎也不得不做出这样的一个“同语反复”的定义：“狄奥尼索斯，就是狄奥尼索斯的全部历史。”

《跨文化视野下的狄奥尼索斯崇拜研究》一书，就是这样的一个回答，这不是一部书，这是作者从自己的视野和角度完成的一个词：“狄奥尼索斯。”

作者在同时代能够掌握的材料基础之上，对狄奥尼索斯进行了纵横爬梳。从诗人荷马、赫西俄德、品达，到剧作家欧里庇得斯、阿里斯托芬，从哲学家柏拉图、亚里士多德，到史学家希罗多德、修昔底德，从希腊化时代之后的诺努斯、鲍萨尼阿斯、狄奥多罗斯，到罗马帝国时期的基督教学者……乃至近代哲学家和学者尼采、罗德、简·哈里森、维拉莫维茨、马丁·尼尔森、瓦尔特·奥托，以及当今对狄奥尼索斯提出了定性分析的让·韦尔南……阅读这样一部书，就紧凑凝练地对“狄奥尼索斯”这个词汇有了明晰而鲜活的把握。

作者着眼于“跨文化”此一出发点，这是一个贯穿始终的视野。本身用汉语作为思维工具，来探幽烛微、网渔筌捕西方思想史中的一个精神现象，就天然存在着“跨文化”的根本性质。在全球视野的关照下，东方学者用汉语作为学术工具来研究西方问题，将成为越来越重要的一个学术现象。

维特根斯坦 1914 年在他的《文化和价值》的开篇，写下了这样的话："如果听中国人说话，听到的是难以捉摸的咯咯声。懂中文的人却承认这是一种语言。同样，我经常不能察觉一个人的本性。"写下这段文字的时间刚刚过去了一百年，西方世界逐渐听到这种"难以捉摸的咯咯声"，在阐述着西方精神内部最为重要的"本性"神祇——狄奥尼索斯。我认为，这对于西方的重要性，要远远大于对于东方的重要性。或者，更为公允和平衡地说，这种"跨文化"的研究，对于东方和西方，都有着同等重要的意义。由于语言阻隔而带来疏离和误解的东西方，因为这一系列的"跨文化"视野的研究，正在各自听到彼此的"咯咯声"和"叽里咕噜"声中，开始建立愈来愈顺畅地沟通和交流。

经典马克思主义者强调要用全人类的思想创造，来丰富和武装自己的精神世界。鲁迅先生的话："无穷的远方，无数的人们，都和我有关。"历史——无非是不断变化的人性，对于历史上所有发生的物质和精神现象的研究，都是理解历史、理解我们自己，进而创造历史、创造未来的能量源。对于狄奥尼索斯崇拜的研究，在更为宏阔的构造人类命运共同体文化背景下，也是对于我们自己的探索和研究。

历史，通常在被给定的前提之下创造自己，这是历史的第一次行走，是不自由的行走。人类对于历史的认识、阐释和再创造，是历史的第二次行走，是历史在真身之上的自由飞升，在这个意义上的全部人类历史，为"人类命运共同体"提供了无比广阔的自由空间。历史将在自己的第二次行走中获得更大的自由。

在西方思想史上，每当遇到世纪转折的紧要关头，无论是古希腊雅典城邦政治、亚历山大大帝时代，还是文艺复兴和思想启蒙时期，狄奥尼索斯神祇的影子总是被投射到时代的天空之上。法国学者西蒙娜·薇依在狄奥尼索斯和基督教之间的梳理分析，更是让这一希腊的神祇，与希伯来的精神之间得以架通"两希"的津梁……狄奥尼索斯神祇充满动能的创造驱动力，驳杂丰富而又融合统一的神祇内涵，以及在阐释和疏导单个人和社会大众深层心理时的有效性，都使得狄奥尼索斯在各个历史关键时期大放异彩。作者对狄奥尼索斯历史的梳理过程，也是对这一独特而又与其他神祇功能相衔接、相融合的历史的回顾过程。这一梳理过程本身，不仅是在回答这"谁是狄奥尼索斯？"的问题，同时也是在回答着"为什么是狄奥尼索斯？"和"狄奥尼索斯何为？"的问题。

狄奥尼索斯作为神祇的功能，在弥合裂隙、融合再生、凝聚群体、归属整体的性质方面，有着性格鲜明的独特作用。作为神祇的精神功能，狄奥尼索斯既有其无比明晰的功能，同时也有着与其他神祇协调融合的自由和灵活。

在东方的历史中，我们有李白的诗酒文章，有魏晋时期的曲水流觞，有青藤徐渭的狂歌呼号，有傅抱石佳作的“往往醉后”……东方的诸多历史时刻和深层心理，在狄奥尼索斯的“跨文化”视野反观烛照下，将有着另一番深蕴和意义。

海德格尔在暮年时分，辗转通过日本文化，接触到东方的禅宗，他曾经如此怅惘感叹，假如早一些接触到禅宗，他将会对自己的理论做出更为根本的修正。在东西方之间，最大的阻隔，可能还是语言，西方在朝着东方行走和跨越，东方也在相向而行，实现双向的“跨越”。

“跨文化”是脚踏东西的双向跨越，是东西两岸的精神双向流动，在汉语作为学术研究工具和思维工具的过程中，整个东方文化历史，始终作为无处不在、无时不在的氤氲氛围，春风“灵韵”（Aura）般浮动在字里行间，存在于研究表述的始终。

只要世界还有裂隙存在，只要时代还有切割和伤口，只要每日还有戏剧在世界各地上演，狄奥尼索斯就仍然在发挥着他无处不在的巨大动能。我们在阅读作者文字的过程中，能感受到在多年浸洇这样一位充满“融通”“弥合”力量的精神研究对象之后，给研究者本人带来的特有的善的力量。作者文字在理性清明之上，在把理论的表达做到准确和公允前提之下，在日神的理性平衡明晰之中，有着行文“语言之外”的柔和、善良和温暖。这样的文字，在狄奥尼索斯气息关照之下，有着深层浩荡涌来的郁郁勃勃的创造动能，有着温暖而令人百感交集的抚慰和疗愈。

这是一个愉快的阅读过程，理性的光芒和感性的葳蕤同时滋养的文字，是“跨文化”的速度之中的缓慢、均衡、完整和融合。

我想，狄奥尼索斯，在千年以降的古老而又常新的汉语言中，就是这样。

目　　录

导　　言

狄奥尼索斯不仅是古代希腊人崇拜的一个神祇，也是贯穿于西方文明中的一个稳定因素，至今仍然是现代欧美社会中一种独特的文化心理现象。狄奥尼索斯崇拜最早属于米诺斯-迈锡尼文明，距今3000多年前，当狄奥尼索斯作为神的名字出现在线形文字B泥版上时，就已经被迈锡尼时代的人们所崇拜了。但是它的源头可能更早，因为在古代地中海世界的其他文明（如古埃及文明、古代西亚文明）里，也都可以找到与狄奥尼索斯崇拜相似的宗教现象。因此可以说，古代地中海世界为它的起源构建了一个跨文化的背景，这也是在后来的希腊化时代里，狄奥尼索斯崇拜能够大量融合近东神秘主义因素的根本原因，也是在罗马文化中，狄奥尼索斯崇拜依然能吸引大量狂热信众的原因。更值得注意的是，在整个上古时代，起源于狄奥尼索斯崇拜仪式的戏剧和剧场，始终与人们的社会生活紧密相连。14、15世纪，文艺复兴曙光微露，狄奥尼索斯作为人性解放的象征重新出现在大量的文学艺术作品中，艺术家们借其表达人性之美。19世纪末尼采的《悲剧的诞生》出版之后，“狄奥尼索斯精神”被赋予现代内涵，成为尼采思想的核心和基础。20世纪六七十年代，狄奥尼索斯成为对战争厌倦情绪的表达载体，象征着所有难以言说的情怀。今天，随着现代西方人本主义思潮的发展，狄奥尼索斯俨然已是存在主义和非理性主义的另一个代名词。

应该说，狄奥尼索斯崇拜在纵向上跨越了西方文明发展的漫长过程，在横向上与地中海及地中海以外地区的文化相互碰撞，它是多种文化冲突、交融与发展的结果。因此，狄奥尼索斯崇拜需要以一种跨文化的视角进行分析、比较和研究，唯有如此，才能全面地理解狄奥尼索斯崇拜与多种文化之间的关系，进而探察西方文明的兴起、发展以及其核心内容。

一、谁是狄奥尼索斯?

谁是狄奥尼索斯？

通常人们把狄奥尼索斯称为古希腊的酒神[①]，实际上“酒神”一词无法概

---

① 国内一些学者直接称奥尼索斯为酒神，称阿波罗为日神，如周国平翻译的《悲剧的诞生：尼采美学文选》、罗念生翻译的《酒神的伴侣》以及陈炎写的关于酒神精神和日神精神的系列论文。

括出狄奥尼索斯的全部内涵。狄奥尼索斯的名字最早出现在迈锡尼时代的线形文字B泥版文书中，但没有证据表明这个名字与酒有联系，考古学家们能够认定的只是：他是一个植物神。[①]在古风时期的诗人品达的笔下，狄奥尼索斯体现了植物神的诸多特点，他被称为“树的力量”，是花和果实的神，代表着生命的富足。[②]曾做过德尔菲祭司的古代作家普鲁塔克这样描述狄奥尼索斯统治的领域：葡萄酒的汁液、小树体内的汁液、野兽动脉中奔腾的血液、大自然中神秘的无法控制的潮涨潮落[③]——总之，在古希腊人的想象中，所有代表生命的液体都在狄奥尼索斯的控制之下。

古希腊宗教和神话的特殊性也决定了狄奥尼索斯不可能仅仅是酒神。古希腊的神与人同形同性，他们数量众多，有男有女，有着与凡人一样的相貌，行为举止和心理感受也与凡人无异，唯一与凡人不同的是，他们可以青春常在，与死无缘。同万能的基督教的上帝比起来，古希腊神祇的能力十分有限，每个神只掌管某一个或某几个领域，甚至最高神宙斯也要与他的兄弟分掌世界。[④]由于没有教义和类似于教会的组织机构，对神的解释和定义也就没有固定的版本，同一个神在不同时期、不同地区会有不同的传说，简言之，古希腊的神可以被不断地解释、加工。[⑤]如此一来，在古希腊，没有哪个神能够始终如一地保持单一的本性，总会被附加上新的想象，增加新的含义。比如阿芙罗狄忒，我们都知道她是爱神，但“爱神”还不是她的全部，“妓女”“情妇”也是她的称号，此外，人们还把她当作公民的保护神和海上航行的保护神。所以，古希腊的神是多面的，我们似乎无法用一个词或一句话来概括某个神的特征。而就本文所讨论的狄奥尼索斯而言，由于葡萄的栽培和葡萄酒的酿制在古希腊人的经济生活中占据着重要地位，最初是植物神的狄奥尼索斯越来越多地被表达为酒神，由他来保护葡萄的丰收和葡萄酒的生产。但是，这并不妨碍他对其他领域的掌控。相反，以酒神和植物神为基本内涵，狄奥尼索斯的领域不断向外延

---

① E. Hallager，M.Vlasakis and B. Hallager，1992：“New Linear B Tablets from Khania”，*Kadmos*，Vol. 31，pp.61～87.

② Plutarch，*Isis and Osiris*，35，365 A. in Plutarch，*Moralia*，Vol. V, Trans.，by Frank Cole Babbitt，London：William Heinemann，1927. E. R. Dodds，*Euripides：Bacchae*，Oxford：Clarendon Press，1953，p.x.

③ Plutarch，*Moralia*，389b.

④ 在古希腊的神话中，宙斯与他的两个兄弟三分宇宙，波塞冬掌管大海，哈德斯掌管冥界，而其余的最大的部分由宙斯掌控。所以，宙斯是最高神，却不是万能的。

⑤ 参见 Richard Seaford，*Dionysos*，London：Routledge，2006，p.x. 另参见 P. E. Easterling and J.V. Muir (eds.)，*Greek Religion and Society*，Cambridge：Cambridge University Press，1985，S. M. Finley 写的导言，p.xix。

伸，成为古希腊诸神中最为多面和善变的神。

他是秘仪之神。作为植物神的狄奥尼索斯象征着自然界的一岁一枯荣，象征着生与死的嬗递，象征着他与冥界的密切关系。公元前 7 世纪出现的《荷马式的酒神颂歌》[①]详细叙述了狄奥尼索斯两次诞生的传奇经历。在传说中，他是忒拜城公主塞墨勒的儿子，塞墨勒受宙斯的引诱而怀孕，遭到了赫拉的嫉恨。为了报复，赫拉变形为塞墨勒的保姆，诱导塞墨勒求见宙斯的本来面目。结果，身为凡人的塞墨勒无法承受宙斯的真实面目，死在宙斯的雷电之下，其腹中的胎儿被宙斯取出，缝进自己的大腿，过了几个月后，已经足月的狄奥尼索斯第二次诞生了。所以，酒神颂歌称狄奥尼索斯为“缝进宙斯大腿的神”。这个故事意图说明狄奥尼索斯是一个能够死后复活的神。狄奥尼索斯被提坦神肢解的传说以及他到冥界救出母亲塞墨勒的传说是后来才出现的[②]，这些传说更加强调了狄奥尼索斯与冥界的关系及其跨越生死界线的能力。与这些传说相对应的是，从古风时代开始，希腊就出现了以祭祀狄奥尼索斯为内容的秘仪[③]，通过个人入会的方式加入秘仪，以期获得狄奥尼索斯对来世幸福的允诺[④]。古希腊比较盛行的秘仪包括厄琉西斯秘仪、巴库斯秘仪[⑤]和俄耳甫斯秘仪，这些秘仪要么以狄奥尼索斯为主角，要么加进了狄奥尼索斯的形象及其故事（如厄琉西斯秘仪中的伊阿库斯就是狄奥尼索斯）。

他是狂欢之神。狄奥尼索斯崇拜的核心就是疯狂的仪式。这种疯狂仪式既可以是盛大节日上人们抬着“法勒斯”（Phallus，男性阳具模型）的游行，也可以是酒后的狂欢、喧嚣和嬉闹，更是女性在山野中的漫游和疯狂舞蹈。作为酒神，他带来了“凡人的快乐”[⑥]，让人们陶醉其中，浑然忘我。但是无须借助酒的力量，狄奥尼索斯也能让人进入陶醉的状态，那就是狂女们在疯

---

① 《荷马式的酒神颂歌》实际上是假托荷马之名写的颂歌，不仅有酒神颂歌，还收集了不同时代献给其他神的赞歌。但酒神颂歌出现的比较早。A.N. Athanassakis，“Homeric Hymns to Dionysos”，in *The Homeric Hymns*，Baltimore：The Johns Hopkins University Press，1976.

② 这类故事是俄耳甫斯教义的一部分。俄耳甫斯教是一种神秘仪式，大约出现于公元前 6 世纪末，崇拜的神是狄奥尼索斯，其核心故事就是狄奥尼索斯被肢解的故事。参见 Fritz Graf and Sarah Iles Johnston，*Ritual Texts for the Afterlife：Orpheus and the Bacchic Gold Tablets*，London：Routledge，2007.

③ Jennifer Larson，*Ancient Greek Cults：A Guide*，New York：Routledge，2007，p. 126.

④ 秘仪是个封闭的团体，参加秘仪的人必须发誓说，对举行的活动秘而不宣，违反这一誓言将获死罪。

⑤ 狄奥尼索斯最常用的名称是 Bakch（e）ios 或 Bakchos（即“巴库斯”），他的疯狂信徒被称为 Bakchoi 和 Backchai，罗马人直呼其为 Bacchus，认为他就是意大利的丰产神和酒神里贝尔（Liber Pater）。

⑥ ［古希腊］赫西俄德：《神谱》，940 行，《工作与时日　神谱》，张竹明、蒋平译，北京：商务印书馆，1997 年。

狂舞蹈时所达到的一种“着魔”境界。在浑然忘我的状态下，人们经历了心灵的解放，暂时逃离了日常现实的生活。疯狂仪式具有一种心理宣泄的作用，古典学家道兹（E. R. Dodds）、古德里（W. K. C. Guthrie）等人都强调早期狄奥尼索斯崇拜所具有的心理释放功能。①

他是戏剧之神。古希腊戏剧脱胎于狄奥尼索斯崇拜的狂欢仪式。古希腊的戏剧演出是献给狄奥尼索斯的，每个剧场的中心都设有狄奥尼索斯的祭坛，戏剧演出前也要先进行对狄奥尼索斯的献祭活动。

他是城邦之神。狄奥尼索斯是能够融合各种界限的神，因此象征着协调、融合和统一，“能够表达和提升个人对集体的归属感”②。狄奥尼索斯崇拜所具有的融合性在古代作家笔下也多有体现。狄奥多罗斯说，为狄奥尼索斯建立的节日和比赛，融化了人与人之间、城市与城市之间的分歧，消除了对立与战争，建立了和谐持久的和平。③欧里庇得斯在《酒神的伴侣》中说，城邦要作为整体接受狄奥尼索斯崇拜。④柏拉图在讨论狄奥尼索斯的歌队时，也强调“必须是所有的人，从成人到孩子，从自由人到奴隶，从女人到男人，城邦所有的人要取悦于他，整个城邦，用歌声……”⑤古希腊的城邦出现后，出于表达城邦整体意识的需要，狄奥尼索斯崇拜得到大力提倡。而正是凭借狄奥尼索斯能消融界限的特性，狄奥尼索斯崇拜成为表达城邦共同体意志的媒介，在对狄奥尼索斯的祭祀活动中，人与人之间的性别差异、阶级差异得到了消除，从而提升了城邦的集体认同。狄奥尼索斯也当之无愧地成为城邦之神。

狄奥尼索斯在植物、葡萄酒、冥界、迷狂和戏剧等多个领域内自由穿梭，他是奥林波斯山上的十二主神之一，也是护佑死者的冥界之神。他的形象变幻莫测，有时是中年男子，有时是貌美的少年，有时是公牛，有时是豹子，有时仅仅是一枝常春藤、一串葡萄、一张面具或者一只睁大的眼睛就证明了他的在场。所以，对希腊人来说，狄奥尼索斯无处不在，却又难以捕捉到。对狄奥尼索斯的崇拜也体现了这样的特点，涉及了古希腊宗教的两个层面：一个是公开的、城邦集体的祭祀活动和戏剧演出，另一个是封闭的、小团体的秘仪，关注着个人的救赎及来生的幸福。

---

① E. R. Dodds，*The Greeks and the Irrational*，Berkeley：University of California Press，1951，p.76；W. K. C. Guthrie，*The Greeks and Their Gods*，London：Methuen，1950，pp.165～173.

② Richard Seaford，*Dionysos*，p.26.

③ Diodorus Siculus，*Library of History*，3.64.7，Trans.，by C. H. Oldfather，The Loeb Classical Library，Cambridge：Harvard University Press，reprint，1998.

④ Euripides，*Bacchae*，39～40. Trans.，by David Kovacs，The Loeb Classical Library，Cambridge：Harvard University Press，2003 .

⑤ Plato，*Laws*，665. Trans.，by R. G. Bury，The Loeb Classical Library，Cambridge：Harvard University Press，reprint，1961.

从古希腊的迈锡尼时代一直到罗马帝国统治时期，为狄奥尼索斯献祭的香火始终绵延不绝，他一直都是古希腊人和古罗马人喜闻乐见的神，构成了他们日常生活不可或缺的一部分。

谜一样的狄奥尼索斯在古代就吸引了众多学者的注意力。历史学家如希罗多德、修昔底德，哲学家如柏拉图、亚里士多德，诗人如荷马、赫西俄德、品达，悲剧家如欧里庇得斯，喜剧家如阿里斯托芬等，都在自己的作品里提到或论述过这种崇拜。及至希腊化时代之后，仍然有一些古代作家，如诺努斯（Nonnus）、鲍萨尼阿斯（Pausanias）、狄奥多罗斯（Diodorus）等，兴趣盎然地讲述着狄奥尼索斯的传奇，仅诺努斯一人就留下了 2 万行关于狄奥尼索斯的诗句。从公元前 8 世纪的假托荷马所作的“诸神颂歌”（有些颂歌约出现于公元前 8 世纪和公元前 7 世纪，有些则稍晚①）到公元 2 世纪罗马帝国时期基督教学者克莱门对希腊各种秘仪的批判，大约有几十万行希腊和罗马的诗句，数百篇散文，以及散落在世界各个角落的无法计数的铭文和艺术品，都与狄奥尼索斯或者狄奥尼索斯崇拜相关。反映出在长期的历史发展过程中，狄奥尼索斯崇拜对诗人、哲学家和学者的思想产生过影响。

公元 1 世纪后，基督教开始在地中海世界传播，并渐渐确立了自己的权威。但即使在基督教成为罗马帝国唯一合法宗教，凭借暴力手段打击宗教异端以后，狄奥尼索斯崇拜还顽强地持续了一段时间，甚至在公元 5 世纪，诺努斯还写出了《狄奥尼索斯传奇》，用长达 48 卷的史诗描绘了狄奥尼索斯的传奇经历。

公元 391 年，罗马皇帝提奥多西下令所有异教均为非法，公元 435 年，皇帝提奥多西二世下令，摧毁境内所有现存的异教神庙和圣所，并在这些废墟上竖立十字架。尽管这项法令激起了形式各样的抵制活动，但还是被强力推行下去。诸神的圣所和神庙被大量破坏，沉重地打击了民众对古代诸神的崇拜。②公元 691 年，君士坦丁堡教会发出了一道禁令，禁止人们奇异装束，禁止戴面具，禁止在踩踏葡萄（酿制葡萄酒的一道工序）和新酒装罐时高喊“狄奥尼索斯”的名字。③在基督教的暴力摧毁下，狄奥尼索斯同古代其他的神一样，渐渐被人遗忘，慢慢消失在历史的尘埃中。

---

① A.N. Athanassakis，“Homeric Hymns to Dionysos”，in *The Homeric Hymns*，Baltimore：The Johns Hopkins University Press，1976，p.xii.

② Alison Frantz，1965：“From Paganism to Christianity in the Temples of Athens”，*Dumbarton Oaks Papers*，Vol.19，pp.185～205.

③ Richard Seaford，*Dionysos*，pp.126～127.

二、尼采的狄奥尼索斯精神

14、15 世纪，文艺复兴的曙光微露，人文主义者在古典文化中寻找能够表达人性的思想和观念，他们描绘古代的神话，吟唱古代的诗歌，在这个过程中，狄奥尼索斯因其独特的生命象征，被文艺复兴时期的艺术家们用来表达人性之美、世俗之乐。1490 年，诗人洛伦佐·美第奇（Lorenzo de Medici）为佛罗伦萨的嘉年华游行写了一首酒神颂歌，歌颂了狄奥尼索斯带来的快乐。1496 年，著名的雕刻家米开朗基罗在罗马的第一件雕刻作品就是狄奥尼索斯，这件承袭了古典风格的杰作，现保存在佛罗伦萨的巴杰罗（Bargello）博物馆里。

19 世纪末，在古典学家和哲学家尼采的笔下，狄奥尼索斯这个早已消失在古代历史中的神又复活了。1872 年，尼采出版《悲剧的诞生》，提出了狄奥尼索斯精神这一概念①，使狄奥尼索斯以新的精神内涵再次走进西方世界，产生了无与伦比的影响。

在《悲剧的诞生》里，尼采是这样阐释悲剧的诞生的：他首先提出了狄奥尼索斯精神和阿波罗精神的二元对立的概念，并试图通过两者的对立统一关系来解释悲剧的诞生。他认为，“在希腊世界里，按照根源和目标来说，在日神的造型艺术和酒神的非造型的音乐艺术之间存在着极大的对立”，“分别可以想象成梦和醉两个分开的世界”，它们彼此共生并存，多半又彼此公开分离，“最后由于希腊意志的一个形而上的奇迹行为，它们才彼此结合起来，并终于产生了阿提卡悲剧这种既是酒神的又是日神的艺术作品”。②

那么，狄奥尼索斯精神和阿波罗精神为什么会结合在一起，并以什么方式结合在一起的呢？尼采认为，在奥林波斯众神③壮丽的形象背后是古希腊民族的敏感和对痛苦生活的深刻理解，“从原始的泰坦诸神的恐怖秩序，通过

---

① 亨里奇（Albert Henrichs）也认为现代对狄奥尼索斯崇拜的研究开始于尼采的《悲剧的诞生》。参见 Albert Henrichs，1984：“Loss of Self，Suffering，Violence：The Modern View of Dionysus from Nietzsche to Girard”，*Harvard Studies in Classical Philology*，Vol. 88，p.206.

② ［德］尼采：《悲剧的诞生：尼采美学文选》，周国平译，北京：生活·读书·新知三联书店，1986 年，第 2～3 页。周国平先生把 Dionysiac 翻译成“酒神精神”是不甚妥当的，因为狄奥尼索斯不仅仅是酒神，他还有其他特性，尽管与酒的联系是狄奥尼索斯最重要的标志，但是酒神一词不足以体现狄奥尼索斯精神的内涵。

③ Olympus 这个词与 Olympia 不同，前者是希腊最高山峰，是神话中诸神居住的地方，后者是古代奥运会开办的地方，也是古希腊的宗教圣地，但此地主要崇拜宙斯和赫拉。把 Olympus 翻译成“奥林波斯”是按照希腊语的音译，周国平先生在《悲剧的诞生：尼采美学文选》中将这一词译为“奥林匹斯”也是有些不妥的。

日神的美的冲动，逐步过渡而发展成奥林匹斯诸神的快乐秩序，这就像玫瑰花从有刺的灌木丛里生长开放一样”，希腊人是“为了能够活下去，出于至深的必要不得不创造这些神”，诱使人继续生活下去[①]，所以日神的本质是梦，是生命的幻想。而酒神是“个体化原理崩溃之时从人的最内在基础即天性中升起的充满幸福的狂喜”，是一种浑然忘我之境，一种醉的状态。[②]狄奥尼索斯的萨提儿歌队正是这种醉的状态的最好的阐释：对希腊人来说，萨提儿是人的本真形象，人的最高最强冲动的表达，是自然界中性的万能力量的象征。这种自然的精灵不停地告诉人们，不管现象如何变化，事物基础之中的生命仍是坚不可摧和充满欢乐的。[③]所以，独能感受最细腻、最惨重痛苦的希腊人选择了歌队来安慰自己，这样就直接导致了悲剧从酒神颂歌的歌队中诞生。在萨提儿的歌队里，在狄奥尼索斯的悲剧里，“城邦、社会以及一般来说人与人之间的裂痕向一种极强烈的统一感让步了，这种统一感引导人复归大自然的怀抱”[④]。

尼采进一步阐释道，“我们在悲剧中看到两种截然对立的风格：语言、情调、灵活性、说话的原动力，一方面进入酒神的合唱抒情，另一方面进入日神的舞台梦境，成为彼此完全不同的表达领域”。在悲剧的日神部分，表面上看是单纯、透明、美丽，正如希腊人的一幅肖像，但这化了装的日神现象，却是瞥见了自然之秘奥和恐怖的必然产物。[⑤]希腊悲剧在其最古老的形态中，尤其是在埃斯库罗斯和索福克勒斯的悲剧里，唯一登场的舞台主角就是酒神，普罗米修斯、俄狄浦斯等人物都只是酒神的面具，而这些人物之所以具有惊人的魅力，是因为他的面具下面就是酒神。但悲剧表达的并不只是酒神所背负的苦难，而且要通过酒神个体化痛苦的经历来认识到：万物根本上浑然一体，个体化是灾祸的始因，由个体化魅惑的破除而预感到统一将得以重建。[⑥]尼采之所以认为欧里庇得斯的悲剧是一种衰落，原因就在于他的作品反映的不再是酒神背负的苦难和使命，因而背离了酒神精神。

概而言之，悲剧诞生的过程就是狄奥尼索斯精神和阿波罗精神结合的过程，狄奥尼索斯精神是其中起决定作用的因素，是永恒的本原的艺术力量，理解了狄奥尼索斯精神，才能真正理解希腊精神。

---

① ［德］尼采：《悲剧的诞生：尼采美学文选》，第 10～13 页。

② ［德］尼采：《悲剧的诞生：尼采美学文选》，第 5 页。

③ ［德］尼采：《悲剧的诞生：尼采美学文选》，第 29 页。

④ ［德］尼采：《悲剧的诞生：尼采美学文选》，第 28 页。

⑤ ［德］尼采：《悲剧的诞生：尼采美学文选》，第 34～35 页。

⑥ ［德］尼采：《悲剧的诞生：尼采美学文选》，第 35～42 页。

尼采是伟大的哲学家，也是一位卓越的古典学者，他的《悲剧的诞生》包含了关于希腊悲剧的重要见解和理论，他对狄奥尼索斯精神的精彩论述也植根于他对古希腊历史、语言、文学等诸方面颇深的造诣。抛开这本书对美学和哲学的影响不论，单从对古希腊悲剧起源和对狄奥尼索斯崇拜的研究来讲，尽管他的著作不长，直接论及狄奥尼索斯崇拜的篇幅也极为有限，却概括出了关于狄奥尼索斯崇拜的三个特征：

第一，尼采把狄奥尼索斯因素从历史中抽象出来，提炼出一个形而上学的原则——狄奥尼索斯精神与阿波罗精神的对立统一关系。他认为阿波罗和狄奥尼索斯首先是对立的：阿波罗要求他的信奉者适度并有自知之明；狄奥尼索斯冲动却是“泰坦式”的和“蛮夷”的，脱离了清规戒律的束缚，显现为一种过度。但是，希腊人却感到，他们的整个生存及其全部美和适度，都是建立在某种隐蔽的酒神冲动之上，对他们来说，狄奥尼索斯冲动和阿波罗精神同样必要。①

第二，尼采认为狄奥尼索斯精神是不朽的生命原动力，悲剧里含有狄奥尼索斯崇拜的因素。尼采认为“酒神因素比之于日神因素，显示为永恒的本原的艺术力量，归根到底，是它呼唤整个现象世界进入人生”②。这一观点贯穿于尼采对希腊文学艺术的发展的具体解释中，他把狄奥尼索斯冲动看作是希腊文学艺术的最深的、最原始的根基，是辉煌的希腊艺术的原始驱动力。

第三，尼采强调狄奥尼索斯能消融界限——特别是人与人、人与自然的界限。尼采非常重视狄奥尼索斯崇拜中的迷狂状态，他认为在狄奥尼索斯信徒结队游荡和纵情狂欢中，狄奥尼索斯的力量使他们在想象中看到自己是萨提儿，即看到了最有力的真实和自然。③这种迷狂状态打破了彼此间的一切界限和禁忌，使迷狂状态下的人暂时回到普遍的和谐和原始的统一状态之中。尼采由此指出了希腊精神中非理性的一面。

上述三点概括中，阿波罗与狄奥尼索斯对立的观点并不是尼采的原创。实际上，在尼采之前的古典学界，学者们已经提出了狄奥尼索斯与阿波罗的对立以及希腊宗教里奥林波斯神与冥界神的对立这样的看法。比如，穆勒

---

① ［德］尼采：《悲剧的诞生：尼采美学文选》，第 15 页。

② ［德］尼采：《悲剧的诞生：尼采美学文选》，第 107 页。

③ ［德］尼采：《悲剧的诞生：尼采美学文选》，第 30 页。

（Karl Otfried Müller）在对古希腊宗教进行研究时，已注意到狄奥尼索斯崇拜所具有的非理性和狂欢的特征。[①]所以，《悲剧的诞生》对 19 世纪及其之后文化的影响不在于尼采在古希腊宗教研究领域提出了新的和原创的观点，而在于尼采在吸收当时研究成果的基础上表达了他自己对两种文化的认识。

首先，他通过对这些观点的重新阐述，赋予了希腊文化一种全新的面貌。尼采之前的德国古典学家从来就没有低估过阿波罗对希腊文化的重要意义。但是，他们强调希腊文化的理性秩序，强调阿波罗所代表的“高贵的单纯、静穆的伟大”[②]，而忽略了狄奥尼索斯。尼采试图更正这一点，把狄奥尼索斯作为在希腊文化的历史发展中与阿波罗同样重要的一种力量，他所表达的古希腊文化不是一种平静和肃穆，而是一种有关存在的冲突。

其次，他试图评估德国在当时文化中的领袖地位。他在《悲剧的诞生》第一版的前言中提到，他不是要展现博学，而是在德国历史的关键时刻探讨一个严肃的德国问题。这段论述写于 1871 年年末，也就是说，这本书的大部分都恰好写于 1870—1871 年的普法战争期间，他的很多思想都是在对战争爆发的恐惧与荣耀中形成的。德国在军事上的胜利也促使尼采要为世界创造一种建立在完全不同于传统的美学标准上的新艺术，这种艺术能与法国的理性主义相抗衡。所以，尼采试图表达和建立的是德国在文化上的领袖地位。

19 世纪后半期，资本主义制度在发展了 200 多年之后，越来越暴露出其本身所固有的矛盾。尽管理性主义在这一时期依然强盛，但是尼采已经敏锐地感到，由苏格拉底和基督教肇始的西方文明已经变成了对人的生命力和本能冲动的压抑和扼杀，人们处于一种麻木的、无目标无标准的状态，真正创造性的文化一片凋零，市侩文化充斥一切场合，随之而来的将是人类文化的堕落和衰退。于是，尼采呼唤代表激情和创造力的狄奥尼索斯精神，试图证明狄奥尼索斯所代表的疯狂是对日常琐事的超然，而这正如更加有秩序的

---

① Cornelia Isler-Kerényi，*Dionysos in Archaic Greece：An understanding through Images*，Trans.，by Wilfred G. E. Watson，Leiden：Brill，2007，p.237. 尼采吸收了当时德国古典学界的研究成果，他笔下的阿波罗就是温克尔曼的阿波罗，在音乐领域，西塔拉琴和阿夫洛斯管两种乐器之间也存在对立，这样的对立关系最晚在 19 世纪初期就已经形成了。而古典学家 Georg Friedrich Creuzer 和 Karl Otfried Müller 也在尼采之前提出了奥林波斯宗教与冥界崇拜的对立。这些观点无疑都在某种程度上影响过尼采。另参见 Jacob Burckhardt，*The Greeks and Greek Civilization*，Trans.，by Sheila Stern，New York：St. Martin's Press，1998，p.xxvii. 奥斯温·默里（Oswyn Murray）在为这部书写的序言中说，尼采认为布克哈特对他的狄奥尼索斯与阿波罗对立统一理论是认同的，因为布克哈特在给学生讲课的过程中已经表达了这种观点。

② Park McGinty，*Interpretation and Dionysos：Method in the Study of a God*，The Hague：Mouton Publishers，1978，p.39.

阿波罗一样，恰恰是希腊精神不可或缺的。之后，在更加明确地反对基督教文化的作品中，尼采把狄奥尼索斯当成一种最实用的符号，让其代表人类谋求改变的创造动力，来反对基督教的懦弱的献身和许诺来世安全的甜言蜜语。正如他描绘的那样，狄奥尼索斯的动力引导着那些能够控制自身的人去快乐地生活，尽管这样也会带来苦闷，不能期望得到永远的平静。尼采对狄奥尼索斯的两个概念——秩序平静的阿波罗的衬托和对基督教拒绝生命本质的有力对抗，作为文化类型和生活方式冲突中的关键符号，成为解释狄奥尼索斯的最基本的范式。

正是出于对抗理性主义和基督教文化的目的，尼采在论述和概括狄奥尼索斯精神的过程中，并没有关注作为一种原始宗教现象的狄奥尼索斯崇拜在古代希腊社会的发展及其社会意义，而是从哲学的角度，借用狄奥尼索斯精神来理解人生、探讨世界，并呼唤新的、富有创造力的德意志精神的诞生。在他的笔下，狄奥尼索斯崇拜已不仅仅是一种宗教现象，而是上升到了哲学的高度和精神的高度。

《悲剧的诞生》虽然在当时遭到了德国著名古典学家维拉莫维茨（Wilamowitz-Moellendorff）的批评，仍然被认为是研究古希腊悲剧和狄奥尼索斯崇拜不可不读的重要著作。埃德尔施坦把尼采看作是“希腊精神的最有眼光的近代解释者之一”[①]。尼采之前，19 世纪的西方文化基本是以理性和科学为主导的；尼采之后，新的文化评价标准产生了，非理性思潮发展起来，狄奥尼索斯成为非理性主义的最形象化的表达，它超越了文化传统设置的种种禁锢，表达了一种不受压抑的生命（non-repressive life）。例如，斯皮亚斯（M. K. Spears）在其著作《狄奥尼索斯和城市：二十世纪诗歌中的现代主义》一书中说，狄奥尼索斯代表着与理性主义的对抗。在现代艺术家的眼中，人不是理性的、能够理解和控制世界和自我的动物，而是不知深浅的神秘存在，服从内心的和外在的他能感知的部分。现代艺术家所要做的就是在艺术之城中，与更深层次的、更加神秘的狄奥尼索斯融为一体。[②]

尼采对狄奥尼索斯的定义和表达被不断地研究并且在多个领域得到了发展。在文学艺术领域，茨威格、庞德、杰克·伦敦、托马斯·曼、毛姆、海明威等一长串名字，都是具有狄奥尼索斯精神的著名作家。他们关

① 金惠敏、薛晓源编：《评说‘超人’：尼采在中国的百年解读》，北京：社会科学文献出版社，2001 年，第 304 页。

② L.S. Dembo，1973：“The Modern Spirit and Dionysus and the City”，*Boundary* 2，Vol. 1，No. 3，pp.716～721.

注人的内心世界，在内容或写作手法上，都印上了尼采理论的印痕。比如，托马斯·曼的《死在威尼斯》深刻地捕捉到了狄奥尼索斯迷狂的模糊本质，其中描写主人公阿森巴赫（Aschenbach）沉溺于界限消融时及梦境中的语言，绝大部分借用了《悲剧的诞生》对狄奥尼索斯的描写。在心理学领域，美国社会心理学家诺尔曼·布朗（Norman O. Brown）在《生与死的对抗》中，发出了这样的疑问：为什么说人是一种创造出文明或社会来压抑自己的动物？是一种什么样的根深蒂固的需要把人变成了自我压抑的动物？为什么人宁可压抑自己的爱欲也不愿使它得到完整的满足呢？[①]在哲学领域，尼采的“狄奥尼索斯救世主”的观点被海德格尔所继承。[②]20 世纪的非理性思潮的代表人物福柯不仅在思想上信奉尼采的学说，还以自身实践着他的学说。

1968 年，美国处于越战危机之时，纽约上演了戏剧《狄奥尼索斯在 69 年》，表达了对战争、对冷战对立、对国内矛盾等的不满情绪，希望用狄奥尼索斯的精神来消融这些界限。[③]美国戏剧先锋理查德·谢克纳（Richard Schechner）在《疯狂的政治》一文（1968）中写道：狄奥尼索斯出现在今天的美国——在嬉皮士的身上、在黑色暴乱者的“狂欢精神”里，在校园里，甚至在郊区的庭院和居室里，都可以找到他的身影。

所以，当狄奥尼索斯再次走进西方世界时，他已经不再是古希腊的狄奥尼索斯，而是文艺复兴时期的人性解放，是尼采的酒神精神，也是 100 多年来，不断发展变化的世界文化加诸于尼采的狄奥尼索斯精神之上的新的思想表达。他被赋予了新的涵义和新的象征意义，象征着狂欢、自然的情感流露、对传统的颠覆，等等。当我们审视尼采提出的“狄奥尼索斯精神”这一现代概念时，我们经常发现狄奥尼索斯表达了隐藏在社会表面之下的某些东西，表达了人们深深感到而又无法言说的情绪。从这个意义上来讲，狄奥尼索斯崇拜不仅仅是一种宗教现象，它更反映了人类的心理活动和深厚的文化底蕴，其所负载着意义的表达延伸到广阔的原始文本之中，其自身延续下来的历史与文化含义在今天仍然传达着社会意识形态和价值观念的反面。基于此，近现代以来，狄奥尼索斯崇拜一直吸引着学者们的广泛兴趣和普遍关注。

---

① ［美］诺尔曼·布朗：《生与死的对抗》，冯川、伍厚恺译，贵阳：贵州人民出版社，2009 年。

② Richard Seaford，*Dionysos*，p.145.

③ Edith Hall，Fiona Macintosh and Amanda Wrigley（eds.），*Dionysus since 69：Greek tragedy at the dawn of the third millennium*，Oxford：Oxford University Press，2004，p. 1.

三、近现代学者对狄奥尼索斯崇拜的研究

《悲剧的诞生》出版后，因其论述概括而抽象，而学术考证和历史探究又体现得很少，遭到了古典学家的批判。尼采也因此结束了古典学家的生涯，离开了自己的教职。然而，同行们对尼采的“放逐”并没有影响其对狄奥尼索斯崇拜的研究，相反，《悲剧的诞生》中的观点在很大程度上为后来的狄奥尼索斯研究提供了方向。①在尼采之后，希腊宗教的历史经常被看作是两种相对的力量辩证发展的结果。狄奥尼索斯被分析和解释成阿波罗或奥林波斯神的对立面。作为尼采的挚友，古典学家罗德（Erwin Rohde）首先受到了这种二元论的影响，即使在后期较为成熟的著作中，他也坚持了这一观点。

罗德是尼采观点的坚定支持者。在对《悲剧的诞生》的一片批评声中，罗德在报纸上发表文章支持尼采的观点，把狄奥尼索斯看作是艺术家创作中最基本的动力的化身，把“阿波罗和狄奥尼索斯的对立”看作是“音乐精神”的最好表达。随后，他对曾批评尼采的古典学家维拉莫维茨进行了激烈的反驳②，不是从美学的角度，而是从历史的角度探讨了悲剧的起源，探讨了酒神颂歌、萨提儿剧的发展，为尼采的《悲剧的诞生：尼采美学文选》做了很好的学术注解。

罗德的研究在很多方面并没有摆脱尼采之前的古典学家的研究成果，比如，他仍然把希腊宗教分成对立的两部分：“阿波罗的”和“狄奥尼索斯的”，不同的是，罗德注重狄奥尼索斯崇拜的历史功能。1893 年，罗德出版《魂灵：古希腊人的灵魂崇拜和永生观念》③一书，从第一卷开始，就把狄奥尼索斯崇拜作为一种历史现象进行研究。另外，罗德的著作大量运用了考古学和人类学的方法，从某种意义上说，开启了现代学者对古希腊宗教的研究。④

英国学者简·哈里森（Jane Harrison）也把狄奥尼索斯看作是古希腊文化中的非理性因素。简·哈里森是“剑桥仪式学派”（Cambridge Ritualists）的代表人物，在研究古代希腊宗教的过程中，她关注仪式的作用，而不是以传

---

① Park McGinty，*Interpretation and Dionysos：Method in the Study of a God*，p.39.

② Cornelia Isler-Kerényi，*Dionysos in Archaic Greece：An understanding through Images*，Trans.，by Wilfred G. E. Watson，p.245.

③ Erwin Rohde，*Psyche：The Cult of Souls and the Belief in Immortality among the Greeks*，London：Routledge，2000. 第一卷第一版出版于 1893 年。另参见，Park Mcginty，*Interpretation and Dionysos：Method in the study of a god*，pp. 34～70.

④ Park McGinty，*Interpretation and Dionysos：Method in the Study of a God*，p. 34.

说为考察的基础。对她来说，仪式的目的是确保物质的存在，所以生殖崇拜具有极其重要的意义，而狄奥尼索斯崇拜就是一种生殖崇拜。1903 年简·哈里森出版了《古希腊宗教研究导论》①一书，在比较人类学家弗雷泽②的影响下，把狄奥尼索斯崇拜置于从原始巫术到史前宗教的发展体系中进行考察，认为狄奥尼索斯首先是植物神，代表着能带来原始陶醉的物质（如蜂蜜），或是树神。她认为狄奥尼索斯是外来的，因为狄奥尼索斯的迷狂和非理性与希腊人的清醒与理智是对立的，所以只能是外来的。在她的笔下，德尔菲是阿波罗所代表的奥林波斯旧体系与狄奥尼索斯崇拜的新的生命力融合的地方。她的这些解读在英语世界里具有极大的影响力。③

罗德和简·哈里森的著作尽管都是以丰富的考古资料和文献资料为基础，但是他们的观点明显受到了尼采的影响。在维拉莫维茨批判尼采的过程中，他们始终站在了支持尼采的阵营中。

而在另一个阵营中，维拉莫维茨提出了自己对狄奥尼索斯崇拜的认识。他的研究比较保守，对神话给予了很多关注。他认为狄奥尼索斯崇拜起源于色雷斯，大约在公元前 8 世纪和前 7 世纪之间的某个关键时期被并入希腊的荷马宗教体系中。在维拉莫维茨的笔下，狄奥尼索斯是具有乡土气息的，代表平民大众的，甚至具有蛮族的含义。在提到悲剧的起源时，他承认狄奥尼索斯的作用，但更强调是由于阿波罗对狄奥尼索斯崇拜的规范，才使其由“疯狂的仪式”变成一种“纯净的美”。④总结维拉莫维茨的观点，我们可以说，他成功地把尼采、罗德和简·哈里森所认定的宗教价值从狄奥尼索斯身上剔除了。维拉莫维茨执教四十余载，享有很高的学术威望，这也使他的观点在学术界作为“正统”得以传播，甚至在考古发掘中发现了写有狄奥尼索斯名字的线形文字 B 泥版之后，他的影响犹在。⑤

---

① Jane Harrison, *Prolegomena to the Study of Greek Religion*, 3rd edition, Cambridge: Cambridge University Press, 1922.

② 人类学家弗雷泽在 1890 年出版《金枝》，在这本书中，虽然直接论述狄奥尼索斯崇拜的篇幅不长，但提出的狄奥尼索斯是植物神的观点对后来学者影响却很大。弗雷泽把人类思想方式的一般发展过程归纳为一个公式，这就是：巫术—宗教—科学。他认为，原始神话和巫术仪式与春夏秋冬的四季循环有密切关系，纪念神的死亡和复活的戏剧性的仪式，实质上都是巫术性的。参见〔英〕詹·乔·弗雷泽：《金枝：巫术与宗教之研究》，徐育新、汪培基、张泽石译，北京：中国民间文艺出版社，1987 年。

③ Albert Henrichs, 1984: “Loss of Self, Suffering, Violence: the modern view of Dionysus from Nietzsche to Girard”, *Harvard Studies in Classical Philology*, Vol. 88, pp. 205～240.

④ Cornelia Isler-Kerényi, *Dionysos in Archaic Greece: An understanding through Images*, Trans., by Wilfred G. E. Watson, p.249.

⑤ Cornelia Isler-Kerényi, *Dionysos in Archaic Greece: An understanding through Images*, Trans., by Wilfred G. E. Watson, p.250.

德国古典学家尼尔森（Martin Nilsson）是维拉莫维茨的学生中最有影响力的一位。他对狄奥尼索斯不像他的老师那么反感，而是产生了浓厚兴趣。在他漫长的学术生涯中，狄奥尼索斯崇拜一直是他关注的话题。他认为狄奥尼索斯崇拜在希腊宗教史上的作用已经远远超过了其在悲剧诞生过程中的作用。对尼尔森来说，狄奥尼索斯崇拜是实用的，主要与提升生殖能力有关，这一观点延续了弗雷泽的传统观点。但是尼采关于矛盾的抽象概念、对界限的消融以及原初的统一体等观点受到了他的排斥。[①]

与尼尔森大约同一时期尼采阵营中的代表人物是奥托（Walter Otto）。奥托不仅信奉尼采的阿波罗与狄奥尼索斯对立统一的原则，而且把尼采强调的矛盾对立更深化了一层，他认为，狄奥尼索斯自身就是一个矛盾对立的统一体，具有生和死的二元对立。尽管在论述时，他忽略了一些历史史实，但他创造了一个不同于其他奥林波斯神的、完全希腊化的狄奥尼索斯。[②]他的观点——狄奥尼索斯本身就是矛盾对立的统一体——在数十年后引起了法国结构主义学者的关注。[③]

20 世纪上半叶，对原始宗教的探索以及对人类非理性因素的求证，使人类学、心理学、社会学领域都出现了关于原始宗教的解释框架和理论。这些理论被学者们应用于对狄奥尼索斯崇拜的解释中，从而推进了这一课题的研究。道兹在研究欧里庇得斯的悲剧《酒神的伴侣》时，把弗洛伊德的心理学用于对狄奥尼索斯传说的解释中，认为传说中“对狄奥尼索斯的抵制就是对人本性基本因素的压制”，而早期的狄奥尼索斯崇拜是对本能和欲望的宣泄，因此具有净化功能。[④]他的博学之作《希腊人与非理性》也是要在人类一种特殊的经历——非理性的经历——基础之上重新审视希腊人[⑤]，分析希腊人对非理性的认定以及非理性在希腊文化发展中的作用。

概而言之，20 世纪上半叶对狄奥尼索斯的各种论述基本上形成了两个极端对立的阵营，即以尼采的观点为界限，要么支持他，要么反对他。然而，到了 20 世纪下半叶，学者们提出的观点不再那么极端对立，他们对狄奥尼索斯的崇拜仪式、具体细节的阐释逐渐与尼采的抽象概念融合在一起。换句话说，尼采的现代“狄奥尼索斯”理论在很多方面以各种隐蔽的方式影响着古典

---

① Martin P. Nilsson，*A History of Greek Religion*，New York：W. W. Norton & Company，1964.

② Walter Otto，*Dionysos：Myth and Cult*，Trans.，by R.B.Palmer，Bloomington：Indiana University Press，1965.

③ Albert Henrichs，“Loss of Self，Suffering，Violence：The Modern View of Dionysus from Nietzsche to Girard”，p.234.

④ E. R. Dodds，*Euripides：Bachhae*，Oxford：The Clarendon Press，1953，导言。

⑤ E. R. Dodds，*The Greeks and the Irrational*，pp.16～17.

学家对狄奥尼索斯崇拜的认识，很多学者在对古希腊宗教的考察中也会自觉不自觉地使用诸如“二元论”“颠覆”“对立”“对立统一”等名词和术语。[①]

1977年，布克特（Walter Burkert）出版《希腊宗教：古风和古典时期》一书，代替尼尔森的《希腊宗教史》成为新时期古希腊宗教研究领域的权威之作。在这本书中，他讲到了阿波罗和狄奥尼索斯的关系。他认为的确有一些历史证据证明两者之间有联系，比如在希腊瓶画上、钱币上，或者在鲍萨尼阿斯所描绘的忒拜城的宗教仪式中，都有这方面的历史遗存。但是分属于阿波罗和狄奥尼索斯的乐器和诗歌风格在古代还不足以构建成一种意识形态上的对立。[②]在对德尔菲的认识上，布克特力求建立起一种阿波罗和狄奥尼索斯的对立统一关系，俄耳甫斯作为一个传说中的形象既属于阿波罗又属于狄奥尼索斯，因此在希腊宗教中具有深远的意义。

狄奥尼索斯与城邦政治之间的关系也得到了学者们的关注，传统观点“狄奥尼索斯与城邦政治相对立”被推翻。法国学者狄提安（M. Detienne）拓展了对狄奥尼索斯和阿波罗共同存在的历史证据的考察，不仅在德尔菲，在阿提卡、罗得岛、麦格尼西亚（Mangnesia）以及瑙克拉提斯（Naukratis）等地，也都有两者共同的仪式，两者也有一些共同执掌的领域，如预言、诗歌、葡萄的种植、医药和教育。在酒会中，狄奥尼索斯崇拜也触及了公共政治生活。因此，狄提安再次证明了狄奥尼索斯是城邦的神。[③]但是他的关于城邦的观点是抽象的，也没有时间定位，他忽视了狄奥尼索斯崇拜在城邦的宗教日历上的重要性，并且没有考虑历史的发展。

卡尔·克瑞尼（Karl Kerényi）的《狄奥尼索斯：原始生命的原型》[④]把狄奥尼索斯与不朽的生命联系在一起，并力求寻找狄奥尼索斯的最原始形象，认为狄奥尼索斯崇拜体现着源源不息的对生命的执着追求。他以词源学、历史学等理论和方法打通了狄奥尼索斯崇拜和克里特文明之间的关联，为狄奥尼索斯崇拜找到了更为久远的源头。克瑞尼的观点受尼采的影响比较大，他完全接受了尼采对狄奥尼索斯精神的解释，认为从远古的克里特文明到希腊的古典时期，希腊人的生活中始终涌动着对生命的追求热情。但是，对克瑞尼来说，这一概念已经发展为心理学家荣格所宣传的原型（与尼采的观点相

① Charles Segal，*Dionysiac Poetics and Euripides' Bacchae*，Princeton：Princeton University Press，1997.

② Walter Burkert，*Greek Religion：Archaic and Classical*，Oxford：Harvard University Press，1985，pp.341～343.

③ M. Detienne，1998：“Oublier Delphes entre Apollon et Dionysos”，*Gradhiva*，Vol. 24，pp.11～20.

④ Carl Kerényi，*Dionysos：Archetypal Image of Indestructible Life*，Trans.，by R. Manheim，Princeton：Princeton University Press，1976.

对），生命和死亡被整合为一体——生命的不朽。“在狄奥尼索斯的节日上，由生命控制的、生命与死亡的谜一样的结合得以实现。”①

战后，随着希腊考古挖掘工作和古文字研究工作的不断进展，人们对狄奥尼索斯崇拜有了更多的认识，尤其是20世纪六七十年代以来，线形文字B的破译和德尔维尼手抄本的发现，都推进了狄奥尼索斯崇拜的研究，这一点在布克特、格拉夫（Fritz Graf）、罗伯特·帕克（Robert Parker）、卡朋特（T. H. Carpenter）、席福德（Richard Seaford）等学者对古希腊宗教的著述中，有着明确的体现。具体而言，这一阶段的研究在史料考证、解读和研究方法上都有了新的发展。

在史料方面，面对散落在文学、哲学和艺术作品中有关狄奥尼索斯崇拜的资料，学者们进行了细致的和系统的搜集和整理。1986年出版的LIMC辞典②列出了有关狄奥尼索斯视觉形象的目录，非常便于学者的查询和考证。杰高戴（A. Jaccottet）搜集和考证了大量与狄奥尼索斯崇拜相关的所有铭文③，他的书成为研究狄奥尼索斯崇拜不可或缺的一部文献资料。玛兹（F. Matz）搜集了大量罗马帝国时期刻在石棺上的以狄奥尼索斯崇拜为主题的浮雕。④

从20世纪初开始，在意大利南部地区及黑海沿岸出土了一批被称为俄耳甫斯教金质书页（orphic golden tablets）的文稿，随即引起了学者们的关注。随着这类文稿出土的增多，1971年，Günther Zuntz对一些文稿进行了汇编和分析，但是在当时对学术界的影响并不是很大。其后，格拉夫（Fritz Graf）以出土的金质书页和德尔维尼手抄本为研究对象，对狄奥尼索斯崇拜中的神秘仪式进行了充分研究⑤，得出结论认为，这些被冠以“俄耳甫斯教”之名的文稿实际上是属于巴库斯秘仪的。这一观点也得到了布克特和其他很多学者的赞同。

卡朋特（T. H. Carpenter）⑥和康妮利亚·伊斯勒-克瑞尼（Cornelia Isler-Kerényi）⑦从不同的视角对以狄奥尼索斯崇拜为主题的早期瓶画进行了

---

① Carl Kerényi，*Dionysos：Archetypal Image of Indestructible Life*，p. 200.

② *Lexicon Iconographicum Mythologiae Classicae*，Vol.3，1.414～566，2.296～456（plates）.

③ A. –F. Jaccottet，*Choisir Dionysos. Les Associations Dionysiaques ou la face cachée du Dionysisme*，Zurich：Akanthus，2003.

④ F. Matz，*Die Dionysische Sarkophage*，4 Vols.，Berlin：Gebr.Mann Verlag，1968～1975.

⑤ Fritz Graf，Sarah Iles Johnston，*Ritual Texts for the Afterlife：Orpheus and the Bacchic Gold Tablets*，London：Routledge，2007.

⑥ T. H. Carpenter，*Dionysian Imagery in Archaic Greek Art*，Oxford：Clarendon Press，1986；T. H. Carpenter，*Dionysian Imagery in Fifth-Century Athens*，Oxford：Clarendon Press，1997.

⑦ Cornelia Isler-Kerényi，*Dionysos in Archaic Greece：An understanding through Images*，Trans.，by Wilfred G. E. Watson，Leiden：Brill，2007.

研究和探讨。卡朋特的研究方法偏重考古学，他着手研究了黑像陶和红像陶，对狄奥尼索斯的形象在古风时期和古典时期的变化进行了说明。伊斯勒-克瑞尼是从历史学和人类学的角度进行研究的。她更加关注于瓶画作品后面所反映出的狄奥尼索斯崇拜的内涵。

古希腊悲剧《酒神的伴侣》和喜剧《蛙》中，都有对狄奥尼索斯崇拜的描写，也都以狄奥尼索斯为主角，学者们认为这两部剧是研究狄奥尼索斯崇拜的最好的资料，有些学者甚至认为这两部剧直接模仿了巴库斯秘仪的程序。所以，以这两部剧为资料研究狄奥尼索斯崇拜的学者也不在少数。其中较为著名的是温宁顿·英格拉姆（R. P. Winnington-Ingram）[①]比埃尔（A. F. Bierl）[②]、琳达·理查德（Lada-Richards）[③]、席福德（R. Seaford）[④]和米勒斯（Sophie Mills）[⑤]等人。他们从戏剧文本入手，解读了戏剧的内容，也探讨了政治与秘仪、剧中的酒神神话与历史上的狄奥尼索斯崇拜之间的关系、剧中的心理描写等问题。

在研究方法上，战后狄奥尼索斯崇拜的研究也受到了法国结构主义的理论和方法的影响。20 世纪中叶以前，学者们是以每个神为单位进行研究的。20 世纪后半叶，在法国结构主义的影响下，对单个神的研究转向了对神所在的体系的研究。狄奥尼索斯崇拜因此被看成是整个古希腊宗教体系中不可或缺的中心因素，并在许多方面都构成了对奥林波斯宗教的反面，但正是这种反面凸现了古希腊宗教多维度的思想体系。让·韦尔南（Jean Pierre Vernant）发展了狄奥尼索斯对立的观点。他不仅把狄奥尼索斯认同为对立的共同存在，而且认为他是突然的闯入者——“他者”（例如，对希腊人来说的蛮族、对男人来说的女人）。他强调狄奥尼索斯的“面对面”的特点，认为人们通过“面对面”的魔力，通过他诱人的目光，进入到他的掌握之中，凭借最大范围的支配性在场，模糊了种种界线。[⑥]

这一阶段的研究有一个共同的特点，那就是把狄奥尼索斯崇拜纳入古希腊总体文化的框架内进行研究。狄奥尼索斯崇拜与各种文化现象、与政治的关系成为学者们关注的热点问题。城市酒神节作为狄奥尼索斯崇拜与雅典民

---

① R. P. Winnington-Ingram，*Euripides and Dionysus：An interpretation of the Bacchae*，Cambridge：Cambridge University Press，1969.

② A. F. Bierl，*Dionysos und die Griechische Tragodie*，Tübingen：Classica Monacensia，1991.

③ I. Lada-Richards，*Initiating Dionysos*，Oxford：Oxford University Press，1999.

④ Richard Seaford，*Euripides Bacchae*，Cambridge：Cambridge University Press，1996.

⑤ Sophie Mills，*Euripides Bacchae*，London：Duckworth，2006.

⑥ ［法］让·韦尔南：《神话与政治之间》，余中先译，北京：生活·读书·新知三联书店，2001 年，第 421 页。

主政治生活的交叉点，自然成为主要话题。伊斯特林（P. E. Easterlings）在《献给狄奥尼索斯的演出》一文中，强调戏剧演出的宗教性，认为古希腊戏剧从形式到内容都是为崇拜狄奥尼索斯这一目的而服务的；西门·古德黑尔（Simon Goldhill）认为在悲剧与民主政治、酒神戏剧节与公民意识之间存在着一定的必然关系，雅典城邦通过城市酒神节的种种仪式强调了公民对城邦的一种责任和义务。

进入21世纪以后，学者们对狄奥尼索斯的关注似乎更多了。虽然缺少有分量的专著，但以狄奥尼索斯为主题的专著、论文层出不穷，甚至举办了以狄奥尼索斯为主题的国际讨论会，会议之后出版的论文集《一个不同的神？狄奥尼索斯和古代多神教》①和《重新定义狄奥尼索斯》②代表了狄奥尼索斯研究的多样性，也反映出学者们仍然试图通过狄奥尼索斯来理解古代希腊社会和西方文明的本质特征。

一百多年来，国外学者对狄奥尼索斯崇拜的研究成果无疑为我们的研究提供了丰富的借鉴，但必须注意的是，国外学者在对狄奥尼索斯崇拜的研究中，往往拘泥于希腊多神教本身的历史，或者拘泥于其他精神因素，试图用文化来解释宗教，而不是从希腊社会经济发展的角度来说明狄奥尼索斯崇拜的变化和本质，这样很容易陷入琐碎的考据中。所以，到目前为止，尽管学者们对狄奥尼索斯崇拜的很多方面进行了细致的研究，但这种对各个局部的研究并不能掩盖狄奥尼索斯崇拜整体研究的不足，狄奥尼索斯崇拜所蕴含的深厚的文化底蕴，也并没有得到应有的重视。而国内世界古代史学界对此课题的研究涉猎很少、成果不多，受到释读原始文献能力的限制，虽然学者们已经表现出对古希腊宗教研究的强烈兴趣，但对狄奥尼索斯崇拜的研究还处于起步阶段。

基于上述国内外研究现状，研究狄奥尼索斯崇拜的本质及其在古希腊文化中的地位，对于揭示古希腊社会的结构，总结古希腊文化的特征，廓清西方文明的本源，都具有重要的现实意义和很高的学术价值。

还需要指出的是，古典学家还就尼采学说对狄奥尼索斯崇拜研究产生的影响进行了反省和思考。他们已经认识到，在以往一百多年的时间里，尼采创造的狄奥尼索斯神话一直在施加着影响。比如，伊斯勒·克瑞尼批判性地指出，两个多世纪以来，狄奥尼索斯的特点一直模糊不清，直到最近，他还被认为是一个与城邦最为对立的神——尽管这种观点已无法解释狄奥尼索斯

---

① Renate Schlesier (ed.)，*A Different God? Dionysos and Ancient Polytheism*，Berlin：De Gruyter，2011.

② Alberto Bernabé，etc.，(eds.)，*Redefining Dionysos*，Berlin：De Gruyter，2013.

在城邦节日体系中的中心地位和显著角色。①

所以，去除尼采学说的影响，复原古代狄奥尼索斯崇拜的真实面目成为今天学者的主要工作。我们知道，任何一种宗教传统若有价值或意义，必定体现于人生和社会，并扎根于活生生的文化形态。②既然文化创造活动是全部人类历史的载体，那么，作为一种历史现象的狄奥尼索斯崇拜，其特性、地位、功能和本质也只有放到文化整体及其历史进程中，才可能得到客观的、具体的和全面的解释。

四、跨文化视野下的重新思考

关于“跨文化”的概念和理论比较多，简言之，它是一种研究方法，通过对不同文化的比较，揭示在不同社会条件下，人们的社会行为、心理特征及其发展规律的异同，从而认识社会心理现象中的普遍性。③也有人认为，“跨文化”就是不同文化区域的传统或故意或自愿地混合，而创造出的一种杂交形式。④美国戏剧家谢克纳（Richard Schechner）提出过一种观点，叫“跨文化进给”（cross-cultural feeding），可能更贴近于跨文化的实质。他认为，所谓跨文化，“实质就在于文化之间的相互进给，文化与文化之间的关系就像动植物之间的食物链，彼此形成一种相互喂食、相互滋养的关系。无论是全球性的文化关系还是一般性的区域文化关系，它们真正的传统关系应该是文化之间的相互进给，一种彼此的需要”⑤。这样的定义也符合各古代文明之间的发展关系。从狄奥尼索斯崇拜的发展来看，正是这种文化的进给塑造了狄奥尼索斯崇拜的特性。

狄奥尼索斯的名字最早出现在约公元前1300年的线形文字B泥版上，说明他是希腊本土宗教的一部分，当希腊宗教在古风时代最终形成时，狄奥尼索斯崇拜是其中必然的组成部分。但是，在狄奥尼索斯崇拜的发展历程中，我们会很清楚地看到，一方面，在希腊文明内部，经济、政治、文化等多种因素彼此之间相互制约、相互作用、相互影响，进而宗教文化内部之间的各种观念、行为等因素之间也存在着相似的关系；另一方面，东西方文化之间的互动与交流始终贯穿于其中。所以，今天的狄奥尼索斯崇拜研究需要一个

① Cornelia Isler-Kerényi, *Dionysos in Archaic Greece: An understanding through Images*, Trans., by Wilfred G. E. Watson, Leiden: Brill, 2007.

② 张志刚：《宗教学是什么》，北京：北京大学出版社，2002年，第151页。

③ 刘建明主编：《宣传舆论学大辞典》，北京：经济日报出版社，1992年。

④ 曹路生：《国外后现代戏剧》，南京：江苏美术出版社，2002年，第147～153页。

⑤ 俞建村：《跨文化视阈下的理查·谢克纳研究——以印度和中国为例》，上海戏剧学院博士学位论文，2008年，第5页。

跨文化的视角。

第一，狄奥尼索斯崇拜的起源以古代地中海世界的自然崇拜为其大背景。狄奥尼索斯与埃及的俄赛里斯，西亚的阿蒂斯、塔木兹、阿多尼斯等神之间有很多相似性，他们的出现反映了地中海世界中的各古代民族具有相似的思维和心理结构。葡萄种植和葡萄酒的酿制技术经历了一个传播的过程，从两河流域北部的山谷传到埃及、塞浦路斯、克里特、希腊，葡萄酒的贸易也经历了各地之间的葡萄酒的交换。

第二，公元前 8～前 7 世纪，当希腊文化再次受到古代近东文化影响的时候，狄奥尼索斯崇拜的发展再次体现了这种文化上的互相进给。狄奥尼索斯本身被视为外来的神，弗里吉亚的库柏勒和埃及的俄赛里斯等神的特质融进狄奥尼索斯崇拜之中。

第三，在希腊化时代及之后的罗马帝国时代，正是东西方文化融合发展的时代，在宗教领域，狄奥尼索斯崇拜宛如一个巨大的容器，吸纳了很多东方神秘主义因素，同时也被基督教等其他文化所接受和吸纳，反映出时代的变化和社会心理的变化。

第四，文艺复兴时期之后，狄奥尼索斯及其所代表的人文精神在近现代的西方文明中产生回响。人们挖掘狄奥尼索斯的精神内涵，借用它来表达内心的情绪、思想。在全球化的今天，狄奥尼索斯不再是一种宗教现象，而是一种文化心理现象——这是狄奥尼索斯为近现代西方文明提供的给养。

在这关键的四个发展时期，狄奥尼索斯崇拜展现了各文化之间的交流和融合，也展现了不同文化影响下狄奥尼索斯崇拜自身所呈现出的特点。在跨文化的视野下，考察狄奥尼索斯崇拜的发展并反观它对其他文化的回应，能够为我们理解古代希腊文化和现代西方文明提供一个更为宏大的坐标。

在这样一个跨文化的坐标体系中，我们应该以马克思主义唯物史观和宗教观为指导，以古代文献和考古资料为依据，史论结合，对狄奥尼索斯崇拜进行深入剖析。国外学者在对宗教问题进行研究时，往往只重视考据，缺乏科学方法的指导。马克思主义的唯物史观和宗教观为我们提供了世界观和方法论的指导原则，给了我们一把打开宗教世界的金钥匙。根据马克思主义的宗教观，宗教的发展和变化决定于社会经济的发展，同时也会影响社会经济的发展，只有从两者之间的辩证关系出发，才能真正理解狄奥尼索斯崇拜与古希腊社会经济之间的关系，理解这种宗教的实质。因此，在本文的研究中，我们始终坚持以“社会存在决定社会意识”“经济基础决定上层建筑”“上层建筑对经济基础具有反作用”等马克思主义的基本理论思想为指导，挖掘狄奥尼索斯崇拜产生的深层次社会经济背景，同时也关注狄奥尼索斯崇拜对古希腊人社会生活的影响。唯如此，才能够在跨文化的视野下，对古希腊的狄奥尼索斯崇拜进行重新研究，才能够真正去除尼采学说的影响，恢复狄奥尼索斯崇拜的本源意义，理解狄奥尼索斯的现代衍生内涵。

在跨文化视野下对狄奥尼索斯崇拜进行研究，就是以马克思主义的宗教观和唯物史观为理论指导，对与狄奥尼索斯崇拜相关的史料进行科学的考证、分析和阐释。一般来说，与狄奥尼索斯崇拜相关的史料可大致分为三类：古代文献、考古文献（主要是记载宗教活动的铭文）、视觉艺术作品（包括瓶画、雕刻、壁画等）。

古代文献。狄奥尼索斯的传说、酒神颂歌（Dithrambs）、戏剧和古代作家的记载，都属于与狄奥尼索斯崇拜相关的古代文献。古代文献的翻译和考订是国外学者研究狄奥尼索斯崇拜的基础，历来为学者们所关注。以“荷马式的诸神颂歌”（其中包括献给狄奥尼索斯的酒神颂歌）为例，1914年，洛布丛书出版了最早的由艾弗林·怀特（Evelyn-White）翻译的版本。战后，又有多位学者参与这些颂歌的翻译，其中较为著名的译者有埃萨纳萨克斯（Apostolos N. Athanassakis，1974）、凯斯福德（Jules Cashford，2003）、威斯特（L. West，2003）和黛安·瑞娥（Diane Rayor，2004）。他们的重新翻译和注释各有特色，在不同程度上推进了人们对这些在希腊人中间传唱千年的颂歌的理解。但由于他们更多地重视对词语的释义，重视对诗歌韵律的把握，并没有从历史的、社会的角度来分析这些颂歌的价值和意义，所以，也为我们的翻译和解读提供了发展的空间。

考古文献。属于第一手资料，包括考古发掘出土的铭文或纸草文献，记录着献祭、杀牲、酒会及与狄奥尼索斯崇拜相关的宗教实践活动等内容，直接向我们讲述了古希腊人的社会、宗教和文化生活。其中最为珍贵的是在意大利南部地区及黑海沿岸出土的俄耳甫斯教金质书页和德尔维尼手抄本。

视觉艺术作品。这类考古资料异常丰富，狄奥尼索斯对古希腊人来说，喜闻乐见，耳熟能详，因此是古希腊的瓶画、雕刻和壁画等视觉艺术作品乐于描画的对象。据学者估算，在现存的古希腊瓶画中，出现了狄奥尼索斯或其跟随者的瓶画占到了总数的18%以上。[①]这些艺术作品形象而生动，内容丰富，但是理解或解释起来非常困难，因为很难做到客观，这些艺术形象与宗教文化交织在一起，其间也缠绕了各个不同时代学者们的解释，理应慎重对待。

从总体来看，我们面对的与狄奥尼索斯相关的史料不是太少而是太多了，

① T. H. Carpenter，*Dionysian Imagery in Archaic Greek Art*，p.14.

大量不同版本的传说，大量散落在雕刻、壁画和瓶画上的狄奥尼索斯形象，需要我们去梳理、分析和概括。以往对狄奥尼索斯的研究，材料基本上都来源于以雅典为中心的阿提卡地区，而随着现代考古学的发展，这种情况已经发生了改变，从希腊世界北部的黑海沿岸到南意大利地区都有与狄奥尼索斯崇拜相关的考古发现。考虑到这种情况，我们在对狄奥尼索斯崇拜进行跨文化研究时，试图减少对雅典资料的依赖，从总体上借助于更广大地区的考古发现成果，力求探索狄奥尼索斯崇拜在多种文化背景中的含义。

本书在跨文化的视角下，论述了互有逻辑关系的三大问题。

第一，在古代地中海世界的跨文化视野下，探讨狄奥尼索斯崇拜与古代西亚、北非文明的关系，寻找各古代宗教的共同特征、彼此差异及相互影响。一直以来，狄奥尼索斯所具有的东方特征备受争议，它与古代西亚的阿多尼斯、阿蒂斯和古埃及的俄赛里斯等神都具有相似性，被认为来自东方。但实际上，狄奥尼索斯最早是树神，这样的自然神不是神秘主义的东方宗教的专属，整个地中海地区的民族都有相似的心理结构，狄奥尼索斯崇拜孕育其中，从多元文化母体中吸取了营养，进而完成了自己的希腊本土化进程。

第二，在希腊文明内部多元文化碰撞与交流的视角下，探讨狄奥尼索斯崇拜从“边缘”升至“中心”的发展史。狄奥尼索斯崇拜在荷马时代还是一种处于边缘的崇拜活动，但是从古风时代开始，其地位不断上升。这是因为狄奥尼索斯崇拜具有消融界限、提高整体性的特点，在城邦兴起和发展的过程中，契合了当时经济、社会和政治发展的需要，多次被用来作为凝聚城邦各阶层的手段。在雅典，梭伦改革、庇西忒拉图的僭主政治和克里斯提尼改革都曾借用和推动过狄奥尼索斯崇拜，也促使这种崇拜渐渐进入城邦政治的“中心”，成为雅典民主政治体系的一部分。戏剧这一艺术形式，就形成和繁荣于狄奥尼索斯崇拜的发展过程中，为古代希腊人的生活提供了一个心理释放的安全阀。狄奥尼索斯崇拜的存在使希腊人在发展理性精神的同时，也保留了强烈的感性认识，从而为希腊人构建了既重视理性又重视感性的社会心理结构。

第三，考察和分析狄奥尼索斯崇拜在希腊化时代、罗马帝国时代、文艺复兴及之后的不同时期里，狄奥尼索斯崇拜与东方文化的冲突与融合、与基督教文化的对抗与传承。希腊化时代，狄奥尼索斯崇拜受到希腊化君主的推崇，融合东方神秘主义因素，成为个人救赎的宗教。罗马帝国时期，巴库斯秘仪（狄奥尼索斯崇拜的秘仪形式）还曾出现过高潮，以至于被元老院严令禁止。但是，这种崇拜在民间一直存在到公元 4 世纪，才最终在基督教的打压下消失，而其中的某些因素却被基督教吸收，成为基督教的一部分。文艺复兴时期，狄奥尼索斯所代表的人文精神也得以复兴，与狄奥尼索斯相关的绘画和雕刻作品开始大量出现，到 19 世纪末，《悲剧的诞生》出版之后，尼采的狄奥尼索斯精神又成为西方创造思想的表达。在数千年的时光流转中，狄奥尼索斯崇拜已成为西方文明的内核。

围绕上述三大问题，本书从历时性的线索梳理了狄奥尼索斯崇拜的发展历程，而在每一个问题下，本书还将从共时性的角度，探讨狄奥尼索斯崇拜在古希腊文明中的特征，同时关注不同时期内，希腊文化与其他文化之间的互动。本书共分为九章，主要内容和主要观点包括：

第一章“何处是故乡——狄奥尼索斯崇拜起源探析”，探讨狄奥尼索斯崇拜的起源，旨在从跨文化的视角分析狄奥尼索斯崇拜出现的多元文化背景。狄奥尼索斯崇拜的起源背景是整个地中海世界的古代文化。在这个世界里，有非常相似的文化因素，因此产生或者易于接受相同的文化观念。在这种文化背景下，狄奥尼索斯崇拜并不是独一无二的，它表达的是这一区域在远古时代的文化共通性。

第二章“从‘边缘’到‘中心’——狄奥尼索斯崇拜地位的提升”，关注了瓶画史料和其他艺术作品中的狄奥尼索斯形象的变化，将瓶画史料与文献史料相结合，佐证了狄奥尼索斯崇拜如何在希腊城邦政治的发展中得到借用和推动，从边缘提升到了中心地位。

第三章“他，融合了界限——狄奥尼索斯崇拜本质探析”，旨在分析狄奥尼索斯崇拜的整体特点，解释狄奥尼索斯之所以能够从边缘提升至中心地位。几乎所有的宗教崇拜活动都有提升群体凝聚力的作用，但为什么狄奥尼索斯崇拜的这种功能最强大、最受关注？本章从法勒斯的功能、面具、萨提儿和迷狂等几个方面分析了狄奥尼索斯的磁场，也从男性与女性、人与兽之间的关系上探讨了狄奥尼索斯对这些界限的消融。

第四章“狄奥尼索斯的节日”，对狄奥尼索斯的节日做了详细描述。展现了节日的游行、献祭和宴饮等仪式和程序，有助于理解狄奥尼索斯的城邦祭仪和节日在人们生活中的作用。最后一节“城邦管理下的狄奥尼索斯节日”梳理了狄奥尼索斯节日接受城邦管理并表达城邦理念的特点，让我们看到，狄奥尼索斯的节日与城邦的政治生活紧密相连，也经历了世俗化的过程和政治化的过程。

第五章“秘仪之神”，研究狄奥尼索斯在秘仪中的地位和重要性。狄奥尼索斯之所以成为秘仪之神，这与希腊人对死亡和灵魂的观念密切相关。巴库斯秘仪、厄琉西斯秘仪和俄耳甫斯教是古代希腊最重要的几种秘仪形式，它们的主角都是狄奥尼索斯。秘仪是对城邦集体崇拜必不可少的补充。

第六章“酒会、疯狂仪式与女性”，围绕酒会和疯狂仪式这两个分属于男性和女性的群体探讨了狄奥尼索斯崇拜存在的意义。在对狄奥尼索斯的崇拜仪式中，男女崇拜者的方式是不同的，男人在与酒有关的节日里或者是在只准男人参加的聚会里，把他作为酒神来颂扬，而女性把他作为狩猎者和未征服的自然界的主宰来进行崇拜。本章还通过疯狂仪式试图窥见古希腊妇女与家庭和城邦的关系。

第七章“戏剧——献给狄奥尼索斯的演出”，分析了戏剧的起源、内容与狄奥尼索斯崇拜之间的关系。戏剧在形式上是献给狄奥尼索斯的演出，在内容和所发挥的社会功能上也充分反映出狄奥尼索斯崇拜的庄严与戏谑、颠覆与平衡共存的鲜明特点。脱离了狄奥尼索斯崇拜，人们就无法理解古希腊戏剧演出的许多程序上的安排，也就很难理解古希腊戏剧的深层内涵。

第八章“文化冲突与融合中的狄奥尼索斯崇拜”，续写了希腊化时代和罗马帝国时期的狄奥尼索斯崇拜发展。希腊化时代是东西方文化交流融合的重要时代，狄奥尼索斯崇拜由于自身的特点，被希腊化君主所推崇，并与东方化的神秘主义自觉融合，成为一种流行的因素。但是，巴库斯秘仪与罗马文化也发生过冲突，被明令禁止。在与基督教的对抗中，狄奥尼索斯崇拜是被打压的对象，虽然最终消失，却以狂欢、圣餐等方式转化为基督教文化的一部分。

第九章“借用与表达——狄奥尼索斯在近现代”，探讨了狄奥尼索斯在近现代的发展及其对今天的意义。文艺复兴时期，狄奥尼索斯作为自由和人文精神的表达重新复活。如果说在古典文化里，狄奥尼索斯崇拜是一种实实在在的宗教实践活动，那么在近现代，它已经变成了一个较为抽象的名词或概念。19 世纪末，尼采对狄奥尼索斯精神做了重新定义，学者们的研究又赋予其新的内涵。纵观狄奥尼索斯在近现代被借用的过程，可以看出其在现代的含义是被构建出来的，表达了人们内心深处无法言说的情绪。

本书将在跨文化的视野下揭示狄奥尼索斯崇拜的本来面貌，同时也为狄奥尼索斯崇拜何以在西方文化中占据一席之地寻找答案。

第一章　何处是故乡——狄奥尼索斯崇拜起源探析

古希腊人对狄奥尼索斯的崇拜有着非常悠久的历史，在文字还没有出现的远古时代，这一悠久的历史化为点点碎片，或隐藏在各种神话传说中，或隐藏在节日的习俗之中，或隐藏在某些乡间俚语中，致使其真实的源头变得扑朔迷离。但有关狄奥尼索斯崇拜起源的问题，学术界一直非常关注，尤其是随着尼采《悲剧的诞生》的发表，狄奥尼索斯成为古希腊文化中非理性因素的象征之后，狄奥尼索斯崇拜的起源地问题一度成为学者们争论的焦点。有的学者坚持狄奥尼索斯就是外来的，这其实隐含了西方中心主义的心态，因为西方文化以理性为基石，非理性的因素来自希腊之外，才能对照出东西方文化间的差距，同时保证西方文明的理性根基。随着希腊考古工作的逐步展开，人们发现狄奥尼索斯的名字早在迈锡尼文明时期就出现在派罗斯（Pylos）线形文字 B 泥版上了，狄奥尼索斯崇拜与古希腊文化之间的关系因此更加明朗：狄奥尼索斯就是一个融合了多种文化元素的希腊本土神。所以，探索狄奥尼索斯崇拜的起源，一方面是在跨文化视野下进行的微观考证，另一方面又可以为希腊文明与周边文明的交流史研究提供具体史料的佐证。

一、众说纷纭的狄奥尼索斯起源

狄奥尼索斯崇拜的起源问题在古代人看来，就是一个谜。

生活在公元前 1 世纪的史学家狄奥多罗斯（Diodorus）认为，“古人对狄奥尼索斯有许多猜测，因此有着多种多样的传说，彼此之间也不能相一致，所以真正把狄奥尼索斯的传说和谐地统一在一起很困难”。他根据传说，指出狄奥尼索斯至少有三个不同的来源地：埃及、印度和忒拜城。而让他感到困惑的是，“厄利斯（Elis）、纳克索斯（Naxos）、厄琉舍瑞亚（Eleutherae）和泰厄斯（Teos）等地的人们也都宣称说，狄奥尼索斯是在他们的城市中诞生的”。[1]

历史学家希罗多德对埃及文明极为推崇，他认为希腊大多数神的名字都

---

① Diodorus Siculus，*Library of History*，2. 62.

来自埃及[①]，“埃及人又好像是第一个举行祭日时的庄严的集会、游行行列和法事的民族。希腊人从他们那里学到了这一切事物。我认为这是有根据的，因为埃及的仪式显然是非常古老的，而希腊的仪式则是不久之前才开始有的”[②]。他看到“希腊的狄奥尼索斯祭和埃及的同样祭典之十分近似”[③]，也认为埃及的俄赛里斯“在希腊语里被称为狄奥尼索斯”[④]，由此断定狄奥尼索斯崇拜是从埃及传过来的。

在公元前5世纪上演的悲剧《酒神的伴侣》[⑤]里，悲剧家欧里庇得斯借剧中人物“狄奥尼索斯”之口叙述了自己的经历：

> 我离开佛律癸亚和盛产黄金的吕狄亚以后，经过太阳晒焦的波斯平原，巴克特里亚的城关，墨狄亚的寒冷高原，富庶的阿拉伯，还经过亚细亚沿岸有美丽望楼的许多城市，那里杂居着希腊人和外国人。我曾在那些地方教人歌舞，建立我的教仪。[⑥]

在欧里庇得斯的笔下，忒拜城公主塞墨勒生出的儿子狄奥尼索斯在中亚、西亚和阿拉伯游历过，“杂居着希腊人和外国人”的“亚细亚沿岸”也存在着对狄奥尼索斯的崇拜。公元前4世纪，德摩斯提尼在演说辞里提到了雅典人对来自东方的萨巴最俄斯的崇拜。

> 在你母亲主持的入会仪式上，准备了兽皮、混合的酒，为入会者做净化，用泥巴和麦麸擦拭身体。在净化仪式之后，吩咐他们站起来并且说：“我避开了恶，我找到了善。”……在那些日子里，你引领着神圣团体，戴着茴香和白杨做的花环，穿过街道，你手里抓着蛇，把蛇放在头上，嘴里喊着“Euoi Saboi”，旁边作为领袖和执簸箕、执常春藤的老女人会应答道：“Hyes Attes！Hyes Attes！”[⑦]

---

① Herodotus，*History*，II，50. Trans.，by A. D. Godley，The Loeb Classical Library，Cambridge：Harvard University Press，1995～1999.

② Herodotus，*History*，II，58.

③ Herodotus，*History*，II，49.

④ Herodotus，*History*，II，144.

⑤ 关于这部悲剧，国外学者有很多研究。剧名“Bacchae”是指狄奥尼索斯的女信徒，她们在仪式中通常也是疯狂的女人，即“狂女”。鉴于罗念生翻译的这部作品在国内的影响力，在本书中，仍然沿用他翻译的剧名《酒神的伴侣》。

⑥ ［古希腊］欧里庇得斯：《酒神的伴侣》，［古希腊］埃斯库罗斯等：《古希腊悲剧经典》（下），罗念生译，北京：作家出版社，1998年，第384页。

⑦ Demosthenes，*On the Crown*，Cambridge：Cambridge University Press，2001，258～260.

萨巴最俄斯崇拜是公元前 5 世纪从色雷斯和小亚细亚传来的崇拜活动，很显然，在德摩斯提尼的笔下，这种崇拜在仪式上与狄奥尼索斯崇拜非常相似，人们很难分清这两种崇拜之间的差异，把他们混为一谈也是件很容易的事。尤其是对那些没有加入狄奥尼索斯秘仪或者萨巴最俄斯秘仪的人来说，就更是无法区分了。所以，在古代希腊人的印象里，狄奥尼索斯一方面出生在希腊的忒拜，另一方面又明显带有东方的印记。

生活在罗马帝国时期的普鲁塔克曾经在德尔菲做过祭司，而冬季的德尔菲，狄奥尼索斯替代阿波罗成为这里的主宰，所以普鲁塔克对狄奥尼索斯的理解是深刻的，他把狄奥尼索斯崇拜看作是一个植物神，一种普遍的现象，“其他民族也有自己的农神狄奥尼索斯”①。地理学家斯特拉波（Strabo）认为，色雷斯、弗里吉亚等地的仪式与狄奥尼索斯的仪式之间具有相似性。②

这些古代作家的记载的确为我们了解狄奥尼索斯崇拜提供了一定的帮助，但是我们也看到，相对于他们生活的时代来说，狄奥尼索斯崇拜已经非常古老。希罗多德生活在公元前 5 世纪中叶，欧里庇得斯比他要晚一些，而他们之后的作家，狄奥多罗斯生活在公元前 1 世纪，普鲁塔克生活在公元 2 世纪。还有几个更晚的作家也记载了有关狄奥尼索斯的传说和故事，如阿波罗多罗斯（Apollodorus）是公元前 2 世纪的人物，但其他名下的著作《神话全书》（*Library*）是公元 1 世纪或者 2 世纪的人托其名撰写的，等到鲍萨尼阿斯（Pausanias）在希腊游历并写出《希腊志》（*Description of Greece*）已是公元 2 世纪的事了。所以，他们的记载更多地反映了他们所处时代的人们对狄奥尼索斯崇拜的认识、判断和猜测，反映了狄奥尼索斯崇拜对不同时代希腊人的影响程度。如果考察他们记载的时间顺序和内容，我们也会发现狄奥尼索斯崇拜的影响力是一个不断加强的过程，因为古代作家对这个神的描述加入了越来越多的想象，赋予他越来越多的神力，所以，从古代作家的作品里，我们能够确认的只是狄奥尼索斯崇拜的影响力。

狄奥尼索斯崇拜是何时、以何种方式进入希腊的？这个问题关系到希腊文明的核心问题，在现代学者中间，也引发了旷日持久的争论。

《悲剧的诞生》发表后，在尼采与维拉莫维茨的学术官司中，一个主要的分歧是：狄奥尼索斯是希腊精神的一部分还是希腊精神的敌人？尼采是这样理解希腊人的，“当我们审视温克尔曼和歌德提出的‘希腊’这一概念，并且

---

① Jane Harrison，*Prolegomena to the Study of Greek Religion*，3rd edition，Cambridge：Cambridge University Press，1922，p.368.

② Strabo，*Geography*，X，470～471. Trans.，by Horace Leonard Jones，The Loeb Classical Library，Cambridge：Harvard University Press，1988～1999.

发现在狄奥尼索斯艺术的进程中有与其互相矛盾的因素——狂欢的因素时，我们为其完全不同的特点震撼了。我毫不怀疑歌德根据原则拒绝了类似因素进入希腊人心灵的可能性。所以说，他并没有真正理解希腊人”①。而维拉莫维茨对此却反驳说：“在狂喜的诗歌中的确有狄奥尼索斯的精神，即尼采后来提出的，但这恰恰说明狄奥尼索斯一直不仅不是希腊的而且是真正希腊精神的敌人。”②维拉莫维茨认为狄奥尼索斯崇拜是外来的，并确定狄奥尼索斯崇拜传入希腊的时间为公元前8世纪。③

这场学术官司引发了学者们对狄奥尼索斯崇拜起源问题的兴趣，通过源头来探察狄奥尼索斯崇拜的实质成为理解希腊精神内涵的一种重要途径。但是由于资料的限制，学者们只能在狄奥尼索斯的各种传说中寻寻觅觅，在20世纪70年代之前，绝大多数学者都认为狄奥尼索斯崇拜是外来的，即认为狄奥尼索斯崇拜是从其他文明或其他地区传到希腊后被希腊人接受的。

德国古典学家罗德尽管坚定地支持尼采的学说，但他把传说中所描述的对狄奥尼索斯崇拜的种种抵制，看成是历史真实的反映，因此认为这种崇拜是外来的，最早起源于色雷斯，在进入希腊的过程中，其野性被驯化，并在太阳神阿波罗的帮助下得以神圣化。④19世纪末，古典学家克雷齐默尔（Paul Kretschmer）根据发现的弗里吉亚（Phrygia）⑤铭文，从词源学的角度，认为塞墨勒就是弗里吉亚人的大地女神，“Dionysus”一词在弗里吉亚语中是“宙斯的儿子”的意思（Dio是宙斯，Ysus是儿子），认为狄奥尼索斯崇拜来源于弗里吉亚。由于色雷斯和弗里吉亚两地位置邻近，人们又把他们的猜想统称为“色雷斯—弗里吉亚说”。

“色雷斯—弗里吉亚说”被简·哈里森等几代古典学家所接受，影响深广，流行至今。哈里森认为弗里吉亚人也崇拜一种农神，他们“认为这个神在冬天睡觉，夏天醒来，因此在某一季节他们要用巴库斯的仪式庆祝他上床睡觉，在另一季节再庆祝他醒来”⑥。凯瑟琳·勒维在她的《古希腊喜剧艺术》中对狄奥尼索斯下了这样的结论：“他（狄奥尼索斯）原本是色雷斯—弗里吉亚的神，塞墨勒

① Park McGinty，*Interpretation and Dionysos：Method in the Study of a God*，p.4.

② Ulrich von Wilamowitz-Moellendorff，*My Recollections：1848～1914*，Trans.，by G. C. Richards，London：Chatto & Windus，1930，p.151.

③ A. Henrich，“Entry on Dionysos”，*The Oxford Classical Dictionary*，Edited by Simon Hornblower and Antony Spawforth，3rd edition，Oxford：Oxford University Press，1996，p.482.

④ Erwin Rohde，*Psyche：The Cult of Souls and the Beliefs in Immortality among the Greeks*，London：Routledge，2000，p.30.

⑤ 弗里吉亚（Phrygia）是一个学者无法明确指出的地区，大体应跨越安纳托利亚的中西部的广大地区；弗里吉亚语也是安纳托利亚地区的一种语言。

⑥ Jane Harrison，*Prolegomena to the Study of Greek Religion*，p.368.

与宙斯之子。一切记载都表明他进入希腊是比较晚的，大约在公元前500年，而且希腊人是在经过激烈的反对后才接受了对他的崇拜。”[①]

如果狄奥尼索斯是从色雷斯—弗里吉亚来到希腊的，就应该从北向南进入希腊，可是处于这一道路必经之地的帖撒利（Thessaly）地区几乎没有此神留下的任何痕迹，包括考古发现和文献记载。针对这一点，德国古典学家维拉莫维茨认为，狄奥尼索斯崇拜从陆路传播而来不大可能，由此提出了“小亚细亚说”：狄奥尼索斯崇拜不是直接从色雷斯传到希腊的，而是从弗里吉亚跨过爱琴海、从移民到小亚细亚的色雷斯人那里曲折到达的，即希腊人是从小亚细亚接受狄奥尼索斯的。[②]这一说法与《酒神的伴侣》里欧里庇得斯的叙述相一致，并得到花月节上古老仪式的支持。在花月节上，有一个欢迎狄奥尼索斯到来的仪式，他的出场是坐在装有轮子的船上，似乎表示狄奥尼索斯是乘船从海上来的。而从词源学上看，Dionysus，Semele，Bacchus 等词比较巧合地与小亚细亚一些地区的某些单词在词形或词义上相似。如狄奥尼索斯母亲的名字 Semele 是弗里吉亚人对大地女神的称谓，而 Bakchos 在吕底亚语中相当于希腊语中的狄奥尼索斯，同时也与欧里庇得斯悲剧《酒神的伴侣》里的吕底亚的巴库斯合唱队相吻合。在吕底亚的铭文中，Baki 是词根，用来指神本身，后来表示为神做献祭的月份，更有趣的是，它还用作人名“Bakiva”，就是希腊语中的 Dionysikles。[③]这些似乎都可以证明这一假说的合理性。“小亚细亚说”在实质上是与“色雷斯—弗里吉亚说”相一致的，都认为色雷斯—弗里吉亚是狄奥尼索斯崇拜的起源地，两者的区别只在于传播的路径不同。

道兹在其所译注的《欧里庇得斯：酒神的伴侣》一书的前言中，整合了“小亚细亚说”和“色雷斯—弗里吉亚说”，他把狄奥尼索斯看成是一个外来神，“来自色雷斯和小亚细亚，因为生活在这两个地区的人们在血缘和文化上是相连的。传说表明，狄奥尼索斯实际上是从两条不同的路线来到希腊大陆的——海路：从小亚细亚海岸取道科斯（Cos）、纳克索斯（Naxos）、提洛岛（Delos）和优卑亚来到阿提卡；陆路：从色雷斯到马其顿、彼奥提亚和德尔菲。[④]在时间的推断上，道兹认为维拉莫维茨和凯瑟琳·勒维所确定的狄奥尼索斯崇拜来到希腊的时间过晚，他把狄奥尼索斯崇拜到来的时间追溯到雅典

---

① ［英］凯瑟琳·勒维：《古希腊喜剧艺术》，傅正明译，北京：北京大学出版社，1988年，第10～11页。

② A. Henrich，“Entry on Dionysos”，p.482.

③ Walter Otto，*Dionysos: Myth and Cult*，Trans.，by R.B.Palmer，Bloomington：Indiana University Press，1965，p.60.

④ E. R. Dodds，*Euripides：Bacchae*，Oxford：The Clarendon Press，1953，导言 xviii.

的王政时代、忒拜城的卡德莫斯家族统治时期。[①]特里波里特斯（Antonia Tripolitis）认同道兹的观点，他说即使从匮乏的资料中，也能看出，狄奥尼索斯似乎源于小亚细亚的某个地方，并在公元前 2 千纪的晚期被融入希腊传统中。[②]

狄奥尼索斯崇拜“外来说”实际上反映了根深蒂固的西方中心主义。古代希腊的作家希罗多德、柏拉图、普鲁塔克等人的著作中没有希腊文化优于其他文化的观念，但是从启蒙运动后期开始，欧洲学者坚持希腊文明的中心地位，普遍无视希腊文明与周边文明的共生和交流。在对狄奥尼索斯崇拜起源地的讨论上，维拉莫维茨等学者首先就否认狄奥尼索斯是希腊精神的一部分，认为这种非理性的因素只能来自希腊之外，到来的时间应该在希腊精神形成之后，即公元前 8 世纪；而其他学者尽管接受尼采的观点，将其视为希腊精神的一部分，仍然认为理性才是希腊精神的基石，而非理性的因素只能来自外部，并且在进入希腊的过程中，必须经受理性的驯服，最后融于希腊文化之中。

在“外来说”得到广泛接受时，也有少数学者提出了“本土说”，即认为狄奥尼索斯原本就是古希腊的神，如尼尔森在 1964 年出版的《希腊宗教史》一书中，认为狄奥尼索斯是属于前希腊人（pre-Greek population）的神，是公元前 6 世纪在希腊出现的宗教运动激活了对这个古老神的崇拜。[③]

人类学家弗雷泽在《金枝》第 43 章论述狄奥尼索斯时，他认为“以哀悼与欢庆的戏剧性的仪式交替地纪念神的悲痛的死亡和欢乐的复活”的实质是巫术性的，而“这种思想认识和仪式，在古代决不限于巴比伦、叙利亚、弗里吉亚和埃及等东方民族，也决不只是酷爱梦想的东方宗教的神秘主义的特殊产物，而是与爱琴海沿岸和海上诸岛更富于想象更具活泼气质的民族所共有。……是相似的原因同样地作用于地区不同国度不同但结构相似的人类头脑的产物”[④]。可见，他在理论上认为希腊人的心理具有狄奥尼索斯崇拜的因素；但是受到 20 世纪初罗德等人研究成果的影响，他在论述时还是采用了狄奥尼索斯崇拜来源于色雷斯这一说法，故而，他对此没有任何解释，只是敷衍地说“大量的证据都表明他起源于色雷斯”[⑤]。

---

① E. R. Dodds，*Euripides：Bacchae*，导言 xix.

② Antonia Tripolitis，*Religions of the Hellenistic-Roman Age*，Grand Rapids：William B. Eerdmans Publishing Company，2001，p.22.

③ Martin P. Nilsson，*A History of Greek Religion*，New York：W. W. Norton & Company，1964，p.33.

④ ［英］詹姆斯·乔治·弗雷泽：《金枝：巫术与宗教之研究》，徐育新等译，北京：中国民间文艺出版社，1987 年，第 560 页。

⑤ ［英］詹姆斯·乔治·弗雷泽：《金枝：巫术与宗教之研究》，第 561 页。

我国学者周作人对古希腊文化也有深入的研究，他在自己的文集中表达了与弗雷泽同样的看法：“故 Dithyrambos 者，春之歌也。生之复活之歌。而 Dionysos 者，亦即一切生气之精也。其别号曰 Dithyrambos，曰 Bakkhos，曰 Bromios，皆示生意之发动也。此为 Dithyrambos 最初之一面，希腊以外，亦多有之，不限于一时一地也。”[①]他们从理论上认为，人类进入文明的农业社会以后，都会存在对农神的崇拜，即崇拜第一个教会人们种植庄稼的人，崇拜能给人类带来丰收、让庄稼旺盛生长的神，所以在古代社会，生殖崇拜、农神崇拜并不局限于哪一个民族、哪一个地区，而是一种普遍的现象。

“本土说”在当时还只是一个假说，但六七十年代以来出土的几块线形文字 B 泥版[②]为这一假说提供了较为明确的佐证：有三块泥版上面用线形文字 B 刻着狄奥尼索斯（di-wo-nu-so-jo）的名字。其中，在出自克里特的卡尼亚（Chanian）的泥版上，狄奥尼索斯的名字是与宙斯同时出现的，而出自伯罗奔尼撒西部的派罗斯的泥版，已经显示狄奥尼索斯的名字可能与葡萄酒有关。[③]但在这一点上，学者们还存在一些疑虑，即没有足够的证据能够证明狄奥尼索斯是被作为酒神崇拜的，学者们普遍接受的观点是线形文字 B 泥版上的狄奥尼索斯是一个植物神，并不特别指酒神。尽管线形文字 B 泥版无法证明狄奥尼索斯就是迈锡尼时代的酒神，却可以明确证明他在遥远的青铜时代就是古希腊的神了，他的历史至少可以追溯到公元前 13 世纪（约 1250 年）。[④]

人们通常所说的“希腊宗教”是指古希腊人从古风时期（公元前 776 年～前 500 年）到基督教胜利之前的宗教。[⑤]布莱墨（Jan Bremmer）在《希腊宗教》一书里认为，希腊宗教的来源有三个[⑥]，第一个是印欧人的宗教，第二个是迈锡尼宗教，第三个是东方文化的影响。布莱墨认为米诺斯宗教对希腊宗教的影响甚微，故只提迈锡尼宗教，但布克特始终认为米诺斯宗教和迈锡尼宗教是有连续性的，仍将其称作米诺斯-迈锡尼宗教。国内学者徐晓旭认同布克特的观点，认为希腊宗教“拥有前希腊宗教、印欧宗教、米诺斯-迈锡尼宗

① 周作人：《周作人自编文集：欧洲文学史》，止庵校订，石家庄：河北教育出版社，2002 年，第 20～21 页。Dithyrambos 是酒神颂歌，内容为歌唱狄奥尼索斯两次诞生的经历和其他历险经历。

② 线形文字 B 是迈锡尼文明时期的文字，是王宫里的记事档案，1952 年由英国的建筑师文特里斯（Michael Ventris）成功破译，使我们对迈锡尼文明有了更多的了解。

③ A. Henrich，“Entry on Dionysos”，p. 482.

④ Walter Burkert，*Greek Religion：Archaic and Classical*，Oxford：Harvard University Press，1985，p.162.

⑤ 徐晓旭：《古代希腊宗教：一项“长时段”的考察》，《古代文明》2007 年第 4 期，第 3 页。

⑥ Jan N. Bremmer，*Greek Religion*，Oxford：Oxford University Press，1994，pp.98～99.

教和近东宗教等多个源头”①。希腊宗教中占主导地位的奥林波斯诸神中绝大部分神的名称都在线形文字 B 泥版文书中直接被提到或者能够被证实存在于迈锡尼宗教中。②由此证明，迈锡尼宗教虽然不同于希腊宗教，但其中的很多传统都为希腊宗教所继承，从而也构成了希腊宗教的源头之一。与希腊宗教形成的轨迹相同，狄奥尼索斯崇拜的形成也是上述三种文化影响的结果。如果我们追溯狄奥尼索斯崇拜产生的源头，就会发现，狄奥尼索斯崇拜中实际上继承了米诺斯-迈锡尼宗教中的很多因素。

非常明显，狄奥尼索斯就是迈锡尼宗教的一位主要神祇，而且对他崇拜的传统也通过多种方式延续下来。在凯奥斯（Ceos）岛上的阿亚·伊利尼（Aya Irini），有一个狄奥尼索斯的圣所。从考古发掘的情况来看，这个圣所从公元前 15 世纪到公元前 4 世纪一直香火不断③，大约从公元前 750 年开始，这个圣所肯定就是属于狄奥尼索斯的，在此之前这个圣所是供奉哪位神明的，学者们并不能确定。但是，从圣所收到的献祭品中，可以清晰地看到很多与后期狄奥尼索斯崇拜相关的物品，有狄奥尼索斯权杖，有祭祀狄奥尼索斯的神庙以及为他奉献的谢恩铭文，还有女性舞者的雕像以及酒、常春藤、蛇舞等遗存。④

迪特里克（B. C. Dietrich）认为，在宗教崇拜中，有两点不变，献祭地点的神圣性不变，在这个地点的崇拜及其神性也会持续不变。这是一条规则，入侵者不会破坏原有居民所尊崇的神，而是允许他们保有自己的崇拜。神的名字可能会改变，但是神的功能经常以显著的相似性被保留下来。从青铜时代，甚至更早，到希腊的古风时期，存在于地中海世界的宗教保守性是应该强调的。⑤如果以他的观点来分析凯奥斯岛上的这个圣所，也可以推断出迈锡尼时代以来狄奥尼索斯崇拜的连续性。

古希腊人自己也认为狄奥尼索斯崇拜有着悠久的历史，历史学家修昔底德在《伯罗奔尼撒战争史》中把花月节称为旧酒神节（The Old Dionysia），认为它是希腊人祭祀酒神的一个重要节日。⑥而花月节（Anthesteria）是个相当

---

① 徐晓旭：《古代希腊宗教：一项“长时段”的考察》，《古代文明》2007 年第 4 期，第 3 页。

② J. Kilien，2001：“Religion at Pylos：The Evidence of the Fn Tablets”，*Aegaeum*，Vol. 22，pp. 435～443；Emily Vermeule，*Greece in the Bronze Age*，Chicago：The University of Chicago Press，1964，pp. 291～297.

③ Walter Burkert，*Greek Religion：Archaic and Classical*，p.31.

④ Sophie Mills，*Euripides：Bacchae*，London：Duckworth，2006，p.22.

⑤ B. C. Dietrich，*The Origins of Greek Religion*，Berlin：Walter de Gruyter，1974，p.129.

⑥ Thucydides，*History of the Peloponnesian War*，2.15.4，Trans.，by C. F. Smith，The Loeb Classical Library，Cambridge：Harvard University Press，Reprint，1999；*Herodotus*，Histories，1.150.

古老的节日，早在爱奥尼亚人（Ionian）殖民浪潮（公元前 12 世纪）开始之前，爱奥尼亚人和雅典人就已经庆祝这个节日了，这一点在早期地中海沿岸的考古发掘工作中已得到了证实。①所以法国著名古典学家让·韦尔南评价说，“酒神崇拜在希腊根本就不是一个特别陌生的因素……在人们所能想象到的远古时代，酒神崇拜就已经属于希腊了”②。

19 世纪以后，西方学者中的西方中心主义观念甚嚣尘上，极力把希腊文化看成是优越于东方文化的，把理性看成是希腊文化的基石，而狄奥尼索斯崇拜所代表的东西被他们看成是希腊精神的敌人。正如他们极力把阿波罗崇拜说成是起源于希腊本土的一样，也极力把狄奥尼索斯崇拜看成是外来的因素，看成是起源于东方，后又被希腊的理性原则所驯服的因素。我们应该看到，在狄奥尼索斯崇拜最初的发展历程中，既有希腊本土的因素，也有与东方文化交流和往来的影响，狄奥尼索斯崇拜本身就是希腊文明吸收周边文明成果的具体体现。因为在远古时代，地中海地区应该被视为一个整体，其间不同文明之间不断地交流和互动，并不是某个文明单向地影响其他文明，而是一种整体的互动。在这种大背景下，公元前 8 世纪始逐渐形成的希腊宗教就不再只有单一的源头，而是包容了理性和非理性、阿波罗和狄奥尼索斯种种对立因素的宗教。这种矛盾的对立和统一才是希腊宗教的真正内涵，也是希腊文化的实质内容。在这种大背景下，对狄奥尼索斯崇拜源头的探究就不能仅仅局限于古风和古典时代，而应该上溯至米诺斯-迈锡尼宗教，上溯至印欧人的宗教，甚至上溯至人类最早期的大母神崇拜，进而探求这种崇拜产生的跨文化背景。

二、古代地中海世界的狄奥尼索斯原型

早在旧石器时代，人类就有了宗教观念。在尼安德特人留下的几处遗迹里，考古学家们发现了类似于宗教仪式的痕迹。比如在沙尼达（Shanidar，距离巴格达约 400 公里处）洞穴，死者的身上覆盖着鲜花做成的花圈和衣服。③显然，人类在这一时期已经意识到个人生死问题，并且能够表达对死亡的情感。也是在旧石器时代，原始的表现女性形象的雕像出现在世界各地，尤其是在奥地利出土的“维纳斯雕像”尤为引人注目（参见彩图 1）。它们

① Walter Burkert，*Greek Religion：Archaic and Classical*，p.162.

② ［法］让·韦尔南：《神话与政治之间》，余中先译，第 416 页。

③ Jerry Bentley，Herbert Ziegler，*Traditions and Encounters：A Global Perspective on the Past：From the Beginning to 1000*，5th edition，New York：McGraw-Hill，2011，p.13.

尼索斯救出地府，也被封神。[①]相似的还有厄琉西斯秘仪中的伊阿库斯（即狄奥尼索斯）与德墨忒尔和珀尔塞福涅的关系。这种与丰产之神的关联性，使狄奥尼索斯崇拜与古代地中海世界中的许多文化因素具有相似性、共通性。或者说，生活在地中海区域的人类，在相似的地理环境和气候条件作用下，在大海不是屏障反而是交流通衢的背景下，构建了相似的心理结构，在宗教和语言上体现了很大的关联性。狄奥尼索斯及其崇拜的原型分散在两河流域、埃及、黎凡特等不同的文化区域。

从词源学上看，Dionysus，Semele，Bacchus 等词比较巧合地与小亚细亚一些地区的某些单词在词形或词义上相似。语言学家从词源学的角度对狄奥尼索斯及其随从名字的分析也让我们看到，在狄奥尼索斯崇拜的起源上有着多种文化的影响，这种影响的发生远在迈锡尼时期之前。基克拉底斯文明留下的痕迹很少，可供类比的资料不多，但克里特文明就不同了。狄奥尼索斯崇拜中的各种因素如葡萄树、常春藤、显圣和疯狂的崇拜形式、舞蹈的女人、持蛇的女人、持花的女人、圣婴、公牛，等等，似乎与克里特文明时期的宗教和艺术紧密相连，正如亨利奇在《牛津古典辞书》中所言，最早的狄奥尼索斯崇拜应该在克里特的米诺斯文明中寻找。[②]

过去，学者们认为米诺斯宗教是典型的原始宗教，以生殖崇拜、母亲神崇拜为主要特点，包括理安·艾斯勒、金芭塔丝、克瑞尼等在内的许多著名学者都认为，克里特文明是一个崇拜女神的社会。[③]但现在有学者认为，考古证据曾一度将米诺斯时代的宗教解释为一种以崇拜一个或多个母神为基础的一元宗教并不正确。[④]因为克里特也有表现普通男性以及各种动物的雕像，说明米诺斯宗教可能具有多元的特征。即便如此，从总体上说，在克里特，一种对生命的渴望和对自然万物、对和谐的热情信仰渗透了人们的全部生活。狄奥尼索斯崇拜是否产生于这样的生活背景之下，由于史料和考古资料的不足，我们还不得而知。但是作为一种研究方法，当我们把狄奥尼索斯崇拜与米诺斯宗教尤其是与其所呈现的女神崇拜相对照时，我们惊异地发现，在这两种崇拜中存在着一些共同的东西，女神崇拜里包含了许多类似于狄奥尼索

---

① Hesiod，*Theogony*，940. The Loeb Classical Library，Cambridge：Harvard University Press，2006.

② Simon Hornblower and Antony Spawforth（eds.），*The Oxford Classical Dictionary*，3rd edition ，Oxford：Oxford University Press，1996，pp.1304～1305.

③ ［美］理安·艾斯勒在《圣杯与剑——“男女之间的战争”》（程志民译，社会科学文献出版社，1995 年）、金芭塔丝在《古代欧洲的女神和男神》、克瑞尼在《狄奥尼索斯：不朽生命的原型》中，都表达了克里特文明崇拜女神的看法。

④ ［英］莱斯莉·阿德金斯、罗伊·阿德金斯：《古代希腊社会生活》，张强译，北京：商务印书馆，2016 年，第 357 页。

斯崇拜的因素。正是这些相似的或者是同样性质的因素，让我们把狄奥尼索斯崇拜同远古的对生命力的崇拜联想在一起。

克里特岛很早就开始有人居住，大约在公元前2000年前后，米诺斯王朝在克里特岛确立了霸权地位，克里特文明达到了极盛期。近代在对克里特考古发掘工作中，出土了大量的女性雕像，许多女性雕像都呈举起手臂做祈祷的姿态，有些女性雕像手臂缠蛇，似乎是蛇女神，如一尊属于米诺斯晚期 I 的镶金牙雕的女神像，就是这样由两条蛇缠绕在胸前和两臂（参见彩图3）。这些以女性为特征的雕像，使学者们认定克里特文明存在着一种对女神的崇拜。通过考古发掘的肖像资料显示，在米诺斯文明中，女神的地位要高于男神。她们有自己的祈愿称号，其中就有阿里阿德涅的名字，其含义是“神圣者”（Ariadne，Holy one），也有欧罗巴（Europa）的名字，这些名称在后来的传统中被保留下来，阿里阿德涅也成为后来狄奥尼索斯传说中的一个重要角色。

从克里特出土的米诺斯时期与宗教祭祀有关的器物来看，祭坛、祭祀壶、圣角以及双面斧等器物也出现在后世的希腊宗教里。其中，双面斧被认为是米诺斯宗教中最重要的器物，理安·艾斯勒把这种斧子与女神崇拜联系在一起，即这种斧子使人联想到开垦农田的锄形斧，也是对蝴蝶形状的仿效。而象征变形的蛇和蝴蝶在历史上始终是女神变形力量的标志。[①]尼尔森也非常自然地由这种双面斧想到了狄奥尼索斯祭祀仪式上的相同用具，他说：“特奈蒂安人（Tenedians）为狄奥尼索斯献祭宰杀牺牲时也使用双面斧，他们还把这种图形作为城市的标志刻在他们的硬币上。”[②]他还解释说，这种双面斧最初是用来宰杀牺牲为神献祭的，在后来逐渐演变成一种宗教的符号。

如果双面斧之间的相似属于巧合的话，狄奥尼索斯崇拜与米诺斯宗教的女神崇拜之间其他方面的相似性也令人惊异。

第一，女神崇拜是对生命力和大自然的一种原始崇拜，生命之树始终是自然母亲给予人类的礼物，因此，对树的崇拜也是女神崇拜的一种变形。克里特出土的文物中出现了许多树木或者树枝的图案，并伴随着祈祷的画面。纳克索斯出土的一件玉器上，雕刻着一位持矛的男子站在一个棕榈树下，他的旁边是一台摆放着祭祀用具的桌子，另外一些场景描绘着男女舞者在树前疯狂地舞蹈。克诺索斯王宫的一幅彩饰壁画上描绘着一群妇女，她们站在树

① ［美］理安·艾斯勒：《圣杯与剑——“男女之间的战争”》，程志民译，第25页。

② Martin P. Nilsson，*A History of Greek Religion*，New York：W. W. Norton & Company，1964，p.16.

林前，举着胳膊，似乎是在舞蹈，情绪也很激动。①

狄奥尼索斯不仅被看作是葡萄树②之神，还与其他树如冷杉、橡树联系密切。他的称呼包括“树的力量”“花季的赠与者”“果实的赠与者”，等等。鲍萨尼阿斯记载说，狄奥尼索斯作为树神在希腊各地都受到崇拜。③德国学者弗里根豪斯（August Furickenhaus）最早在一系列出土的希腊瓶画艺术中探寻，使我们得到了较为确切的关于祭祀狄奥尼索斯的仪式。从他及后代很多学者的研究中，我们了解到，在狄奥尼索斯的崇拜仪式上，妇女常常是主角。比如，在勒奈亚节上，祭祀活动的主角是一群妇女，她们对狄奥尼索斯的祭祀仪式似乎是对远古树崇拜的翻版：代表狄奥尼索斯的巨大的面具挂在木头柱子上，一件长袍从头以下的部位垂下，常春藤的枝条像树冠一样覆盖在面具上，缠绕在木柱光秃的部分，像枝条一样从树的根部或者从长袍里钻出来（参见彩图 4）。④人们在这样的面具下，酿制新酒、跳舞和狂欢。

第二，狄奥尼索斯的“圣婴”形象。在希腊神话中，狄奥尼索斯、宙斯和哈基托斯（Hyakinthos）都作为植物神，在孩童时期就被人们所崇拜。类似的神圣儿童也出现在米诺斯宗教中，在两个出土的陶器上，都绘有这样的画面：该亚（Ge）从大地里出现，手里托着儿童普鲁托斯（Ploutos），这里的儿童象征着财富，象征着土地上丰饶的产出。⑤更富有意义的是，在克里特出土的文物中，男性形象较少，如果跟女性同时出现，身材也表现得比女性矮小，在这种情况下，圣婴同女神的关系就显得更为重要。从整体上来说，母亲给予生命，圣婴代表纯洁和生命力，两者在一起，表达了远古人对生命的理解和呵护，而女神与圣婴之间的关系总是趋向于诞生（从地里出来）、死亡（回归大地）和复活等主题，反映了远古的人类对深层次生命情感和人类命运的关注。

在狄奥尼索斯的传说里，他也是作为圣婴出现的。他还没有出生就失去了母亲，在一群仙女的养育下长大，在德尔菲，酒神的女祭司在春天到来的时候，会进行一个唤醒新生神的仪式。在厄琉西斯秘仪上，狄奥尼索斯是作

---

① Walter Burkert，*Greek Religion：Archaic and Classical*，p.28.

② 在古代，人们认为葡萄是一种树。狄奥弗拉斯图（Theophrastos）在《对植物的调查》中，把葡萄列为树的典型代表。参见 Theophrastos，*Enquiry Into Plants*，1.3.1. Trans.，by Arthur Hort，The Loeb Classical Library，Cambridge：Harvard University Press，1916.

③ Pausanias，*Description of Greece*，2.2.7，Trans.，by W. H. S. Jones，The Loeb Classical Library，Cambridge：Harvard University Press，reprint，1998.

④ Walter Otto，*Dionysos：Myth and Cult*，Trans.，by R.B.Palmer，Bloomington：Indiana University Press，1965，p.86.

⑤ Martin P. Nilsson，*A History of Greek Religion*，p.32. 普鲁托斯是冥王哈得斯的别名，他同时掌管财富，掌管地下埋藏的宝藏。

为圣婴“伊阿库斯”出现的，那时，他是珀尔塞福涅的儿子，是大地女神的儿子。狄奥尼索斯的传说中，保留了较多的他与大地女神的亲密关系，酒神颂歌又把他的凡人母亲列入天庭，成为大地女神“Thyone”[①]，再一次强调作为圣婴，狄奥尼索斯同母亲神之间的关系。保存在大不列颠博物馆的彩陶画面再现了这个主题，该亚从大地里出现，这时她的手里托出的是圣婴狄奥尼索斯，她把这个孩子交给了养母雅典娜。哈里森认为，这是画家对厄瑞斯托克斯诞生模式的一种模仿，反映了画家试图确立狄奥尼索斯作为12位主神之一地位的这一历史事实。而实际上它反映了希腊人根深蒂固的“狄奥尼索斯就是女神的孩子，而且来自冥府”的观念。[②]

第三，蛇是女神崇拜最主要的象征之一。在整个新石器时代的考古学出土文物中，蛇是最常见的主题之一。在美索不达米亚，从一座公元前24世纪的遗址中挖出了一座女神雕像，一条蛇盘在她的颈部。在古代埃及神话中，眼镜蛇女神泽特是世界的原始创造者。伽南的女神阿施托雷也被描绘成蛇。在印度女神时母的身上缠绕着一条眼镜蛇，“仰着它的膨胀的头，像带子一样成对地缠绕着她的腰部，暗示着子宫——在这里意指其死亡方面。这样的蛇缠绕在克里特蛇女神的腿上，形成了墨西哥女神科阿特利库埃（Coatlicue）的蛇衣”[③]。在克里特，蛇通常缠绕在女性的手臂上。在后来的希腊宗教里，蛇和女神的这种结合是神秘而又广泛的，蛇和女神的关系不仅通过希腊神话的种种变形，通过雅典娜、赫拉、德墨忒尔等女性神的形象保存下来，在狄奥尼索斯崇拜里，蛇也有很多象征意义。

狄奥尼索斯的每次出场，都有蛇在其身边，他的权杖上盘绕着蛇，他的女祭司们经常与蛇为伍，有时他自己的头发散开如昂首吐信的群蛇。在古风时期和古典时代的红绘瓶画上，狄奥尼索斯还以蛇为武器攻击敌人（参见图1-1）。蛇虽然不能成为他唯一的象征性标志，却是他不可缺少的一部分。从文化角度来看，蛇的象征意义非常广泛，如果说，雅典娜神庙里的蛇象征着智慧，宙斯的蛇象征着权力，那么，狄奥尼索斯的蛇似乎更多地代表着死而复生和长生不死，而这种象征意义是同古老的女神崇拜是一脉相承的。

---

① A. N. Athanassakis，“Homeric Hymns to Dionysos”，in *The Homeric Hymns*，Baltimore：The Johns Hopkins University Press，1976，p.1.

② Jane Harrison，*Prolegomena to the Study of Greek Religion*，3rd edition，Cambridge：Cambridge University Press，1922，p.405.

③ ［德］埃利希·诺伊曼：《大母神：原型分析》，李以洪译，北京：东方出版社，1998年，第153页。

图 1-1 红绘瓶画上描绘的狄奥尼索斯，以蛇为武器攻击敌人
（现藏于波士顿艺术博物馆）

第四，狄奥尼索斯与阿里阿德涅之间的关系。如前述，米诺斯宗教里女神的地位高于男神，这些女神有各种祈愿称号，其中一个就是阿里阿德涅。而在后来狄奥尼索斯的传说中，阿里阿德涅也是主角。克里特岛上的米诺斯公主阿里阿德涅在帮助雅典英雄提修斯逃出米诺斯王宫后，惨遭提修斯的抛弃。后得到狄奥尼索斯的垂爱，嫁与他为妻，这个结局是赫西俄德的《神谱》里记载的①，也是流传较广的一种说法。荷马史诗《奥德赛》讲述了另一个版本的阿里阿德涅与狄奥尼索斯的故事：狄奥尼索斯在阿尔忒弥斯的怂恿下，把阿里阿德涅杀死在环水的狄埃岛。②但可以确认的是，赫西俄德和荷马都认为狄奥尼索斯通过与阿里阿德涅的婚姻关系与克里特存在着一定的联系。

尼尔森认为土地上的人口和语言可以改变，但是移民们一般不会拒绝对古老神的尊崇。旧的神尽管会被其他的神取代，或者变成其他的形式，但是他们不会消失，他们只是隐藏在深层背景之中，仍然影响着人们的心理状态和宗教信仰。③很有可能，当古老的女神崇拜渐渐隐入历史背景中之后，某些类似于狄奥尼索斯崇拜的因素作为对这种女神崇拜精神的怀念，沉淀下来，并在漫长的历史进程中，与新的文化类型不断融合，影响了新一代定居者。

越来越多的考古证据证明了在米诺斯宗教和迈锡尼宗教之间存在着诸多基本相似点，迈锡尼时代，在希腊本土的王宫和民间，克里特女神仍然受到广泛的崇拜，所以，在迈锡尼宗教思想中有很深的米诺斯宗教的烙印。④而在

---

① Hesiod，*Theogony*，945.

② Homer，*The Odyssey*，11. 320. Trans.，by A. T. Murray，The Loeb Classical Library，Cambridge：Harvard University Press，1945.

③ Martin P. Nilsson，*A History of Greek Religion*，p. 22.

④ B. C. Dietrich，*The Origins of Greek Religion*，Berlin：Walter de Gruyter，1974，p.133.

迈锡尼宗教和希腊宗教之间，也有着更多的承继关系，最典型的例子是线形文字 B 泥版上的宙斯、波塞冬、狄奥尼索斯等神的名字，这意味着后来的希腊宗教在相当大程度上继承了迈锡尼宗教的主要神祇，意味着迈锡尼文明的精神文化也是后来希腊文明的基础。我们可以清晰地看到，从米诺斯宗教、迈锡尼宗教到奥林波斯宗教，有一条线始终绵延未绝。正是凭借这种绵延不断的、扎根于文明基础的传承，米诺斯宗教中的某些因素传到了古典时期，也使我们对狄奥尼索斯的原型可能在克里特的猜测多了几分可信性。

三、葡萄种植技术的传播和酒神狄奥尼索斯

狄奥尼索斯最初并没有被称作酒神。他与无花果和常春藤等野生植物的联系、与公牛和山羊等野生动物的联系，要远远早于与葡萄酒的联系。[①]在公元前 13 世纪的线形文字 B 泥版文书中有他的名字，而且在卡尼亚出土的泥版上，狄奥尼索斯的名字与宙斯的名字在一起，可是学者们无法确定在迈锡尼文明时期，他的名字是否与酒有联系。考虑到葡萄种植业在当时的迈锡尼已经相当重要，并且在公元前 7 世纪，狄奥尼索斯同酒的联系已相当明确，可以据此推断，这种联系的确立应该发生在公元前 13 世纪和公元前 7 世纪之间。

为什么作为植物神的狄奥尼索斯能与葡萄酒发生特殊联系？并成为酒和快乐的象征，以至于其他特性都降至其次了呢？笔者认为，原因首先在于酒的特殊功能恰好满足了狄奥尼索斯崇拜的需要。狄奥尼索斯崇拜中的狂欢是一种特殊的献祭仪式，其目的是要达到与神的融合。而为了得到这样的经历，同许多其他的民族一样，古希腊人认为在某些情况下，酒能帮助人们进入到陶醉和迷狂的状态。

无论是原始的巫术，还是米诺斯文明中的母亲神崇拜，为了保证仪式获得预想的成效，都以夸张的舞蹈和近似于狂欢的举止来达到与神合一的境界（类似于“着魔”的状态）。而在这个过程中，人们还会以某种宗教致幻剂（entheogen）引起通神的幻觉，提升与神合一的程度。这种致幻剂在印度婆罗门教的仪式里，是苏摩酒，在中国萨满教里，是野生的大麻，在米诺斯-迈锡尼宗教里，最早曾使用过蜂蜜酒。此外，人们还有过其他多种尝试，罂粟汁、古柯叶子、有毒的菌类，甚至仙人掌的干花，都曾被用来麻醉神经，帮助人们获得通神的幻觉。但这些东西的效果都远不如葡萄酒。葡萄酒让人愉悦，对人的伤害最小。在喝醉的状态下，人们膨胀、融合，越过彼此的界限，在

① E. R. Dodds，*Euripides Bacchae*，preface，xi-xiii.

一种奇异的力量控制之下，人的精神得以脱离日常状态，让人不由自主地对这种力量充满了敬畏，萨满、巫师和祭司们早就捕捉到了酒的这一特性。于是，酒具有了宗教价值：喝了酒的人靠近了神，酒成为早期宗教体验的中介。

在狄奥尼索斯崇拜里，酒精带来的狂喜使崇拜者生出了神与自己同在的感觉，葡萄酒成为狄奥尼索斯崇拜活动的致幻剂，为崇拜者与神的融合提供了媒介。酒经常在口头上被称为“狄奥尼索斯”，喝酒被形象地（有时也在文学层面）认为是“把神喝进身体里”；而喝醉了被认为是神附体了，希腊语单词“enthousiasmos”在字面上的意思是“有神在身体里”。

狄奥尼索斯成为酒神的第二个原因是，作为植物神所具有的生命力使他成为葡萄栽培和葡萄酒酿制技术的最适合的代言人。远古的人类出于对某种技术的敬畏和对发明者的感谢，会将其归于某个神。在美索不达米亚，人们认为主司酿酒的是女神宁卡西；在埃及，酒神是沙斯姆，在《金字塔铭文》《棺材铭文》《亡灵书》里，沙斯姆扮演两个不同的角色，他为俄赛里斯带来葡萄酒，屠戮那些谋杀了俄赛里斯的凶手以及死去国王的敌人。血与葡萄酒之间的关系以及葡萄酒促进生命的意思显而易见。[①]古希腊不是最早酿制葡萄酒的地方，葡萄酒是从古代的近东地区传过去的，可能是因其促进生命的含义而被归于狄奥尼索斯，并在此后的传说中增加了狄奥尼索斯和葡萄酒之间的割不断的联系，尤其是人们把葡萄栽培和葡萄酒酿制技术的传播过程和传播路线也附着在狄奥尼索斯的传说之中。

最早的关于葡萄栽培和酿制的文字记载都来自神庙对葡萄酒的使用。公元前3000多年前，埃及第一王朝的国王，也被认为是神庙的最高祭司，拥有巨大的酒窖，葡萄酒密封在罐子里，罐子上刻记着葡萄收获的时间、地点和酿制者。[②]但是埃及不大可能是最早栽培葡萄的地方，这里没有野生的葡萄树，也没有适合葡萄生长的环境。

野生葡萄树生长在地中海东岸、安纳托利亚东部以及黑海与里海之间的区域，研究人员在今天的亚美尼亚收集到了非常丰富的野生葡萄品种。有证据表明，这里的先民在公元前6000年就进行了驯化野生葡萄树的尝试。也有学者把这个时间往前推到了公元前8000年。[③]1996年，考古学家在伊朗北部扎格罗斯山脉的一个石器时代晚期的村庄里，挖掘出一个酒罐，美国宾西法

① 金寿福：《古代地中海区域的酒文化》，《全球史评论》2015年第2期，第100页。

② Dan Stanislawski，1975：“Dionysus Westward：Early Religion and the Economic Geography of Wine”，*Geographical Review*，Vol. 65，No.4，p.429.

③ T. Unwin，*Wine and the Vine：A Historical Geography of Viticulture and the Wine Trade*，London：Routledge，1991，pp. 58～59.

尼亚州立大学的麦戈文在给英国《自然》杂志写的文章中说，这个罐子产于公元前 5415 年，里面有残余的葡萄酒和防止葡萄酒变成醋的树脂[①]，这是人类在距今 7000 多年前就已饮用葡萄酒的证据。目前，大多数历史学家和植物学家在葡萄种植上取得了这样的共识，即最早开始种植葡萄的是安纳托利亚东部、高加索和扎格罗斯山脉的居民。[②]

最早的葡萄酒是野生葡萄经过发酵后形成的，可能是人们偶然的发明。用野生葡萄做的葡萄酒，与葡萄栽培和葡萄酒酿制技术真正成熟后的葡萄酒相差甚远。因为后者要经过对雌雄同株葡萄的辨认和筛选、种植、嫁接、剪枝、除草、培植，然后将成熟的葡萄密封在容器内以促进其发酵，最后，还要选择温度变化较小的地方进行储存。只有那些技术熟练的人才能完成这些操作步骤。而且，从栽下葡萄树到葡萄的第一次收获要等上 2～3 年的时间，所以葡萄栽培还需要充足的人员和资金来满足季节性的劳动需求。但令人惊讶的是，这样的技术在史前时代就已经出现了。[③]

爱德华·亚姆斯在《狄奥尼索斯：葡萄酒的社会史》[④]里也认为，最晚在公元前 4000 年前，美索不达米亚平原以北的山地居民从南部的居民那里学到了很多农业技术，已经可以在肥沃的山谷里进行定居的农业生活，他们驯化了野生葡萄，开始了葡萄的人工栽种。而在此前，他们已经掌握用野生葡萄酿酒的技术很久了。公元前 3000 年左右，葡萄栽培技术传到了两河流域下游，希罗多德在《历史》里记载，即使到了公元前 5 世纪的时候，巴比伦尼亚地区的居民还会从两河流域上游的亚美尼亚（Armenia）进口酒。[⑤]接着，葡萄栽培技术又从两河流域下游传到了叙利亚、腓尼基和尼罗河三角洲地区。

可以确定的是，希腊人的葡萄栽培技术不是自己的发明，而是在有文字记载的历史之前从两河流域引进的。[⑥]但是葡萄的种植技术从原产地在何时或者以何种方式传到希腊，我们不得而知，学者们猜测应该有两种途径，一是从小亚细亚经陆路色雷斯来到希腊，二是经海路从克里特来到迈锡尼。

从陆路经色雷斯来到希腊是可能的。欧里庇得斯在《酒神的伴侣》里，

① http：//www.tech-food.com/kndata/1000/0001082.htm. 2012/3/15，9.14 am.

② E. Issac，*Geography of Domestication*，New Jersey：Prentice-Hall，1970，p.69.

③ Dan Stanislawski，“Dionysus Westward：Early Religion and the Economic Geography of Wine”，p.429.

④ Edward Hyams，*Dionysus：A Social History of the Wine Vine*，New York：The Macmillan Company，1965.

⑤ Herodotus，*Histories*，1.194.2.

⑥ Edward Hyams，*Dioysus：A Social History of the Wine Vine*，p.21.

让狄奥尼索斯自诉了经历，提到他已经征服了亚细亚、阿拉伯、波斯、弗里吉亚和吕底亚[①]，他提及这些地名的次序与葡萄种植技术传播到这些地区的途经地基本相同。在这个陆路传播线路中，色雷斯是一个关键点。色雷斯海岸最早的商站和殖民地有人说是腓尼基人建立起来的，也有人说是米诺斯文明早期的克里特人建立的，不管这些冒险者是谁，他们可能都试图用酒与当地人进行贸易，当他们作为殖民者站稳脚跟后，也劝说或者强迫当地人种植葡萄了。另外，酒神颂歌很早就在色雷斯出现了，也算得上是葡萄酒与此地有联系的重要证据。

如果经海路传播的话，克里特就是葡萄栽种技术传播的中间站。从公元前 3000 年开始，克里特在爱琴海诸岛、小亚细亚西南地区和阿戈斯（Argos）等地建立了很多商站，其中之一是乌加里特（Ugarit），克里特东海岸的萨克罗（Zakro）王宫也是为了服务于与亚洲和埃及的商业往来而建立的。[②]作为东西方文明交流的中介，克里特人可能很早就从腓尼基人或埃及人那里掌握了葡萄酒的酿制技术。在公元前第 3 千纪的后期，在克里特南部墓穴里出土的证据表明，有在祭祀时使用酒的情况。[③]

迈锡尼文明承继了米诺斯文明的影响，扩大了商业往来的范围，建立了从黎凡特（Levant，指的是托罗斯山脉以南、地中海东岸、阿拉伯沙漠以北的地区，是安纳托利亚到埃及的必经地区）到地中海中心的众多商站，迈锡尼人不仅继承了米诺斯人的商业热情，还继承了米诺斯人的宗教态度，尤其是对疯狂舞蹈的热情。[④]大约在公元前 1800 年，早期迈锡尼人从克里特学会了酿酒技术，开始建立自己的葡萄园。迈锡尼遗址发现了葡萄栽培使用的铲子、盛酒的双耳陶瓶和酒罐（pithoi），以及成堆的压缩在一起的葡萄籽。[⑤]这些都显示出在迈锡尼时代，葡萄种植业和酿酒业在经济生活中已占有相当重要的地位。

到公元前 1000 年，葡萄园已遍布希腊各地，有些地区以能生产出优质葡萄酒而闻名，有些城镇和地区的名字里就有词根（v）oinos（意为“葡

① ［古希腊］欧里庇得斯：《酒神的伴侣》，［古希腊］埃斯库罗斯等：《古希腊悲剧经典》，罗念生译，第 384 页。

② Dan Stanislawski，1975：“Dionysus Westward：Early Religion and the Economic Geography of Wine”，*Geographical Review*，Vol. 65，No.4，p.433.

③ Keith Branigan，*The Tombs of Mesara*，London：Duckworth，1970，p. 93.

④ Martin P. Nilsson，*The Minoan-Mycenaean Religion and Its Survival in Greek Religion*，Lund：C. W. K. Gleerup，1927，pp. 574～583.

⑤ Edward Hyams，*Dionysus：A Social History of the Wine Vine*，New York：The Macmillan Company，1965.

萄酒”“葡萄树”)，比如，帖撒利和阿卡尼亚（Acarnania）的 Oeniades；拉哥尼亚（Laconia）的 Oenus；爱琴娜岛（Aegina）的另一个古老名字是 Oenopia；阿提卡的一个德谟和爱琴海上的一个岛都自称 Oenoe；在彼奥提亚（Boiotia）有一个地方叫 Oenophyta，伯罗奔尼撒战争期间，雅典人曾在此处击败过彼奥提亚的军队。可以想见，有这样名称的城镇里的葡萄园该是多么古老！

葡萄种植和葡萄酒酿制技术的传播过程在一些传说中也有所反映。以克里特为起点，此类传说经过爱琴海诸岛、纳克索斯、开俄斯传到更远的地方。历史上的希腊人，实际上是知道葡萄栽培和酿酒技术来自克里特的。狄奥多罗斯在克里特游历时，当地人告诉他，早在米诺斯之前的好多年前，克里特人就知道了酿酒的技术。传说那个酿酒的人叫奥诺庇翁（Oinopion），也有人说他是狄奥尼索斯的儿子，继承了他父亲狄奥尼索斯的酿酒技术。[①]还有一个广泛流传的“奥诺庇翁及其家人”的故事，通过描述一个克里特家族从纳克索斯到开俄斯的迁移过程，反映了葡萄种植技术的传播。在荷马史诗《奥德赛》里，奥德修斯给圆目巨人献上的是马戎尼安人（Maronean）的酒，而马戎尼安人的祖先就是色雷斯人马戎（Maron），再向上追溯，马戎是奥诺庇翁的儿子或孙子[②]，也就是说，酿酒的人是狄奥尼索斯的后代。狄奥多罗斯的记载反映了克里特与葡萄酒的密切关系，也证明了克里特在葡萄酒传播过程中的重要地位。

伊卡里乌斯（Icarius）的故事也反映出狄奥尼索斯是从海上来的。因为以伊卡里乌斯命名的村庄伊卡里亚（Icaria）坐落在阿提卡西北部的马拉松海湾，正是狄奥尼索斯从海上来到阿提卡的第一站，因此这个故事与狄奥尼索斯节日上的船车有关联，在阿提卡的狄奥尼索斯崇拜中有着很重要的地位。[③]

葡萄的栽培和葡萄酒的酿制技术从东方传来，也在传播的过程中，把对葡萄酒的特殊感情洒在了沿途各地，而这种感情依附于代表植物汁液的树神狄奥尼索斯也是一种自然而然的发展。荷马史诗中虽然没有明确指出狄奥尼索斯就是酒神，但是已经暗示了狄奥尼索斯和酒之间有着某种联系。在《伊里亚特》里他被称为“凡人的快乐”[④]，希腊多山多石的地理条件，虽然在粮

① *Diodorus Siculus*，5.

② Edward Hyams，*Dionysus: A Social History of the Wine Vine*，p.90.

③ Valdis Leinieks，*The City of Dionysos: A Study of Euripides's Bakchai*，Stuttgart: B. G. Teubner，1996，p.191.

④ Homer，*Iliad*，14.325. Trans.，by A. T. Murray，The Loeb Classical Library，Cambridge: Harvard University Press，1999.

食生产上颇为不足，却非常适合种植葡萄、橄榄等经济作物，蜿蜒曲折的海岸线也为希腊人的商业活动创造了良好的条件，所以酒和油的出口在希腊人的生活中至关重要。这就决定了在荷马时代，葡萄酒与狄奥尼索斯之间的关系日趋明确，狄奥尼索斯日渐成为与丰收密切相关的神。

狄奥尼索斯两次出生的经历可以看作是对葡萄嫁接的模拟。塞墨勒与宙斯相好怀孕后，受赫拉挑唆，要求看到宙斯的真面目，结果被宙斯的雷电击死，但在关键时刻，其腹中的胎儿被宙斯救出，放在大腿里，等到足月后才被取出。狄奥尼索斯就是要嫁接的葡萄枝条，在宙斯身体里重新生长。而“塞墨勒和宙斯的儿子”的这一传说也是对自然的模仿。因为塞墨勒死后进入神的行列之后，被称作“提奥尼”（Thyone）①，这个名字是古希腊人对大地的称呼。葡萄的生长需要大地和雨水，所以塞墨勒和宙斯在狄奥尼索斯的诞生过程中，分别扮演了大地和雨水的角色。葡萄成熟后，被人们收割、捣碎，以及高温烹煮、贮存增加其香味等一系列的酿酒过程又与传说中的狄奥尼索斯的被杀、被切割、被烹煮吃掉又得以重生等细节暗暗相合②，他的整个生命过程无疑就是对葡萄从生长到成熟再到酿制成酒的展示。

尽管狄奥尼索斯与酒建立了特殊的关系，被称为酒神，但在古风时期和古典时期，他还是一个控制多个领域——如戏剧、秘仪、迷狂——的希腊神。希腊化时代之后，亚历山大里亚的学者以及罗马人把狄奥尼索斯分割成带着喧闹随从宁芙仙女和萨提儿的“快乐的巴库斯”。后来的文艺复兴时期的艺术家直接接受了罗马人对狄奥尼索斯的观念，从而塑造了以酒和享乐为特征的现代狄奥尼索斯的形象。③

四、传说中的“屡遭抵制”及其内涵

为什么在迈锡尼时代就被人们崇拜的狄奥尼索斯从古至今都摆脱不掉“外来”的影子呢？这是因为在狄奥尼索斯的传说中，狄奥尼索斯始终是从其他地方来的：他从来没有被设想为从一开始就属于某个城市，即使是他的出生地忒拜城也是如此。人们总是先拒绝他、排斥他、抵制他，为了建立自己的崇拜，他不得不使用暴力、疯狂、野蛮的手段使人崩溃，使正常生活陷入

---

① A. N. Athanassakis，“Homeric Hymns to Dionysos”，in *The Homeric Hymns*，Baltimore：The Johns Hopkins University Press，1976，p.1.

② *Diodorus Siculus*，2，63. 在俄耳甫斯教的传说里，狄奥尼索斯是冥后珀尔塞福涅的儿子，他在孩童时就被提坦神煮食了，幸而心脏被雅典娜女神救下，交给宙斯，获得新生。提坦神也被宙斯用雷电击成灰烬，在灰烬中出现了葡萄的枝条。

③ E. R. Dodds，*Euripides Bacchae*，pp.xi～xiii.

瘫痪。对这样一种力量，古希腊人把他传说成外来的神。而现代的很多学者认为传说往往包含着历史的内涵，这些抵制的传说就是历史真实的遗留，反映了狄奥尼索斯崇拜在进入希腊过程中的真实遭遇，因此把这些传说当作狄奥尼索斯崇拜作为外来力量闯进希腊文明的一种凭证。

那么，作为希腊文化的一部分，狄奥尼索斯“屡遭抵制”的传说想诉说什么、表达什么呢？首先让我们来分析传说的具体内容。

有关狄奥尼索斯到来的传说基本上有两类，古老的一类出自彼奥提亚地区（Boeotia），在这类传说里，狄奥尼索斯对抵制其崇拜的人的报复极为暴力和血腥，惩罚的对象主要是女人。另一类出自阿提卡，虽然也有暴力的内容，但惩罚的对象主要是男人，并且表达了狄奥尼索斯对人类的仁慈和友善。

（一）彼奥提亚地区的传说

彼奥提亚地区的忒拜城是狄奥尼索斯崇拜的中心，传说他在这里出生，他的母亲塞墨勒就是忒拜的公主。塞墨勒受宙斯的诱惑怀有身孕，赫拉非常嫉妒，她化作塞墨勒的侍女哄骗塞墨勒，让她向宙斯提出显现其真实面目的要求。宙斯曾承诺满足她所有的要求，现在无法违背自己的诺言，于是化作闪电（这是宙斯的真实面目）出现在她的面前，结果塞墨勒就毁灭在这闪电之下。宙斯从她的身体里取出狄奥尼索斯，缝进自己的大腿，足月后又把他取出，这样狄奥尼索斯就有了两次出生的经历。[①]在欧里庇得斯写的悲剧里，宙斯把他带到尼撒山上交给一群仙女抚养长大。然后，他游历世界，回到他的出生地忒拜城，一心想在这里建立自己的崇拜，不惜让人类受尽惨痛的折磨。

狄奥尼索斯作为神出现，也要确立母亲塞墨勒的地位，惩罚曾造谣和中伤塞墨勒的姐妹。在传说中，塞墨勒的三个姐妹认为她怀的不是宙斯的孩子，而是某个凡人的孩子，并告诉父亲说，塞墨勒被宙斯的雷电击死恰恰说明塞墨勒撒谎把自己的失贞说成是宙斯的责任而遭到惩罚的结果。[②]这些谣言伤害了塞墨勒的名誉，因此狄奥尼索斯让这些造谣的人遭到了各种各样的不幸：阿克塔翁（Actaeon）[③]被自己的猎犬撕成碎片，迈里瑟提斯（Melicertes）被

---

① *Diodorus Siculus*：Library of History，3. 62～74；4. 2～4.

② Apollodorus，*The Library*，2.23～26，Trans.，by J. G. Frazer，The Loeb Classical Library，Cambridge：Harvard University Press，1995.

③ 阿克塔翁（Actaeon）是塞墨勒姐姐的儿子，是狄奥尼索斯和彭透斯的表兄。他是一个猎人，但是被阿尔忒弥斯变成了一只牡鹿被自己的猎犬撕成碎片。在早期的传说中，这是因为他追求塞墨勒，引起了宙斯的愤怒，派阿尔忒弥斯进行报复的结果。在后来的传说中，是因为他偷窥阿尔忒弥斯沐浴才引来了杀身之祸。

在大锅里烹煮，勒库斯（Learchus）[①]被自己的父亲错认成一头鹿而猎杀，最后，忒拜城的国王彭透斯（Penteus）被自己的母亲阿高夫（Agaue）撕成碎片。

欧里庇得斯的悲剧《酒神的伴侣》以震撼人心的情节，描述了狄奥尼索斯在忒拜城建立崇拜的过程：老国王卡德莫斯已经退位，新任国王是塞墨勒的妹妹阿高夫的儿子彭透斯，他禁止引进狄奥尼索斯的崇拜。狄奥尼索斯乔装成自己宗教的一名祭司，被彭透斯捉到了，却神奇地逃走了。接下来，他就开始对彭透斯施加自己不可抗拒的惩罚。他劝说彭透斯前去窥视狂欢中的妇女，并让其穿上了女人的衣服。到达疯狂仪式的现场后，彭透斯爬到高高的树上，以便更好地窥探。但是他被狂女们发现了。她们用石头、用树木的枝条打他，最后，他从高高的树上摔下，疯狂的妇女们聚集过来，把他撕成了碎片，他的头被他的母亲高高举起，因为在疯狂的错觉下，她还以为自己撕碎的是一头狮子。

仪式的暴力由一个家族来承担，这种奇异的现象在古希腊的神话中极为少见，也就格外具有震撼力。埃斯库罗斯也曾以这一故事为背景，写过悲剧《彭透斯》，强调抵制狄奥尼索斯崇拜将遭到的报应。狄奥尼索斯报复人类的方式是：让那些拒绝信神的女人疯狂，让她们亲手撕碎牺牲品——或是国王（神的敌人），或是其中一个女人的孩子。在彭透斯的故事里，拒绝狄奥尼索斯仪式的国王被自己的母亲撕成碎片，这个牺牲品既是国王，又是其中一个女人的孩子，两者交织在一起，让人不得不对这种疯狂所带来的力量悚然动容。

除了剧中描写的故事之外，狄奥尼索斯还逼疯了塞墨勒的三个姐妹：伊诺（Ino）、奥托诺（Autonoe）和阿高夫，原因是她们拒绝狄奥尼索斯的神性。狄奥尼索斯愤怒之下，让她们三人连同忒拜城的其他妇女疯狂，使她们不顾国王的命令，跑到山林里疯狂地舞蹈。情节类似的故事还有很多，几乎狄奥尼索斯每到一个地方，都会遇到当地女人的抵制，于是令妇女疯狂的悲剧也就不断地在各地上演。

在阿戈斯（Argos），狄奥尼索斯遭到了抵制。神话编纂家阿波罗多罗斯叙述道："在向忒拜城彰显了他的神性之后，狄奥尼索斯来到了阿戈斯。在这里，他再一次使妇女疯狂，因为他们没有尊崇他。在山林里，她们吞食了自

---

① 迈里瑟提斯（Melicertes）是塞墨勒的姐姐伊诺的孩子。还有一种说法是宙斯把年幼的狄奥尼索斯交给伊诺抚养，结果赫拉继续报复，逼疯了伊诺的丈夫，使他在疯狂之中杀死了自己的儿子勒库斯（Learchus），而伊诺抱着另外一个儿子迈里瑟提斯跳海自尽。参见 Paul Harvey（ed.），*The Oxford Companion to Classical Literature*，Oxford：The Clarendon Press，1966，p.147.

己孩子的肉。”[①]他引用赫西俄德的话说，阿戈斯国王普鲁托斯（Proitos）的女儿们之所以疯狂，是因为她们拒绝接受狄奥尼索斯的仪式。她们的疯狂是狄奥尼索斯的疯狂：妇女们远离日常的家务，远离自己的家庭，在阿戈斯和伯罗奔尼撒的大地上漫游，疯狂地跑过所有的荒郊野外。

在奥尔霍迈诺斯（Orchomenos），城中所有的妇女都欢迎狄奥尼索斯的到来，纷纷跑到山林中舞蹈。只有明亚德（Minyads）的女儿们清醒地留在家里面，不受引诱，拒绝离开自己的丈夫和家务劳动。[②]有一种说法是，狄奥尼索斯先是变成了一个女孩，劝说她们加入到其他女人的行列中。由于她们仍然无动于衷，狄奥尼索斯开始施展法力。于是，在明亚德的三个女儿面前，出现了凶猛的野兽，葡萄和常春藤的枝条自动地缠绕在她们正在工作的织机上，屋顶上不断地滴落葡萄的汁液和牛奶的汁液。疯狂占据了她们的心灵，她们极度渴望生吃人肉，最后抽签决定撕碎留基佩（Leukippe，最小的妹妹）的孩子。[③]这个故事特别强调了狄奥尼索斯崇拜令男性愤怒的一面，因为他诱惑女性放弃家庭和正常的家务劳动。

在厄琉舍瑞亚（Eleutherai），也有类似的传说。厄琉瑟（Eleuther）的女儿们，看到了穿着黑色羊皮的狄奥尼索斯（Dionysos Melanaigi）的幻象，对他充满了厌恶，于是反对他的崇拜。狄奥尼索斯很生气，逼疯了她们。为了治好女儿们的疯病，厄琉瑟在神谕的指导下尊崇了狄奥尼索斯，从而结束了神的报复。其他还有一些叙述稍微简单的故事，如吕库古的传说和第勒尼安海上的水手也都具有相似故事情节：狄奥尼索斯的神性不被承认，他的宗教遭到了人类的抵制，但作为神，他最终建立了自己的神圣证明，惩罚了敌人。在这种类型的传说中，被深深隐藏的狄奥尼索斯和他的权威浮上了表面，神自己被看成是残暴的和毁灭性的力量。

（二）阿提卡地区的传说

狄奥尼索斯的本性是充满矛盾的，在彼奥提亚地区的传说中，主要情节都是针对女性的暴力，但是在另外一种类型的传说中，狄奥尼索斯的暴力针对的主要是男性，同时也显露出其仁慈慷慨的一面，这一类型的传说在种植葡萄的阿提卡地区广为流传。在这类传说中，狄奥尼索斯是酒神，他来到人间，遇到了尊崇他、欢迎他的某个凡人，于是在离别时，把葡萄栽培和酿酒

---

① Apollodorus，2. 2. 2，3. 5.2；Herodotus，6.34.

② Plutarch，*The Greek Questions*，38. in Plutarch，*Moralia*，IV.

③ Plutarch，*The Greek Questions*，38.

技术作为礼物传授给了这个人。

阿波罗多罗斯描述了这样的故事：德墨忒尔和狄奥尼索斯来到阿提卡，德墨忒尔在厄琉西斯受到了国王色列乌斯（Celeus）的欢迎，而狄奥尼索斯受到了伊卡里乌斯（Icarius）的欢迎，伊卡里乌斯接受了狄奥尼索斯赠送的葡萄的枝条，学会了酿酒技术。为了把神的礼物分给其他人，伊卡里乌斯来到一群牧羊人那里，请他们品尝葡萄酒。他们从来没有喝过如此美味的琼浆，于是兴奋之余，他们并没有把酒用水稀释就贪婪地喝醉了。[①]醉倒的牧羊人认为他们喝的是毒药，因此杀死了伊卡里乌斯，他的血弄污了刚刚发明的酒。[②]伊卡里乌斯被杀之后，他的狗把他的女儿厄里戈涅（Erigone）带到了他的坟前，她非常悲痛，上吊自杀。为了纪念这一事件，人们以阿里戈涅的名义建立了一个节日叫作 Aiora（“摇摆”之意），并把一些小的雕像挂在树上，随风不停地摇摆和飘荡。这个节日在阿提卡地区非常普遍，也有学者认为，伊卡里乌斯和厄里戈涅最初可能是地方神、植物神，因为厄里戈涅的意思是“出生在春天”[③]，可能与悼念死者有关。

在阿提卡关于狄奥尼索斯到来的传说中，狄奥尼索斯的出现及传授酿酒技术成为中心主题。伊卡里乌斯和厄里戈涅的死亡不是一种抵制，而是一种提醒：面包和葡萄酒被认为是构成文明饮食的基本因素，带来这些礼物的谷物女神德墨忒尔和酒神狄奥尼索斯自然会到处受到欢迎。但与德墨忒尔赠予的无害的礼物——谷物——相比，葡萄酒作为神的礼物是有两面性的，正如狄奥尼索斯同时具有仁慈和残暴的双面性格一样，酒也是一种混杂着甜蜜和伤害的祝福。

赫西俄德在首次提到狄奥尼索斯是酒神时，就认为狄奥尼索斯的礼物是模糊的，既能造福于人又能伤害人：“狄奥尼索斯给人类带来了快乐和悲伤。酒能让饮者进入狂乱状态，用一种奇异的绳索束缚住他的手脚、舌头和思想，使他进入梦乡。”[④]另外，葡萄的栽培也是一种驯化过程，如果不细心持久地侍弄，葡萄树还会成为野生的。[⑤]葡萄酒的酿制过程，也需要人们耐心地

① M. Simpson，*Gods and Heroes of the Greeks：The Library of Apollodorus*，Amherst：University of Massachusetts Press，1976，p. 205.

② Nonnus，*Dionysiaca*，47.130. Trans.，by W. H. D. Rouse，The Loeb Classical Library，Cambridge：Harvard University Press，1995.

③ Callimachus，*Hymns and Epigrams*，*Lycophron*，*Aratus*，1362，Trans.，by A. W. Mair and G. R. Mair，Loeb Classical Library，Volume 129，Cambridge：Harvard University Press，1921.

④ Valdis Leinieks，*The city of Dionysos：A Study of Euripides's Bakchai*，p.176.

⑤ Marcel Detienne，*Dionysos At Large*，Trans.，by Arthur Goldhammer，Cambridge：Harvard University Press，1989，pp. 33～35.

培育，才能把野生的变成一种能造福于人类的酒。即使酒酿成了，仍然是危险的，必须加水勾兑后才能饮用。正如狄奥尼索斯，既是文明社会的象征，又是文明社会潜在的破坏者。酒能带来诸多欢愉，把人从日常劳苦的生活中解放出几个小时，但是过度饮酒或者饮酒的方式不对，也会带来灾难。雅典帕台农神庙上的浮雕、奥林匹亚宙斯神庙的浮雕以及德尔菲阿波罗神庙的浮雕中，都描绘了拉皮泰人（Lapiths）与半人马怪物（Centaurs）的战争，就是对用酒不当的警示。[①]荷马史诗《奥德赛》里有一段话说明了饮酒不节制带来的恶果：

> 酒酿能使人们变糊涂，如果贪恋它不知节制。酒醪使著名的马人欧律提昂逞狂于勇敢的佩里托奥斯的宫宅，当时他前去拜访拉皮泰人。酒酿使他失去理智，他在佩里托奥斯的宫中疯狂作恶事，英雄们心中愤怒，个个愤然起身，把他拖出院门，用无情的铜器割下他的双耳和鼻梁，他完全丧失智慧，不得不心智昏迷地从那里忍痛逃逸。由此引发了马人族和人类之间的冲突，他本人第一个遭到醉酒带来的不幸。[②]

葡萄酒的颜色与血相同，所以能够代表人类的生命，也能代表暴力下的死亡，事实上，酒后无德一直是各种传说的主题。

热爱葡萄种植的希腊男子深深懂得酒的两面性，他们常常用海上航行和传奇故事等生动的隐喻来表达自己的感受，比如，他们把“适量饮酒”称为平静大海上的安全通道。[③]在酒会上，在节日里，只有按照一定比例加水调和的酒，才是可以饮用的酒，才是愉快和美味的，才是害处最小的，才是文明的饮酒方式。

在荷马的酒神颂歌中，强调了更多的狄奥尼索斯有趣的经历，除了暴力之外，还有未遂的抵制以及狄奥尼索斯的奇迹。所以，阿提卡地区的传说强调了狄奥尼索斯仁慈的一面，而其中所涉及的死亡、暴力和疯狂只是一种提醒，提醒人们无节制饮酒以及不文明饮酒所带来的危害，告诫人们对待神的礼物要慎重。

---

① 对浮雕所表达的故事的叙述，参见 E. Vermeule，*Aspects of Death in Early Greek Art and Poetry*，Berkeley：University of California Press，1979，pp.189～190.

② ［古希腊］荷马：《荷马史诗·奥德赛》，王焕生译，北京：人民文学出版社，1997 年，第 398 页。

③ W. J. Slater，1976：“Symposium at Sea”，*HSCP*，Vol. 80，pp.161～170.

（三）“屡遭抵制”背后的含义

彼奥提亚的传说也被称为“抵制的传说”，这里的主要城市忒拜城是狄奥尼索斯出生的地方和他母亲的埋葬之地。为什么在这个地方，狄奥尼索斯崇拜仍然遭到了强烈的抵制？两种范式的狄奥尼索斯传说，是在传达狄奥尼索斯是外来的神祇吗？古德里详细探讨了狄奥尼索斯遭到抵制的传说，他认为这些传说描述的不是历史过程或历史事实，而是要为狄奥尼索斯崇拜中的疯狂仪式做出解释，即疯狂仪式起源于神的惩罚和复仇。①

塞墨勒三姐妹的故事、明亚德三个女儿的故事、阿戈斯国王三个女儿的故事，都重复和强调了“三个女人”的组合，有学者认为这可能反映了忒拜城狄奥尼索斯崇拜仪式的历史构成，即崇拜仪式由三组狂女共同完成。②除此之外，还有一个重要的现象是每个传说都着意刻画的，即由神引发的疯狂不断地重复发生着。而在古希腊的社会生活中，这种疯狂的发生是必需的。因为在人的内心深处，隐藏着暴力和攻击的欲望，在日常生活中，人们小心翼翼地压抑着这些情绪，但这种情绪压抑过久，就会带来人们心理上的失衡。古代的希腊人敏锐地觉察到了这一点，他们通过狄奥尼索斯崇拜中的疯狂仪式把这些情绪宣泄出去，从而恢复心理上的平衡。道兹因此把人们对狄奥尼索斯的抵制理解为对个人本性的压制，而把狄奥尼索斯的惩罚作为本性迸发、文明消失时的内心突然崩溃。他说：“如果让我来正确地理解早期的狄奥尼索斯仪式，我认为，它的社会功能从本质上来说是净化的，从心理学的角度来说，它清除了那些传染性的非理性冲动，通过舞蹈的迷狂和集体歇斯底里（hysteria），为这些非理性冲动的蔓延找到了突破口，也就是说找到了仪式的发泄口。”③借用弗洛伊德的心理分析，狄奥尼索斯崇拜中的疯狂仪式显然起到了心理分析和集体治疗的作用。

但是，没有人心甘情愿地进入疯狂状态，每个人都会经过激烈的斗争，与理性的斗争，与正常世界的斗争。那些疯狂的因素在正常状态下是休眠的或至少处于从属地位的，现在则在狄奥尼索斯崇拜不可战胜的力量之下释放出来成为主导。对这种力量的屈服注定要经历一系列的反抗，至少在希腊人那里是这样的，所以他们在神话里对这种力量和反抗作了天才的表达。实际上，这种事实在今天比在过去看得更为清楚，把传说作为历史解释的方法也因此是不可取的。④从某种意义上说，狄奥尼索斯崇拜总是保留并到处显示着

---

① W. K. C. Guthrie，*The Greeks and Their Gods*，London：Methuen，1950，pp. 165～173，

② A. Henrichs，1978：“Greek Maenadism from Olympias to Messalina”，*HSCP*，Vol.82，p.137.

③ E. R. Dodds，*The Greeks and the Irrational*，p.76.

④ Walter Otto，*Dionysos：Myth and Cult*，p.72.

来自人类理智和意识之下的深不可测的冲击。对希腊人来说，这种冲击正如来自外部世界的可怕的侵犯，保存在忒拜城、奥尔霍迈斯、阿戈斯和雅典的古老神话的记忆中。也正因如此，狄奥尼索斯才被看成是外来的神，尽管他在很古老的时代就属于古希腊人了。

“狄奥尼索斯是外来神”的观念是一种象征，而不是历史真实的反映。他是一个显圣（Epiphany）的神，他忽隐忽现，这种特性在《荷马的酒神颂歌》以及悲剧《酒神的伴侣》中表现得非常明显。他可以突然出现，也可以突然消失；可以被套上枷锁，也可以自动地解除枷锁。作为一个显圣的神，他是能够带来惊喜的，也是具有破坏性的；他在他的城市里有一个家，又在某种层面上超越了它，他永远是一个“他者”的形象，既属于这里，又不属于这里；既在场，又不在场。作为一个神，他不能只有或者只满足于一个领域。“他者”的特性就是在传说中他屡遭抵制的原因。把这个他者带进城市就不仅仅是一种简单的接受和欣赏了，而是一种证明和雄辩：要给那些抵制他的人带来暴力和痛苦。

作为“他者”，狄奥尼索斯与东方——波斯人的故乡——联系在一起，这是纯粹意义上的“他者”。在公元前 5 世纪，雅典甚至还部分地吸收了其他一些东方神，如萨巴最俄斯（Sabazius），这个神的崇拜在很多方面类似于狄奥尼索斯崇拜，如疯狂的夜间仪式、兽皮服装以及舞蛇等。萨巴最俄斯是大母神库柏勒（Cybele）的儿子，库柏勒等同于瑞亚，即克里特传说中的狄奥尼索斯的母亲。①在德摩斯提尼的演说辞里，这两种疯狂崇拜非常相似，也导致了它们彼此之间逐渐融合。②

所以，抵制的背后具有更深的含义，那就是神的显圣和对其崇拜的接受。对神的抵制导致了神的显圣，神使人进入疯狂状态，在眼前出现幻觉，并在疯狂中与神融为一体，达到对狄奥尼索斯崇拜的彻底接受。抵制—疯狂—接受，这是狄奥尼索斯崇拜的三部曲，是早期狄奥尼索斯崇拜所要实现的对心理压抑的释放。其中，疯狂的仪式是必需的。在彼奥提亚关于抵制的传说中，我们也几乎没有看到酒，看到的只是狄奥尼索斯出于对人类的报复而引发的疯狂。而实际上，这种疯狂是狄奥尼索斯崇拜的一种仪式，通过疯狂，人和神消除了界限，融合在了一起。但是，酒并不是唯一的或者最重要的与神合一的途径。在悲剧《酒神的伴侣》里，彭透斯认为狂女们喝酒了，

---

① E. R. Dodds，*Euripides：Bacchae*，pp.76～77.

② Marcel Detienne，*Dionysos At Large*，Trans.，by Arthur Goldhammer，Cambridge：Harvard University Press，1989，p.5.

但剧中清楚地表达出彭透斯错了，这些狂女更喜欢喝水和奶。[①]在冬季为狄奥尼索斯献祭的狂女们庆祝的也不是酒的节日。在希腊人的心目中，狄奥尼索斯具备这样的魔力，无须中介，神自己就能令人们疯狂，使其达到与神融合的境界。

如果我们不是从简单的角度、带着反感的态度，也不局限于从当代政治价值去理解暴力的话，就会发现暴力在一些特定的社会现象中完全可能出现相反的，即积极的、革命性因素。有些时候还具有“喜剧化”色彩，特别在民族、民间文学叙事中尤其如此，比如在仪式中的“施虐/受虐”的戏剧化场景。暴力行为和感受是理解社会文化秩序的一个基本因素，我们可以将它看作一种概念对超越世俗的、既定的和日常规范的必然过程，即从既定秩序出发，到非秩序，消解秩序，从而再建新秩序。狄奥尼索斯的传说与其崇拜仪式相辅相成，传说解释了仪式，仪式承载着传说，对狄奥尼索斯的崇拜可以看作是一场“戏剧化表演”，其中，暴力经常是解释、解决戏剧情节和冲突所必须与必备要件。在关于狄奥尼索斯的两种范式的传说故事里，狄奥尼索斯首先表现为城邦的威胁，但其真实的目的恰恰是为了接受他，即只有城邦接受和尊崇暴虐的狄奥尼索斯，他才会从城邦的威胁变成一种恩慈。

抵制的最终目的是要引进他。爱奥尼亚人的城邦在春天有一个欢迎狄奥尼索斯的仪式，这就是卡塔戈基亚节（Katagogia，其含义是“把神带来”），人们从船上把酒神迎接下来，然后载着他进行穿越全城的游行。[②]抵制狄奥尼索斯的情节设计实际上是在为狄奥尼索斯的到来和对他的接受做铺垫。在阿提卡，作为酒神戏剧节的前奏，狄奥尼索斯的小雕像被从狄奥尼索斯的神庙抬到阿卡德米（Academy）。当这个雕像被抬回剧场时，城内会有大规模的游行以确保全城都能看到狄奥尼索斯在这个城市的出现。这一环节标志着戏剧节的开始。[③]

所有的传说都趋向于同一个结局，即狄奥尼索斯崇拜最终得到确立。但这一结局的到来，需要经过相当长时间的斗争。抵制的神话可能反映了狄奥尼索斯把妇女从父权制家庭控制下解放出来的力量，同时也反映了狄奥尼索斯从支持生活到毁灭生活的转变是多么快速。在吕库古斯（Lykourgos）的抵制神话里，吕库古斯不仅砍死了自己的儿子，而且通过他的死恢复了土地的

---

① Euripides，*Bacchae*，260，686，704.

② Daniel Ogden（ed.），*A Companion to Greek Religion*，Oxford：Blackwell Publishing，2007，p. 331.

③ A. W. Pickard-Cambridge，*The Dramatic Festivals of Athens*，Oxford：The Clarendon Press，1968，pp. 59～60.

肥力。在这种传说中，生殖能力与毁灭近乎危险地靠近。

除此之外，抵制的传说还有更深层的含义。在荷马史诗里，我们既能体会到阿喀琉斯对“漂亮的死”的追求，也能看到他在阴间“宁可在阳间为奴，也不愿在阴间为王”的抱怨；在希腊悲剧里，我们既能感受到希腊人对卓越（arete）品质的追求，也能看到俄狄浦斯王过分追求卓越所遭受的严厉惩罚。可以说，在古希腊的文化里有一种平衡机制，如果一方是阿波罗的话，那么另一方就是狄奥尼索斯。关于狄奥尼索斯崇拜在希腊被抵制的传说，反映的恰恰是希腊人的文化心理，而不是代表东方文化的狄奥尼索斯惨遭排斥和反抗的历史真实，——这也正是我们探索狄奥尼索斯崇拜的关键之所在。

综上所述，狄奥尼索斯崇拜的起源背景是整个地中海世界的古代文化。在这个世界里，有非常相似的文化因素，因此易于产生或者接受相同的文化观念。与狄奥尼索斯崇拜相似的因素，在石器时代的母亲神崇拜里能够找到，在埃及的冥神俄赛里斯身上能够找到，在苏美尔的牧神杜木兹身上也能够找到。在米诺斯宗教里，这种相似的因素又增加了很多，米诺斯宗教中的树和蛇、女神和圣婴也是狄奥尼索斯崇拜所刻意强调的内容或标志性特征。在古风时期的诗人品达的笔下，狄奥尼索斯体现了植物神的众多特点，他被称为“树的力量”，是花和果实的神，代表着生命的富足。[①]米诺斯文化和迈锡尼文化相互影响，古希腊主要的神出现了并具有各自的功能。我们看到，在这种文化背景下，狄奥尼索斯崇拜并不是独一无二的，它表达的是这一区域在远古时代的文化共通性，也就是说，一方面是早期文化交流的结果，另一方面是相似的环境产生了共同的情感。

在新石器时代就存在于希腊大陆以及亚洲的文化纽带，在青铜时代始终没有完全中断过，米诺斯和迈锡尼城市的神权结构与古代西亚北非的国家组织之间有很多共同的东西，从某种程度上说，它们之间的联系可能是一种相互依赖，而不是简单的模仿。葡萄种植技术和酿酒技术的传播是另一种文化纽带，把希腊文明与古代西亚北非文明紧紧地联系在一起。我们可能不太清楚文化传播的直接途径，但是可以确定的是，这种对文化的学习和借用发生在一个特别长的时期内，并在这个过程中被重新塑造，形成了希腊文化自己的特征。

---

① Pindar，*fragments*，140，Trans.，by W. H. Race，The Loeb Classical Library，Cambridge：Harvard University Press，1997；E. R. Dodds，*Euripides：Bacchae*，p. x.

第二章 从“边缘”到“中心”——狄奥尼索斯崇拜地位的提升

狄奥尼索斯从远古走来，在迈锡尼线形文字 B 泥版上、在开俄斯（Ceos）岛上的圣所里，都留下了或深或浅的足迹。限于年代的久远和资料的匮乏，我们无从知晓狄奥尼索斯与远古希腊人生活的密切程度，也无法知道狄奥尼索斯在多神的希腊宗教体系中处于何种地位。但是，从荷马时代开始，狄奥尼索斯从荷马史诗中所描绘的“边缘”地位，逐渐走向“中心”，成为希腊人的十二主神之一。而这一进程是与古风时期希腊的社会政治变革紧紧地联系在一起的。

一、荷马史诗中的边缘形象

对狄奥尼索斯的崇拜既然在迈锡尼时代或者更早就已经存在，那么，晚后的荷马史诗应该对此有所提及。事实也确实如此，荷马史诗中多次提到了狄奥尼索斯及其崇拜特征。但是，值得注意的是，在荷马史诗里有关狄奥尼索斯的故事很少，也很零碎。似乎在宙斯、波塞冬、阿波罗、雅典娜这些热衷于人间战争的大神面前，他被迫隐退到了荷马史诗所构建的整个宗教背景之中。[①]荷马史诗到底反映了一个什么样的狄奥尼索斯呢？让我们首先对此加以解读。

《伊利亚特》第 14 卷第 325 行称，狄奥尼索斯是宙斯和来自忒拜城的女人塞墨勒的儿子，是“凡人的快乐”[②]，尽管只有一句话，却反映出史诗作者对狄奥尼索斯的出生背景及相关的传说是非常熟悉的。而“凡人的快乐”似乎暗示了狄奥尼索斯与葡萄酒有关。比之稍晚一些，生活在约公元前 700 年的赫西俄德在《工作与时日》中，已经把狄奥尼索斯看作是酒的发明者了：“当猎户座和天狼星走进中天，牧夫座黎明时出现在玫瑰色的天庭时，佩尔

---

① 关于荷马史诗所反映的年代，学者们看法不一，芬利认为荷马史诗反映了公元前 10～前 9 世纪希腊社会的情况，罗得则主张史诗描述了公元前 8 世纪希腊的社会现实，而尼尔森则认为荷马史诗至少涵盖了从迈锡尼时代到公元前 7 世纪的希腊宗教观念。参见 M. I. Finley, *The World of Odysseus*, London：Penguin Books，1979，p.56；张广智：《克丽奥之路历史长河中的西方史学》，上海：复旦大学出版社，1989 年，第 5～8 页；Martin P. Nilsson，*A History of Greek Religion*，New York：The Norton Library，1964，p. 134。

② Homer，*Iliad*，14，325.“the delight of mortals”，希腊语为 “Kharma Brotosin”。

塞斯啊，你要采摘葡萄，并把它们拉回家；在阳光下晒十天十夜，再捂盖五天，第六天把快乐的狄奥尼索斯的这些礼品装进器皿。”[①]因此，也可以断定荷马史诗里的狄奥尼索斯已经是酒神了。

荷马史诗成书是在公元前6世纪，但其大部分内容反映的是公元前10～前9世纪的社会生活。[②]对这一时期的希腊人来说，葡萄酒已经同面包和肉一样，是不可或缺的饮品。不仅少女喝酒，孩子们在成长的过程中也可以喝酒，阿喀琉斯在婴儿时期就在吃饭时喝酒了。正如阿喀琉斯的盾牌上所描绘的乡村风光一样，一个正在收获葡萄的葡萄园是不可少的。[③]说明在荷马时代，葡萄的种植和葡萄酒的酿制与饮用在社会生活中具有非常重要的作用。

令学者们感兴趣的是《伊利亚特》第6卷130～140行描述的色雷斯国王吕库古斯对狄奥尼索斯的冒犯：吕库古斯拿着棍棒驱赶狄奥尼索斯的抚养人[④]，吓得狄奥尼索斯仓皇逃到海底，躲进了忒提斯的怀抱。宙斯出场，刺瞎了吕库古斯的眼睛，狠狠地惩罚了他。这段描写似乎是“抵制传说”的另一个版本。在关于狄奥尼索斯的传说中，吕库古斯的疯狂是由狄奥尼索斯本人一手造成的，在疯狂中，吕库古斯把自己的孩子当作葡萄的枝条，一刀一刀地砍死了。荷马史诗中表现的狄奥尼索斯是胆怯的和无能的，他对凡人的报复都要靠宙斯来帮忙。一些学者认为之所以有类似于遭到抵制的描写，是因为狄奥尼索斯是一个新神，但是，线形文字B泥版文书中的狄奥尼索斯的名字否定了这种观点，所以，学者们也开始为荷马史诗中的这一段小插曲寻找更合理的解释。

史诗《奥德赛》里也多次提到狄奥尼索斯的名字，第24卷说到安放阿喀琉斯的遗骨时，提到“你母亲送来双耳金罐，据说是著名的赫菲斯托斯的作品，狄奥倪索斯的礼物”[⑤]。说明了在荷马时代人们的观念里，狄奥尼索斯与酒和死亡都有关系。在第11卷，史诗提到了狄奥尼索斯与阿里阿德涅的关系。奥德修斯说：“我见到费德拉、普罗克里斯和狡诈的弥诺斯的美丽女儿阿里阿德涅，提修斯想把她从克里特岛带往神圣的雅典城的丘冈，但他未能享有她，受狄奥尼索斯怂恿，阿尔特弥斯把她杀死在环水的狄埃岛。”[⑥]每一个点到为止的提及都明确地透露出，在荷马时代人们对狄奥尼索斯的有关传说极为熟悉，一个故事也不用

---

① Hesiod, *Works and Days*, pp.610～615.

② M. I. Finley, *The World of Odysseus*, p. 48.

③ ［古希腊］荷马：《荷马史诗・伊利亚特》，罗念生、王焕生译，北京：人民文学出版社，2003年，第440页。

④ ［古希腊］荷马：《荷马史诗・伊利亚特》，罗念生、王焕生译，第135～136页。

⑤ ［古希腊］荷马：《荷马史诗・奥德赛》，王焕生译，第440页。

⑥ ［古希腊］荷马：《荷马史诗・奥德赛》，王焕生译，第206页。

详细述说，听众就能明白。关于阿里阿德涅和狄奥尼索斯的关系还有不同的传说，在赫西俄德的《神谱》里，他们之间的结合是神圣的[①]，而在阿提卡的红像陶上，阿里阿德涅作为狄奥尼索斯的妻子出现在公元前5世纪初。

从荷马史诗所提及和引申的狄奥尼索斯的情况来看，我们能够确定荷马史诗的作者是非常熟悉狄奥尼索斯崇拜的，只是对他缺少兴趣而已。

荷马史诗是一部反映英雄和战争的史诗，荷马史诗所构建的奥林波斯神系直接模仿了迈锡尼王国的统治模式，奥林波斯诸神形同于古代世界的许多小酋长和国王，同时又受到宙斯的统治。这是一个已经开始阶级分化的时代，阿伽门农、阿喀琉斯、奥德修斯等人是贵族，也是英雄，他们崇拜的神就是孔武有力的宙斯、雅典娜、阿波罗、波塞冬等，这些神符合英雄时代的神的形象，自然成为荷马史诗所着意要强调的神。而狄奥尼索斯更接近于土地，接近于小土地上的劳动者，他象征着欢乐，象征着生命和大自然的和谐，与战争和英雄没有直接联系。在荷马史诗中，人们只是在彼此对话中才提到他，他从来也没能像宙斯、雅典娜、阿波罗或者赫拉、波塞冬那样，成为史诗的主角，直接参与战争，卷入人类的自相残杀。但是，狄奥尼索斯的的确确又是当时人们所熟悉的神，这一事实使得诗人在不知不觉中就说出了某些狄奥尼索斯崇拜的细节。

学者们认为狄奥尼索斯是一个大众的神而不是一个贵族的神：在传说里，那些掌权的人抵制狄奥尼索斯带来的变化，因为他们从狄奥尼索斯所要颠覆的正常秩序中得到了最大的利益。而对那些处于“既得利益”之外的人——比如非贵族和女性——来说，狄奥尼索斯就是一种鼓舞人心的形象。尽管荷马史诗没有把狄奥尼索斯当作一个重要的神来描写，但这并不意味着狄奥尼索斯在当时人们的心目中就只是一个微不足道的小神。相反，我们可以这样看，宙斯、阿波罗和波塞冬代表的是一种贵族的崇拜，而狄奥尼索斯和德墨忒尔代表的是一种底层民众的崇拜，所以在以战争和英雄传奇为题材的荷马史诗里，狄奥尼索斯隐身在了整体的宗教背景中。而随之一同隐藏在背景中的还有一些平民大众的宗教观念，他们对死亡和灵魂的看法已经和荷马史诗所反映的观念相对立了。但是有一个很小却很重要的事实是，任何冒犯狄奥尼索斯的凡人都会受到神的惩罚。在荷马史诗里，吕库古斯被宙斯弄瞎了双眼惨死，并遭到其他神的憎恶。最终，人们会说狄奥尼索斯貌似可被轻视和削弱，但他是宙斯的儿子，是一个神。

所以说，把狄奥尼索斯“边缘化”了的是荷马史诗所代表的意识形态，它代表了一种世界观，表达了一个社会群体的利益。贵族的快乐和荣耀是远离田

---

① Hesiod，*Theogony*，945～950.

间生产和劳作的。史诗中的内容是经过严格选择的，而这种选择表达了一种价值的取向，符合贵族审美的自然被收进史诗，否则都是被拒绝的对象。不仅狄奥尼索斯的因素被拒绝，包括秘仪、农业劳动、集体的节日和谷物女神德墨忒尔也都被拒绝在史诗之外。但这并不意味着狄奥尼索斯只与田间生产的农民有关。我们看到，狄奥尼索斯会带着酒参加国王帕洛斯（Peleus）和海神忒提斯的贵族婚礼，是受到欢迎的能带来快乐的神，在贵族的酒会上他是被尊崇的，贵族们要按照他规定的调酒比例饮用稀释过的酒，他是酒会的统领和核心。

还有一种猜想是，狄奥尼索斯的性质就是转瞬即逝的，那么，荷马史诗是否也力求展现这一特质？古希腊人也知道狄奥尼索斯是很不容易相处的，他们把这种复杂的感情融入对他的认识里，他们不把狄奥尼索斯看成是固定的，在描绘他时，也会让他来了又很快就消失，正如他短暂露面后，又在吕库古斯的恐吓下迅速消失——荷马史诗似乎也在表达这样一种特质。

二、瓶画里的狄奥尼索斯与梭伦改革

从公元前 7 世纪（甚至更早的时期）开始，隐身于荷马史诗中的狄奥尼索斯频繁地出现在古希腊的陶器上。这些陶器上的绘画我们现在称之为瓶画艺术。公元前 7 世纪，在整个希腊，占主导地位的瓶画主题是动物或带状装饰，很少有神话和传说的场景。但即使在这个阶段，我们在约公元前 650 年的科林斯陶器上找到了狄奥尼索斯崇拜的痕迹，看到了“原始萨提儿”（proto-satyr）和舞者的形象（参见图 2-1）。这些形象还没有形成具体的风格和标准，所以无法确定其中含义。但是到公元前 7 世纪晚期，狄奥尼索斯的狂欢在科林斯瓶画艺术中已是常见的主题（参见图 2-2）。

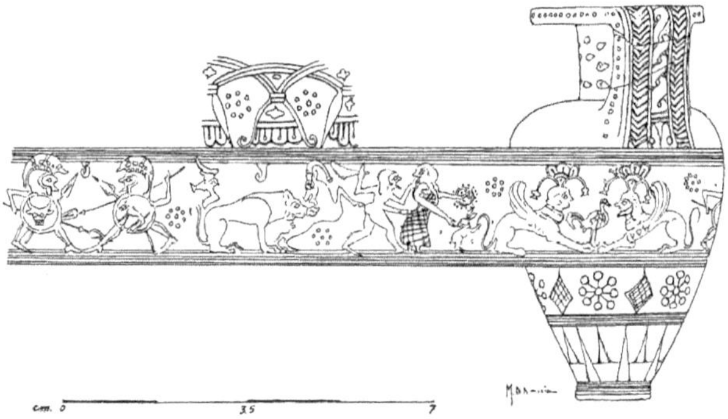

图 2-1　原始科林斯陶器阿里巴罗斯瓶上的萨提儿形象[①]

① Protocorinthian aryballos. Brindisi 1669. Cornelia Isler-Kerényi，*Dionysos in Archaic Greece: An understanding through Images*，Trans.，by Wilfred G.E.，Leiden：Brill，2007，figure 7.

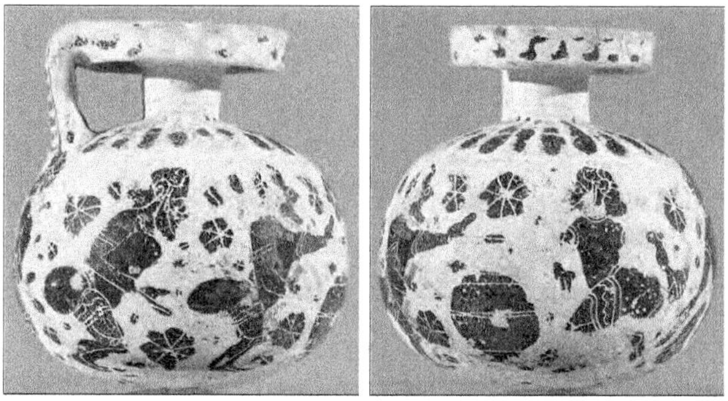

图 2-2 科林斯短颈单柄球形瓶上的舞蹈者①

从公元前 7 世纪末和前 6 世纪初开始，在阿提卡及其他地区的瓶画上面，大量展现了一些与群众的集体活动相关的重要事件，如葡萄酒的生产和运输，活动的主体是底层群众。②还有一个值得注意的事实：在公元前 6 世纪早期，瓶画的整体氛围发生了显著的变化，因为陶器出现了新的品种，型号小了一些，产量也急剧增加。而陶器上的瓶画，也开始把狄奥尼索斯描绘成中心角色。

狄奥尼索斯因素在希腊瓶画上的大量出现，一方面是古希腊陶器制作技术本身发展的结果。在迈锡尼文明消失后的时段里，希腊陶器是由几何图形来装饰的，之后在古代近东艺术风格的影响下，陶器出现了东方化的风格，图案中出现了莲花、怪兽等形象，稍晚之后，日常生活的场景和神话才出现在陶器上。公元前 6 世纪中期之后，雅典生产的阿提卡陶器取代科林斯陶器，在市场上广受欢迎。作为民众喜闻乐见的形象，狄奥尼索斯及与其相关的因素成为瓶画乐于表达的对象。事实上，从公元前 6 世纪中期直到罗马帝国时期，阿提卡的瓶画上狄奥尼索斯的因素都是最为丰富和持久的。而另一方面，狄奥尼索斯因素在希腊瓶画上的大量出现，也是社会政治发展的结果，如果对这一时期希腊大的政治经济变革的背景进行考察的话，瓶画里的狄奥尼索斯形象也会折射出丰富的历史内涵。

公元前 580 年前后，狄奥尼索斯的形象第一次确定性地出现在奢华的迪诺酒罐（dinoi）上，雅典卫城发现了一些有关这一主题的残片，但最完整的一件可能来自埃特鲁里亚的墓葬，是索菲罗斯（Sophilos）的作品，被考古学家命名为“帕洛斯和忒提斯的婚礼”（参见彩图 4）。索菲罗斯之后，另一个伟大的瓶画艺术家克雷提亚也把狄奥尼索斯定位为婚礼上的关键人物。索菲

① Cornelia Isler-Kerényi，*Dionysos in Archaic Greece：An understanding through Images*，Trans.，by Wilfred G.E.，figure 10，figure 11.

② Cornelia Isler-Kerényi，*Dionysos in Archaic Greece：An understanding through Images*，Trans.，by Wilfred G.E.，p.214.

罗斯和克雷提亚的作品大致在公元前 580 年到前 565 年之间，正是梭伦改革产生影响的时间段。而梭伦改革的目的，是为了平衡各个阶层的利益以及确保城邦的持续和稳定。

“帕洛斯和忒提斯的婚礼”这一传说故事表达了对威胁现有宇宙秩序的隐患的消除。神谕说，忒提斯所生的孩子注定要比他的父亲强大，如果忒提斯生下了神的孩子，这个孩子将胜过其父亲，推翻神的统治，所以，忒提斯与凡人国王帕洛斯的婚姻不是为某个神生下后代，意味着不会发生颠覆现有统治秩序的事情，是对现有秩序的一种确定。在索菲罗斯的这件作品中，狄奥尼索斯是作为酒神出现的，他的姿势是肩扛酒罐、面朝帕洛斯。很显然，他不是一个被边缘化的神或者是一个小神，而是一个中心角色。作为酒神出现的狄奥尼索斯与之前出现的舞者形象一样，表达的是一种融合，因为酒和舞蹈都具有融合的功能，能够消融人与人之间的界限，达到一种集体的融合。婚礼是一种融合，忒提斯与帕洛斯的婚礼是神与凡人的融合，更具有特殊的意义。瓶画把狄奥尼索斯描画成中心角色，确立了他作为秩序守护者的地位。

另一个瓶画作品“赫菲斯托斯的归来”塑造了狄奥尼索斯调停者的形象，也强调了他作为秩序守护者的地位。在这里，酒是狄奥尼索斯的武器，酒的威力在希腊人看来远胜于阿瑞斯的暴力冲突。关于“赫菲斯托斯的归来”的故事，文献资料早有记载。鲍萨尼阿斯（Pausanias）在介绍雅典最早的狄奥尼索斯圣地时，提到了这个故事：赫菲斯托斯出生后，由于其脚跛貌丑，被赫拉扔下了奥林波斯山。出于报复，他送给赫拉一张金质的椅子，上面有看不见的绳索。当赫拉坐进椅子里后，立刻被这看不见的绳索捆住了，而赫菲斯托斯拒绝听任何一个神的劝告，最后他信任狄奥尼索斯，在被狄奥尼索斯灌醉后带回了神界，为赫拉解开了绳索。①在公元前 6 世纪早期，列斯堡岛（Lesbos）的人们已经知道了这一故事，也知道说服赫菲斯托斯放了赫拉的人是狄奥尼索斯。②

伪利柏尼乌斯（Pseudo-Libanius）为这一故事又加上了一些细节。战神阿瑞斯试图用武力迫使赫菲斯托斯回来，但是被点燃的火炬击退了（赫菲斯托斯在神话里是火神和工匠之神）。赫拉劝说众神让狄奥尼索斯列入奥林波斯众神之中，以表达自己的感谢之情。③列斯堡岛的残片中也记载

① Pausanias，1.20.3.

② T. H. Carpenter，*Dionysian Imagery in Archaic Greek Art*，p.13.

③ Sappho and Alcaeus，*Greek Lyric：Sappho and Alcaeus*，Loeb Classical Library，1982，Trans.，by David Campbell.

到，“奥林波斯众神中除了赫菲斯托斯本人外没有人能解开赫拉的绳索”，并提到“阿瑞斯说他一定能把赫菲斯托斯带回来”和“十二主神之一”这样的情节。①另外，根据伪利柏尼乌斯的记载分析，“十二主神之一”这个情节应该指的是狄奥尼索斯位列十二主神，但同时他又说，也有可能是指赫菲斯托斯位列十二主神，因为他的归来，彻底地稳定了他自己在奥林波斯众神中的地位。②

在已有保存下来的希腊瓶画中，克雷提亚斯（Kleitias）在弗朗索瓦（Francois）酒罐③上描绘的“赫菲斯托斯的归来”是这一主题的作品中最为细腻的（参见彩图5），大约创作于公元前580年。画面上，作为成功地把赫菲斯托斯带回奥林波斯山的调停人，狄奥尼索斯居于瓶子的中央，骑在骡子上的赫菲斯托斯、萨提儿④和狄奥尼索斯率领的仙女组成了游行队伍——这种游行恰好是狄奥尼索斯祭祀仪式的一部分，游行队伍及狄奥尼索斯的对面，是正翘首以待的奥林波斯众神。比较有趣的是，雅典娜在众神的行列里并没有直视狄奥尼索斯，而是看向左边的阿瑞斯，且右手指向左，左手指向右。全副武装的阿瑞斯，颓丧地坐在一个低矮的凳子上，眼睛看着地面。⑤阿瑞斯的姿势和他的垂向地面的矛，也清晰地反映出他的失败和耻辱。瓶画细致的描绘非常符合文献的叙述：赫拉被困在座椅上，众神都聚来了，阿瑞斯沮丧地坐在一旁，狄奥尼索斯把赫菲斯托斯带回来了，很显然是借助了酒的力量。

还有一个比较奇怪的地方是，在画面的中心位置有一位女神与狄奥尼索斯互相对视。这个女神可能是阿里阿德涅——传说中狄奥尼索斯的妻子，也可能是塞墨勒——传说中狄奥尼索斯的母亲。但这两种猜测都难与“赫菲斯托斯的归来”故事的主题相符。卡朋特认为这个女神是阿芙罗狄忒。⑥在一

---

① E. Lobel and D. Page，*Poetarum Lesbiorum Fragmenta*，Oxford：Clarendon Press，1955.

② 已知最早的把狄奥尼索斯列为“十二位主神之一”的证据是雅典帕台农神庙的楣饰，由他取代了Hestia。但是后来，柏拉图（Phaedrus，247a）提到 Hestia 是十二位主神之一。公元前6世纪末雅典的十二位主神的祭坛是献祭给哪十二位神的，我们一直不得而知，但是，很多学者也认为阿提卡的十二位主神最初可能包括一些不知名的英雄和地方神。参见 T. H. Carpenter，*Dionysian Imagery in Archaic Greek Art*，p.14.

③ 弗朗索瓦（Francois）酒罐是黑绘风格的阿提卡大型调酒罐，高66厘米，1844年发现于埃特鲁里亚的一座墓地，以其发现者的名字而命名，现存于佛罗伦萨考古学博物馆。酒罐描绘了很多神话场景，从上到下分为六个装饰带，其中第三带描绘了“帕洛斯和忒提斯的婚礼”，第四带的B面描绘了“赫菲斯托斯的归来”。

④ 在弗朗索瓦酒罐上，仙女伴侣的名称是塞勒诺斯（Silenos），但是，因为在塞勒诺斯和萨提儿之间没有什么明显的区分，而且，狄奥尼索斯的男性随从经常被称为萨提儿，所以，有的书中为了简便就将其统称为萨提儿了。

⑤ T. H. Carpenter，*Dionysian Imagery in Archaic Greek Art*，pp.19～20.

⑥ T. H. Carpenter，*Dionysian Imagery in Archaic Greek Art*，pp.23～25.

首已经遗失的诗中曾提到，宙斯把阿芙罗狄忒作为奖品，要送给能让赫菲斯托斯归来的神，谁做到了，阿芙罗狄忒就嫁给谁，而狄奥尼索斯得到了这个奖品，然后将其转赠给了赫菲斯托斯。[①]这个陶瓶上的绘画无疑支持了这一传说。[②]

另外一种解释是，瓶画家想表达公元前 6 世纪雅典人的一种比较罗曼蒂克的想法，即认为酒能激发爱，所以，在狄奥尼索斯和爱神阿芙罗狄忒之间可以存在这样一种诗一般的联系。阿芙罗狄忒站在等待诸神队列的前面，面对着狄奥尼索斯。两群人比例平衡，狄奥尼索斯和阿芙罗狄忒成为瓶画场景中的中心点。卡朋特在分析“赫菲斯托斯的归来”这幅瓶画时，也格外关注阿芙罗狄忒的角色特征。他认为，克雷提亚斯把狄奥尼索斯和阿芙罗狄忒放在中心位置是暗含深意的，主要对雅典人有着特殊的重要意义。实际上，“酒、女人和歌声”，由狄奥尼索斯和阿芙罗狄忒所代表的，由萨提儿和仙女表达出来的，战胜了战争和奥林波斯的阶级秩序，似乎也是狄奥尼索斯所代表的政治意义。

公元前 600 年前后，是希腊各城邦社会组织及公共生活的原则还未最终确立的时刻，是城邦亟顺确定秩序、原则和法律的时期。在历史现实中使用神话时，狄奥尼索斯是一种有效的表达：选择某种情节、对某个人物给予偏爱，为现实的情况找寻传统中合适的模型。所以，狄奥尼索斯的形象大量地出现在集体使用的大陶器上，实际上向公众宣传了这种政治含义。无论是在“帕洛斯和忒提斯的婚礼”“赫菲斯托斯的归来”还是在“与巨人的战争”中，狄奥尼索斯的形象一直是加强由宙斯建立的宇宙秩序。本质上，他是一个调停者或者是一个和平的使者，在城邦面临冲突、需要秩序的关键时刻，狄奥尼索斯崇拜被引进城邦。

而在历史现实中，我们也看到，在公元前 600 年前后，应时代的需要出现了城邦的立法者：斯巴达的莱库古和雅典的梭伦。那么，瓶画艺术作品所表达的内容在多大程度上曲折地、起伏波动地反映了历史真实，特别是雅典历史的真实？梭伦改革大体发生在公元前 594/3 年，也有学者认为发生在 580～570 之间。[③]无论哪种推测，都与狄奥尼索斯开始大量地出现在阿提卡瓶画上的时间大体相吻合，让人联想到这样一个问题：这种瓶画艺术所描绘的场景是否反映了梭伦改革这一重大历史事件？

---

① T. H. Carpenter，*Dionysian Imagery in Archaic Greek Art*，p.20.

② Cornelia Isler-Kerényi，*Dionysos in Archaic Greece：An understanding through images*，Trans.，by Wilfred G.E.，figure 42.

③ H. A. Shapiro，*Art and Cult under the Tyrants in Athens*，Mainz am Rhein：P. Von Zabern，1989，p.2.

事实上，历史学家们对梭伦改革具体内容的讨论过于概括，但对梭伦改革的主要内容及其目的的解释是清晰而可信的。[①]梭伦改革的总体目标是拓展城邦组织的基础。城邦的政治集体的源头在黑暗时代，经过漫长的发展，直到公元前7世纪甚至到公元前6世纪才结出果实。[②]在古风时期，希腊各城邦的权力是掌握在少数贵族手中的。文献资料告诉我们城邦是如何掌控在那些同族通婚的贵族家庭手中的，僭主政治在几个希腊城邦中的兴起可以被解释为贵族集团内部的分歧所导致的结果，早期法律条文的出现似乎也与规范贵族之间的潜在斗争有关，旨在为贵族担任官职制定出固定的程序和任职的期限。[③]

在雅典，较为具体的情况是：公元前7世纪，随着海外殖民和海上贸易的发展，雅典社会内部矛盾激化。冲突首先在贵族内部产生，约公元前632年爆发的基伦暴动，就是雅典贵族内部存在着紧张的对峙和政治利益冲突的反映，一些人想通过僭主政治的方式来解决矛盾。在贵族内部矛盾日趋激化的形势下，约公元前624年，德拉古颁布了第一部成文立法[④]，以法律手段结束了贵族之间的宿怨和仇杀，过去由死者家族承担的复仇行为现在由政府组织机构来进行处理。然而，无论是基伦暴动还是德拉古立法，都没有消除贵族内部的矛盾，更没有平息逐渐激化的平民和贵族之间的矛盾。据亚里士多德记载，在基伦暴动之后，“发生了显贵阶层与大众之间长时间的派别之争。因为他们的政体在各个方面都是寡头制的，事实上穷人们本人连同他们的子女和妻室全部都为富人们所奴役”[⑤]。这意味着德拉古时期的雅典政体与从前一样，是由贵族控制着政权，战神山议事会管辖着城邦中大部分最重大的事务，社会下层民众的处境极为悲惨。公元前7世纪后期，许多自耕农由于债务把土地抵押给富有的债权人，自己变为交纳田租的“六一汉”，随后，又因无力负担沉重的田租，被迫将家人或自身卖为奴隶。到了公元前600年左右，国内局势日益动荡不定：为数众多的农民心怀不满，贵族世家又相互寻衅结怨。在这种危机四伏的情况下，梭伦进行了改革。

---

① P. Brook Manville, *The origins of Citizenship in Ancient Athens*, Princeton: Princeton University Press, 1990, pp.124～156.

② Jonathan M. Hall, “Polis, Community, and Ethnic Identity”, in *The Cambridge Companion to Archaic Greece*, H. A. Shapiro（ed.）, Cambridge: Cambridge University Press, 2007, pp.40～60.

③ Victor Parker, “Tyrants and Lawgivers”, in *The Cambridge Companion to Archaic Greece*, H. A. Shapiro（ed.）, pp.13～39.

④ 梭伦改革时保留了德拉古立法中关于杀人的条款，公元前5世纪晚期，这些内容被重新刻写在石头上，所以我们今天可以了解这部分内容。

⑤ ［古希腊］亚里士多德，《雅典政制》，2.1；颜一编：《亚里士多德选集：政治学卷》，北京：中国人民大学出版社，1999年。

这个时期的梭伦还不可能有意识地进行民主政治的试验，面对危机，梭伦的使命首先是要结束当时雅典社会的对抗局面。在完成这一使命时，他并没有使用暴力镇压大的贵族，也没有将全部利益赋予小土地所有者，他化解危机的原则和立场只是折中主义的：他废除债务奴役，暂时保全了小农的份地，但拒绝重分土地；他允许公民自由处理地产，又为土地占有划定最高限额并对挥霍祖产者予以惩罚；他结束了贵族政治，让人民“保留有决定的权力”，但“贵族的特权，部分地以财富特权的形式恢复起来”[①]；他痛恨贵族的为富不仁，也指责穷人的贪得无厌。在梭伦的诗中，雅典娜一方面保护雅典不受内乱带来的毁灭性威胁[②]，同时也与手工业者的代表赫菲斯托斯相联系[③]。所以，可以说，改革家梭伦是一个调停者，他的目的是消除对抗，使城邦成为一个整体。出身于贵族家庭的梭伦，其最主要的关注点不是要颠覆以前的政治秩序，而是要进行平衡和整合，他的理想与民主制相去甚远，或者说是比较保守的。梭伦改革的总主题是要建立界限——空间的、法律的甚至是心理上的。[④]狄奥尼索斯作为宇宙秩序的稳定者与和平的使者，通过画家的作品在这个时期也反映了历史真实的特点，即社会现实需要一个能够稳定秩序的形象。

为了达到这一目标，梭伦试图为雅典城邦的社会组织及公共生活确立原则。首先，梭伦改革废除了债务奴隶制，使雅典公民免去了因借债而变身为奴的威胁，为雅典公民集体形成自主独立的公民意识奠定了牢固的经济基础。梭伦改革还赋予了工匠和小土地所有者以社会尊严。在他的诗里，他说，“我让曾经被奴役的阿提卡的土地得以自由”，雅典人再也不会因为债务被奴役而失去尊严。这位政治宣传家为此加上了一段著名的说辞：“我让那些无辜被卖到异国他乡的人回到家园，他们甚至都不会说自己的家乡话了。”[⑤]正如我们看到的，瓶画“赫菲斯托斯的归来”符合梭伦改革这一大的背景。

赫菲斯托斯和狄奥尼索斯都不是雅典人专有的神，他们是希腊世界的共同遗产，最晚始于荷马的叙述。但是，雅典的瓶画家却赋予了这两个神以特

---

① 毕会成：《庇西特拉图：带卫队的“梭伦”——庇西特拉图的历史地位谈》，《辽宁师范大学学报（社会科学版）》2002 年第 4 期，第 107～113 页。

② Solon，*Fragments*，1. 3～4. in Tyrtaeus，Solon，Theognis，Mimnermus，*Greek Elegiac Poetry*，Edited and Trans.，by Douglas E. Gerber，The Loeb Classical Library，Cambridge：Harvard University Press，1999.

③ Solon，*Fragments*，13. 49～50.

④ P. Brook Manville，*The Origins of Citizenship in Ancient Athens*，Princeton：Princeton University Press，1990，p.126.

⑤ John Boardman，Jasper Griffin and Oswyn Murray（eds.），*The Oxford History of Greece and the Hellenistic World*，Oxford：Oxford University Press，1986，p.29.

殊的重要性。在荷马史诗中所体现出来的贵族意识形态里，狄奥尼索斯和德墨忒尔都被边缘化了，反映出农业生产者较低的社会地位。同样，赫菲斯托斯是个又丑又跛的铁匠，在奥林波斯诸神中，他也是被边缘化的，而他被看作是工匠的保护神。在雅典，工匠的社会地位相对很低，但是手工业者在社会中又是不可或缺的，他们被排除在外会阻碍群体的发展。“赫菲斯托斯的归来”体现了狄奥尼索斯和酒的威力，他能使可能会被边缘化的、具有离心倾向的乡下人和手工业者融汇到一个集体中，这种社会的融合就表现为在空间里的仪式（或游行）的融合。这种融合阿瑞斯是达不到的，瓶画“赫菲斯托斯的归来”上，雅典娜双手的指向表达了她对成功者和失败者的对照，借此表达了一种民众的价值取向。

以赫菲斯托斯的归来为主题的绘画，一直持续到公元前 5 世纪末，有时候会有一些小小的改动。保存在纽约的一件公元前 550 年左右的瓶画作品上，画家显然对游行的兴趣远远超过了对神话的兴趣。在游行的群体里，主角赫菲斯托斯和狄奥尼索斯几乎消失在了移动的人群中。似乎也可以解释为，在这个时期，城邦大力提倡民众共同参与活动。

梭伦为雅典城邦的社会组织及公共生活确立的第二个原则是，按财产把雅典公民划分为四个等级。这也是一种调和与平衡关系的措施。梭伦之前，只有贵族才能担任官职，而梭伦的四个等级各有相应的义务和权利，头两个等级可以担任国家高级官职，第三个等级可担任低级官职，从而剥夺了世袭贵族对政治的垄断权，财产代替出身成为担任不同官职的标准，由此使那些有财产的平民地位得到提升，建立了新的社会关系。梭伦改革结束了贵族集团的独自统治，创造出相应的民主权利机构和提出法律面前人人平等的原则，恢复和稳定了小土地所有制，赋予公民个人的经济自主权利，从而构建起民主体制的基本框架和稳固的社会基础，为雅典政体向充分民主的方向发展准备了社会经济、政治制度、公民思想等诸种条件。[①]

在梭伦所准备的诸多条件中，公民思想的培养是至关重要的，因为它是雅典的民主进程朝着既定目标前进的重要保障。公民思想是一种超越血缘原则和地域界线的精神，梭伦在培植这种精神的同时也在考验这种精神，即作为社会共同体的一员甘愿接受政府干预和调停的精神。从长远看，公民精神的培育，对民主政治的意义并不亚于制度建设，它的极致是雅典人在希波战争期间表现出的高涨的爱国主义，是对政治共同体的依恋情感和献身精神。[②]

---

① 施治生、郭方主编：《古代民主与共和制度》，北京：中国社会科学出版社，1998 年，第 167 页。

② 毕会成：《庇西特拉图：带卫队的“梭伦”——庇西特拉图的历史地位谈》，《辽宁师范大学学报（社会科学版）》2002 年第 4 期，第 107～112 页。

公民思想的培养体现在梭伦的宗教改革措施上。在梭伦改革之前，宗教职位基本是掌握在富有的贵族手中，并通过世袭制在贵族家族内传递。希罗多德就曾提到这种世袭的祭司，他说，铁里涅司的“后人成了冥界女神的执事祭司并继续担任着这个职位”[①]。由于贵族本身在土地上的种种特权，使得这个宗教职位连同它所代表的责任和特权也成为贵族的财产。贵族可以通过奢华的仪式扩大自己的影响，同时也用宗教特权为自己寻找政治上的特权。宗教崇拜上的不平等也加深了平民和贵族之间的矛盾。

康纳（Connor）认为，梭伦改革对节日和城邦的宗教仪式极为重视。比如，在公元前 6 世纪制定的限制奢华的立法，就是针对世袭的宗教职位而来的，目的是限制那些有经济能力的人通过仪式展示个人地位和金钱以获得政治声誉。从梭伦开始，城邦有了公共节日，而且节日的花费不再由个人出，改由城邦集体出，表达了梭伦要直接控制当时掌握在贵族手中的宗教权力的愿望。梭伦对宗教仪式和节日的重视还表现在一些细节上，著名的“解负令”（Seisachtheia）就与一些宗教节日名称的词根相同，比如，Chalkeia，Dipoleia，Nemeseia 等。[②]这一时期还修建了厄琉西斯秘仪的城墙，增加了很多新的崇拜。这些措施的政治意义远大于它的宗教意义，它们表达了普通大众要求有自己的宗教信仰的强烈愿望。

我们从文献资料中无法了解，梭伦是否发展了狄奥尼索斯崇拜，但是这一时期瓶画上的狄奥尼索斯形象的确表达了梭伦改革的主张，或者说作为调停人的狄奥尼索斯的形象与梭伦在历史现实中的形象是吻合的。他们都是外来的调停者，不属于任何一个派别，对现存的每一个利益群体都不会特别强调，因此能够把一个分散的集体融合在一起。这个外来者可能是一个外国的立法者，可能是神的显圣，也可能是一个人的胜利。在帕特雷（Patrai），崇拜狄奥尼索斯·艾希姆奈特斯（Dionysos Aisymnetes，这个称号意味着“公平的权力”）的节日就是为狄奥尼索斯作为外来神的到来而建立的。公元前 6 世纪早期，梭伦受雅典人的任命来公平解决穷人和富人的争端，据说，他当时就请了一个局外人埃庇门德斯（Epimenides）来净化整个城市。[③]克雷斯提亚的作品在梭伦改革后不久，梭伦改革的措施中也包括让那些因贫困而被放逐在外的人回到雅典，给予移民来的手工业者以公民权（包括瓶画家们）等内容。

---

① Herodotus，7. 153.

② W. R. Connor，1987：“Tribes，Festivals and Processions；Civic Ceremonial and Political Manipulation in Archaic Greece”，*Journal of Hellenic Studies*，Vol.107，pp.40～50.

③ Robert B. Parker，*Miasma：Pollution and Purification in Early Greek Religion*，Oxford：Clarendon Press，1983，125f.

公元前 6 世纪前后古希腊陶器的发展为瓶画与现实的结合提供了良好的媒介。雅典最早出口的农产品主要是橄榄油。[①]公元前 6 世纪，橄榄油的出口数量大幅下降，而出口的陶器却急剧增加。[②]这些陶器不是作为装酒和装橄榄油的盛器出口的，而是陶器本身得到了海外顾客的喜爱。绝大多数出口的陶瓶销往埃特鲁里亚，被用作富有家庭的墓地用品，也就是说购买这些陶瓶的人喜欢它们的原因在于陶品的造型和绘画价值。[③]从这个意义上来说，古希腊陶器上的瓶画成为表达画家想法的一个载体。

与科林斯的瓶画作品相比，阿提卡瓶画的主题也发生了重要变革。原本从科林斯人那里借用的神话传说，现在变成了阿提卡工匠的自我创造。新的主题包括赫拉克勒斯的各项功业和历险、狄奥尼索斯及其伴侣以及史诗中的故事。这个时期的传说和故事主要是口头传颂的，通过个人间的传承或者是通过宗教节日中的朗诵和表演。瓶画家生活和工作在雅典城邦的中心，影响他们选择瓶画主题的因素很多，不仅有口头传下来的很多神话和传说，到公元前 6 世纪，也应该有书写版本开始流传。但是，作为城市居住者和视觉敏锐的画家，他们对其生活的周围环境也具有高度的感性认识：在市政中心广场上和卫城上拔地而起的神庙，城内随处可见的圣地的建设及装饰，大量雅典人参加的宗教节日，等等。在希腊社会，仪式和崇拜频繁发生，已经成为人们日常生活的一部分，所以，这些东西也不可能不在瓶画艺术中有所反映。同样，这些瓶画家们也不会不关注雅典古风时期的政治局势。所以，陶器制作技术的发展以及陶器在海外的畅销，使瓶画艺术家们能够把自己的喜好以及底层群众喜闻乐见的形象展现在瓶画艺术中。

在梭伦改革的前后，与狄奥尼索斯相关的形象大量出现在古希腊陶瓶上，不仅在精美的黑绘瓶画中有他的形象，在大量生产、绘画简单以及小体积的陶瓶上，也有狄奥尼索斯的形象。这些陶瓶可能多数是平民使用的，一方面可以看出人们对他的广泛喜爱，也可以看出狄奥尼索斯崇拜是平民的主要崇拜。[④]这些陶器是真正意义上的崇拜容器，因为它们不仅描绘了狄奥尼索斯本身，还描绘了在实际仪式中狄奥尼索斯表现出来的形象。康妮利亚・克瑞尼在研究了大量的古风时期黑像陶之后，认为城邦在梭伦改革前后对一些主要意识形态问题（如文明和野蛮、男人和女人、家庭和城邦之间的关系）进行

---

① Plutarch，*Solon*，24.1. in Plutarch，*Lives*，Trans.，by Bernadotte Perrin，The Loeb Classical Library，Cambridge：Harvard University Press，1914～1926.

② H. A. Shapiro，*Art and Cult under Tyrants in Athens*，Mainz am Rhein：p. Von Zabern，1989，p. 10.

③ H. A. Shapiro，*Art and Cult under Tyrants in Athens*，p. 10.

④ H. A. Shapiro，*Art and Cult under Tyrants in Athens*，p.99.

了思考，而引发人们思考的问题多数是与狄奥尼索斯的故事或场景所反映的问题有关的。

事实上，我们也看到在阿提卡的瓶画中，无论是古风时期的黑像陶还是之后的红像陶，对狄奥尼索斯的描画是最多的。托马斯·卡朋特曾对庇兹利档案数据库（Beazley Archive Database，1995 年 5 月）里的 53100 个黑像陶和红像陶进行了搜索统计，结果显示，其中的 4343 个陶瓶上出现了狄奥尼索斯的形象，占总数的 8.2%，有 5470 个陶瓶上出现了萨提儿和狂女的形象，占总数的 10.3%，也就是说，与狄奥尼索斯相关的场景出现在 9813 个陶瓶上，占总数的 18.5%。这一方面，反映出喜爱狄奥尼索斯的雅典底层民众的地位有了一定的改善；另一方面，狄奥尼索斯的形象引发了人们对自然、社会及其关系的思考，也曲折地表达了雅典城邦对秩序与和谐的需要，至少在梭伦改革的前后，狄奥尼索斯的形象是与城邦所要求的调停与融合的总体氛围相吻合的。

三、僭主统治时期的狄奥尼索斯崇拜

梭伦改革为雅典的政治发展制定了蓝图，但他并没有采取强有力的措施把他的改革方案付诸实施，也未能保持雅典的社会稳定。此后，雅典的矛盾冲突继续发展，庇西忒拉图夺取政权后，雅典进入了僭主统治时期。庇西忒拉图第一次在雅典获得权力的时间大约在公元前 560 年，并从公元前 546/5 年至公元前 528/7 年间一直把持着雅典的权力，他的儿子一直统治到公元前 511/10 年。

学者们普遍认为狄奥尼索斯崇拜与僭主统治之间存在着密切的关系，从尼尔森到康妮利亚·克瑞尼，都认为在雅典庇西忒拉图支持和赞助了狄奥尼索斯崇拜，建立了城市酒神节。①城市酒神节的举办是雅典文化史和社会史上的一件大事，它的重要性不仅源于戏剧和诗歌的表演，更是因为它要面对整

① 也有学者试图推翻这一定论，比如，W. R. Connor 认为城市酒神节是在僭主统治被推翻之后建立的，是属于民主政治下建立起来的节日，因此才能表达民主的理念，成为民主政治框架中的一部分，参见 W. R. Connor，"City Dionysia and Athenian Democracy"，W. R. Connor，M. H. Hansen，K. A.Raaflaub，B. S. Strauss（eds.），*Aspects of Athenian Democracy*，Copenhagen：Museum Tusculanum Press，1990. 但是学者们普遍认为城市酒神节是在僭主统治时期建立起来的。如果考虑到庇西忒拉图僭主统治的实质措施及其对梭伦改革的发展，我们也会看到对狄奥尼索斯崇拜的大力提倡是与其政治目的相吻合的。Sourvinou-Inwood 认为，城市酒神节应该在克里斯提尼改革之前，她的根据是节日中的很多因素不是按照部落来组织的。在狄奥尼索斯的圣地里，最早的考古遗存在剧场旁边，时间在公元前 550—前 500 年，可能更接近于公元前 550 年。但即使知道更加确切的时间，我们也没有充足的理由相信圣地与节日是同时建立的。参见 A. W. Pickard-Cambridge，*The Theatre of Dionysus in Athens*，Oxford：Clarendon Press，1946，pp. 3～4.

个希腊世界开放，同时宣传雅典的财富和强大，宣传雅典的公众精神以及她在艺术和文学领域的领袖地位。在僭主政治时期，为什么要提倡对狄奥尼索斯的崇拜？为什么会举办城市酒神节这样的节日？这些问题引发了很多学者的思考。

尼尔森在《古希腊的崇拜、神话、神谕和政治》中，认为在庇西忒拉图统治时期（或者更早），位于阿提卡和彼奥提亚边境的小村子厄琉舍里亚（Eleutherai）被雅典吞并，村里的狄奥尼索斯圣像也被抬到了雅典。城市酒神节上的圣像游行就是对这一历史事件的纪念。[①]在尼尔森的理论中，他认为这是雅典在政治扩张过程中出现的宗教融合现象。

鲍萨尼阿斯的记载也印证了这种宗教融合："彼奥提亚与阿提卡的疆界过去是在厄琉舍里亚。但是，厄琉舍里亚的人愿意归附雅典人，所以，现在西塞隆（Cithaeron）是彼奥提亚的边界了。这不是因为军事的压力，而是因为想得到雅典的公民权同时憎恨忒拜人。在平原上有狄奥尼索斯的圣地，古代的雕像被从那里带到了雅典。而厄琉舍里亚现在的这个雕像是复制品。"[②]从某种意义上说，城市酒神节也是对此次合并的庆祝。[③]

在公元前 6 世纪之前，雅典可能只是阿提卡众多小村庄中的一个，并不是规模巨大的城邦的中心。相当多的证据表明，雅典的政治扩张在梭伦时代就开始了。很多崇拜在那时就可能被带到了雅典。因为对某个神的崇拜在早期可能常常是属于某个村庄或某个圣地的，比如厄琉西斯崇拜的是德墨忒尔，伊卡里亚（Ikaria）崇拜的是狄奥尼索斯，布劳隆（Brauron）崇拜的是阿尔忒弥斯。[④]随着阿提卡地区政治统一的进程，雅典成为城邦的中心，这些各种各样的原属于某个村庄的崇拜也就被带进了城邦的中心，以满足整个城邦的需要。一些原来仅限于某个村庄或某个德谟的崇拜上升为整个阿提卡地区的崇拜，雅典的宗教崇拜和节日骤然增多。公元前 7 世纪的雅典卫城上已经伫立着雅典娜神庙。在公元前 6 世纪之前，我们有确切材料能够证明雅典人崇拜的神是雅典娜和宙斯，除此之外，无法清晰证明雅典人崇拜着其他的奥林波斯神。但是，到古典时代，雅典的日历中却挤满了节日，明确显示有大量的

---

① Martin P. Nilsson，*Cults*，*Myths*，*Oracles and Politics in Ancient Greece*，Lund：C.W.K. Gleerup，1951，pp. 25～27.

② Pausanias，1.38.8.

③ A. Pickard-Cambridge，*The Dramatic Festivals of Athens*，Oxford：Clarendon Press，1968，p.56. 该书认为，城市酒神节的确立，以及对神像的引入都是狄奥尼索斯崇拜在公元前 6 世纪流行的结果，与政治企图没有关系。但 Nilsson 等人则认为有关系。

④ 布劳隆在距离雅典 38 千米处，僭主庇西忒拉图出生在这一地区，并把对阿尔忒弥斯的崇拜提升至城邦的崇拜。

崇拜和圣地存在于雅典。①

卡彭特从阿提卡黑像陶上狄奥尼索斯形象的变化中，试图找到狄奥尼索斯崇拜与庇西忒拉图政治之间的关系。②在早期的瓶画上面，狄奥尼索斯使用的都是牛角杯（参见彩图 6），但是在公元前 6 世纪中叶之后，原来流行于彼奥提亚的堪萨罗斯大酒杯（Kantharos）成为他的标志（参见彩图 7）。卡彭特认为，黑像陶上狄奥尼索斯形象的这种变化，与庇西忒拉图有关。公元前 545 年，在被放逐多年之后，庇西忒拉图在马拉松登陆，胜利抵达雅典，开始了对雅典的统治，直到公元前 527 年他去世为止。按照希罗多德的叙述，他的重新掌权并不是由于雅典人民的支持，而是在外面募集到了大量金钱和军事上的支持，其中忒拜城出力最大，纳克索斯的吕格达米斯（Lygdamis）提供了热情的支持，提供了金钱和人力上的支持，另外，阿戈斯城邦提供了雇佣军。③亚里士多德在《雅典政制》中也具体提到了忒拜人、纳克索斯的吕格达米斯和厄里特利亚（Eretria）的骑兵，而且他还补充说，一旦庇西忒拉图建立了自己的僭主统治，他就能够征服纳克索斯，并把吕格达米斯立为那里的统治者。④

公元前 6 世纪中叶，堪萨罗斯大酒杯似乎突然出现在阿提卡黑像陶上，并成为狄奥尼索斯的特征，时间恰好与庇西忒拉图统治雅典的时间非常吻合，说明这种变化的发生可能不仅仅是一种偶然。后来，吕格达米斯在庇西忒拉图帮助下，成为纳克索斯的僭主后，铸造了一种钱币，也以彼奥提亚的堪萨罗斯大酒杯为图案，酒杯口处覆盖着常春藤叶子。很明显，这种款式的钱币也与狄奥尼索斯崇拜相关。另有一些钱币的正面是狄奥尼索斯的头，背面是一簇葡萄或者是萨提儿的形象。⑤

庇西忒拉图得到忒拜城巨大帮助的事实说明了他与彼奥提亚之间的联系。忒拜是彼奥提亚地区的中心城市，更是狄奥尼索斯崇拜的中心。庇西忒拉图得到彼奥提亚的经济和军事援助的同时，一个彼奥提亚的神，在雅典受到了欢迎，建立了崇拜，很难说这一点纯属巧合。所以，堪萨罗斯大酒杯出现在公元前 6 世纪后半叶的黑像陶上，对雅典人是具有象征意义的。对僭主庇西忒拉图来说，他鼓励对狄奥尼索斯的崇拜是有政治目的的，这一点毋庸

---

① J. D. Mikalson，*The Sacred and Civil Calendar of the Athenian Year*，Princeton：Princeton University Press，1975.

② T. H. Carpenter，*Dionysian Imagery in Archaic Greek Art：Its Development in Black-figure Vase Painting*，Oxford：Clarendon Press，1986，pp.120～123.

③ Herodotus，1.60.

④ ［古希腊］亚里士多德：《雅典政制》，15. 2～3。

⑤ R. Holloway，1962：“The Crown of Naxos”，*ANSMN*，Vol.10，pp. 1～8.

置疑。而且，这种政治目的不仅表现在政治扩张中，在雅典的政治斗争中，庇西忒拉图也需要狄奥尼索斯崇拜这一宗教武器。

在历史上，还曾经有人要在庇西忒拉图和狄奥尼索斯崇拜之间建立某种直接的联系。雅典纳乌斯（Athenaeus）曾记载过一段逸事，提到雅典的狄奥尼索斯雕像与庇西忒拉图的脸很相似①，尽管对这件事不能太过认真，但是也会让人不禁问一个为什么，即为什么在僭主和狄奥尼索斯之间有某种相似？

《剑桥古代史》认为，在希腊，宗教崇拜的煽动者经常是僭主，而且很明显都是出于政治目的。②因为僭主的统治是不稳定的，为了攫取一定的权力或者巩固自己的统治，宗教是最好的也是最可利用的一种工具。比如，雅典的僭主庇西特拉图就利用人们对雅典娜的崇拜，让一名身材极高的妇人扮成雅典娜，让人相信是“雅典娜亲自把他带回卫城了”③，从而第二次成为雅典的僭主。在他统治期间，为了与反对他的贵族相抗衡，他依照梭伦的体制行事，照顾中小土地所有者的利益，“最重要的一点便是倾向人民，性情温厚”④。在宗教上也采取了一些具有决定意义的措施，把宗教直接控制在国家手中。提洛岛是奉献给阿波罗的圣所，庇西特拉图曾亲自主持过岛上的净化仪式。他还在厄琉西斯建立神庙以祭祀德墨忒尔和伊阿科斯（狄奥尼索斯的另一种称谓），鼓励对狄奥尼索斯、德墨忒尔等丰收之神的崇拜，从底层民众中汲取政治力量。

城市酒神节的举办也是国家控制宗教的一个典型例子。城市酒神节不是由巴昔琉斯（这是雅典最高的宗教官员，是传统的国王的继承者）而是由城邦的名年官来管理的⑤，这可能是庇西忒拉图举办新节日的意图所在，因为他不再把节日的管理权留给传统的巴昔琉斯，而把这一职能交给了雅典国家的主要政府部门。修昔底德和亚里士多德都把城市酒神节看作是相对年轻的节日。⑥这个节日的名字似乎是和阿提卡各德谟举办的乡村酒神节相对应的，它所包含的法勒斯游行和狂欢等内容与乡村酒神节相一致。但是，在实践上，城市酒神节比乡村酒神节晚三个月，在每年的三月份举行，而且它不是某一个地区的庆祝而是整个阿提卡地区的节日，每个农民都可以赶来庆祝，而不

---

① Athenaios，12. 533C. *The Learned Banqueters*，Edited and Trans.，by S. Douglas Olson，*The Learned Banqueters*，Edited and Trans.，by S. Douglas Olson，Cambridge：Harvard University Press，2006.

② John Boardman，N. G. L. Hammond，D. M. Lewis，M. Ostwald（eds.），*The Cambridge Ancient History*，Vol.iv，2nd edition，Cambridge：Cambridge University Press，1988，p.372.

③ Herodotus，1. 60.

④ ［古希腊］亚里士多德：《雅典政制》，3.41。

⑤ ［古希腊］亚里士多德：《雅典政制》，56.5，57.1。

⑥ Thucydides，2.15.4;［古希腊］亚里士多德：《雅典政制》，56.5，57.1。

必放弃自己德谟里的酒神节。所以，城市酒神节是一个后起的节日，也是一个全新的节日，里面不仅含有乡村酒神节的因素，还包括勒奈亚和花月节这些古老节日中的因素。总之，在这个节日上就是要突出狄奥尼索斯的到来及其崇拜的建立。[①]

差不多在同一时期或者更早一些，其他城邦的僭主也有提倡狄奥尼索斯崇拜的举措。公元前6世纪，希腊其他城邦的僭主也往往把对某一种崇拜的操控作为主要的政治工具。例如，西库昂的僭主克里斯提尼出于与阿戈斯的权力斗争的需要，大张旗鼓地崇拜狄奥尼索斯，同时不遗余力地压制对阿德拉斯托斯（Adrastos）的崇拜[②]，原因是阿德拉斯托斯崇拜最初来自阿戈斯。[③]

狄奥尼索斯作为酒神，的确与平民的关系更近一些，在传说中，狄奥尼索斯常常挑战贵族家庭，帮助那些无权无势的人，所以成为民众喜爱的对象，至少狄奥尼索斯崇拜的发展是与贵族家庭权力的衰落是有联系的。但是，如果说僭主们刻意提倡一些“民众的神”，或者，把教会人们种植谷物和酿制葡萄酒的德墨忒尔和狄奥尼索斯说成是“民众的神”[④]则是欠妥当的。首先，这两个神在僭主政治出现之前就在雅典享有很多的荣耀；其次，除了这两个神之外，僭主还推崇雅典娜、宙斯、阿波罗等其他神。换句话说，尽管贵族讨厌和鄙视狄奥尼索斯崇拜中的大众的喧嚣，但对狄奥尼索斯神，他们是不敢表露出这样的态度的。古希腊是一个多神教的社会，在古希腊人的心目中，每个神都有自己的领域和威力，一旦遭到亵渎，神会报复，所以贵族们对狄奥尼索斯是不敢鄙视的，他们必须承认狄奥尼索的神性。比如在贵族的酒会上，狄奥尼索斯是中心人物，饮酒的规则也是狄奥尼索斯制定下来的。因此，较为成熟且合理的说法是，僭主们建立了更加面向公众的节日或“民众的崇拜形式”，而不是要确立某个“民众的神”[⑤]。

所以，传统上把狄奥尼索斯看成是平民的崇拜，并在平民与贵族的斗争中广泛发展起来的观点是值得商榷的。比如，周作人认为狄奥尼索斯崇拜的广泛流行，是平民与贵族政治斗争的结果：“然其最大之影响，则缘在上者

---

① Robert Parker，*Athenian Religion：A History*，Oxford，Claredon Press，1996，p.92.

② 在史诗《伊利亚特》（2.572）里，阿德拉斯托斯是西库昂的国王，直到公元前6世纪，都被西库昂人所崇拜，参见［古希腊］希罗多德：《历史》，5.67。最著名的是，他是第一支阿戈斯远征队的领袖，也是唯一的生还者，所以最初对他的崇拜可能来自阿戈斯城邦。

③ Herodotus，5.67.

④ 比如，有些书里直接将狄奥尼索斯称为“god of the demos”，参见Barry B. Powell，*Classical Myth*，New Jersey：Prentice-Hall，2000，p.281.

⑤ 庇西忒拉图统治时期有一种倾向，即发展民众的崇拜，使普通人能够荣耀地参加这些崇拜活动。参见Robert Parker，*Athenian Religion：A History*，p. 75.

之提倡。希腊古时，平民之借牧畜耕种为生活者，当春祭时，为迎春之仪。而高门巨族，则仍崇拜先祖。古之英雄，死而为灵，又多即为地方之守神。执政者患其不利于统治，力以诸术杀其势。”[①]他强调削减地方贵族的势力就要连同他们的宗教崇拜一起削弱，平民的宗教崇拜也随之被利用。

但实际上，从庇西忒拉图的政策措施来看，他更多的还是要在保持自己的权力的同时，维持社会各方面的平衡关系。对贵族他并不是消灭殆尽的。对一些古老的崇拜他是支持的，并以此为自己非法获得的权力寻找合法性，比如他宣称自己是在雅典娜的保护下。众所周知，在古希腊，具体的某个崇拜往往是由某个贵族家庭或氏族的世袭祭司或女祭司掌管的。而这些祭司并不比普通人更虔诚或者接受过特殊的培训，他们花在祭司职位上的时间很少。世袭的祭司享有很高的荣誉，或许也有一些经济上的责任，像雅典古典时期的捐助人一样。所以经常看到那些古老的、贵族家庭享有这种世袭祭司的权力。另外，作为祭司又是非常有利可图的，因为一种崇拜往往能带来大量的献祭。最明显的例子是古典时期的雅典卫城雅典娜·尼克的女祭司，据说她每年的收入为 50 德拉克马，外加牺牲动物的腿和皮。[②]正因如此，世代掌管厄琉西斯秘仪的卡利阿斯（Kallias）家族据说是雅典最富有的家族。[③]

我们现有的证据表明，庇西忒拉图统治时期，某些古老的贵族家族处于困境，原因在于以往获得政治权力的渠道现在行不通了。但是大部分贵族并没有衰落，也没有被放逐，没有成群地离开城市，事实上，僭主家庭煞费苦心地与他们保持着诚挚的关系。毕竟，在经济繁荣的时代，这些拥有土地的家族也会繁荣发展，对他们来说，5%到 10%的税率并不是特别的繁重。[④]他们的主要地产在阿提卡的农村，他们可以住在乡下，远离庇西忒拉图在雅典的统治。而那些享有世袭祭司权力的人会认为这是对失去政治权力的最好的补偿。对庇西忒拉图来说，他自己从政策中得到了双重的好处：首先，看起来对自己的政敌宽宏大量；其次，保留了古代的宗教传统，促进了公众崇拜。

比如，在僭主政治时期雅典出现的两个新节日：泛雅典娜节和城市酒神节。在前一个节日上，全希腊最好的运动员进行比赛，在后一个节日上，是戏剧比赛。这两个节日的举办并不仅仅对普通民众有利，对贵族也是有好处的，因为它弘扬了贵族的价值理念，即竞技，并使贵族在节日中脱颖而出，

① 周作人：《周作人自编文集：欧洲文学史》，止庵校订，石家庄：河北教育出版社，2002 年，第 21 页。

② R. Meiggs and D. M. Lewis，*A Selection of Greek Historical Inscriptions to the end of the fifth Century B. C.*，Oxford：Clarendon Press，1969，pp. 107～111.

③ H. A. Shapiro，*Art and Cult under Tyrants in Athens*，p.14.

④ H. A. Shapiro，*Art and Cult under Tyrants in Athens*，p.14.

获得了荣誉。需要强调的是，城邦关注的并不只是民众，也会照顾到贵族，强调的是各阶级的融合，各阶级界限的消融。

所以，在这里我想表达的是，庇西忒拉图对狄奥尼索斯崇拜的提倡，不是让民众崇拜压倒、取缔贵族的世袭崇拜，而是要为民众的崇拜提供机会，增加民众参与国家公众节日的机会。换句话说，庇西忒拉图并不是平民的代言人，他进行的也不是平民对贵族的革命，而只是一种对社会各阶层矛盾纷争的平衡。对于庇西忒拉图僭主政治的本质，学者们基本上达成了普遍认识：他从本质上发展了梭伦的改革。他精明地利用了他的形势，成功地完成了自己的任务。①僭主所面临的社会冲突问题也是梭伦未能解决的。所以，僭主也要采取超然的态度和手段去平衡各种矛盾，除打击大贵族外，庇西忒拉图几乎对所有阶层都广泛笼络：通过扶植小农和鼓励工商，他最大限度地消弭了原来各派民众之间的分歧，对于贵族，也不是统统推到政治的对立面，公元前 525/4 年被推为执政官的克里斯提尼就出自僭主的宿敌阿尔克墨翁家族。客观上讲，作为过渡时期的政治类型，僭主庇西忒拉图并没有属于自己的稳定的阶级基础，它奠基于社会冲突力量的均势之上，因而能够最大限度地保持超然姿态。

从梭伦改革开始，在雅典民主政治形成的过程中，还有一项重要的政治任务，那就是对公民城邦观念、民主思想的培养和教育。这的确是一个漫长的过程。除了诗歌和散文中所表现的观念外，公元前 6 世纪的黑像陶也为我们提供了这方面的大量信息，使我们看到城邦在这个时期对一些主要意识形态问题的思考，对文明和野蛮、对男人和女人、对家庭和城邦等关系的定位。城邦定义自身为野蛮自然的对立面，但是也经常会意识到这种事实：野蛮的自然或观念一直包围着它。这一点也适用于个人的层面：作为文明人的条件只有一种，总有返回野蛮状态的危险，被野蛮的自然所吞没。②狄奥尼索斯仪式的含义能够抵抗这些危险，特别是在转型过渡的关键时刻以及在确保男性正常的行为上。与此相呼应的是，大约在公元前 550～前 526 年，一双眼睛作为装饰大量地出现在瓶画上（参见彩图 8）。瓶画装饰中的眼睛被用来避邪和驱恶。但更重要的是，眼睛是一种警示，规范着男性的饮酒行为。与这种酒具在酒会上的使用相一致，男性的观念非常清晰地弥漫在狄奥尼索斯的肖像表达中。黑像陶在古风时期也是一种宣传媒介，因为陶器大量地在酒会上和家庭中使用，陶器上面的绘画所表达的思想也就能大大地影响使用者。所以在公民意识培养上，庇西忒拉图的僭主政治也延续了梭伦改革的方向。

① H. A. Shapiro，*Art and Cult under Tyrants in Athens*，p.165.

② Cornelia Isler-Kerényi，*Dionysos in Archaic Greece：An understanding through Images*，p.221.

在各地出现狄奥尼索斯的节日、酒神颂歌或戏剧表演的背景下，狄奥尼索斯的秘仪（也称巴库斯）在公元前 6 世纪出现了。巴库斯秘仪能为妇女提供与酒会相似的机会去庆祝和改变自身的心理状态。鲍萨尼阿斯在游记里提到，是厄诺玛克里图斯（Onomacritus）建立了狂欢（orgia），即巴库斯秘仪。[①]传统观点认为，秘仪是古希腊世界的一种边缘现象，但与这种传统观点相反的是，在巴库斯秘仪的历史发展中雅典表现出了先锋作用，成为巴库斯秘仪向外传播的中心，反映出雅典城邦在融合城邦内部的各种关系。

庇西忒拉图的僭主政治与后来的雅典民主政治之间存在着很大的不同，却是雅典走向民主制的重要阶段。在这一时期，僭主通过对狄奥尼索斯崇拜的提倡，找到了平衡矛盾、融合各派关系的支点，体现了较为浓厚的民主性，而这一点与民主制的最终确立是有直接联系的。[②]

四、克里斯提尼和酒神颂歌的比赛

到了克里斯提尼时代，狄奥尼索斯崇拜所具有的融合功能仍然被加以利用。公元前 6 世纪末是雅典政局较为动荡的时期，城邦多次面临爆发冲突的威胁。无论克里斯提尼夺取雅典政权是平民对贵族的暴力革命还是和平过渡，其改革的总体目标仍然是建立稳定的社会，避免冲突的爆发和蔓延。

克里斯提尼改革的核心是打破原来按血缘划分的部落，重新按照地域建立了 10 个新部落。他将阿提卡划分为城区、海岸和内地三个部分，每个部分再分成 10 个三一区，然后以抽签方式从这三个部落中各抽出一个三一区，合在一起组成一个部落。这样，同一部落的三一区就分别处在城区、海岸和内地三个不同的地方。这一体制把那些古老家族的势力分散在不同的部落，使他们难以形成帮派集团，削弱了影响力，使雅典能够摆脱他们之间的冲突和对抗。但这种似乎是生硬拼凑在一起的新部落在集体认同上会出现问题。如何提升部落成员对部落的认同，进而提升他们对整个城邦的认同，是摆在克里斯提尼面前的难题。为了解决这一问题，克里斯提尼的改革与狄奥尼索斯崇拜再次发生了联系。

至少在公元前 7 世纪，希腊人就有歌唱比赛，但是他们比的是个人在乐器和声音方面的技巧。而克里斯提尼组织的歌队比赛，其参赛者是从新的部落中选拔出来的代表，代表的是一个个新的部落集体，酒神颂歌比赛就是新的部落体系成立后的第一项集体活动。帕罗斯碑纪年铭文（Parian marble）是

---

① Pausanias，8，37，5.

② A. Andrewes，*The Greek Tyrants*，London：Hutchinson'S University Library，1969，p.7.

古希腊主要的政治事件和文学事件的时间表，编撰和雕刻于公元前 264/3 年。其记录的最早的关于戏剧比赛的事件发生在公元前 580～前 560 年（但很可能是杜撰的）；第二个事件是约公元前 536 年，泰斯庇斯首次出场献艺；第三个是公元前 510/8 年雅典名年官吕桑格拉斯（Lysagoras）执政时期，男子歌队比赛首次举行。[①]男子歌队的比赛应该是酒神颂歌的比赛，出现于公元前 508 年，应该是在克里斯提尼民主改革之后引进的。[②]

历史学家希罗多德在叙述克里斯提尼改革之时，认为克里斯提尼主动利用了狄奥尼索斯崇拜，“他把歌队献给狄奥尼索斯”[③]，并认为克里斯提尼模仿了他在西库昂（Sikyon）的同名叔叔，后者曾经干预过歌队和狄奥尼索斯崇拜的具体事宜，并且也干预过已存在的部落。[④]希罗多德提到的老克里斯提尼在西库昂的狄奥尼索斯崇拜活动是这样的。出于对阿德拉斯托斯（Adrastus）的敌意，老克里斯提尼从彼奥提亚带回了莫兰尼波斯（Melanippus），在忒拜人的许可下，在西库昂划出了一块地区。接着，他“从阿德拉斯托斯拿走了献祭和节日，把它们转给了他的对手……除了其他的仪式外，用悲剧歌队来尊崇阿德拉斯托斯已经成为他们的风俗习惯，他们献给他而不是献给狄奥尼索斯……克里斯提尼于是把歌队献给狄奥尼索斯，把剩下的神圣仪式给了莫兰尼波斯”[⑤]。从这段内容来看，西库昂和雅典对狄奥尼索斯崇拜的运用有相似之处，两个城市都是在发生重大政治变化时合并了一种彼奥提亚的崇拜，并且把尊崇狄奥尼索斯的歌队制度化。

彼得·威尔森（Peter Wilson）认为重新安排城市酒神节上的歌队比赛应该被看作是克里斯提尼改革计划不可分割的一部分。[⑥]那么，克里斯提尼建立的歌队与之前存在的歌队有何区别，这种重新安排又有什么意义呢？

古典时期及其之后的作家都认为克里斯提尼改革的主要目标之一是“融合”雅典人。[⑦]但是对改革的动力来自上面还是下面，现代学者的看法则有很

① 张强：《〈帕罗斯碑〉译注》，《古代文明》2007 年第 2 期。

② Eric Csapo and William J. Slater, *The Context of Ancient Drama*, Ann Arbor: The University of Michigan Press, 1995, p.120.

③ Herodotos, 5.67.

④ Herodotos, 5.67-69.

⑤ Herodotos, 5.67.

⑥ Peter Wilson, "The politics of dance: Dithyrambic contest and social order in ancient Greece", in *Sport and Festival in the Ancient Greek World*, D. J. Phillips and D. Pritchard (eds.), Swansea: Classical Press of Wales, 2003, p.182.

⑦ Aristotle, *Athenian Constitution*, 21.2, Trans., by H. Rackham, Cambridge: Harvard University Press, 1952; Aristotle, *Politics*, 1275b34-40, 1319b19-27, Trans., by H. Rackham, Cambridge: Harvard University Press, 1932.

立了和谐和持久的和平。[①]酒神颂歌的表演成为雅典人独具特色的活动，他们在自己的宗教日历里，安排了几十个酒神颂歌表演。据普鲁塔克记载，约公元前 330 年，吕库古斯又为庇雷埃夫斯的酒神节增加了不少于三个歌队比赛（kyklioi khoroi），而在此之前，该地每年已经有 50 个歌队比赛的舞蹈了。[②]而且，酒神颂歌的表演不仅在城市酒神节上，也在阿波罗的塔格里亚（Thargelia）节、泛雅典娜节，可能还有为普罗米修斯和赫菲斯托斯举办的城市节日上。

公元前 6 世纪下半叶以来，随着城邦政治的发展，宗教领域也进行了改革，很多崇拜和节日纷纷以新的面貌出现。当然，这些崇拜和节日都有着自己的发展方式，只不过我们无法通过史料看到罢了。在这些宗教改革之下，民众不是唯一的获益者。以泛雅典娜节为例，雅典获得了在全希腊体育界的优势地位，而比赛是获得最有价值的奖品，是为了追求卓越（arete），体现的是贵族的传统价值标准；在城市酒神节上，似乎很少看到平民的意愿：城市酒神节的目的是造福所有人，为一种新的娱乐形式提供舞台。而合唱队一直是传统的上流教育的核心。在这种氛围下召开的酒神节，从某种程度上说，是给了贵族一个更为大众化的背景，可能会激发更大规模的参与，但是，要说到一种反对贵族文化的彻底的革命，应该并没有出现。[③]

五、视觉艺术作品中的中心形象

古代希腊的视觉艺术作品主要是瓶画和雕刻作品。瓶画是画在陶器上的艺术，按出现的年代先后顺序，可分为黑绘（也称“黑像陶”）、红绘（也称“红像陶”）和白绘（也称“白像陶”）。雕刻作品包括独立雕像、神庙建筑山墙上的雕刻或浮雕饰带，还包括墓碑上的浅浮雕。从希腊古风时代后期到古典时代，狄奥尼索斯作为艺术家乐于表达的一种形象，越来越多地出现在艺术作品中，也俨然成为艺术作品里的中心形象。仅从数量比例上来看，狄奥尼索斯也是当之无愧的中心形象。以瓶画为例，据学者卡朋特估算，在现存的古希腊瓶画中，出现了狄奥尼索斯或其跟随者的瓶画占到了总数的 18%以上。[④]

在古希腊瓶画上，按由远及近的时间顺序，与狄奥尼索斯相关的形象由少而多，相关的主题内涵由浅而深。公元前 580 年到前 570 年是古希腊陶器生产最为关键的十年。在这一时期，由索菲罗斯设计和绘画的瓶画在审美和

① Diodorus Siculus，3.64.7.

② Plutarch，*Moralia*，842a.

③ Robert Parker，*Athenian Religion：A History*，p. 76

④ T. H. Carpenter，*Dionysian Imagery in Archaic Greek Art*，p.14.

技术水平上都堪称完美，成为一个时代的典范，在海外贸易尤其是在富庶的埃特鲁里亚地区大受欢迎，是出口海外的主要产品。从这一时期开始，与狄奥尼索斯的形象有关的瓶画快速发展起来，并逐渐丰富。

公元前 560 年左右，阿提卡的陶瓶产量急剧增加，新的绘画主题也开始出现，与狄奥尼索斯场景相关的主题越来越多，增加或改进了某些细节，狄奥尼索斯的神圣团体（thiasos）、萨提儿、酒杯、葡萄藤等形象成为新的主题，也表达了新的含义，比如，过渡、转型和逃避等政治或文化内涵都通过这些形象得以表达。这一时期，在塑造狄奥尼索斯表现风格的过程中，阿玛西斯画师（Amasis Painter）和埃克塞基亚斯（Exekias）起到了关键作用。狄奥尼索斯手中握着的堪萨罗斯酒杯（Kantharos）约出现于公元前 550 年，之后渐渐取代了其手中的牛角杯成为他的标准特征。堪萨罗斯酒杯可能源于彼奥提亚，暗示了狄奥尼索斯在忒拜城出生的身世特征。大约在公元前 540 年，阿玛西斯开始用葡萄藤的场景直接表达狄奥尼索斯是酒神。在他的作品中，还有一个创新就是强调了狄奥尼索斯与其女性伴侣之间的交流。到公元前 6 世纪二三十年代，狄奥尼索斯连同他的随从萨提儿、狂女等在雅典的艺术作品中得到了空前的发展，人们对狄奥尼索斯的秘仪也在这一时期有了更多的兴趣。最后，在公元前 6 世纪末期，正如马克·爱德华（Mark Edwards）指出的那样，狄奥尼索斯成为红像陶表达的主题。①

在公元前 6 世纪的阿提卡瓶画中，“诸神与巨人的战争”这一故事多次成为表达的主题。在这个传说里，狄奥尼索斯已经融进了众神的集体中，作为与巨人交战的主要神祇，他们打败了巨人，建立了世界新秩序。在神话里，他与孔武有力的其他神已经没有什么区别。这种形象与荷马史诗中的狄奥尼索斯形成鲜明的对照。在荷马史诗中，他是胆怯的、边缘化的，但是在这个传说中，他已经位列奥林波斯众神之中了。已知最早描绘“诸神与巨人的战争”的阿提卡瓶画出现在公元前 560～前 550 年间，是雅典卫城的一件供品，描绘的是一场整体战。公元前 530 年之后，这一故事有了更简洁的表达版本，展现的是每个神与一个巨人或几个巨人之间的对决。②

从一开始，这一故事里的狄奥尼索斯形象就与“帕洛斯和忒提斯的婚礼”和“赫菲斯托斯的归来”的瓶画主题迥然有异。首先，“诸神与巨人的战争”

① M.W. Edwards，1960：“Representation of Maenads on Archaic Red-Figure Vases”，*JHS*，Vol. 80，p.84.

② T. H. Carpenter，*Dionysian Imagery in Archaic Greek Art*，p.55.

表达的不是狄奥尼索斯作为酒神的特征，而是勇士，与战神一样，身体里涌动着青春和力量。虽然他不是与巨人战争中的主角（雅典娜才是），却是这场战争的正规参加者，可以明确的是，他再也不是那个被吕库古斯吓得躲起来的边缘神了。

其次，“诸神与巨人的战争”瓶画中的狄奥尼索斯，没有萨提儿和仙女陪伴。出现在他身旁的是狮子、狗、豹和蛇等较为凶猛的动物。狮子的故乡在小亚细亚，生活在东方的希腊人对此是非常熟悉的。豹子也不是欧洲的动物，而是生活在亚洲。卡朋特由此认为对这些动物的描绘很可能借鉴了东方艺术。[①]德尔菲的斯菲尼亚（Siphnian）金库北面的楣饰中，也描绘了狄奥尼索斯参加的“诸神与巨人的战争”，其中的狄奥尼索斯穿着一件豹皮，跟在一辆战车后面，这辆战车有可能是库柏勒（Cybele）驾驶的。库柏勒是安纳托利亚的大母神，她被弗里吉亚人尊崇，后来成为吕底亚人的主神。瓶画所描绘的内容说明，在这个时期的瓶画家心目中，狄奥尼索斯是个来自东方的神，或者至少他与东方的女神之间有着密切的联系。而大量东方猛兽的出现，一方面是显示狄奥尼索斯的来源，另一方面更是展示其孔武有力的形象。

大约在公元前 510 年，以“诸神与巨人的战争”为主题的艺术创作达到顶峰，从瓶画上的主题变成雅典娜旧神庙三角墙上的雕刻主题。神庙里面摆放着雅典娜的雕像，是橄榄木的，雅典娜的袍子上也绘制着“与巨人的战争”的图案。“与巨人的战争”的雕刻作品当然是要突出雅典娜的，其中的雅典娜在战斗中勇猛顽强，但她的脸是优雅的，有一种肃穆的美。表达了雅典娜对于雅典人的含义：在和平时期，滋养和支持她的人民，特别是支持艺术家和工匠，同时保护城邦免受外敌侵犯。在这里出现的狄奥尼索斯也表达了同样的含义。

公元前 5 世纪 30 年代，在伯里克利执政期间，雅典重新修建了帕台农神庙，这是为了尊崇雅典的保护神雅典娜而修建的。在此期间，雅典正值民主政治的鼎盛时期，帕台农神庙上的艺术刻画也表达了民主政治的理念。希腊的雕刻作品是表达思想的，似乎有一套叙述的密码，让这些雕塑传达出城邦的声音或者民众的渴望。帕台农神庙的山墙（pediment）、楣饰（frieze）和排间档（metope）不仅在雕刻的深浅、尺寸和大小上有差异，在雕刻内容上也有很大的差别，山墙描绘的是想象中的内容，是对神的世界的描绘，而楣饰里的内容存在于观者的现实生活中。山墙的观者必须熟悉有关神话的内容，才能分享城邦的记忆，同样，对现实人物群体高度熟悉才能使观者把眼前楣

① T. H. Carpenter，*Dionysian Imagery in Archaic Greek Art*，p.70.

饰里的内容转换为正在发生的活动。

值得注意的是，在尊崇雅典娜的建筑雕刻中，狄奥尼索斯的形象也多次出现在帕台农神庙的东面山墙、楣饰和排间档中。那么，这一时期的狄奥尼索斯形象要向雅典的公民们传达什么理念呢？

东面山墙的主题是“雅典娜的诞生”。其中的狄奥尼索斯是一个裸体的青年男子（参见彩图 9），与其在瓶画中的传统形象形成鲜明对照的是，雕塑家菲狄亚斯塑造了一个没有胡须的狄奥尼索斯，而且以典型的酒会上的姿势斜靠在那里，显示出与其他神之间有明显的区别。公元前 6 世纪中期之前，在阿提卡的黑像陶作品中，“雅典娜的出生”是一个很常用的主题（参见彩图 10），但是狄奥尼索斯经常只是作为一个见证者出现在画面中，这种主题也延续到后来的红像陶瓶画中，直到公元前 5 世纪中叶。[①]而在“雅典娜的诞生”雕刻里，狄奥尼索斯以酒神的形象出现，明确了自身在奥林波斯主神中的地位。

西面排间档饰的主题是“诸神与巨人的战争”，展现的是赫拉克勒斯的功绩的，但其中出现的狄奥尼索斯却是一个勇士，不再是那个受吕库古斯惊吓逃到海里的形象了。公元前 6 世纪末到公元前 5 世纪上半叶，狄奥尼索斯版的“诸神与巨人的战争”开始频繁和大量地出现，强调了狄奥尼索斯支持现有秩序的角色特征，特别是在波斯战争即将到来之时，这种角色作用似乎更加明显。帕台农神庙上的这个主题，是对波斯战争胜利的纪念，狄奥尼索斯的勇士形象彰显了他作为城邦主要神祇的地位。

南面排间档饰中的主题是“拉皮泰人与肯陶斯人的战争”，是与酒的饮用有关的一个主题，意在提醒公民保持清醒，勿过度。狄奥尼索斯并未出现在浮雕上，但是作为酒神，他给出的文明与野蛮的界限是这个浮雕的主题，时时提醒着希腊人，什么是秩序和文明。

帕台农神庙的排间档饰共有浮雕 92 块，表达的都是战争场景。西面排间档饰中表现了希腊人与亚马逊女战士的战斗主题，北面排间档饰表现了希腊人与特洛伊人之间的战斗画面。学者们普遍将这些战争场景理解为是文明对野蛮的胜利，狄奥尼索斯所代表的酒和秩序反复出现在浮雕里，表达的是希腊人对这种文明战胜野蛮的观念的强调。

雅典城邦是以雅典娜为主神的城邦，帕台农神庙就是为雅典娜建造的。帕台农神庙的三角墙、楣饰和排间档等处的雕刻是为了彰显雅典娜，也是为了彰显城邦的理念。这些雕刻对狄奥尼索斯的展示显然并不是主要的，但是

① T. H. Carpenter，*Dionysian imagery in Fifth-Century Athens*，p.88.

却在展现狄奥尼索斯的过程中，显示出一个细节，即狄奥尼索斯从一个边缘神提升到了中心神的位置上——尽管中心神不止一个，却一改其在荷马史诗里的低微地位，代表了底层的民众也终于成为城邦的主人。所以，出现在帕台农神庙浮雕上的狄奥尼索斯，也是其摆脱边缘地位晋升为城邦中心神的一个重要标志。

公元前 6 世纪是古希腊社会的一个转型期，经济、政治、人口和财富等都有了极大的积累。无论是在民主制日渐形成的雅典，还是在僭主统治的科林斯和萨摩斯，都出现了人口增长、社会繁荣的发展局面，国家的组织能力也随之提高，很多公共的建筑设施如神庙等纷纷出现，至今我们都能看到这些建筑留下的遗迹。大型公共建筑一方面反映了在动员人力、物力等方面的巨大进步，提高公民的自豪感；另一方面也反映了一种集体的努力，即对刚刚产生的以城邦为中心的意识形态给予宗教上的表达。古希腊人信仰的是多神教，在公元前 6 世纪之前我们能够确定雅典人崇拜的神很少，但在这个世纪之后，众多的节日、宏大的宗教建筑和形式多样的崇拜活动纷纷出现，多数都携带着城邦政治的诉求。

在雅典城邦，狄奥尼索斯崇拜与民主政治之间的关系为我们理解宗教和城邦政治的关系提供了一个很好的例证。雅典民主制的形成是一个渐进的、连续的过程，它起于梭伦改革，经过不断加强和完善，在克里斯提尼改革中得到了最终的确立。而这一过程也是狄奥尼索斯崇拜迅速发展的时期。狄奥尼索斯从一个被荷马史诗边缘化的神变成了艺术表达最为丰富的形象，并且具有了与泛雅典娜节同等地位的节日，每年城邦要花巨资筹办节日。我们很难确定狄奥尼索斯崇拜就是被利用的一种工具，但秩序、和平、解决冲突正是从梭伦、庇西忒拉图到克里斯提尼等一系列关键人物所致力而为的目标，在雅典民主制形成的过程中，狄奥尼索斯的确是一个符号，一种表达和平、解决冲突和强调秩序的符号，在这种政治需求下，狄奥尼索斯崇拜得到城邦政治的支持，其发展速度和规模远远超过其他崇拜，应该是可以理解的；而另一方面，狄奥尼索斯的形象反复、大量地出现在瓶画艺术作品中，出现在公共空间的神庙雕刻中，出现在私人空间的酒会中和家庭生活中，也似乎一直在表达着城邦的政治理念和生活价值。

第三章　他，融合了界限——狄奥尼索斯崇拜本质探析

从梭伦改革开始，雅典民主政治与狄奥尼索斯崇拜一路相携走来，到古典时期两者已是水乳交融、息息相关。需要强调的是，这种融合是一个过程，城邦权力为了自身的发展，会有意选择和提升某种宗教崇拜来表达和强化其政治意识形态，狄奥尼索斯崇拜因其所具有的融合界限、提升整体性的特点被雅典城邦政治所借用，并成为民主政治体系的重要组成部分。那么，怎么理解狄奥尼索斯的这种融合界限和提升整体性的特点呢？几乎所有的宗教崇拜活动都有提升群体凝聚力的作用，为什么狄奥尼索斯崇拜的这种功能格外强大、最受关注呢？除了酒的融合作用外，狄奥尼索斯与阿波罗的对立统一关系以及其自身的矛盾统一性也是消融界限建立整体性的重要内容。从总体来看，狄奥尼索斯就是一个谜，是多种矛盾的统一体，正是这一特征使得这个神及其对他的崇拜活动具有了更多的包容性和打破各种界限的可能性。本章将从狄奥尼索斯与阿波罗的关系及其自身的矛盾统一性等方面对此进行细致剖析，借以探求狄奥尼索斯的本质特征。

一、狄奥尼索斯和阿波罗的对立和统一

狄奥尼索斯崇拜与阿波罗崇拜的对立与统一关系最早是由布克哈特在《希腊文化史》中提出的[①]，尼采在《悲剧的诞生》中，把这种关系发展到哲学和美学的高度，阿波罗和狄奥尼索斯分别成为理性和非理性、梦境和现实的痛苦、维持生命之力量和产生生命之力量的象征。在古代希腊，狄奥尼索斯和阿波罗崇拜之间的确存在着联系，在狄奥尼索斯从“边缘”走进“中心”的过程中，艺术作品中也出现过日神与酒神联合和统一的画面。约公元前 425 年的一个雅典彩陶上，出现了阿波罗与狄奥尼索斯在德尔菲圣所里伸手相握的画面；建于公元前 4 世纪的德尔菲神庙，其东面的三角墙展现的是阿波罗和缪斯，西面的三角墙展现的是狄奥尼索斯和他的女祭司，以西对东，

---

① Jacob Burckhardt，*The Greeks and Greek Civilization*，Trans.，by Sheila Stern，New York：St. Martin's Press，1998，p.211

日落对日出[①]，显示了狄奥尼索斯和阿波罗之间的对立与联合。布克特认为，从宗教历史的角度来看，之所以出现这些画面，可能是因为德尔菲祭司的一个命令，目的就是使古风时期的狄奥尼索斯运动合法化，并在一定范围内对之加以解释。[②]

而按照普鲁塔克的说法，在更早的时期，两者之间的联系似乎大于它们的对立，作为神谕的来源地，德尔菲属于狄奥尼索斯的程度不小于阿波罗，每年冬季的 4 个月，在阿波罗前去访问希波尔伯利安（Hyperboreans）[③]的时间里，德尔菲圣所属于狄奥尼索斯，以狄奥尼索斯名义庆祝的节日每两年都要在德尔菲的山上举行一次。当狄奥尼索斯的女祭司们唤醒利克尼特斯（Liknites，也就是那个放在筛谷皮的簸箕里的圣婴）时，阿波罗的祭司们也会于同一时间在神庙里举行祭祀仪式。[④]在传说中，狄奥尼索斯的死与德尔菲有关，他的坟墓就在阿波罗的圣所内，在神圣的青铜三角祭坛旁。[⑤]德尔菲的神学强调阿波罗和狄奥尼索斯之间的亲密的兄弟关系。在对圣路的考古发掘中，考古学家们找到了一个石碑，上面描写德尔菲有对狄奥尼索斯的献祭和所做酒神颂歌的比赛，并建立了巴库斯的雕像和洞室。

另外，有一种宗教游行穿过了狄奥尼索斯的出生地忒拜城和德尔菲，把这两个神的几处圣地紧紧地联系在了一起。游行的目的是把作为牺牲的公牛连同持斧者送到德尔菲，游行者要经过皮托（Python，德尔菲神示所所在地，有时也指代该神示所）、达夫尼（Daphni，此处有一个阿波罗圣所）、厄琉西斯（Eleusis，以狄奥尼索斯为主角的秘仪盛典举行地）、奥伊尼奥（Oinioe，坐落在 Eleutherae 和 Boeotia 边界，狄奥尼索斯最早在这里教人们酿酒），还要穿过忒拜城（狄奥尼索斯的母亲塞墨勒所在的城市）。在忒拜城和德尔菲之间的帕纳苏斯地区，还有一个城市帕诺佩斯（Panopeus）。荷马史诗提到过它，说阿波罗的母亲勒托“途经舞场美好的帕诺佩斯赴皮托”[⑥]。在希腊到处游历的鲍萨尼阿斯认为，“舞场美好的帕诺佩斯”就是阿提卡的酒神的女祭司们去帕纳苏斯地区为狄奥尼索斯举行疯狂祭礼的歇脚处，在这里她们的确是要

---

① Walter Burkert，*Greek Religion：Archaic and Classical*，p. 224.

② Walter Burkert，*Greek Religion：Archaic and Classical*，p. 224.

③ 希伯尔波利安（Hyperboreans）是希腊传说中极北的地方，那里太阳终日不落，太阳神阿波罗会在那里度过冬天。

④ Plutarch，*Moralia*，388E.

⑤ Callimachus，*Epigrams*，517，The Loeb Classical Library，Cambridge：Harvard University Press，reprint，1989.

⑥ Homer，*The Odyssey*，11.581.

舞蹈。[①]所以，荷马史诗也似乎暗指了勒托曾经是这些女祭司的一个成员，这只是猜测，但是这条连接着诸多宗教圣地的游行线路是存在的。在大约1000多年的时间里，妇女们从阿提卡和附近的地区，为了狄奥尼索斯的节日出发到德尔菲，她们穿着飘逸圣洁的长袍，在圣路的固定地点停下来为神舞蹈。如果把这种朝圣的路线也看作是一种互动的话，这条路也紧紧联系了阿波罗和狄奥尼索斯，使这两位神成为一个统一体。在这个过程中，游行的人们对狄奥尼索斯和阿波罗的祭祀活动实际上已经完全交织在一起，分不出彼此。

鲍萨尼阿斯告诉我们，在安菲科里亚（Amphikleia）和福基斯（Phocis），狄奥尼索斯是作为先知和医治病患的人而被崇拜的。治病是一种净化的形式，也是属于狄奥尼索斯的。[②]麦金纳尼（J. McInerney）解释说，科里西安（Corycian）洞位于帕纳索斯山的荒坡与德尔菲圣地之间的过渡地带，他评价说，“帕纳索斯对狄奥尼索斯和阿波罗来说都是神圣的，他们共同享有德尔菲圣地，不是对立的，而是同胞兄弟：阿波罗·立克斯（Apollo Lykeios）和狄奥尼索斯·立克斯（Dionysos Lykos）”[③]。所以到公元前4世纪的时候，费拉达摩斯（Philodamos）为在德尔菲举行的狄奥尼索斯节日所作的酒神颂歌就采用了太阳神颂歌的形式，而且增加了几处重复，把对狄奥尼索斯的呼唤与对阿波罗的呼唤交织在了一起。[④]

考察古希腊人留下的文献和神话传说，我们还可以发现，在古希腊宗教历史上，狄奥尼索斯崇拜出现的时间要早于阿波罗崇拜，并把自身的一些特点转给了阿波罗崇拜。具体分析如下：

第一，德尔菲的“两年期的宗教历法”更可能来自狄奥尼索斯，是阿波罗的到来改变了这一历法，变成了每年都进行的节日庆祝。

狄奥尼索斯最初是一个隔两年被祭祀一次的神，在希腊语中被称为“Trieterikos”，他的节日在第三年才被重新庆祝，他也被称作“Amphietes”，意为“两年神”。酒神颂歌这样唱道：

> 男人们在她（狄奥尼索斯的母亲塞墨勒）的神龛里保存了许多贡品，在每三年一次的盛宴上，凡人们为您献上最丰盛的牺牲。[⑤]

---

① Pausanias，10.4.2.

② Pausanias，10.33.11.

③ J. McInerney，“Parnassus，Delphi，and the Thyiades”，*GRBS*，Vol.38，No3，pp.263～283.

④ Walter Burkert，*Greek Religion：Archaic and Classical*，p. 225.

⑤ A. N. Athanassakis，“Homeric Hymns to Dionysos”，in *The Homeric Hymns*，Baltimore：The Johns Hopkins University Press，1976，p.1.

在神圣的节日里，我们呼唤他，我们歌唱狄奥尼索斯，他已经缺席12个月了。现在时间到了，花开了。[①]

颂歌中的12个月的缺席只可能发生在以两年为周期的节日里。俄耳甫斯圣书[②]告诉我们，狄奥尼索斯缺席期间，是在珀耳塞福涅的洞府中也就是冥界度过的，这段休眠期长达一年，可以看作是生命死亡的时间。第二年是狄奥尼索斯在人间的统治期，是人间草绿花红的繁荣季节。“两年期”的纪年方法，打乱了自然的周期，却为生与死两者之间谜一样的结合创造了空间。它包容了一种生与死的辩证关系，即从生到死、由死而生不断重复的过程构成了不朽的生活，或者说是不朽的生活里必然要包含这种重复。在狄奥尼索斯长期缺席的背景下，阿提卡早春二月雪地上的花朵更加鲜艳，花月节上人们呼唤他从冥府（死亡中）醒来的歌声更加嘹亮。生命在与死亡的对照下，现出了夺目的光彩。

克瑞尼在其专著《狄奥尼索斯：不朽生命的原型》中，从历法的角度，用大量的篇幅论证了克里特文明、埃及文明和狄奥尼索斯崇拜之间的关系。他认为，古代希腊最主要的宗教和政治中心如奥林匹亚和德尔菲都是以天狼星第一次升起的那个月为一年的第一个月的。而这种纪年方法很明显来自古代的埃及文明，因为天狼星第一次升起的时间正是尼罗河水泛滥的时间，这种历法在地中海周围的其他地区是没有的，只符合古埃及农业生产的周期。但奇怪的是，按照德尔菲的历法，每年的第一个月开始于阿波罗伊奥斯月（Apellaios），即我们现在的7月份，正是炎热的夏季。我们发现，这种时间设置与阿波罗的出生日不能吻合。阿波罗的出生日是在早春庇斯奥斯月（Bysios）的第7天，他来到德尔菲的时间却拖后了几个月，这几个月的空档应如何解释？与此相对照的是以天狼星升起为第一个月的纪年方法，更适合于狄奥尼索斯的节日安排：他冬至出生，立即在德尔菲开始了统治。克瑞尼由此做了大胆的猜测：在德尔菲，最早使用的是以狄奥尼索斯的节日为基础的两年期历法，后来又依照雅典人的一年期历法做了改变，但仍然以天狼星的升起为一年的开端。由于阿波罗是太阳神，从两年期变为一年期也明显遵循了太阳的轨迹和季节的变化，这样阿波罗在德尔菲到来的仪式每年都可以庆祝了。[③]

---

① Carl Kerényi，*Dionysos：Archetypal Image of Indestructible Life*，Trans.，by R. Manheim，Princeton：Princeton University Press，1976，p.199

② 俄耳甫斯圣书（Orphica），是关于俄耳甫斯神秘仪式的诗歌，从公元前6世纪始在希腊传播，其基本内容在希腊化时代晚期的叙事诗神谱（*Rhapsodic Theology*）里有所保留。我们现在所了解的俄耳甫斯圣书的内容就来自这部叙事诗。

③ Carl Kerényi，*Dionysos：Archetypal Image of Indestructible Life*，pp.205～206.

第二，狄奥尼索斯也有预言能力，德尔菲最早的神谕发布者不是阿波罗，他是预言神龛后来的拥有者。德尔菲的神龛和预言似乎和狄奥尼索斯有着紧密的联系。历法的变迁还不是狄奥尼索斯崇拜在德尔菲早于阿波罗宗教的唯一证据。在欧里庇得斯的悲剧《伊菲革涅亚在陶里斯》里，有这样一段话：

> 勒托离开了她的分娩地，把她的儿子（阿波罗）从海边的山崖上带给了奔涌泉水的母亲，在帕纳苏斯的顶峰，她正与狄奥尼索斯一起跳着疯狂的舞蹈。一条青色的背部带着斑点的大蛇藏在厚厚的月桂树的枝条下——这是地母（The Earth）发出的不祥征兆——占据了预言的神龛。尽管还是个孩子，还在母亲的怀抱里嬉戏，你（阿波罗）杀死了他，福波斯，并作为征服者登上了预言的神龛，现在，你坐在金制的三角支架上，向凡人发出了神圣的预言。……但是当［勒托的儿子］把忒弥斯（Themis），地母的女儿，从神圣的预言神龛里赶走之后，地母招来了夜游的精灵，他们在夜晚盘踞在凡人的睡榻上，告诉所有的凡人即将发生的事和注定要实行的事。就这样，出于对女儿的珍爱，又从福波斯手里夺回了预言的位置。①

这是一段让人难懂的歌队歌颂阿波罗的合唱，其中福波斯的身份和狄奥尼索斯的身份都有些模糊不清。但比较清晰的是，第一个发出神谕的是地母，第二个是她的女儿忒弥斯，第三个是福波斯，阿波罗的预言能力是从其他古老神那里继承下来的。虽然我们没有证据说明狄奥尼索斯和福波斯之间的关系，但是这段合唱肯定了他到德尔菲的时间要早于阿波罗，因为他在“帕纳苏斯的顶峰疯狂舞蹈时”，阿波罗才刚刚到来，德尔菲在最初可能就是属于狄奥尼索斯的。

另外，在《酒神的伴侣》里，欧里庇得斯借忒瑞西阿斯的口来说明狄奥尼索斯的预言功能来自巴库斯的疯狂：“他并且是预言神，巴古科斯所引起的昏迷最善于发出预言：当这位神把他全部精神传给人的时候，他能使他的疯狂信徒道破未来。”②据希罗多德记载，“色雷斯的撒妥拉伊人居住在覆盖着各种树木和雪的高山上，狄奥尼索斯的神托所便是属于他们的……这个庙的预言者（解释神托的人）则和在戴尔波伊（德尔菲）的情况一样，也是一

① Euripides, *Iphigenia Among the Taurians*, 1235～1280, in Euripides, *Trojan Women*, *Iphigenia Among the Taurians*, *Ion*, Trans., by David Kovacs, The Loeb Classical Library, Cambridge: Harvard University Press, 1999.

② ［古希腊］欧里庇得斯：《酒神的伴侣》，［古希腊］埃斯库罗斯等：《古希腊悲剧经典》（下），罗念生译，第391～392页。

个女祭司。这里并没有什么比那里更加玄妙的事情了”[①]。希罗多德的记载也从侧面体现了狄奥尼索斯与阿波罗一样的先知预言能力。

第三，很有可能，在阿波罗到来之前，德尔菲已经有了关于“皮囊”的传说，这一传说是在很早的时代从东方传过来的。传说是这样的：蛇一样的怪物，横行肆虐，一个英雄被肢解后被保存在皮囊中，在身体恢复之后，打败了这条蛇。蛇的名字里有闪米特语的词根，在希腊语中写作“Delphyne”。这个保存在皮囊中的英雄，自然应该是德尔菲的狄奥尼索斯，因为被肢解的故事情节一直都是狄奥尼索斯的传奇。但是在“皮囊”的传说中，阿波罗成了最后的杀蛇英雄。这段故事在阿提卡地区 Phlya 城的神秘仪式中有所反映，在这里，阿波罗被称为“Dionysodotes”，意为“狄奥尼索斯的给予者”[②]，成了救助狄奥尼索斯的英雄。这一传说隐含了新神取代旧神并成为对旧神的施惠者的曲折历程。

第四，山羊是狄奥尼索斯的化身，在德尔菲的祭祀仪式和传说中，山羊有着特殊的作用。在传说中，觅食的山羊被德尔菲裂缝中的气体所迷醉，才使人们发现了从大地的裂缝中冒出的蒸汽，然后才发现了这个地方具有知晓神意的特殊性。[③]人们询问神谕，要在一个月之前预约，向阿波罗神庙的男祭司提出问询要求。到约定之日，询问者必须带着财物和牺牲到神庙来。祭司用冷水去泼山羊，如出现了山羊四肢发抖的现象，后面的问询活动才可进行，如果牺牲没有颤抖，再用冷水激，如仍无效，只能另择吉日。[④]另外，在德尔菲神谕开始之前，有宰杀山羊的祭祀仪式。宰杀山羊的仪式一般被看作是祭祀狄奥尼索斯独特的仪式，在阿波罗的仪式之前要先进行狄奥尼索斯的仪式，这就意味着，在询问神谕之前，要先争得狄奥尼索斯的同意。

据普鲁塔克记载，佩提亚在发出神谕时，也有类似于牺牲山羊的举动，她受到难以忍受的疼痛的攻击，尖声地发出模糊不清的声音，直至精疲力竭地倒下。[⑤]神谕的发生要求伴随着一种严酷的死，这是对狄奥尼索斯之死的一种重复也是对他的一种纪念方式。

所以，德尔菲神谕的产生是狄奥尼索斯和阿波罗共同完成的，在某种程度上，狄奥尼索斯崇拜与阿波罗崇拜已经融为一体。在德尔菲，太阳神颂歌

---

① ［古希腊］希罗多德：《历史》，7. 111，徐松岩译注，北京：中信出版社，2013 年。

② Pausanias，1. 31，4.

③ Diodorus Siculus，16. 26，2～3.

④ 蒋苓：《论“特尔菲神谕”在希腊古典时代的主要社会功能》，《佳木斯师专学报》1997 年第 4 期，第 8～19 页。

⑤ Plutarch，*Moralia*，438 AB.

不仅唱给阿波罗，也是唱给狄奥尼索斯的；反过来，唱给狄奥尼索斯的酒神颂歌也是献给阿波罗的。

种种迹象表明，在德尔菲狄奥尼索斯是早于阿波罗的神，阿波罗是后来者，他在承袭了古老神的一些特点的同时，又规范了古老的传统，把狄奥尼索斯崇拜重新置于城邦的法律制度之下，以城邦代言人的身份统治了德尔菲。而这一事实，在为城邦政治生活作解释的神话传说中，却改变了原有的面貌，新神阿波罗成为秩序、理性的象征，而古老的神狄奥尼索斯却强化了许多边缘化特征，成为阿波罗的对立面，但是这两个神源于同一个神的事实，又使他们总是会趋向一个整体。所以，在古希腊的文学作品或者是造型艺术中，反映两个神统一的很多，对立的几乎没有。在马格尼西亚（Magnesia）城出土的一块铭文上，记载了狄奥尼索斯和阿波罗联手为该城的居民发出神谕的事情。铭文记载说，一场大风刮倒了马格尼西亚城内的一棵悬铃树，树的中央出现了狄奥尼索斯的形象，人们因此向阿波罗进行咨询这种征兆的含义以及人们应该怎么做。阿波罗让该城的人修建神庙，寻找祭司，从忒拜城请来了三个狂女，在该城建立了巴库斯秘仪。[①]另外，表现狄奥尼索斯和阿波罗统一融合的还有大不列颠博物馆保存的几个黑像陶瓶画（B259，B257），一面是狄奥尼索斯，另一面就是阿波罗；而忒拜城把这两个神同时作为主神来杀牲祭祀。[②]

所以，古希腊人并没有把狄奥尼索斯与阿波罗这两个神截然对立起来，相反，他们是结合在一起的，对狄奥尼索斯崇拜来说，这种结合使以疯狂的秘仪舞蹈为特色的狄奥尼索斯崇拜增加了一种神圣感和庄严感，在人们忙碌、劳累的生活和高远的精神之间形成了一种亮点。同时，这种结合也使希腊宗教具有了更为深刻的内涵，上升到了一定的精神高度。希腊的奥林波斯宗教一直远离冥界，远离黑暗的深渊，但是众神却不能否认自己的来源——他们都是黑暗女神的孩子，没有黑暗的子宫，就不会有生命的降生[③]，所以，阿波罗和来自冥府的狄奥尼索斯之间的结合就包容了生与死、永久的创造和永久的毁坏这种完全对立的因素，也多了一些辩证的思考。

---

① J. Gould，*Myth*，*Ritual*，*Memory*，*and Exchange*，Oxford：Oxford University Press，2001，p.279.

② Pausanias，4，27.6.

③ Walter Otto，*Dionysos：Myth and Cult*，Trans.，by R.B.Palmer，Bloomington：Indiana University Press，1965，p.208.

二、狄奥尼索斯的磁场

除了与阿波罗存在着对立统一关系外，狄奥尼索斯自身存在着很多矛盾冲突之处，他的随从萨提儿，围绕在他身边的狂女以及巨大的法勒斯模型和面具等，也都反映出狄奥尼索斯崇拜的诸多特点，这些因素因此也成为狄奥尼索斯崇拜至为关键的一部分。如果狄奥尼索斯是崇拜的中心，那么，这些体现着酒神精神实质的人、物或者迷醉的状态就是崇拜的外围因素，是受狄奥尼索斯控制的并通过它们对外面世界发生影响的媒介。在本书中，笔者将这些因素统称为“狄奥尼索斯的磁场”。

（一）狄奥尼索斯的随从

在希腊瓶画艺术作品中，狄奥尼索斯很少单独出现，每一次他都是在其随从的前呼后拥中堂皇登场。奥林波斯的其他神如波塞冬、宙斯、雅典娜、阿波罗等出现时都没有这样的排场。酒神的随从是固定的，主要包括萨提儿和狂女、塞勒诺斯和仙女，林神潘也被认为是狄奥尼索斯的随从。有趣的是，希腊的瓶画、雕刻、绘画艺术的作者们似乎也愿意表现酒神随从的活动和行为，留下了大量这方面的画面，让后世的人们玩味不已。

酒神随从的活动是围绕着狄奥尼索斯崇拜而进行的，基本活动是萨提儿或者塞勒诺斯在山林中吹奏出美妙的音乐，狂女随着音乐翩翩起舞，俨然一幅脱离尘俗的画面。除此之外，希腊的造型艺术还表现了许多其他方面的活动，比如，萨提儿、塞勒诺斯踩压葡萄的劳动场面，萨提儿服侍狄奥尼索斯、在深夜为游行的妇女打照火把的画面等（参见彩图 11）。

但是这些画面也给我们留下了一些问题，最直接的问题是，在画面上我们很难分清谁是萨提儿，谁又是塞勒诺斯？因为萨提儿和塞勒诺斯有许多相似之处，他们都是人兽混合物，有着相似的外形：扁平的鼻子、动物的耳朵、动物皮做成的衣服、竖起的阳具、臀部长着尾巴。

克瑞尼认为萨提儿和塞勒诺斯是同时存在的两种精灵，在其专著《狄奥尼索斯——不朽生命的原型》里，基本上是按照“羊人是萨提儿，马人是塞勒诺斯”这样的规律来区分萨提儿和塞勒诺斯的。笔者在详细核对其著作内容及其著作后面所附带的几百幅考古文物的照片后，发现克瑞尼虽然没有指出两者之间的区别，但对出现在希腊艺术作品里的酒神的男性随从，只要是有马尾的，就被他称作是塞勒诺斯，而没有尾巴或者尾巴很短的则被称作萨提儿。

但是简·哈里森认为，马人也是萨提儿，只是随着时间和地点的变化，他的名称也发生了变化。[①]她甚至把传说中的半人半马怪兽（Centaur）与萨提儿归为一类，认为他们有许多共同之处，在本质上是相同的。说到本质相同，在希腊的神话传说中，林神潘也是半人半羊的精灵，布克特在《希腊宗教》一书中，认为“潘神能跳舞、歌唱，经常处于一种疯狂状态。他是一种居于城邦文化边缘的形象，他的节日里有山羊的牺牲，他的崇拜中心在阿卡狄亚（Arcadia），马拉松战役后，阿提卡地区的人开始崇拜他。潘神代表了野蛮原始的生殖力量，而文明社会的生活与此亦有着割不断的联系”[②]。希腊人把阿卡狄亚看作一片荒野之地，那里芳草茵茵，森林繁茂，大自然支配着一切，正适合做潘神的老家，也顺理成章地成为狄奥尼索斯少年时代的居所。在传说中，为了逃避赫拉的追杀和迫害，狄奥尼索斯曾经被宙斯化身为一头黑色的雄性山羊，从而逃过一劫，所以，希腊人对潘神的崇拜和对狄奥尼索斯的崇拜也有着相同的价值指向。

林神潘、塞勒诺斯和萨提儿有许多共同点。首先，都是人和马或者羊的混合物，象征着原始的生殖能力。在神话原型理论中，马是力量和青春的象征，这种象征意义遍布世界各民族当中，汉字“妈”即“女之马”，是母亲，象征着力量和创造力的源泉，似乎就是这种象征意义在中国文明中留下的一点痕迹。而山羊，在原始思维中象征着哺育者和启蒙者，所以塞勒诺斯在狄奥尼索斯幼年的神话中是作为教师出现的。在民间，塞勒诺斯的智慧也是闻名的。在柏拉图所讲的故事里，塞勒诺斯一语道破人至大的幸福就是没有出生过，反映了狄奥尼索斯崇拜对人生痛苦的思索。同塞勒诺斯相比，萨提儿不喜欢思考，形貌更为丑陋，而且趣味也比较低级。所以保存在卡皮托利诺（Capitolino）博物馆的罗马石棺上，上面刻画着年老的塞勒诺斯教育年幼的萨提儿的画面，也有塞勒诺斯掌掴小萨提儿的场景。其次，他们均在山林中活动，纵欲好饮，与酒和性都有着直接的联系。潘神以追逐仙女西林克斯（Syrinx）闻名，萨提儿和塞勒诺斯在公元前 6 世纪的希腊瓶画上留下了许多同仙女亲密接触的画面，在后期他们追逐仙女屡遭拒绝又成为艺术作品新的主题。[③]所以，他们出现时，总是竖立着巨大的阳具，以显示他们旺盛的生殖能力，在希腊人心目中，他们始终是丰收之神，是牛群和羊群的保护者（参见彩图 12）。

很显然，这三种精灵代表了狄奥尼索斯崇拜中的生命本能、原始情调和

---

① Jane Harrison，*Prolegomena to the Study of Greek Religion*，3rd edition，Cambridge：Cambridge University Press，1922，p.388

② Walter Burkert，*Greek Religion：Archaic and Classical*，pp.172～173.

③ Guy Hedreen，1994：“Silens，Nymphs，and Maenads”，*Journal of Hellenic Studies*，Vol.114，pp.47～69.

乡土本色等方面的自然主题。尽管他们的名字有异、外形上也有些微的差异，甚至还有各自的传说，但他们在本质上是一致的。用一句话可以概括为：半人半羊的精灵都叫萨提儿，其中，年老的、曾经做过狄奥尼索斯的老师的是塞勒诺斯，而林神潘也是萨提儿。因而在许多学者的著作中，如尼采的《悲剧的诞生》、布克特的《希腊宗教》对它们三者是不加区分的，把它们都看作是酒神的随从，是酒神崇拜最本质的代表。

狂女是狄奥尼索斯的女性随从，狂女（Maenads）的意思是“疯狂的女人”。这个词最初不仅仅局限于狄奥尼索斯崇拜中，还适用于其他任何一种具有狂欢仪式的宗教信仰中[①]，酒神颂诗人提莫泰欧斯（Timotheos）在献给阿尔忒弥斯的颂歌中，用 Maenad，Thyiad，Phoibad，Lyssad 等词来形容与阿尔忒弥斯共舞的仙女，意思分别是“疯狂的人”“得到灵感的人”“狂怒的人”。可见，狂女不仅代表着一个女人群体，更代表着人们内心的一种状态。在希腊文学作品中，“狂女”一词也是具有引申意义的形容词，可以用来反映主人公多种极端的情绪。在《伊利亚特》里，诗人在描述跑出家门的安德洛玛刻时，形容她为狂女[②]，因为赫克托尔死亡的消息使她处于崩溃的边缘；在荷马式的德墨忒尔颂歌里，德墨忒尔得知女儿从冥界安全返回时，“像树木覆盖的山上的狂女”[③]，从她的神庙中跑出来迎接她，而此时她的喜悦是多于悲伤的。

随着历史的发展，狄奥尼索斯崇拜在希腊人生活中的位置日渐重要，这些文学作品里的形容词变成了适用于特殊人群身上的固定词，成为狄奥尼索斯崇拜的专用词。一个女人，无论她属于哪个种族，只要她沉迷于对狄奥尼索斯的崇拜中，如哈里森所说，“被狄奥尼索斯的精神所激发，处于疯狂状态”，她就是狂女。[④]在公元前 5 世纪末写成的《酒神的伴侣》里，忒拜城妇女被狄奥尼索斯驱赶至山林里，成为狂女。她们穿着鹿皮，头发松散，以常春藤为冠饰，以蛇为腰带或为头饰，手握权杖。她们占据了城外的山林，呼喊着狄奥尼索斯的名字、追逐幼兽、吮吸它们的血。这些都是狂女们疯狂举止的典型写照。但是与这种疯狂行为相对照并且相矛盾的是，她们贞洁，也不饮酒，她们进入疯狂的状态并不借助于酒这种媒介，她们的疯狂完全是一种精神的力量。这就说明，狄奥尼索斯崇拜已经远远超出了酒神的范畴，而具有了一种更高的精神意义。

萨提儿是林间的精灵，是属于神的一类；狂女代表的是凡间女子，她们

---

① Jane Harrison，*Prolegomena to the Study of Greek Religion*，p.389.

② Homer，*Iliad*，22.461.

③ A. N. Athanassakis，“Homeric Hymn to Demeter”，p.386.

④ Jane Harrison，*Prolegomena to the Study of Greek Religion*，p.387.

在疯狂状态时所具有的神奇力量，是狄奥尼索斯赋予的。这种力量包括：唤醒酒神，分享狄奥尼索斯的神性，哺育、驯服野生动物，毁灭、撕碎生灵，能够对未来做出预言。希腊神话传说中，对狂女们具有的毁灭性神力似乎也格外关注：希腊的许多艺术造型，都有狂女手持幼豹，要撕碎幼豹的画面；在《酒神的伴侣》里，狂女们赤手空拳就杀死了野兽和身强力壮的彭透斯；传说名亚德斯疯狂之后，被赫尔墨斯变成了猫头鹰和蝙蝠，这是两种专门在夜间出来活动的食肉动物，也是令人们感到畏惧的动物，用它们来作狂女们幻化之后的形象，直接反映了夜间出来活动的狂女在人们心中留下的记忆是血腥和可怕的。

在相当长的时间里，学者们都认为，狂女是传说中的人物，在现实生活中没有这样的妇女，因为在妇女地位低下的希腊社会，男子不会让妇女们在外疯狂地游荡。但文献中留下的资料却显示了与此相反的事实。在《酒神的伴侣》里，彭透斯抱怨说："我们的妇女都出了家门，去参加巴克科斯的虚伪仪式，在山林中到处游荡，狂歌乱舞。"[①]普鲁塔克也记载了在他生活的时代，曾经发生过酒神的女祭司在去往帕纳苏斯山的途中被冰雪困住的事件[②]，证实了这类疯狂女性群体的真实存在。另外，普鲁塔克说，梭伦曾经通过法律规定了妇女们的行为准则，禁止她们在节日中有不合秩序的行为和越权行为，比如规定她们夜晚只有在车里和在有灯引路的情况下才可以出门。[③]这些法令是直接针对妇女的越权行为而设，对妇女的行为是一种限制，但从现代角度看，我们却发现雅典妇女在夜晚是可以外出的，条件是有灯引路。[④]而在狄奥尼索斯崇拜中，狂女和信徒们在火把的指引下进行活动，是符合法律要求的。

在希腊的传说中，狂女并不是唯一崇拜狄奥尼索斯的群体，尼撒山上的仙女（nymphs）也崇拜狄奥尼索斯。《荷马式的酒神颂歌》唱道，在尼撒山上，仙女们养育年幼的狄奥尼索斯，待他长大后，成为他的崇拜者和追随者，"追随他在漫无边际的森林里"[⑤]。仙女的行为方式与狂女有类似之处，她们也在无尽的山林里游荡，也拿着象征着狄奥尼索斯崇拜的权杖。但是两个群体之间也有很大的不同，尼撒的仙女属于狄奥尼索斯幼年的传说，而狂女属于狄奥尼索斯已经在希腊各个城邦受到尊崇的时期。前者突出的是仙女哺育的特

① ［古希腊］欧里庇得斯：《酒神的伴侣》，［古希腊］埃斯库罗斯等：《古希腊悲剧经典》，罗念生译，第 389 页。

② Plutarch，*Moralia*，249EF.

③ Plutarch，*Solon*，XXI.

④ Jane Harrison，*Prolegomena to the Study of Greek Religion*，p.400.

⑤ A. N. Athanassakis，"Homeric Hymns to Dionysos"，p.65.

征，后者强调的是狄奥尼索斯崇拜的精神力量。

简言之，狄奥尼索斯的男性随从表现的是色情、纵欲以及对大自然的亲和力，女性随从表现的是暴力和疯狂，他们是狄奥尼索斯崇拜魅力的具体体现，而狄奥尼索斯本身是若隐若现、不易捕捉的，他需要借助于他的磁场内的这些中介物质来表达永远飘忽的自我。

（二）狄奥尼索斯的面具

在勒奈亚节上，人们在巨大的面具前完成调酒和分发葡萄酒的仪式。狄奥尼索斯的面具挂在木头柱子上，在公元前 5 世纪的一个黑绘瓶画上，这个柱子位于画面中心，上面挂着两个酒神面具，葡萄藤从面具之上冒出来，向柱子两侧延伸，柱子旁边是舞蹈的仙女（参见彩图 13）。在其他几个祭祀狄奥尼索斯的节日里，人们一般也都是在这些面具前完成对他的祭祀的。在花月节、乡村酒神节或者是在勒奈亚节上，男子们还会戴上面具扮成萨提儿在城市中狂欢。

在史前时代，许多民族都有通过面具赶走邪恶、促进植物生长的经历，这样的面具一般做得很狞厉，能够用来对付邪恶，所以面具里面包含了较多的敬畏。而正是出于这种敬畏，人们才对面具顶礼膜拜。但以我们现代人的观念来看，面具的最大作用就是转换角色，面具的佩戴者通过面具得到了他想要的形象；面具的第二大作用是隐藏自身，在不被人觉察真实身份的情况下出现，达到缺席和在场同步的目的。面具也是令人恐惧的，因为从一种身份进入另一种身份是危险的。

狄奥尼索斯的面具里包含着原始的敬畏，同时也含有某种现代含义，他飘忽不定的神秘主要是通过面具来实现的。在希腊造型艺术作品上，往往一个面具就代表了狄奥尼索斯，人们也简单地把面具等同于把狄奥尼索斯，因为他就是面具之神。在红绘瓶画上，妇女在狄奥尼索斯的形象下庆祝新酒酿成，这个形象被简单地表示为一个柱子上挂着一件长袍，柱子的顶端是一个直面观者的面具。

古希腊语单词“prosopon”，既有“脸”也有“面具”的意思，狄奥尼索斯的脸是强有力的。[①]当你面对狄奥尼索斯的面具时，他能够把你吸进他的面具里，换句话说，你被融进了面具里，与面具成为一体。这是狄奥尼索斯面具力量最大的体现。在古风时期出现的眼睛杯，实际上也有这样的作用。狄奥尼索斯的面具或形象浓缩成一双眼睛，盯着观者，让人清醒也让人内省。鲍萨尼阿斯记载说，在科林斯，两个木头雕像（xoana）的脸被涂成了红色，身体镀了

---

① F. Frontisi-Ducroux，*Le Dieu-masque，une Figure du Dionysos d' Athènes*，Paris，1991，pp. 66～85.

金，分别代表了狄奥尼索斯的双重性：与巴库斯狂欢（Bakkheios）和解放者（Lusios）。[①]在墨伽拉，曾经有一个狄奥尼索斯的木头雕像，除了脸之外都被覆盖上了[②]，当麦提姆那的渔夫从海里拖出了一个用橄榄树木头做成的狄奥尼索斯面具后，德尔菲的神谕告诫人们要把狄奥尼索斯作为面具来崇拜。[③]

韦尔南在《古希腊的神话与悲剧》中，认为狄奥尼索斯与面具的关系最近，在希腊诸神中是当之无愧的面具之神，狄奥尼索斯为其崇拜者提供了转换成他者的自由。把另一种不是自己的身份表演出来，很明显也是戏剧的功能。在剧场里，人们借助于面具完成角色的转换。演员每戴上一个新面具就会有一个新的角色认定，面具决定了演员角色的转变。[④]比如，阿里斯托芬喜剧《地母节妇女》里的阿伽同在写作时，故意穿上女人的衣服，因为“一个诗人须模仿他所写的剧中人物的习气”[⑤]。狄奥尼索斯具有改变身份的力量，这种转变是他的崇拜者（无论是演员还是观众）巴库斯经历的一部分，也是戏剧化模拟过程的一部分。

在狂欢节日上，人们借助于面具模糊自己的社会身份，在疯狂中与神合而为一。在著名的弗朗索瓦调酒罐上，狄奥尼索斯与其他神的姿势有着明显的区别：别人都是侧面呈现，只有他是正面呈现，瞪着一双大大的眼睛直视着看他的人。酒神的面具也具有这样的特点，眼睛圆瞪着直面地、长久地望着你，隐含着威严和询问，似乎一下子就能看穿人的内心。所以面对着面具的人不得不在内心深处回答着狄奥尼索斯，双方通过面具完成的是心灵与心灵的交流。

（三）法勒斯的含义

在对狄奥尼索斯的庆祝仪式里，“法勒斯”是个经常出现的道具。在城市酒神节和乡村酒神节上，抬着巨大的法勒斯模型的游行，是节日不可或缺的组成部分。

“法勒斯”（phallus）即男性生殖器模型，是一种滑稽的东西，同时也是男女两性快乐的源泉，被看作是狄奥尼索斯的象征。巨大的“法勒斯”模型是一个长长的、夸张的红色柱子，缠绕着常春藤，顶部画着两只眼睛。游行

---

① Pausanias，2.4.7.

② Pausanias，1.43.5.

③ Pausanias，10.19.3.

④ A.Henrichs，“‘He Has a God in Him’：Human and Divine in the Modern Perception of Dionysus”，in *Masks of Dionysus*，T.H.Carpenter and C.A.Faraone（eds.），Ithaca：Cornell University Press，1993，p.38.

⑤ ［古希腊］阿里斯托芬：《地母节妇女·蛙》，罗念生译，上海：上海人民出版社，2006 年，第 17 页。

时，法勒斯模型被置放在车上，参加游行的男子的头上也缠绕着常春藤和紫罗兰，脸的大部分都隐藏在这些绿色植物的阴影里（参见彩图 14）。法勒斯模型不仅在雅典有，许多城邦都有法勒斯模型的游行仪式。提洛岛上的法勒斯做成了鸟的形状，鸟的头颈由阳具替代。这个法勒斯鸟被涂上颜色，置放在车上，为确保平稳，还要放上铅块保持平衡。在乡村酒神节上的法勒斯可能要小一些，有自己的底座。①

男性生殖器与许多神有关。阿弗洛狄忒的出生与阳具有关，她柔美的女性身躯产生于掉落在海里的乌拉诺斯生殖器泛起的海水泡沫；赫尔墨斯对巨大阳物也有偏好，在雅典各路口的赫尔墨斯雕像均以阳具为其特征；古希腊还有个生殖神叫皮拉普斯（Priapus），传说也有着巨大的阳具。显而易见，阳具并不只是属于狄奥尼索斯一个神的。一些学者甚至认为最初法勒斯是与狄奥尼索斯无关的②，因为在传说中和艺术表现中，狄奥尼索斯的形象都与淫荡无关，多数情况下，他与“性”是分开的，虽然他的随从萨提儿总是表现出性的冲动，笨拙地追逐着仙女和疯女，但狄奥尼索斯本人却从未有过萨提儿这样的举动，也从来没表现出像萨提儿那样阳具勃起的形象。而且与宙斯、阿波罗、赫尔墨斯等神形成鲜明对照的是，狄奥尼索斯在神话中，从未公然地表现出在性方面的放纵与滥情，相反，在他与阿里阿德涅的关系上，似乎还突出了狄奥尼索斯对女人的体恤，对爱情的忠贞；酒神的女随从狂女也是贞洁的；每年在花月节上举行的婚礼也要求巴昔琉娜在嫁给巴塞琉斯（王者执政官）时必须是贞洁的处女。这些要求似乎暗示出狄奥尼索斯对女性淫荡的行为也是不赞同的。

所以，在狄奥尼索斯的节日里，人们进行的浩大的法勒斯模型游行，作为狄奥尼索斯象征的阳具传达的不是纵欲淫荡的信息，而是生命力的旺盛，以及男女从性生活中所能得到的快乐和生命繁衍的意义。这一点也使狄奥尼索斯成为唯一的由法勒斯表达的神。在对他的崇拜祭仪和重要节日中，法勒斯占据着中心地位，表达的是狄奥尼索斯强大的生命力。

希罗多德很早就关注了狄奥尼索斯节日上的法勒斯游行。他认为这个习俗最早是由阿尔戈斯的英雄墨兰普斯（Melampous）首先引进的。③法勒斯游行是为了迎接狄奥尼索斯的第一次到来。狄奥尼索斯经常被描绘成一个突然到来的神。传说在雅典国王安菲可提翁（Amphiktyon）统治时期，厄琉舍瑞

---

① G. Sissa and M. Detienne, *The Daily Life of the Greek Gods*, Trans., by Janet Lloyd, Stanford: Stanford University Press，2000，p.233.

② G. Sissa and M. Detienne，*The Daily Life of the Greek Gods*，p.232.

③ Herodotus，2.48.

亚的佩格苏斯（Pegasus）率领使团，带着狄奥尼索斯的雕像去雅典，结果被拒绝了。狄奥尼索斯因此惩罚雅典人，使他们的生殖器患上了病，阿波罗的神谕告知说，必须公开和私下准备法勒斯的模型来纪念这次灾难才能治愈。[①]于是，雅典人无论是个人还是城邦都开始制造法勒斯，通过它来表达对狄奥尼索斯的敬意，并使自己记住曾经遭受的磨难。[②]

在雅典，法勒斯的传说与伊卡里乌斯被谋杀有关。酿酒的伊卡里乌斯被邻人们误解并杀掉后，狄奥尼索斯变成了一个美貌男孩前去报复。伊卡里乌斯的邻人们看到他后都被迷住了，而他则引诱他们来猥亵自己。接着，在伊卡里乌斯的邻人们欲望的高潮时刻，狄奥尼索斯消失了，让这些人永远处于这一状态而得不到满足，变得疯狂。于是，他们匆忙赶到德尔菲，在神谕的指导下，用泥土做成了法勒斯代替自己献祭给神。狄奥尼索斯接受了法勒斯，怒气渐渐平复。在这个故事里，法勒斯作为男性阳具成为男性整个身体的象征。[③]

作为“到来”的神，狄奥尼索斯有多种表达形式。尽管他用法勒斯表达自己，但与色情没有任何关系。的确，在高举的法勒斯面前，狂女们会进入梦幻之境，但女人的疯狂不是由于性关系和酒的作用，而是由于沉醉于狄奥尼索斯的神性。狄奥尼索斯是树神，是所有流淌着的汁液之神，也是沸腾的血液之神。甚至在荷马史诗里，狂女就是“有着悸动心脏”的女人，在疯狂状态下，远离城市在山间游荡。在狄奥尼索斯的控制下，狂女热血沸腾，而心脏是充满血液的器官，是悸动的血液占有的地方。所以，狂女也被称为Thuiades，字面上的意义是“沸腾的人”[④]。在俄耳甫斯教神学的传说中，叙述了狄奥尼索斯被提坦神屠杀的故事，强调只有他的心脏被雅典娜保护起来，这仅存的部分使得狄奥尼索斯再次复活，在沸腾的、跳跃的血的器官中再现自我。亚里士多德曾强调，心脏是独立的生命：是自发的运动和原初的生命力。[⑤]但是并不是只有心脏被赋予了“原初生命”的含义。法勒斯也是原初的生命，是至关重要的人的体液。法勒斯是原初的，它射出的精液就是生命的原初形态。法勒斯标志着生产的力量。公元4世纪，杨布里克斯（Iamblichus）

① Pausanias，1.2.5.

② Aristophanes，*Acharnians*，243；Marcel Detienne，*Dionysos At Large*，Trans.，by Arthur Goldhammer，Cambridge：Harvard University Press，1989，p.31.

③ G. Sissa and M. Detienne，*The Daily Life of the Greek Gods*，p.235.

④ Marcel Detienne，*Dionysos At Large*，pp.50～64.

⑤ Aristotle，*Movement of Animals*，703b. 3～26. Trans.，by A. L. Peck，Loeb Classical Library，Cambridge：Harvard University Press，1937.

在自己的书《论秘仪》中，解释了节日里为狄奥尼索斯建立法勒斯的风俗[①]，特别强调三四月份的春季，是大地复苏的季节，到处充满了树的汁液、人的体液。在庆春的时刻，是跳跃的萨提儿唤醒了狄奥尼索斯的法勒斯。

法勒斯和心脏如同纯净的、泛着泡沫的葡萄酒一样，都是对狄奥尼索斯力量的体现。但是，体现着自然界原初动力的法勒斯从来都不属于任何男性的身体，它超越了身体，也超越了人类的两性关系，正如纯酒的力量超越了酒会的界限一样。

而作为一种具有社会政治色彩的宗教活动，狄奥尼索斯崇拜也是一种人们参与社会集体生活的形式。从这种意义上来看，城邦组织全体公民参加的法勒斯游行也颇具政治含义。城市酒神节上的法勒斯大游行发生在阳光灿烂的春天，正值冬春之交，是冬季的狄奥尼索斯统治即将完成的时刻。在雅典和提洛岛，人们为法勒斯大游行进行了广泛的准备。提洛岛上的一篇铭文为我们提供了从公元前 321 年到公元前 169 年制作法勒斯的所有花费。城市酒神节与泛雅典娜节同等重要，欢迎狄奥尼索斯到来的法勒斯等同于为雅典娜献上的一套盔甲和最庞大的献祭牺牲。雅典的盟邦和殖民地，比如在色雷斯的布里亚（Brea），被要求为狄奥尼索斯献上法勒斯。[②]献给狄奥尼索斯的法勒斯模型是一段长长的木头，顶部安装了皮革制成的生殖器，工匠们用木头、胶水和钉子制作完成。

法勒斯的节日就是要显示狄奥尼索斯无处不在的威力，在整个城邦面前显示原初的动力对自然界——植物、树和所有活着的生命——的灌溉。在明媚的阳光下，巨大的阳具在游行队伍中被高高举起。我们丝毫感受不到狄奥尼索斯的淫荡和纵欲的一面，看到的是雅典城邦的繁荣和由民众的广泛参与而带来的勃勃生机。

（四）迷狂

迷狂，在希腊语中是 mania，意为“极度激动、狂乱的状态”，但不是指那种不加节制的胡言乱语，而是指受一种精神力量控制的身体体验。迷狂状态是狄奥尼索斯崇拜中最令人迷惑的部分，也是最具诱惑力的地方。在夜晚进行的疯狂仪式里，狂女的迷狂与入会者的秘密祭祀仪式相互交融在一起，在狄奥尼索斯精神的感召下，进入一种迷狂状态，体味到了神对自己的护佑，

---

① Iamblichus，*On the Mysteries*，I. 2. Trans.，by Thomas Taylor，Michigan: Wizards Bookshelf，1984; G. Sissa and M. Detienne，*The Daily Life of the Greek Gods*，p.240.

② R. Meiggs and D. M. Lewis，*A Selection of Greek Historical Inscriptions*，Oxford：Clarendon Press，1969，No. 49，pp.11～13.

“只有知晓神的秘仪的人，才是有福的人”[①]。许多学者愿意把迷狂状态同现代仍然存在的萨满教联系起来看，认为它们之间存在着某些相通之处。比如，两者都是通过舞蹈、歌唱、念咒等方式来达到迷狂状态，最后与神合为一体、感知神的思想。但是，在萨满教里，迷狂状态是在萨满引导下进行的，而狄奥尼索斯崇拜则是众人的迷狂，是一个群体的情绪状态。

狄奥尼索斯随从众多，狂女们在山林间也是成群结队地游荡，酒神的女祭司们每两年一次的帕纳苏斯山之行也是集体行动，似乎预示了只有在集体氛围的烘托下，才能进入狄奥尼索斯的迷狂状态。心理学研究表明，群体的心理态势会激化个人的情绪，比如在足球比赛的观众席上，群体情绪的爆发，往往会刺激产生出种种过激的个人行为，甚至发生暴力事件。在疯狂的人群中，绝大多数的人都易于受到影响，尤其是当他本人也渴望这种情绪时，更易于受到疯狂的传染。所以在疯狂舞蹈的狂女中间，人们的内心深处会渐渐地弥漫起一种崇高的、神圣的感觉，即“神在我体内”的感觉。这种潮汐一般袭来的宗教感觉模糊了人与神的界线，使人进入神的状态，从而达到所有秘教所要达到的目的。[②]

古希腊人是认可并崇尚这种迷狂状态的，德尔菲的佩提亚在宣告神谕之前，也要进入这种状态，才能知晓神的意图。在柏拉图的《斐多篇》里，苏格拉底也肯定了这种疯狂给人们带来的幸福感觉，“最大的祝祉是通过疯狂这种形式降临在我们身上的”。他所指的疯狂并不是那种被人耻笑的精神疾病，而是一种神圣的形式，是神在人身体上激起的情绪。他进而把神给予的疯狂分为四类，分别是：（1）预言的疯狂，保护神是阿波罗；（2）仪式的疯狂，保护神是狄奥尼索斯；（3）诗人的疯狂，是由缪斯所激发的；（4）情欲的疯狂，是由阿芙罗狄忒和厄洛斯激发的。[③]狄奥尼索斯崇拜中所产生的疯狂，是通过仪式产生的，柏拉图认为只有通过仪式和舞蹈的形式才能达到这种疯狂状态。

通过舞蹈与神合一，这是一种在古代世界非常普遍的想法，但是，什么形式的舞蹈才能达到这种效果呢？狄奥尼索斯式的舞蹈又是什么样的呢？

---

① ［古希腊］欧里庇得斯：《酒神的伴侣》，［古希腊］埃斯库罗斯等：《古希腊悲剧经典》，罗念生译，第 386 页。

② Martin. P. Nilsson，*A History of Greek Religion*，New York：The Norton Library，1964，p. 205.

③ Plato，*Phaedrus*，265B. 但对这种分类方法，罗得（Rhode）并不赞同，他认为阿波罗崇拜对与疯狂本质相关的东西始终是敌视的，阿波罗和狄奥尼索斯的区别也就在于两者分别代表理性和非理性；而道兹（E.R. Dodds）则认同柏拉图的分类方法。本文也认同这种方法，但同时认为狄奥尼索斯的疯狂与阿波罗的疯狂状态之间没有不可逾越的界限，因为狄奥尼索斯崇拜早于阿波罗崇拜，前者对后者疯狂的状态产生影响是可能的。

《酒神的伴侣》中，歌队唱道："我何时才能赤着雪白的脚彻夜歌舞，狂欢作乐，在湿润的空气中向后仰仰头？"[①]品达的《酒神颂歌》中，也有对疯狂舞蹈的描述：这种运动使舞蹈者的脖子脱了臼；萨提儿和塞勒诺斯的舞蹈也有许多特色，他们剧烈地前俯后仰，他们跳跃——蹲下一条腿，然后起跃，疯狂地摆动自己的手臂和臀部。[②]在使人精疲力竭的舞蹈中，人是极易产生幻觉的，所以舞蹈者此时幻想狄奥尼索斯进入自己的身体里，从理论上也是说得通的。

疯狂的舞蹈、摇头摆臀和划破夜空的尖叫成为激起狂热宗教情感的一种方法。在这里，没有超自然的神力，没有酒精的刺激——狂女们是不饮酒的，人们似乎要通过激烈的舞蹈运动，摆脱自己狭窄肉体的束缚，去拥抱神，也得到神的拥抱。在极度兴奋的状态下，人们不再束缚于自己的小圈子，不再小心翼翼地遵守常规，而是要把所有的禁忌都抛在脑后，在强烈的愉悦中，与神达到完全的合一。

狄奥尼索斯不像阿波罗和阿尔忒弥斯那样，直接杀死自己的牺牲品，而是通过神力干预的方式，依赖于人类本性中自我毁灭的动力，引起疯狂、自残或者变形。狄奥尼索斯的暴力行为，比如对彭透斯的惩罚，不是亲力亲为的，而是通过狂女的手实现的，所以狂女的暴力实际上就是狄奥尼索斯的暴力。与此相似，当狄奥尼索斯把酒和仪式的疯狂作为礼物送给人类的时候，他也引起了接受者人性的改变。特别是"迷狂的祝福"，无论是何种形式的，都在狄奥尼索斯与其崇拜者之间产生了一种强大的情感融合剂，模糊了人与神之间的界限。[③]

酒神的磁场是狄奥尼索斯借以对信徒施加影响、表现自我形象的媒介。狄奥尼索斯与其随从塞勒诺斯、萨提儿和狂女一起构成了一种热热闹闹的、富有生命力的群体。这个群体本身就是一个消融了界限的整体，酒神的色情、疯狂等特征在酒神身上没有体现出来，却通过萨提儿的形象和粗俗的举止得到了淋漓尽致的表现。狄奥尼索斯经常服饰华美地、比其他神更强调以人的面目出现，与人的距离很近。具体来说，狄奥尼索斯经常以孩童、青年男子和女性化的闯入者形象出现在诗歌、戏剧中，在阿提卡的瓶画艺术中，他以人的形象出现，而在实际的崇拜中，狄奥尼索斯与其崇拜者之间的关系非常

---

① ［古希腊］欧里庇得斯：《酒神的伴侣》，［古希腊］埃斯库罗斯等：《古希腊悲剧经典》，第 408 页。

② M. J. H. van der Weiden，*The Dithyrambs of Pindar Introduction*，*Text and Commentary*，Amsterdam: Gieben，1991.

③ T. H. Carpenter and C. A. Faraone（eds.），*Masks of Dionysus*，Ithaca：Cornell University Press，1993，p.19.

亲密，甚至采用了同一个名字：巴库斯（崇拜者是 bakkhai 或 bakkhoi，狄奥尼索斯是 bakkhos），在仪式的宗教氛围中，神和人的关系如此密切，他们的行为如此相似。因此，酒神的磁场所代表的力量和特征就是整个狄奥尼索斯崇拜在古代希腊人心目中的形象。

三、“边缘”与“中心”的互动

狄奥尼索斯崇拜由“边缘”进入城邦的“中心”，并不意味着他成为城邦的唯一信仰，而只是强调了他进入奥林波斯主神的行列，接受城邦公开的祭祀而已。古希腊的宗教是一种多神论的体系，除了一些泛希腊主义的圣殿和神外，每个城邦还有很多神，也有自己的宗教组织。也许在一个城邦里，是雅典娜担任基本角色，而在另一个城邦，则是另外的神担任了主角，但人们从来没有看到任何一个神单独控制一个城邦的现象，一个城邦总是有许多各种各样的神同时存在。而且，“并不是只有城邦的神，还有城外的神，有边界的神，有不同区镇、不同特殊群体的神，有跟疆域的某些面貌相联系的地方神。于是，人们看到，多神论体系紧密无间地错杂在各种水平层次上的社会政治组织的形式中”[①]。人们在不同的时间，出于不同的目的，尊崇不同的神。对一个希腊人来说，对宙斯的献祭、对阿波罗的献祭或者是对狄奥尼索斯的崇拜并不矛盾。无论对哪一位神献祭，都会得到该神的保护。

在这样一个政治宗教体系内部，狄奥尼索斯的形象显得极为特殊。第一，狄奥尼索斯既是城外的神，又是城邦中心的神。比如，雅典的狄奥尼索斯的圣地（sanctuary）有两处，一处在郊区的“湿地”，一处在卫城的南坡，而为他而建的剧场却居于城邦的中心位置。在希腊的各城邦中，圣所被安置在边缘地带的神一般都是与丰收和土地崇拜有关的神，比如，德墨忒尔的圣所尽管重要，也不在城邦的政治中心。在一些城邦里，狄奥尼索斯因其圣所的位置而被称为“在城市之前”的神，这也成为他明显区别于其他的奥林波斯主神的一个标志。第二，狄奥尼索斯的崇拜群体既有男性公民，也有妇女、儿童和外邦人这些处于社会边缘的群体。在希腊，官方的崇拜仪式一般是属于男性公民的，妇女、儿童和外邦人是没有资格参加这些活动的，但是狄奥尼索斯的节日如花月节和城市酒神节对这些边缘群体也是开放的。第三，在狄奥尼索斯的崇拜仪式中，既有庄严的杀牲祭祀和集体大餐，又有一些与日常举止规范相违背的边缘性行为混杂其中，狂女的迷狂状态，人们高举生殖器模型的盛大游行，纵情饮酒和歌舞的狂欢等等也是狄奥尼索

① ［法］让·韦尔南：《神话与政治之间》，余中先译，2001 年，第 229 页。

斯节日的重要组成部分。第四，狄奥尼索斯是一个被普遍信仰的神，但常常以一个“外来者”和“他者”（希腊语表达为“xenos”）的形象出现在古希腊人面前。

那么，势力范围和形象如此模糊的狄奥尼索斯如何实现他在城邦政治生活中的中心作用呢？

法国古典学家波利尼亚克（Françoise de Polignac）认为，城市中心和郊区的圣所之间存在一种互动关系。宗教崇拜的确立，即神庙的修建和宗教圣地的界定促进了城邦的形成。在希腊，除了位于中心城市的宗教圣地外，还有些神庙和宗教圣地建立在城邦的边界。“这些宗教圣地同城市中心的宗教圣地之间形成一种呼应，一方面通过特定的、不同于其他城邦的宗教崇拜明确地界定了城邦领土的疆界；另一方面，边界圣地和城市中心的宗教圣地之间形成双向交流和互动。在宗教节日中，游行的队伍要么从城市中心的圣地出发，行进到边界的圣地，要么以反方向游行。人们在两个宗教圣地之间的来回流动，把居于中心城市之外的城邦人口也纳入到城邦的公共生活中来，从而使城邦的成员形成一个意识上的整体，也使得边缘获得了一种中心地位。”[①]这段话恰恰也是对狄奥尼索斯崇拜在城邦地位中的具体写照。狄奥尼索斯的圣所在郊区，但是每一年，每当庆祝狄奥尼索斯的节日如花月节或者是城市酒神节时，他的雕像都要被抬到城邦中心进行展示，然后再回到他郊外的圣所内，这种城邦与郊区的互动关系保证了狄奥尼索斯崇拜的中心地位，使狄奥尼索斯崇拜既是一种城邦的崇拜，也是一种无处不在的崇拜。

所以，在希腊各城邦的宗教系统中，并不存在完全意义上的“边缘”和“中心”崇拜的对立。狄奥尼索斯和德墨忒尔的圣所虽然处于郊区位置，但在实际的政治和宗教生活中，却是居于中心地位的。这种中心位置不受它的边缘位置和崇拜仪式过程中所表现出来的疯狂与性等边缘行为的影响，它通过边缘与中心的互动关系，成为希腊宗教体系的一个关键和中心部分。而对狄奥尼索斯崇拜来说，这种互动关系也是他在城邦政治生活中的基础，是他与广大民众保持联系的手段。

除了“边缘”与“中心”的互动外，狄奥尼索斯的“外来者”或“他者”形象也有更深的含义。这种“外来者”是与希腊人之间的彼此认同联系在一起的。古希腊语单词 xenos 的含义是“外来的”“陌生的”。值得注意的是，xenos 指的并不是非希腊人，不是那种不懂希腊语的蛮族人，而是指邻近村社

---

① 黄洋：《希腊城邦的公共空间与政治文化》，《历史研究》2001 年第 5 期，第 100～109 页。另参见 Francois de Polignac，*Cults*，*Territory*，*and the Origins of the Greek City-State*，Chicago：The University of Chicago Press，1995，第二章。

的公民。在希腊，两个城邦之间在祭祀、集会、裁判等方面总会有不同的方法和模式，这样就产生了 xenos，这种差异也是城邦之间在大的文化背景下相互承认和接受的。只有来自“分享着相同的血缘、相同的语言、共同的神庙和祭祀”的希腊世界的陌生人，才能被称为 xenos。在欧里庇得斯的《酒神的伴侣》一剧中，当狄奥尼索斯出现在忒拜城的彭透斯面前时，他戴着外乡人的面具，此时，忒拜的国王在同一个 xenos 说话。“外来的”或者是“他者”的概念表达的也是一种互动的关系，是生活在一个城邦的人对另一个城邦的认识和接受程度。在古希腊，城邦之间的往来是频繁的，史诗《奥德赛》里就有一些细节反映了外乡人受到尊敬和热情款待的情况。而且，随着生产水平的提高和贸易的发展，城邦之间的往来更为频繁，每个人都可能作为 xenos 出现在另一个城邦，成为别人眼中的他者。这也是一种普遍的存在，狄奥尼索斯的外来者形象是一种“边缘”形象，同时也是“中心”形象。

在这种互动关系的基础上，城邦也以其他方式提升了狄奥尼索斯崇拜的地位，表现在以下两个方面：其一，把狄奥尼索斯崇拜纳入城邦的政治系统之中，修建剧场、进行戏剧演出，把以往在乡间进行的表演搬到了城邦的公开场合。其二，在宗教领域里，表现为狄奥尼索斯与阿波罗共同统治德尔菲。德尔菲是阿波罗的神谕所在地，但是每年冬季的四个月，却是属于狄奥尼索斯的统治时间，这也是使狄奥尼索斯的地位合法化的一种方式。

所以，在“中心”与“边缘”这个互动关系中，对狄奥尼索斯的崇拜呈现出空间、时间和神的形象上的模糊性和变动性。一个时间或空间内的边缘地位转换到另一个时间或空间时，就居于中心地位；反之亦然。神的形象也是如此，时间、空间发生了变化，神的形象也会从他者变成自己。界限对于狄奥尼索斯来说，是可以被消融的。

四、界限的消融

狄奥尼索斯崇拜所包含的几个重要因素——酒、迷狂、面具——都指向一种对界限的模糊。酒模糊了人的意识，让人进入迷醉状态，同时也能营造和谐的气氛，弥合人与人之间的关系。迷狂是通过舞蹈和歌唱达到的一种与神融合的状态，消除了人与神之间的界限。面具是身份和角色的转换，更是消融界限的媒介。借助酒、迷狂和面具，狄奥尼索斯消融了各种各样的界限，主要表现为以下几个界限。

（一）人与神、人与兽的界限

在《酒神的伴侣》里，狄奥尼索斯是宙斯和凡人塞墨勒的儿子。他是神与人结合的产物，因此他是人，也是神。及至他长大成人后，他又潜入冥府，救出了死去的塞墨勒，并使她升入神界。在神、人和冥界三个领域之间，狄奥尼索斯自由来去，模糊了三者之间的界限。在他的崇拜仪式里，也经常体现出人与神、人与兽之间界限的消融。比如，在花月节上的圣婚仪式，是狄奥尼索斯与城邦的巴昔琉娜的结合，是神与凡人的结合，以此来促进城邦的繁荣。在狄奥尼索斯的节日上，人们扮作鸟兽举行狂欢仪式，是对人与兽之间界限的消融。在《荷马式的酒神颂歌》里，狄奥尼索斯把海盗们变成了一条条海豚，在显露神迹的过程中，船上长出了葡萄藤，是他以神力打破了人和兽的界限。在《酒神的伴侣》里，阿高夫在狄奥尼索斯的魔力下，把彭透斯当成了幼狮，与狂女们一起撕碎了他，再举着他的头颅宣告自己的胜利。母亲们养育了幼兽却肢解了自己的孩子，活吞了他们的肉。在他们处于迷狂状态时，人与野兽没有区别。

在狄奥尼索斯的各种传说里，他以闪电般的速度变形。以人的面目出现，他是婴儿、年轻人、具有男人气概的女人和似女人般美丽的男子，他还是狮子、蛇、老虎和公牛。他转瞬即逝，又矛盾对立——他是猎人，又被人猎杀，他是撕碎别人的人，又被别人撕碎，他是控制者又被人控制，他是变形者又被别人变形，他是重生的死者，他的特质融进一片混乱中。抓住了他，又让他逃掉了；逃掉了，却又看到他在面具后面盯着你。他的特征就是你无法理解他、固定他和概括他。在他的种种变形中，消除了所有的界限和障碍。

（二）女性与男性的界限

对男人来说，女人为了参加狄奥尼索斯的祭仪而放下织布机离开家庭，就是对女性家庭角色的一种背离。因为在古希腊，女性被禁锢在家里，男性则需要离开家在公共领域活动。女性离开家的举动混淆了与男性的界限，但是对城邦来说，这种界限是需要保留的，否则家庭就不存在了，那么城邦的基础也就不存在了，所以，狂女的活动是对城邦秩序的一种威胁。为了解除这种威胁，城邦应该做的就是平抚和安慰。正如阿波罗既是引起疾病的神，又是医治疾病的神，狄奥尼索斯既威胁着城邦的性别划分，也可以保护城邦对男女角色的安排，但是他需要整个城邦来平抚他和尊崇他：“他希望从城邦所有人那里得到尊崇。”[①]因此，狄奥尼索斯的节日，尤其是城市酒神节，所有的男人和女人都会参加，在大街上，所有人都混合在一起——这是德尔

---

① Euripides，*Bacchae*，209；T. H. Carpenter and C. A. Faraone（eds.），*Masks of Dionysus*，Ithaca：Cornell University Press，1993，p. 134.

菲的神谕要求人们这样做的。[①]对狄奥尼索斯来说，这个功能有着更加特殊的意味：他先是混淆了男女的差异，然后再让女性在狂欢之后，回到家后，安静地做回自己的女性角色。也就是说，在狄奥尼索斯的控制之下，女性和男性消融了性别界限，而消融性别界限的目的却是为了日常生活中的角色分离，即女人是女人，男人是男人。

在葡萄丰收节上，古希腊人有一个男女换装的仪式。节日上，狄奥尼索斯身旁围绕着女孩和男孩，男孩穿着女孩的服装扮演女孩，狂欢允许男女换装一天互相模仿对方的行为举止。还有资料显示，在青春期的启蒙仪式上和一些婚礼仪式上，也都安排这样的环节，即年轻的男女要暂时穿上非自己性别的服装，表现异性的举止。[②]这样的角色对换往往被按照仪式的逻辑加以解释，即在确认文化意识形态所要求的男性和女性性别之前，每个性别都必须扮演对方性别的角色。[③]而这些行为都是对男女界限的消融。

在古希腊宗教崇拜发展的早期历史阶段里，男女性别角色的不同是关键点。有的神如宙斯、阿波罗、赫菲斯托斯，体现着男性的特征，所以吸引男性信徒。而一些女性神吸引着女性，如雅典娜、阿尔忒弥斯或赫拉，厄琉西斯秘仪里的德墨忒尔和珀耳塞福涅是更加特殊的两位女神，只有女性才能在她们的地方崇拜仪式中成为参与者的核心。因此，奥林波斯山上的众神要么被描绘成男性，要么被描绘成女性，但是狄奥尼索斯身上体现了男女两性的特征，吸引男性的同时也吸引着女性，这种特征反映了狄奥尼索斯的不同侧面，也反映了人在不同层面的生存状态。

在古希腊人的观念里，狄奥尼索斯统治了三个不同的领域：酒、疯狂和死后的幸福，每一个领域都有彼此完全不同的人群。以狄奥尼索斯为名义进行的饮酒仪式是希腊男性的特权，而疯狂仪式却是由女性来完成的。但是一旦强调狄奥尼索斯的总体特征时，这种性别分歧就不复存在，男性与女性的界限就会消融。

（三）physis 与 nomos 的界限

自然（physis）通常是指被社会习俗限制的各种力量：身体的本能、欲望、需求和冲动。它包括自然世界中超越了个人控制的各个方面，是人类无法设

① Demosthenes，*Against Meidias*，52.

② Froma I. Zeitlin，“Playing the Other：Theater，Theatricality，and the Feminine in Greek Drama”，in *Nothing to do with Dionysos*? J. J. Winkler and F. I. Zeitlin（eds.），Princeton：Princeton University Press，1990，pp.63～96.

③ Jean-Pierre Vernant，*Myth and Society in Ancient Greece*，Trans.，by Lloyd，Brighton：Zone Books，1980，p.24.

计并且必须服从的力量。[1]在欧里庇得斯的时代，就有了对自然的认识，自然被解释成一种无情的人类意志，寻找着任何可以占据主导地位的机会，被认为具有威胁人类存在的特征，法律和社会习俗（nomos）之所以存在，就是要抑制这些力量。在古希腊人的心目中，自然与法律习俗之间存在着深刻的对立。狄奥尼索斯崇拜的存在在某种意义上消除了这种对立。

狄奥尼索斯崇拜与自然有着强大的亲近性，能够释放我们的情绪能量，同时使我们更加贴近自然界中动物和植物的生命力，而人类社会的法律习俗却有可能将人异化成野兽。古典学家英伍德在评价亚里士多德对城邦的定义时说："当亚里士多德观察到孤独的人要么是神要么是兽时，他忽略了这样一点，社会群体能把一个人同时变成神和兽。"[2]

悲剧《酒神的伴侣》并不是要歌颂自然对法律习俗的胜利。因为歌队和忒瑞西阿斯也都暗指狄奥尼索斯的崇拜把法律和自然一同带来了。正如歌队唱到的：

> ［63—71］歌队：我离了神圣的特摩罗斯，为了布洛弥俄斯的缘故从亚细亚前来，这番辛劳是甜蜜的，这番艰苦是轻松的，我向巴克科斯欢呼欧嗬！谁在街上？谁在街上？那是谁？叫他进屋，别挡我的道。全体肃静，我要遵照我们的风俗，歌颂狄俄倪索斯。
>
> ［71—75］歌队：幸福的人是那样的人，他有福懂得神的教仪，过着清洁的生活，诚心加入狂欢队，带着被除污染的神圣祭品到山上敬礼巴克科斯。
>
> ［200—209］忒瑞西阿斯：关于神的事，我们不能卖弄聪明。凡是我们从祖先那里继承下来，与时间同样古老的信仰，任何议论，即使从心底发出来的鬼聪明，也不能将它推倒。[3]

在现存的社会习俗和法律框架下，狄奥尼索斯崇拜带来了兽性能量的必须释放和表达，而这种能量是自然的一部分。彭透斯站在对立的另一面：对他来说，社会习俗和法律，是文化对自然的必然利用。他非常怀疑和害怕不受社会控制和压抑的直觉和冲动所带来的危险。狄奥尼索斯的信徒则认为，这些直觉是人类本质的一部分，也一定是文化的组成部分。在这种观点下，

---

① W. K. C. Guthrie，*A history of Greek philosophy*，Vol.3，Cambridge：Cambridge University Press，1969，pp.55～134.

② Charles Segal，*Dionysiac Poetics and Euripides' Bacchae*，p. 22.

③ ［古希腊］欧里庇得斯：《酒神的伴侣》，《罗念生全集》第 3 卷《欧里庇得斯悲剧六种》，罗念生译，上海：上海人民出版社，2007 年。

社会要为这一部分留下空间，否则文化本身就是有瑕疵的而且是不可靠的。换句话说，为了补偿对人和自然之间界限的推倒，狄奥尼索斯建立了一种新的联系：法律和社会习俗的根基在本质上就是自然，必须要为自然的存在留下一点空间。当歌队反复祈愿于善意和智慧时，它指的是自然和文化、直觉和法律之间的平衡，当狄奥尼索斯在城邦中有合适的位置时，这种平衡就会出现。因此，在悲剧中的很多地方，吕底亚酒神的信徒、卡德摩斯和忒瑞西阿斯都促进城邦接受狄奥尼索斯崇拜，并把这种崇拜作为民众已有的法律和习俗的一部分。

尼采在《悲剧的诞生》中，建立了狄奥尼索斯与阿波罗的对立统一关系。但是，在梳理狄奥尼索斯崇拜的相关记载时，我们发现实际上这种对立统一关系在狄奥尼索斯自身表现得更为明显，即狄奥尼索斯本身就是个充满矛盾的神。比如说，狄奥尼索斯是希腊本土的神，在迈锡尼时代就已经被人们所崇拜了，但是在传说中，他一直是外来神的形象；他的象征是巨大的阳具模型——法勒斯，这是男性淫荡的象征，但是他在古希腊诸神中又很少有“绯闻”，不像宙斯或其他男神那样四处追逐女性；他同时具有男性和女性的特征，他是一个无性的神，却有着愉快的婚姻。[①]作为酒的发明者，酒能带来疯狂，同时也是文明的象征；他是传说和仪式中的“食生肉者”，对文明基础提出了挑战，而另一方面，他又是文明生活方式的象征，制定了饮酒的规则。他是生命的体现，同时也与死亡和死后生活联系在一起。所有这些自我矛盾之处，消融了自然与文明、醒与醉、神圣与世俗、女性与男性之间的界限，在狄奥尼索斯的消融下，整个城邦融合成为一个整体。所以，对狄奥尼索斯的崇拜仪式总是城邦集体进行的。

---

① M. H. Jameson，“The asexuality of Dionysus”，in *Masks of Dionysus*，T. H. Carpenter and C. A. Faraone（eds.），Ithaca：Cornell University Press，1993，pp.44～64.

第四章　狄奥尼索斯的节日

对狄奥尼索斯的城邦集体崇拜逐渐演化为节日，这既是荣耀尊崇狄奥尼索斯的献祭仪式，也是城邦集体狂欢的时刻。如果借用“公共领域”或“公共空间”的概念来理解的话[①]，狄奥尼索斯的节日就是指在城邦的公共建筑中，为了城邦的利益而举办的狄奥尼索斯祭仪，包括盛大游行、狂欢、饮酒、戏剧表演、聚餐，等等。狄奥尼索斯的节日，有的沿袭了古老的传统，如花月节；有的是因城邦发展的需要而设立的，如城市酒神节。但无论哪种节日都镶嵌在地方历法中，体现着狄奥尼索斯在时间上和空间上对公民生活的介入。从“边缘”提升到“中心”的狄奥尼索斯崇拜，已经成为城邦公共空间的组成部分。与其他奥林波斯神比起来，狄奥尼索斯的节日是最多的，比如，在雅典，狄奥尼索斯的节日占到了所有节日的三分之一，而这一比例恰好是狄奥尼索斯与阿波罗对德尔菲统治时间的分配比例。[②]

狄奥尼索斯最初是植物神，后来成为酒神，他的节日与葡萄的栽培和葡萄酒的酿制有着密切的关系。每个节日都关联着葡萄不同生长阶段的生产劳动，也就各具特色，有着不同的传说和仪式构建。狄奥尼索斯是一个冬天的神，在雅典和阿提卡冬季的四个月里，每个月都有一个狄奥尼索斯的节日。资料显示，所有的乡村酒神节都在波塞德昂月（Posideon）举行，大概相当于公历 12 月份，然后在伽米里昂月（Gamelion），即公历的 1 月末，举办雅典的勒奈亚节。在安特斯特里昂月（Anthesterion）（即公历 2 月份）的第 11 天到第 13 天举行花月节。公历 3 月份的雅典，庆祝城市酒神节。早春的花月节比较容易解释，因为有花有酒，花代表生命的开始，新酒是丰收的最后实现。而其他几个节日，大体上可以与葡萄栽培的几个重要阶段相匹配：1 月份要为葡萄树剪枝，3 月份要为葡萄树接枝，10 月份是葡萄丰收的季节，会举办葡萄收获节（Oschophoris），而在 12 月份，农忙结束了，人们在最寒冷的日子里正需要欢愉，所以在阿提卡各地到处

① 黄洋在《希腊城邦的公共空间与政治文化》（发表在《历史研究》2001 年第 5 期）一文中认为在古代希腊城邦中，城邦领域和家庭领域是严格分开的，公共生活在城邦领域内进行，表现为在城邦的公共建筑里进行。狄奥尼索斯崇拜跨越了两个领域，即在公共领域和私人领域内都有对狄奥尼索斯的崇拜。笔者把在公共领域进行的活动称为公共祭仪，而狄奥尼索斯的秘仪则属于私人领域的范畴，狄奥尼索斯的秘仪将在下一章进行探讨。

② Robert Parker，*Polytheism and Society at Athens*，Oxford：Oxford University Press，2005，p.207.

都有狂欢的乡村酒神节。

一、花月节

宗教一直是最保守的力量，它能穿过政治的变迁和自然的灾难把社会连成一个整体。古典希腊宗教中的很多仪式、节日和崇拜传统，都意味着所承继传统的复活，神的形象和对神的信仰在几个世纪的风雨中持续不断。迪特里克说，如果我们忽视了公元前 5 世纪之前的思想前奏的话，我们就大错特错了。实际上，很多崇拜地及与之相关联的对某个神灵的崇拜，穿过了青铜时代之后的黑暗时代流传下来。[①]花月节（Anthesteria）就是这样一个穿越了黑暗时代保留下来的节日。历史学家修昔底德说，早在爱奥尼亚人殖民小亚细亚之前就已经有花月节了，其历史要早于提修斯对雅典的统一。[②]据德国古典学家布克特考证，花月节是已知最早的狄奥尼索斯节日，早在公元前 1000 年前就已经被人们所熟悉了。[③]

花月节的名字源自 anthos（希腊语“花”的意思），言其是在花开的季节举办的节日。尽管名字与花有关，其内容却是祭祀狄奥尼索斯的各种仪式。花月节共三天，由品尝新酒、大规模游行、狂欢、饮酒比赛、圣婚、祭祀鬼魂等仪式组成，集中体现了狄奥尼索斯崇拜的全部特征，汇聚了早期狄奥尼索斯崇拜的三个重要主题：酒、性和死亡。布克特试图重建这个只有三天的节日，也试图解释它的含义，原因就在于他认为这个古老的节日与远古的狩猎文明、与血祭、与东方文明之间有着丝丝缕缕的联系。[④]在本节中，我们希望通过对花月节的介绍，展示这一古老节日中所蕴含的东西方文化因素。

花月节在整个爱奥尼亚人的地区都有庆祝。爱奥尼亚人是希腊的两大部落之一，希罗多德将佩拉斯吉人与爱奥尼亚人相联系，几乎可以肯定，他相信爱奥尼亚人有着更古老的传统。在古典时代，爱奥尼亚人居住在跨越爱琴海中部、从阿提卡到安纳托利亚海岸上的“爱奥尼亚”的地带上。庆祝花月节的城邦包括在优卑亚（Euboea）的厄瑞特里亚（Eretria）、特诺斯岛（Tenos），在小亚细亚的海岸，从米利都到普里埃内（Priene）、以弗所、特欧斯（Teos），从厄瑞奢里亚（Erythrai）到士麦那（Smyrna），以及爱奥尼亚人的殖民地萨

---

① B. C. Dietrich，*The Origins of Greek Religion*，Berlin：Walter de Gruyter，1974，p.129.

② Thucydides，2.15.4.

③ W. Burkert，*Homo Necans：The Anthropology of Ancient Greek Sacrificial Ritual and Myth*，Trans.，by Peter Bing，Berkeley：University of California Press，1983，p.213.

④ W. Burkert，*Homo Necans：The Anthropology of Ancient Greek Sacrificial Ritual and Myth*，pp.236～269.

索斯（Thasos）、基齐库斯（Kyzikos）和马赛利亚（Massalia）。[①]但是，这些地区留下的关于花月节的资料很少，有关这一节日的细节我们都是从雅典人那里得到的。

（一）第一天：开坛日

花月节共三天，始于黄昏，终于黄昏。第一天是开坛日（Jar-Opening；Pithoigia）。酒罐的希腊语是“Pithoi”，是一种大的陶罐，酒罐的一半被埋在地下，希腊人不用木罐。秋天的时候，葡萄被收获和踩踏、挤压后，汁液被储存在酒罐里发酵，直到在这一天开坛。人们取出这新的、香甜的美酒，送到湿地的狄奥尼索斯神龛前。

关于狄奥尼索斯的湿地圣所的位置，学者们多有争论。修昔底德曾提到狄奥尼索斯的圣地，他说这里是狄奥尼索斯崇拜最古老的地点，大概位于卫城的南面[②]，但遗憾的是他并没有指出具体的位置。多普菲尔德（Dorpfeld）在 19 世纪末挖掘出的狄奥尼索斯圣地，位于卫城西面战神山下面的一个小山谷里。这是唯一一处在城墙内的圣地遗址了，尽管多普菲尔德宣称有足够的证据证明这里就是在湿地的狄奥尼索斯圣地，但是他的观点受到了两点质疑：一是，这里与修昔底德所指的地点不相符；二是，尽管这附近也有一些能供水的地方，但似乎不是描述中的湿地。因为至少在公元前 5 世纪，湿地还是确实存在的。正如我们知道的那样，正是在湿地里，阿里斯托芬在创作喜剧《蛙》时，才能想象出蛙的合唱。因此，对于多普菲尔德的结论，近年来，学者们普遍抱着非常谨慎的态度[③]，有的学者甚至表示坚决反对[④]。而布克特提出了另一种观点，他认为，在历史上，湿地和沼泽地在雅典很少见。狄奥尼索斯的湿地无法与雅典的条件相符，所以很可能，湿地是一个更古老的或者是外来的传说。[⑤]

湿地是极易涌出泉水的地方，因而象征着狄奥尼索斯在凡间与冥界之间来往的通道。勒奈亚的沼泽地就有这样的传说：狄奥尼索斯进入冥府以后，是从勒奈亚附近的沼泽地返回阳间的[⑥]，所以，这里成为通往哈得斯地府的路口。对雅典人来说，狄奥尼索斯的湿地也有着同样的意义和功能，这就是为

---

① W. Burkert，*Homo Necans：The Anthropology of Ancient Greek Sacrificial Ritual and Myth*，p.213.

② Thucydides，2.15.4.

③ Ida Thallon Hill，*The Ancient City of Athens*，*Its Topography and Monuments*，London：Methuen，1953，pp.192～193.

④ John Travlos，*Pictorial Dictionary of Ancient Athens*，London：Thames and Hudson，1971，p.274.

⑤ W. Burkert，*Homo Necans：The Anthropology of Ancient Greek Sacrificial Ritual and Myth*，p.216.

⑥ Plutarch，*Moralia*，364F.

什么在阿里斯托芬的喜剧中，在狄奥尼索斯去往冥界的路上，一直有湿地的蛙声相伴；为什么在花月节的鬼魂宴会结束时，人们还要再一次返回狄奥尼索斯圣地的原因。

舀出的新酒被送到狄奥尼索斯在湿地的神龛前，按合适的比例用水调好。对古希腊人来说，酒是不能直接饮用的，必须按照狄奥尼索斯传授的方法正确稀释后才能饮用。在阿提卡的传说里，狄奥尼索斯造访伊卡里乌斯（Ikarios）并送给他未掺水的礼物——葡萄酒——之后，又第二次来到这里，教会了人们更为文明的调酒技术。[①]这种技艺在每年的花月节上都要被重新强调。所以，第一杯调好的酒要献给狄奥尼索斯，然后，人们才开始品尝这个季节的第一口酒。在对狄奥尼索斯的祈祷词里，酒具有了一种魔力，一种只有狄奥尼索斯才能控制的魔力。

这一天的饮酒不是个人的兴致，而是集体共同对神进行庆祝。阿提卡地方史编纂家[②]菲诺德谟斯（Phanodemos）这样描绘这一天的活动："在湿地的狄奥尼索斯神庙前，雅典人把他们从酒罐里取出的新酒用水调好后，献给神。接着，他们自己品尝这新酒。狄奥尼索斯之所以被称为湿地之神，就是因为在这里新酒首次被调好和饮用……调好的酒给人们带来了欢乐，人们歌唱、舞蹈，呼唤着狄奥尼索斯的各种称号：绚丽的、酒神颂歌的、疯狂的、咆哮者，以此来表达对狄奥尼索斯的敬意。"[③]

（二）第二天：酒罐日

第二天是酒罐日（Wine Jugs；Choes），人们手举着一种名叫 Choes 的酒罐，这是一种又矮又胖、边缘似三叶草（呈三瓣）的容器，可装 3 升调和酒[④]（参见彩图 15），人们要在专门的集市上才可以买到。酒罐日的名字也就由此而来。

从某种意义上说，花月节也是儿童节。在节日里，按照雅典人的风俗，年满 3 岁的孩子戴上花冠，还会收到礼物，那是一些上面描绘着各种图案的小酒罐，在这个节日里有着特别的意义。因为在这一天，年满 3 岁的孩子可

---

① Pausanias 1.2.5.

② 阿提卡地方史（Atthis）在结构上基本是编年史，其主题是阿提卡地区的地方史，对宗教节日和崇拜的起源、地名的来源、地理、人种以及政治和财政机构的建立都比较关注。简单来说，阿提卡地方史汇集了想象和真实历史的细节。参见 Simon Hornblower and Antony Spawforth（eds.），*The Oxford Classical Dictionary*，3rd edition，Oxford：Oxford University Press，1996，p.211.

③ Athenaeus，*The Deipnosophists*，X，437c-d，Trans.，by C. B. Gulick，Cambridge：Harvard University Press，1933.

④ H. W. Parke，*Festivals of the Athenians*，London：Thames and Hudson，1977，p.109.

以在其所属的兄弟会（phratry）里登记[①]，表示他不再是婴儿了。“出生、第一个酒罐、成人礼和婚礼”是雅典年轻人成长中的四个里程碑。[②]在花月节上，3 岁的孩子拥有了自己的桌子和自己的酒罐——当然是与他的年纪相符的，与他人一起分享酒，标志着他踏入社会的第一步。在墓地里，一些没有活到 3 岁就夭折了的孩子，他们的旁边往往会放着一个小小的酒罐，寄托着父母对孩子的哀思。花月节与花、与孩子们联系在一起，主要是因为狄奥尼索斯不仅是酒神，也是所有成长中的生命的神。

酒罐日的开始，是盛大的船车游行，这是花月节最具有特色的活动了。游行的主角是狄奥尼索斯本人，他出现在一个形状像船的车上。船车游行展示了狄奥尼索斯是乘船从海上来到这个城市的。这个习俗最迟在公元前 6 世纪下半叶就在雅典出现了。布克特说有三个阿提卡瓶画描绘了样式非常古老的船车。[③]福里肯豪斯（Frickenhaus）认为船车游行是属于城市酒神节的，但是学者们广泛认同的是尼尔森的观点。尼尔森认为船车游行是花月节的一部分。因为爱奥尼亚人（Ionia）的士麦那，在花月节上，狄奥尼索斯是乘三层桨的船到来的。有学者在解释阿那克里翁（Anakreon）的诗歌残篇时，也认为狄奥尼索斯从海上到来雅典与花月节有关。[④]花月节有多古老，船车的游行就有多古老。狄奥尼索斯和海豚的传说也是船车游行的佐证。值得注意的是，在传说里，狄奥尼索斯从海上的到来，被看成是战胜敌人的一种胜利。在《荷马式的酒神颂歌》中，狄奥尼索斯被一群海盗绑架了，被带到船上。但是，绳索无法束缚狄奥尼索斯，当看到桅杆上长出了巨大的葡萄藤，船上出现了酒泉，以及那么多奇迹和不可思议的事情发生时，这些水手跳进了海里，变成了海豚。[⑤]艾克塞克亚斯（Exekias）制作的美丽的瓶画描绘了狄奥尼索斯舒适地坐在长满葡萄的船上，在满是海豚的大海上航行，这不仅是一种对船车里狄奥尼索斯的理想画面的描绘，也形象地表达了狄奥尼索斯对敌人的一种胜利（参见彩图 16）。

在游行中，可能有演员戴着面具扮演狄奥尼索斯，而另外一些人扮演萨提儿演奏笛子。与乡村酒神节不同，法勒斯在这里不是那么重要，这个节日强调的是酒和欢乐，是要为冬季的结束和春天的到来提供机会进行欢乐和不

---

① W. Burkert，*Homo Necans：The Anthropology of Ancient Greek Sacrificial Ritual and Myth*，p.221.

② W. Burkert，*Homo Necans：The Anthropology of Ancient Greek Sacrificial Ritual and Myth*，p.221.

③ W. Burkert，*Homo Necans：The Anthropology of Ancient Greek Sacrificial Ritual and Myth*，p. 201.

④ Guy Hedreen，2004：“The Return of Hephaistos：Dionysiac Processional Ritual and the Creation of a Visual Narrative”，*Journal of Hellenic Studies*，Vol. 124，pp.38～64，p.46.

⑤ A.N. Athanassakis，“Homeric Hymns to Dionysos”，*The Homeric Hymns*，Baltimore：The Johns Hopkins University Press，1976，p. 57.

受限制的庆祝。游行的人们在行进过程中可以肆意地说粗话，对任何在路上碰到的人开下流的玩笑。[①]

下午稍晚些时候，在涂了沥青的门后面，人们邀请朋友到家里聚餐，但是与平常日子里的宴饮不同，主人不提供酒和饭菜，仅提供花冠、香水和甜点，客人要自带食物，而且更重要的是，要自带一罐酒并带上自己的酒杯。阿里斯托芬在《阿卡奈人》里对酒罐日有这样的描写：

> 快点儿去赴宴吧！带着你的食篮和大酒罐，狄奥尼索斯的祭司在召唤你！请你快一点，你已经耽搁了这么久。什么都准备好了——躺榻、餐桌、靠垫、毛毯、花冠、油膏、糖果、妓女，还有各种糕饼（全麦的、扁的、芝麻的和芝麻蜂蜜的），舞女和美丽的女孩们也都到了。[②]

在这样的聚会中，人们会进行饮酒比赛：戴着常春藤的花冠，人们彼此分开而坐，闭口不言，只等一声喇叭声响起，谁最先喝完罐中的酒，谁就是胜者。我们知道，在古希腊的酒会上，人们喝的是调好的酒，以交流、讨论、娱乐为目的，但在这里，人们喝的是未兑水的纯酒，保持着沉默，不说话，也不唱歌，甚至也不祈祷。[③]相对于花月节其他古怪的习俗，沉默地进行饮酒比赛对于爱饶舌的雅典人来说是最为特殊的了。对他们来说，饮酒和歌唱总是同时进行的，饮酒的同时歌唱和演说，是一种高度优雅的社会竞赛。但是，在酒罐日这一天，人们坐在一起，彼此之间却似乎隔了一道墙。布克特认为，沉默的饮酒比赛是一种标准的血祭：不仅是沉默，还有每个人的桌子上尽可能一样多的食物，以及其中弥漫的不洁和有罪的氛围，都说明饮酒比赛的最初功能：大家一起开始，没有谁比别人更早，对“罪”进行共同分享。咀嚼树叶是为了避开邪恶，也是为圣餐做宣泄的准备，这一做法也是狩猎仪式的延续。由于吃了食物而引发的罪必须在众人之中平均分配。[④]

关于沉默喝酒的习俗还有两种解释：其一，奥瑞斯忒斯（Orestes）弑母之后，在复仇女神的追杀之下，逃到了雅典寻求赎罪，此时，雅典正举行花月节，他弑母的罪过还未被洁净，雅典的国王得摩丰（Demophon）既不敢将乞援人拒之门外，又不想让自己及雅典公民受到有罪者的污染，就以分餐和

① H. W. Parke，*Festivals of the Athenians*，London：Thames and Hudson，1977，p.109.

② Aristophanes，*Acharnians*，1085～1093.

③ Euripides，*Iphigenia Among the Taurians*，951.

④ W. Burkert，*Homo Necans：The Anthropology of Ancient Greek Sacrificial Ritual and Myth*，p.220.

沉默的方式接待了奥瑞斯忒斯。[①]其二，在古代，把红色的葡萄酒和红色的血液联系在一起是一种非常普遍的观念。据说，酒是由埃托利亚人（Aetolian）带到雅典的，但这些人被杀死了，于是神谕命令举办酒罐节进行赎罪。[②]埃托利亚是葡萄栽培的中心，或者至少是有关酒的传说的中心：那里的统治者名叫 Oineus（意思是"葡萄酒"），他的祖父奥瑞斯透斯（Orestheus）是第一个种植葡萄的人。据说，奥瑞斯透斯的狗生下了一个葡萄的剪枝，他便把这个剪枝种在了地上，长出了葡萄。[③]很有可能，阿提卡的传说混淆了 Orestes 和 Orestheus 这两个名字。[④]他们的故事是相似的，都以流血为主题。尤其是在第二个故事中，雅典人就是谋杀者的后人，也是有罪的。

所以，我们看到，仪式所要表达的东西得到了神话的肯定和确认，这些神话与暴力和谋杀有关：喝新酒履行的是圣餐的功能，他们做了一些与平时相反、与正统相异的事情。布克特认为，这种神圣仪式的历史非常之久远，可能根植于远古的狩猎生活。[⑤]

饮酒聚会之外，可能还有规模更大的城邦宴会，客人们是受狄奥尼索斯的祭司邀请而来。奖品是一个酒袋，也有记载说是蛋糕。可能在私人聚会中，蛋糕足够作为奖品了，阿里斯托芬在喜剧《阿卡奈人》里提到狄开俄波利斯（Dikaiopolis）在参加公共的饮酒比赛时，得到的奖品是一个酒袋。酒罐节宴饮中使用的花冠也是特殊仪式的物品。在节日中，参加宴饮的人头戴花冠是很平常的事情，但是在酒罐节上，由主人提供的花冠，要在宴饮结束后挂在空的酒罐上，然后把它带到湿地的狄奥尼索斯圣所，在那里交给狄奥尼索斯的女祭司。据说，这一习俗也似来自奥瑞斯忒斯时代的雅典国王得摩丰，国王认为这样就可以净化曾与弑母者在同一屋檐下饮酒的不洁了。

太阳下山了，许多人喝醉了，人们边走边唱，来到湿地的神庙。人们把花环献给狄奥尼索斯的女祭司，并把剩余的酒奠给他，热切地盼望他回到人们中间。

（三）圣婚

酒罐日这一天，所有的神庙都关门了，日常生活基本上处于瘫痪状态：没有人能在神庙里发誓，没有重要的商业行为，也没有人在这一天结婚。在任何一个祭坛都没有正常的献祭。但在这一天，平时不开的狄奥尼索斯神庙

---

① Euripides，*Iphigenia Among the Taurians*，947～960.

② Aristophane，*Acharnians*，961.

③ Apollodorous，1.64.

④ W. Burkert，*Homo Necans：The Anthropology of Ancient Greek Sacrificial Ritual and Myth*，p. 221.

⑤ W. Burkert，*Homo Necans：The Anthropology of Ancient Greek Sacrificial Ritual and Myth*，p. 224.

却打开了大门。因为这里要举行一个严肃的仪式，那就是狄奥尼索斯与巴昔琉斯的妻子巴昔琉娜的神圣婚礼。

根据古老的传统，巴昔琉斯在任职期间有责任管理很多古老的宗教仪式，而有些仪式他要与他的被称为巴昔琉娜（Basilinna）的妻子一同管理。由于节日中的仪式关系到整个城邦的利益，所以对巴昔琉娜是有条件限制的。按照古老的法律，巴昔琉斯必须结婚，他的妻子必须在嫁给他时是处女，在此之前没结过婚。关于巴昔琉娜的任职资格的法律刻在一块石碑上，竖立在湿地狄奥尼索斯圣所的祭坛旁。[①]这个圣所每年只在花月的第12天，开放一次，也就是说，这个圣所是为官方的仪式准备的，而不是为个人随意的崇拜而准备的。但在德摩斯梯尼的记载中，“每年只在第12天开放一次”这一点，令学者们非常困惑，因为我们看到在第11天，新酒的样品就被拿到湿地的神龛处供奉给神了。似乎可以这样理解，花月节的每一天都是从黄昏算起，新酒的酒罐可能是在白天打开，新酒的样品在太阳下山之前送到湿地的神龛处，等到傍晚的时候，圣所的门打开，饮酒开始了。

当圣所开放的时候，巴昔琉娜“以城邦的名义献上秘密的供奉”，开始操作一些神圣的仪式，这些仪式往往是丰产的仪式，一般由妇女秘密进行。但是也有人认为，圣地实际上并没有神庙，只是一个小的圣器收藏室，收藏着每年在仪式上使用的圣物和器具以及仅供巴昔琉娜使用的东西。

巴昔琉娜的另一个作用是要求为神圣仪式服务的“尊贵的妇女”（Gerairai）宣誓。这14个妇女要在巴昔琉娜的指导下履行宗教义务。她们的人数恰好与圣所内祭坛的数量相等，所以很明显，她们可能同时向每个祭坛进行献祭。她们献祭的东西我们不得而知。可能是动物，比如山羊——狄奥尼索斯的牺牲品——或者可能只是简单的奠酒。宣誓的目的是保证她们的纯洁和胜任该职务。这一天，人们要为狄奥尼索斯的秘密婚礼做准备。执政官选出14名“尊贵的妇女”协助巴昔琉娜在令人生畏的面具下调酒。然后人们排起了长队，等待女祭司把调好的酒装满每个人的酒罐，同时呼唤着狄奥尼索斯从冥府返回。

但是，神圣的婚礼和与狄奥尼索斯融为一体的仪式并不在湿地的圣所举行，而是在雅典中心市政厅（Prytaneion）旁边的“公牛圈”（Boukoleion）内

---

① 公元前4世纪的演说家德摩斯梯尼曾作过一篇演说，里面记录了起诉者对被告尼伊拉（Neaira）的攻击。因为尼伊拉的女儿恰好嫁给了一个被选为巴昔琉斯的公民，所以，我们通过起诉者的攻击了解了花月节上有关圣婚的一些细节。参见 Demosthenes，*Against Neaira*，59，73ff.

举行。[①]亚里士多德由花月节上的圣婚仪式推断，公牛圈最早是巴昔琉斯的官邸。[②]现代学者更倾向于认为这是早期阿提卡国王们在卫城的王宫。在希腊人的婚礼上，有这样的习俗：傍晚时分，新郎护送着新娘来到她的新家，这是婚礼的高潮阶段。黄昏时分，秘密婚礼拉开序幕。一头骡子拉着一辆空车来迎接王后（参见彩图 17），狄奥尼索斯没有像其他的新郎一样亲自迎娶他的新娘。王后步入车子，车子向雅典城市广场[③]的公牛圈驶去，因为狄奥尼索斯被称为“长着公牛脚的神”，公牛圈也成为狄奥尼索斯的圣地，人们要在那里举行神圣的仪式。

萨提儿手拿火把在车前领路，另有萨提儿拎着装有妆奁的篮子随行，小爱神在空中飞行，护送王后进入婚房。人们围在外面，唱着婚礼赞歌为狄奥尼索斯守夜。

在最里面的房间里，巴昔琉娜呼唤着狄奥尼索斯到神圣的婚礼上来与她结合。这一夜，雅典的巴昔琉斯把自己的妻子献给了狄奥尼索斯，正如当年提修斯把阿里阿德涅留给了狄奥尼索斯一样。[④]没有人知道这一晚发生了什么，但是巴昔琉斯本人可能扮演了狄奥尼索斯。[⑤]这种神圣的秘仪唤醒了大地上不朽的生命，代表着对城邦的复兴。而在同一个夜晚，在德尔菲的峭壁上，狂女们也唤醒了沉睡中的狄奥尼索斯。

这种神圣的婚礼在雅典人其他的仪式中是找不到的，在希腊其他城邦的宗教仪式里，也非常少见。神的女祭司这一观念，希罗多德认为是来自于埃及，并且认为最早的女祭司也来自埃及[⑥]，这是一种东方的宗教实践。它是如何到雅典的并被作为狄奥尼索斯崇拜的一部分，还无法解释。很有可能是为了葡萄的丰产，也有可能，通过圣婚从海上到来的狄奥尼索斯被集体接受并融入集体中。但无论是哪种情况，我们都会认同，花月节及其仪式历史悠久并保留了原初的特征。[⑦]

---

① Ida Thallon Hill，*The Ancient City of Athens，Its Topography and Monuments*，p.103.

② Aristotle，*Athenian Constitution*，3.5.

③ Agora，意为“聚集的地方”，是雅典的市政广场，也是雅典城邦政治活动的象征，在广场周围，有些建筑物是因为政治生活的需要而修建的；而与此同时，广场也是进行宗教活动的场所，包括了圣地、祭坛、英雄的墓地，节日也在这里举行。“公牛圈”（Boukoleion）的位置大体在广场的西侧。详见 L. B. Zaidman and P. S. Pantel，*Religion in the Ancient Greek City*，Cambridge：Cambridge University Press，1989，pp.96～97.

④ 传说，提修斯在米诺斯的公主阿里阿德涅的帮助下走出迷宫后，却抛弃了她，在她黯然神伤时，狄奥尼索斯娶她为新娘。荷马史诗、《神谱》和其他古典作家如狄奥多罗斯等人都讲到了这一传说。

⑤ H. W. Parke，*Festivals of the Athenians*，London：Thames and Hudson，1977，p.112.

⑥ Herodotus，II，54.

⑦ H. W. Parke，*Festivals of the Athenians*，p.113.

（四）第三天：瓦钵日

黄昏时分，花月节的第三天瓦钵日（Pots；Chytroi）就开始了。这一天与前两天的庆祝活动完全不同。瓦钵日取名于把各种蔬菜混在一起进行烹煮的容器。但煮出来的食物不是给活着的人吃的，而是为了死去的人供奉给赫尔墨斯的，其目的是平息逝去灵魂的敌意。这一天，逝去的鬼魂会出来，在生者的领地游荡。所以，这一天是一个"不洁"的日子。在这一天开始的时候，人们嘴里嚼着一种能避邪的植物的叶片，在房门上涂上沥青，防止鬼魂飘进来。

当夜幕降临时，人们把鬼魂安全地送走，人们呼喊着"花月节结束了，去吧！鬼魂！"而在这一天，城邦集体还有一个特殊的仪式，人们会把面粉搅拌上蜂蜜，撒进奥林匹亚附近的一个腕尺宽的地裂中。据说丢卡利翁（Deucalion）的洪水就是消退到了这个地裂中。丢卡利翁是普罗米修斯的儿子，宙斯由于要惩罚人类在青铜时代的罪恶，用洪水淹没了世界。而丢卡利翁在其父的建议下，打造了一个箱子，与妻子在里面生活了九个昼夜，当他们找到陆地后，通过扔掷石头，重新创造了人类。据鲍萨尼亚斯记载，每年在花月节上，人们都在地裂处纪念洪水的消退。[①]面粉加蜂蜜是专门供给死者的食品，所以其最初的目的也是为了安抚死者。地裂最初被认为是冥界的入口，自然被认为是给死者赎罪的最合适的场所。

洪水的传说可能来自东方，但是因为洪水对希腊人的影响并不是很大，所以只有希腊北部以及阿提卡地区接受了这个传说。雅典人又编进去后面的情节，如在瓦钵里烹煮食物，活着的人却不得品尝这些食物。因为在洪水里逃生的人最初肯定是惊慌的，在瓦钵日的第二天，他们恢复了勇气，会把所有能找到的食物放到瓦罐里烹煮。吉尔伯特·慕瑞认为，在花月节里，狄奥尼索斯表面上是酒神，拥有城邦（官方）显赫的地位，实际上，酒神的实质被遗忘了，留下的只是满足死者的仪式[②]，狄奥尼索斯只是作为死者王国的代表而被人们祭典。春天，冰雪融化，万物复苏，人们自然产生了死者也应该重生一次的愿望，所以，有了这样的一个节日来重新安置他们和驱除人们对冥界的恐惧。

花月节的三天是各种奇怪仪式的混合体。开罐日和饮酒的仪式可以理解为新酒的开始，作为酒神，狄奥尼索斯被接纳，并融入集体。但是平抚恶毒的魂灵以及驱逐游荡的鬼魂回到自己的领地，都与酒神没有明

① Pausanias，1.18.7.

② Gilbert Murray，*Four Stages of Greek Religion*，New York：Columbia University Press，1912，p.301.

显的联系。一些学者认为，狄奥尼索斯与死者相关，也是一个冥界的神。但是，在奥林匹亚附近深坑处的仪式与狄奥尼索斯无关，而且，在瓦钵日烹煮的食物也不是供奉给狄奥尼索斯而是给赫尔墨斯的。所以很有可能，两个节日最初是偶然连在一起的，在漫长的岁月中，彼此互相渗透而成为一个节日。

在花月节上，一方面是欢愉的庆祝，另一方面却是对邪恶、死亡的恐惧。这两方面构建了整个节日里一以贯之的矛盾气氛，而这种矛盾是与节日的中心活动——新酒的开罐与品尝是分不开的。饮酒被看作是一种外来的力量，酒的颜色似血，葡萄的踩踏过程是一种嬉戏的毁灭和残暴，所有这些比喻和象征都反映在神话所要传达的死亡和暴力的主题中：狄奥尼索斯遭到抵制的传说，酒作为礼物带来的血腥的屠杀（如伊卡里乌斯的惨死）以及狄奥尼索斯被提坦神肢解及重生的传说。这种矛盾还体现在，在这个节日上，一些社会准则被颠覆了——奴隶与他们的主人一起饮酒，年轻人在游行队伍里可以冒犯长者，甚至宇宙秩序也被颠覆了：死者的灵魂在街上游荡，一个从海上来的神娶了凡间的新娘。在节日的第一天，酒被小心地饮用，而在第二天，可以酩酊大醉，不按照正常的饮酒规则。第三天，洪水消退，世界以新的面貌出现。一句话，矛盾和颠覆是这个节日的重点内容。

最早的狄奥尼索斯节日为何如此复杂和矛盾重重？谜底可能就在于狄奥尼索斯本身。如第三章所述，狄奥尼索斯是一种能够打破对立从而消融界限、消融现存世界的力量。他打破了人和动物、男人和女人、老人和孩子、自由人和奴隶、城市和乡村、人和神之间的界限。除了颠覆性的仪式，没有其他的仪式更适合这个神了。而这些谜一样的特性在花月节上得到了最丰富的表达。[①]在神话里，他诱惑女性逃离已经建立起来的男性权威的世界到山林里游荡，而实际上他的崇拜又深深地镶嵌在城邦的宗教里。在花月节上，他通过船车游行现身，仿佛是一个外来的游客，却得到了城邦的欢迎，城邦的“王”巴昔勒斯献上了自己的妻子作为他的新娘。

总之，花月节是一个在漫长历史中形成的集体活动，所有的人都从各自的家庭出来参加这一活动。它吸引着“每个人”“整个城邦”都来参加，它使整个城邦的公民都来参加庆祝，展现了狄奥尼索斯节日的特征，同时也展现了狄奥尼索斯在城邦中的地位。

---

① Richard Seaford，*Reciprocity and Ritual：Homer and Tragedy in the Developing City-State*，Oxford：Clarendon Press，1995，pp.235～280.

二、勒奈亚节

同花月节一样，勒奈亚节也是一个在爱奥尼亚人中广泛流传的古老节日。在雅典，这个节日是在伽米里昂月（Gamelion）里庆祝的，即大约在公历1月份的28日到31日，亚里士多德在《雅典政制》里记载说，这个节日“由王者执政官（King Archon）来监管，这一节庆包括一次游行和一次竞赛。游行由王者执政官和诸名监管人共同引导，竞赛则由君王一人置办”[①]。他们组织游行和音乐比赛，后来又把戏剧比赛也包括进来，阿里斯托芬的几幕喜剧都是在勒奈亚节中首演的。勒奈亚节的细节我们知道的很少，但有一点很清楚，在花月节和勒奈亚节上，有一项很普遍的习俗，在游行队伍里的青年男子可以用下流的脏话开玩笑。

勒奈亚节（Lenaia）的名称是从爱奥尼亚语的单词 lēnai（野蛮的女人或狂女）来的。如果这个语源是正确的话，它针对的就是节日中早期的疯狂因素。还有一个观点认为，勒奈亚节的名称来自踩踏葡萄的大桶（lēnos）。由于勒奈亚节是在深冬举办的，不可能有踩踏葡萄的生产劳动，所以这一观点没有得到多数学者的认可。我们知道，狂女（即 bakchai）是在一种疯狂状态下通过肢体动作来崇拜狄奥尼索斯的，比如在户外（特别是在山中）强劲地舞蹈。她们穿着引人注目的动物的毛皮，散开头发，拿着顶端缠着常春藤的棒子（被称为 thursoi）。古风时期和古典时期的资料很多都提到了这些疯狂的女人，她们离开了家庭的限制，奔向山林，在山林中舞蹈。

描绘古典时代狂女的瓶画被称为“勒奈亚瓶画”，上面描绘了妇女们在一个户外雕像周围的活动。这个雕像是一个罩着长袍的柱子，顶端是一个带着胡须的面具（参见图4-1），常春藤的叶子和枝条从柱子以及面具的各处钻出。这个雕像非常明显就是代表葡萄树的狄奥尼索斯，柱子代表树干，面具代表葡萄树的树冠，常春藤的枝条代表葡萄的枝条，因为勒奈亚节在一月庆祝，此时葡萄还没有长出葡萄的枝叶，所以用常春藤的枝条来代替。这个戴着面具的柱子首先出现在黑像陶上，在场的女性形象应该是宁芙仙女（nymphs），后来又出现在红像陶上，显示的画面包括狂女围绕在柱子或者是神的祭坛周围舞蹈。陶器的一面，是沉静的妇女从置于面具前面的酒罐中舀酒，另一面则是妇女们举着酒杯舞蹈。有些学者认为这些场景描绘的就是勒奈亚节，但也有学者认为这些场景是花月节的，描绘的只是普通的疯狂仪式。戴面具的柱子的用途并不局限于某一个节日，妇女舞蹈的场面与古典时代阿提卡的疯狂仪式相吻合。

---

① Aristotle，*Athenian Constitution*，57.1.

图 4-1 在狄奥尼索斯面具下面调酒和舞蹈的妇女们[①]

但是，如果“勒奈亚瓶画”描述的是勒奈亚节的场景，那么，这个场景会大大加深我们对这个节日的理解。古代的很多学者都弄混了勒奈亚节和花月节。一些现代学者认为，勒奈翁（Lenaion），即庆祝勒奈亚节的地方，与狄奥尼索斯在湿地的圣所，即庆祝花月节的地方，是同一个地方。但是，一个圣所不可能有两个名字，同时又分属两个不同的节日。德摩斯提尼也在“反击尼伊拉”（*Against Neaira*）的演说辞中明确讲到，狄奥尼索斯在湿地的圣所每年只打开一天，就是在酒罐节的那天晚上。不能想象当庆祝勒奈亚节的时候，神庙是关门的。[②]

勒奈亚节举办的时间是 1 月份，正是修剪葡萄树的时间。今天的阿提卡地区，对葡萄的修剪工作是在 12 月中旬至 2 月份之间完成的，但大部分工作是在 1 月份完成的。[③]修剪葡萄枝是葡萄栽培过程中最重要的一项。提奥弗拉斯托斯（Theophrastos）在《对植物的调查》中说对长成的葡萄树来说，第一位也是最重要的工作就是剪枝。这项工作做好了，葡萄树才会生长茂盛，产出更好的果实，活得也会更长。[④]

对葡萄树的剪枝也体现在与狄奥尼索斯相关的神话故事中。在阿波罗多罗斯叙述的吕库古斯的故事里，狄奥尼索斯令吕库古斯处于疯狂状态，在疯狂中，他认为自己在砍葡萄树的枝条，而实际上他用斧头砍了自己的儿子，

① 面具无手、无脚，但其头上和脚下都饰有葡萄藤。画面来自阿提卡红像陶，反映的基本上是勒奈亚节的情况。引自 Carl. Kerényi，*Dionysos：Archetypal Image of Indestructible Life*，Illustration 85.

② Demosthenes，*Against Neaira*，59，73ff.

③ Allaire C. Brumfield，*The Attic Festivals of Demeter and their Relation to the Agriculture Year*，New York：Arno Press，1981，p.29.

④ Theophrastos，*Enquiry into Plants*，3.14.1

直到把儿子剁碎了，他才恢复神智。[①]另一个暗指剪枝的神话是明亚德女儿的故事。明亚德的三个女儿拒绝参加狄奥尼索斯的狂欢，于是狄奥尼索斯使她们疯狂，赤手撕碎了最小女儿留基佩的那个年纪尚小、娇嫩得像幼鹿的孩子。这种撕碎也是一种剪枝的方式，即用手掐去葡萄树的嫩枝，这是针对还未长成的幼树。有些枝条要用手除掉，因为古人认为葡萄树在长到第三年前不适宜用刀子砍掉枝条。用手剪枝可能的确存在于早期时代，只有树叶和嫩枝才从葡萄树上剪下。在传说中，自从葡萄树被拟人为狄奥尼索斯后，剪枝就被比拟为肢解孩子而不是实际仪式中的撕碎幼兽。在《酒神的伴侣》中，阿高芙把彭透斯的头带到舞台上，她暗指自己手中拿的是葡萄的嫩枝，“我从山上带回来新折的葡萄的嫩枝”[②]，因为彭透斯松散的头发正像悬挂着的葡萄的卷须。

狄奥尼索斯的两次出生被看作是对葡萄栽培技术的模拟，这是一种接枝的方法，它不需要砍去老枝，只是简单地把新枝接到老树的树干上。普林尼非常细致地记录了剪枝的方法：“第三种接枝的方法是在葡萄树上钻一个洞，然后把劈开两叉的枝条放进去。”[③]在狄奥尼索斯的传说以及《酒神的伴侣》中，是这样描述的：塞墨勒死后，宙斯把狄奥尼索斯取出缝进了自己的大腿。[④]约公元前 460 年的红绘瓶画，描绘了宙斯正从大腿取出婴儿狄奥尼索斯的场景，他们前面站着的是脚穿戴翅膀的飞行鞋、手执魔杖的赫尔墨斯（参见彩图 18）。这件瓶画上的场景宛若葡萄的新枝嫁接在了老树上，年轻的狄奥尼索斯就是葡萄的枝条，而宙斯就是被嫁接的老树。

狄奥尼索斯经常被表现为葡萄树，当他的形象最早出现在阿提卡瓶画上时，他是一个地位低微的、打着赤脚的形象，手里拿着一个葡萄枝，在众神的队列中独自走着。[⑤]但与狄奥尼索斯相对的是，他的随从及崇拜者则没有举着葡萄枝。所以，带着葡萄串的枝条并不是狄奥尼索斯崇拜的总体标志，而是葡萄树的具体特征，只适用于狄奥尼索斯本身。在早期的瓶画中，狄奥尼索斯自然也成为酒的赠与者。[⑥]

勒奈亚节上也有戏剧比赛和游行。从这一点来看，勒奈亚节像是乡村酒神节的城市版，但是它又不同于城市酒神节。城市酒神节有着一种泛希腊的

---

① Apollodorous，3.5.1.4

② Euripides，*Bakkhai*，1170.

③ Pliny，*Natural History*，17.115，Trans.，by D. E. Eichholz，Cambridge: Harvard University Press，1962.

④ Euripides，*Bakkhai*，pp.94～98。

⑤ Thomas H. Carpenter，*Dionysian Imagery in Archaic Greek Art*，Oxford：Clarendon Press，1986，p.124.

⑥ Valdis Leinieks，*The City of Dionysos：A Study of Euripides's Bakchai*，Stuttgart und Leipzig：B. G. Teubner，1996，p.187.

味道，而勒奈亚节是各个城邦自己的节日。[①]辞书编纂学者赫西基奥斯（Hesychius）在解释“阿里斯托芬在勒奈亚的比赛”一词时说，“勒奈翁是雅典城内一个宽阔的场地，里面有狄奥尼索斯·勒奈奥斯（Dionysos Lenaios）的圣所，在狄奥尼索斯的剧场建立之前，勒奈亚节的戏剧演出是在这里举行的”[②]。这种说法总体上是可以被接受的，即在雅典内有一个围起来的场地叫勒奈翁，是献祭给狄奥尼索斯的。这里可能是狄奥尼索斯崇拜最初的中心，也许也是最早的，而且肯定要早于公元前 6 世纪中期的狄奥尼索斯·厄琉瑟柔斯（Dionysos Eleuthereus）的引进以及城市酒神节的建立。从这层意义来说，戏剧比赛最初应该是在勒奈亚节上进行的。可能比较正确的说法是，勒奈亚节应该是雅典城市酒神节最初的起源。

在古典时代，城市酒神节掠走了勒奈亚节的很多声望，但是尽管如此，勒奈亚节仍然保留了游行、悲剧和喜剧，节日能够持续好几天，同时勒奈亚节一直保持着作为雅典地方节日的特色。阿里斯托芬的《阿卡奈人》在这里上演时，诗人在批评雅典的好战政策时，提醒观众这里没有外国人在场。事实上，甚至连外邦人（居住在雅典的外国人）也不允许参加这个更本土的、更私人的节日场合。

至迟到约公元前 440 年，当城邦为捐助人和诗人建立了正式的比赛后，勒奈亚节的表演就已经在狄奥尼索斯剧场里进行了。柏拉图曾提到公元前 416 年的勒奈亚节比赛，观众达 3 万人。[③]与城市酒神节不同，勒奈亚节被看作纯粹是阿提卡的事务。另外，节日比赛的水平也比较低，悲剧诗人完成两部悲剧即可。参加勒奈亚节悲剧比赛的人数也不清楚，节日演出记录显示在前 418 年有两个悲剧诗人，在公元前 363 年有三个悲剧诗人，不知道哪一次代表正常的情况。[④]关于喜剧演出，节日演出记录显示了在公元前 284 年上演的五部喜剧。除了在伯罗奔尼撒战争期间，一般会有五部喜剧在勒奈亚节上演出。节日演出记录并没有提到萨提儿剧或者酒神颂歌，至少可以确定在古典时代，这些是不包括在勒奈亚节里的。

如前文所述，勒奈亚节上的游行由宗教执政官巴昔琉斯引领，公元前 4

① P. E. Easterling（ed.），*The Cambridge Companion to Greek Tragedy*，Cambridge：Cambridge University Press，2000，p.19.

② H. W. Parke，*Festivals of the Athenians*，pp.104～105.

③ Plato，*Symposium*，175e.

④ *Inscriptiones Graecae* II^2 2319.“Didaskaliai”的意思是“教导”，在古希腊是一个专有名词，被用来指称戏剧节上的表演制作，既可以指歌队和演员的训练，也可以指诗人的全部作品。作为复数形式的“The Didaskaliai”是在特定节日上的戏剧演出节目记录，比较重要的一份列出了从公元前 420～前 417 年在勒奈亚节上演出的悲剧，还有一块新的 Didaskaliai 残片上面列出了公元前 364/3 年勒奈亚节上演出的悲剧。

世纪，厄琉西斯秘仪的节日监察官也加入进来，最初的目的是帮助巴昔琉斯对游行进行管理。公元前 5 世纪时，担任这个职务的人是通过抽签选举在社会下层产生的，并不是从贵族中产生的。在勒奈翁进行剧场比赛时，持火炬者（Daiduchos）手举火把说“呼唤神”，观众们就齐声高喊：“塞墨勒的儿子，伊阿库斯，财富的给予者！”这个持火把的仪式不可能是早期的仪式，应该是厄琉西斯秘仪的节日监察官加入之后增加进来的。因为伊阿库斯是厄琉西斯秘仪中的神，最初是为了表达入会者在游行前往厄琉西斯时对胜利的呼喊。由于这个名字与“巴库斯”（Bacchus）具有相似性，他被等同于狄奥尼索斯，被认为是塞墨勒的儿子。而另一方面，“财富的给予者”这一称号仍然与厄琉西斯秘仪相连，因为这也是德墨忒尔的称号。[①]在勒奈节上，伊阿库斯与巴库斯、厄琉西斯秘仪与狄奥尼索斯崇拜之间的融合与渗透，恰好反映了雅典城邦多神教之间的交流与影响。

与花月节一样，女性在勒奈节上也起着重要作用。游行队伍中也有 14 名“尊贵的妇女”，她们是和王后一同在花月节上起过誓的女祭司，在勒奈亚节上，她们是圣婴的助产婆，她们穿着长袍、戴着常春藤编成的花冠，迈着高贵的步伐走在游行队伍中。接下来的人群有的步行，有的坐在车上，唱着粗俗下流的歌，随着音乐的节奏疯狂舞蹈。勒奈亚节的游行和乡村酒神节上的“法勒斯”游行都含有色情、戏谑和娱人的成分。勒奈亚节是在最寒冷的日子里庆祝的，它为雅典的公民提供了欢聚的机会，欢聚之后，他们还能享受包括戏剧在内的公共娱乐以及欢闹——这是勒奈亚节带给人们的最大的福利。

三、城市酒神节

城市酒神节是城邦后建的节日，虽然没有文献记录能够证明城市酒神节与葡萄的栽种和接枝有直接的联系，但是，三月份却是葡萄接枝和栽种葡萄的季节。按照罗马和拜占庭时期的《农务百科》（*Geoponika*）的说法，“在三月，我们应该把待接枝的枝条嫁接到葡萄树或其他树上”[②]，“当春天开始，西风吹来的时候，我们应该折下枝条，并把它们迅速栽到地下”[③]。比较有趣的是在城市酒神节的雕像游行中，我们还是能够找到狄奥尼索斯与葡萄树和葡萄栽培有关的因素，比如盛大的法勒斯游行。

在城市酒神节上，场面最浩大的仪式是游行，其高潮是在狄奥尼索斯圣

---

① Aristotle，*Politics*，57.I.

② Cassianus Bassus，*Geoponica*，3.3.1，K.G. Saur Verlag，1998.

③ Cassianus Bassus，*Geoponica*，5.6.1.

所的百牲献祭。这是继泛雅典娜节之后，规模最大的城邦游行。在爱拉斐波里昂月（Elaphebolion）的第 9 天或者之前，开始了宗教典礼的预演，这是被称作“引进”（Eisagoge）的游行，据说是为了纪念从彼奥提亚的厄琉舍里亚（Eleutherai）引进狄奥尼索斯崇拜这一事件。狄奥尼索斯·厄琉舍柔斯的神像是一个木头架子，上面挂着一个面具，这种雕像在希腊的狄奥尼索斯崇拜仪式中是最为普遍的。在引进仪式中，雕像被穿上了衣服，戴上了常春藤的花环，从卫城南坡的神庙被送到阿卡德米（Academy）。[①]在城外的小树林里，通往厄琉舍里亚的路上，人们唱起了酒神颂歌。神像保存在阿卡德米一天或几天，献祭结束后，再把狄奥尼索斯的神像送回他的剧场（在城里的圣地），同时进行一次举火把的游行。一个献给青年预备役男子（ephebes）的铭文描绘了这一活动，其中使用了祭坛（eschara）一词，显示了狄奥尼索斯的祭坛位于阿卡德米。铭文是这样的：“在献祭之后，他们举着火把，把狄奥尼索斯的雕像从祭坛送到剧场。在城市酒神节上，他们牵着为狄奥尼索斯献祭的公牛，在游行过程中为神祭祀。”[②]

第 10 天，公共庆祝才正式开始，在此之前进行的崇拜活动还不能算是官方庆祝的一部分。[③]这一天，法律禁止召开议事会，任何执法的行为也都停止，比如不许逮捕犯人[④]，甚至监狱也打开了，犯人被释放出来参加节日庆祝。德摩斯提尼在演说辞里提到，雅典有一个释放犯人的传统，即在城市酒神节和泛雅典娜节期间，犯人可以从监狱中被保释出来，有的犯人在酒神节的游行舞蹈之后，戴着镣铐逃走了。[⑤]

官方节日的第一个仪式是“游行”（Pompe）。我们不十分清楚游行的路线，但是比较合理的猜测是：游行开始于最主要的城门迪普利翁门（Dipylon），这是从阿卡德米进入城市的必经之路，这里有一个叫“庞贝昂”（Pompeion）的建筑物，里面保管着各种各样的在神圣的游行中用到的物品。

游行者来自雅典社会的各个阶层，他们抬着献祭和宴会中要用到的食物，每一种食物的象征意义都与他们各自的身份相吻合。游行队伍由一个出身贵族家庭的处女带领，她拿着一个金色的篮子，里面装着献祭的“第一份果实”[⑥]。具体的程序不清楚，但是在她之后，可能跟着男性公民，扛着酒袋，

① Demosthenes，*Against Meidias*，51～54；Eric Csapo and William J. Slater，*Context of Ancient Drama*，Ann Arbor：The University of Michigan Press，1995，p.112.

② *Inscriptiones Graecae* II^2 1006.12～13.

③ Eric Csapo and William J. Slater，The *Context of Ancient Drama*，p.105.

④ Demosthenes，*Against Meidias*，10.

⑤ Demosthenes，*Against Androtion*，68.

⑥ Aristophanes，*Acharnians*，240～265.

用叉子举着巨大的 obelias。obelias 是一种面包，1 个奥波尔一个，常常是插在铁叉子上烤熟的。①在雅典居住的外邦人（metics）穿着紫色的袍子，拿着盆，里面装着将要用水混合的酒，他们的女儿拿着水罐。在城市酒神节上，外邦人也要做一些事情，他们穿紫色的袍子，而公民则想穿什么就穿什么。外邦人被称为“持盆者”，而公民被称为“持酒袋者”，以示区别。

还有一点值得注意的是，在游行中，外邦人的女儿和女人也都参与其中，这说明处于贵族女子和外邦人之间的雅典城邦的普通女性也可能会参加游行。捐助人穿着华丽的服装出现。②青年预备役男子护卫着献给狄奥尼索斯的公牛，作为最主要的牺牲。③其他的上百头牺牲紧随其后。关于城市酒神节的一些铭文记录了雅典的财政官（Treasures）和监督员（Overseers）出售这些牺牲兽皮的情况。最早的记录在公元前 333 年，第二次是在公元前 332 年。每张兽皮在 3～4.5 德拉克马，通过对得到的钱进行折算，大约在公元前 333 年的酒神节上，有 240 头牲畜被宰杀。④在游行队伍的最后，是一群男子唱着颂歌，抬着巨大的法勒斯。

雅典的殖民地也要派人参加这个游行。根据公元前 4 世纪帕罗斯（Parians）石刻上的法令，我们得知，雅典的殖民地要向城市酒神节贡献一头牛和一个法勒斯模型。⑤我们不太清楚的是，狄奥尼索斯的雕像是否出现在游行中：雅典人的瓶画显示，雕像被装在一个有轮子的船上，但是不能确定这个仪式是属于城市酒神节的还是属于其他的狄奥尼索斯节日。

鲍萨尼阿斯说，雕像是在厄琉奢瑞亚被并入雅典之后，才被送到雅典的。他的说法毫不奇怪，但是关于这件事还有一个更为久远的故事，使其具有了古老的神圣和尊严。这个传说叙述的是在雅典的国王安菲克提翁（Amphiktyon）统治时期，大约在公元前 800 年，据说，厄琉舍瑞亚的佩格苏斯（Pegasus）领导的一个使团，带着狄奥尼索斯的雕像去雅典，结果被拒绝了。狄奥尼索斯因此惩罚雅典人，使他们的生殖器患上了病。阿波罗的神谕告知，必须公开和私下准备法勒斯的模型来纪念这次灾难才能治愈。这个神话主要是在讲述对狄奥尼索斯崇拜的抵制，所以，可能会被归于遥远的神话时代。

在节日的最早阶段，狄奥尼索斯的神像从阿卡德米被送到城邦中心的市

---

① Athenaeus，3.111b.

② Demosthenes，*Against Meidias*，22.

③ *Inscriptiones Graecae* II^2 1006.12～13.

④ *Inscriptiones Graecae* II^2 1496.80f. and 111f.

⑤ 张强：《〈帕罗斯碑〉译注》，《古代文明》2007 年第 2 期。

政厅，这种仪式再现了狄奥尼索斯崇拜的首次引进。雕像放在市政厅的城邦灶火处，进行“首次引进”（xenismos）仪式，也可能在市政厅前进行表演。接着是护送神像到圣所的盛大游行，到达圣所之后，进行献祭。克里斯提尼改革时，城市酒神节亦被重新组织，扩大了游行中的表演部分，需要更大的空间，于是，表演就移到了新的城市广场。这样神像被从阿卡德米带到了城市广场的 12 主神祭坛处。在这里，表演盛大的游行，并把圣像送返神庙。剧场建立之后，随着仪式表演的需要，分成了两个空间，一个是剧场外的预演和游行，一个是剧场内的表演。①而在这些仪式中，在神像面前的表演是中心。

酒神颂歌的比赛可能在当天的下午进行，而且很可能持续到夜晚。城邦的每个部落都会派出一支由 50 个男孩组成的歌队或一支由 50 个男人组成的歌队参加比赛。演说家阿吉尼斯曾认为是每个部落提供一支歌队，要么是男人组成的，要么是男孩组成的②，但这种看法与发现的铭文记载并不一致。铭文上清楚地记载了同一个部落获得了两场比赛，一场是男人组成的歌队，一场是男孩组成的歌队。③赢得比赛的歌队的捐助人会得到常春藤编的花冠和一个三足鼎④，诗人可能会得到一头献祭给狄奥尼索斯的公牛。

傍晚，狂欢开始了，男人们点起火把，在城里游荡，伴随着竖琴和芦笛唱歌、跳舞。狂欢也是一种宗教仪式，在最为严苛的中世纪基督教里也有狂欢节，弗洛伊德在《图腾与禁忌》中这样解释献祭和狂欢的矛盾关系：“在哀悼过后接着即为狂欢……庆典，即代表着将禁制的破坏加以神圣和合法化。……庆典的狂欢正是由于破坏禁制所得到的快感。”⑤ 所以，狂欢仪式更应该被看作是按照狄奥尼索斯的特有的方式进行的宗教仪式活动，它充分体现了狄奥尼索斯崇拜的特点和城市酒神节的重要精神内涵，是城市酒神节无可争议的重要部分，因而“Fasti”铭文也把城市酒神节笼统地称为“为狄奥尼索斯的狂欢节（the komoi for Dionysos）”⑥。

最后，到了城市酒神节的竞技阶段。在节日的最后 3 至 4 天，也就是爱拉斐波里昂月的第 11 天至第 14 天，城邦要举行竞技比赛。竞技比赛包括体育运动、骑马、音乐和诗歌等项目，这些是希腊宗教节日上普遍存在的节目，

① Robin Osborne and Simon Hornblower (eds.), *Ritual, Finance, Polis: Athenian Democratic Accounts*, pp.288～289.

② Aeschines，*Against Timarchus*，10.

③ *Inscriptiones Graecae* II^2 2318.320～324.

④ Demosthenes，*Against Meidias*，63；5～6.

⑤ ［奥］弗洛伊德：《图腾与禁忌》，杨庸一译，台北：志文出版社，1975 年，第 174～175 页。

⑥ Simon Goldhill，“The Great Dionysia and Civic Ideology”，*Nothing to do with Dionysos? Athenian Drama in Its Social Context*，Princeton：Princeton University Press，1990，pp.98～99.

是凡人把最好的献给神的一种方式，在城市酒神节上，人们要进行包括酒神颂歌和戏剧的种种比赛。戏剧比赛的顺序也有很多矛盾之处，到目前为止，比较有说服力的观点是，在伯罗奔尼撒战争（公元前431～前404年）前后，在第11天，上演5个喜剧，接下来的三天分别上演三个悲剧和一个萨提儿剧（一个诗人的作品上演一天）。还有一种可能是，5天时间按下列竞赛顺序分配：第1天——男孩的酒神颂歌加上喜剧；第2天——男人的酒神颂歌加上喜剧；第3天到第5天——悲剧三联剧加上喜剧。

在雅典城市酒神节上进行的比赛和表演都是最为重要、最为盛大和最为有名的。竞技是城邦关注的焦点，也使大量的财富转移到竞技比赛中。据粗略估算，城邦通过占有财富的富有阶层，在大约10年的时间里，在比赛的训练和演出方面，花费达上百塔兰特。①

四、葡萄丰收节

葡萄丰收节（Oschophoria）在秋天举行，这是葡萄收获和踩踏葡萄的季节。节日的名称取自游行中人们肩上扛着的成串葡萄。葡萄枝在古希腊语里称“osche”，所以这也是节日及节日所唱歌曲的名称。②

葡萄丰收的庆祝在普亚诺普西昂月（Pyanopsion）的第7天，大约是在公历的10月份，这是最适合收获葡萄的时间。这一天也是阿波罗的节日普亚诺普西亚节（Pyanopsia）。这是很有意思的现象，也具有很高的宗教价值，狄奥尼索斯和阿波罗这两个被认为是对立统一的神在同一天举行节日，似乎阿波罗把自己节日的一部分让给了狄奥尼索斯。

杜波纳（Deubner）认为，这个节日在葡萄丰收和压榨葡萄酒的季节举行，是为了感谢葡萄和酒的赠与者狄奥尼索斯。歌唱是整个节日的特征，也是葡萄丰收的一部分。③这个节日的主要仪式包括：人们唱着葡萄丰收的歌曲，有两个年轻的男子穿着女人的服装举着结满葡萄的葡萄枝引领着游行队伍。这两个年轻的男子被称为奥思科福饶伊（Oschophoroi），出身贵族，财富出众，游行队伍从雅典的某个狄奥尼索斯圣所——我们无法确定是哪一个——出发，边走边唱，走向雅典娜·斯基罗斯（Athena Skiras）的圣所。

节日的宴会在雅典娜·斯基罗斯的圣所里进行，游行队伍的目的地即为她的圣所，罗伯特·帕克（Robert Parker）和其他一些学者就此认为这个节日

① D. J. Phillips and D. Pritchard（eds.），*Sport and Festival in the Ancient Greek World*，p. 168.

② Valdis Leinieks，*The City of Dionysos：A Study of Euripides's Bakchai*，p. 194.

③ Erika Simon，*Festivals of Attica：An Archaeological Commentary*，Madison：The University of Wisconsin Press，1983，p.90.

不是狄奥尼索斯的节日，而是雅典娜·斯基罗斯的节日。的确，葡萄丰收节是在雅典娜的圣所内进行的，但是从很早的时候开始，整个希腊的人都把狄奥尼索斯看成是葡萄神了，我们是否可以这样理解，雅典娜与雅典城邦有着特殊的关系，她是这个城邦的保护神，城邦是为了献祭雅典娜而建的。因此她为了她所在的城邦的繁荣，参加了献祭给狄奥尼索斯的葡萄丰收节。

在这个圣所内有一个场地叫奥思科福饶伊翁（Oschophorion），是献祭的地方。在这里，将举行一个大的宴会，被称为“送餐人”（Deipnophoroi）的女人会为宴会送来食物。饮酒伴随着人们的呼喊，有欢乐的呼喊，也有悲痛的呼喊。这种仪式是典型的植物神的节日，因为植物神不是永生的，有死亡和复活。阿蒂斯（Attis）、阿多尼斯（Adonis）、俄赛里斯、许阿铿托斯（Hyakinthos），等等，他们的死都在节日上被哀悼。这种又欢乐又悲伤的情感也是狄奥尼索斯其他节日上的特征，比如花月节上，既有对死者的缅怀又有新酒酿成的喜悦。

普鲁塔克对葡萄丰收节做了描述和解释。①他认为是提修斯最早建立了这个节日，是为了感谢雅典娜和狄奥尼索斯，因为这两个神曾现身帮助他，使雅典人摆脱了每年向克里特献祭童男童女的噩梦。这似乎也解释了为什么葡萄丰收节要在雅典娜的圣所内举行。节日仪式上的男子易装，是因为提修斯为了增加与他同去的男伴的人数，把两个长得像女孩的男孩子打扮成女孩，凑成了 7 男 7 女（实际上是 7 男、5 女和 2 个异装者）。从克里特胜利归来后，提修斯和这两名非凡的男子一起列队前行，他们仍然是异装，手里拿着结满果实的葡萄枝。而对作为“送餐人”（Deipnophoroi）的解释是，当时中签去克里特的孩子的母亲，她们为孩子送去面包和吃食以鼓励和安慰他们。②

可能在游行的同一条路线上还会举行赛跑，参加者是每个部落的青年预备役男子，他们也都手持结满葡萄的葡萄枝，胜利者可以率先品尝一种混合了五种食物的特殊的酒（这五种食物是：橄榄油、葡萄酒、蜂蜜、奶酪和大麦）。

对这个节日有多种解释和争论，其中主要的问题是，这个唯一与庆祝葡萄丰收有关的狄奥尼索斯节日似乎更像是一个关于男子成长的过渡仪式。两个异装的男子和游行队伍离开了雅典的狄奥尼索斯圣所，沿着既定路线前往特殊的目的地，似乎可以解释为年轻男子从中心的撤离，最终在城邦女神雅典娜的神庙里，他们成为未来的公民。或者也可以说，游行也体现了从狄奥

① Plutarch，*Life of Theseus*，23.

② Robert Parker，*Polytheism and Society at Athens*，p.213.

尼索斯的无序到雅典娜的文明；在庆祝葡萄丰收的掩盖下，节日的仪式关注了像女孩一样的青年男子长成了有胡须的成年男子，节日上的两个异装者代表了所有的同龄人。[①]在葡萄成熟的季节里，年轻男子也长成了成熟的公民，从这个意义上看，这个仪式也是成长的仪式。

古希腊人的成长仪式比较多，在人生的各个阶段都有相应的成长仪式。在雅典，一个男孩在 16 岁时被允许进入兄弟会（phratry），仪式是“剪发”并为赫拉克勒斯献酒；在 18 岁时进入德谟，成为青年预备役男子（至少是重装步兵的身份），这是长大成人的标志。作为青年预备役男子，他会参加城邦的很多节日，但是，葡萄收获节上的游行对他们来说仍然有着非常特殊的意义。

五、乡村酒神节

乡村酒神节是在 12 月份或者是 1 月初的时候举办的。乡村酒神节有两项重要的节目，即“法勒斯”大游行和狂欢活动。[②]普鲁塔克、阿里斯托芬等古代作家都提到过乡村酒神节，尤其是阿里斯托芬在喜剧《阿卡奈人》里的节日描述，应该是乡村酒神节的原型。

在《阿卡奈人》里，有这样一段描写，可能最接近乡村酒神节的原貌。剧中的英雄狄开俄波利斯（Dikaiopolis），与斯巴达签订了和平协议，他回到雅典后，庆祝乡村酒神节。下面是剧中描写的游行场面：

> 狄开俄波利斯：静一静！静一静！提篮者，稍微往前一点！让珊提阿斯（奴隶）把法勒斯举直了！女儿，把篮子放下，我们可以开始祭祀了！
>
> 女儿：妈妈，把勺子递给我，我要把汤浇在蛋糕上。
>
> 狄开俄波利斯：好了，就这样吧！啊，狄奥尼索斯！慈爱地看着我吧，当我进行游行和祭祀的时候。我和我的家人庆祝乡村酒神节好运，没有战争，30 年的协议能给我带来好运。来！女儿！看看你带来的篮子里装着好吃的东西……往前一点，（对女儿说）这么多人，你要小心看管，免得有人偷走你的金饰！珊提阿斯，你们俩的任务是在提篮者后面把法勒斯举直了。我跟着唱法勒斯赞歌。你，我的妻子，从屋顶看着我！前进！（他开始唱）法勒斯，巴库斯的伴

---

① Robert Parker，*Polytheism and Society at Athens*，p.217.

② Eric Csapo and William J. Slater，*The Context of Ancient Drama*，p.114.

侣，狂欢者的伴侣，夜晚的游荡者，奸夫，喜欢男孩的人。[①]

而普鲁塔克是以怀旧的笔调这样描写早期的乡村酒神节的：

早些时候的乡村酒神节是简朴而愉快的游行。游行队伍的最前面是一罐酒、一个葡萄枝，然后是有人牵着的一头山羊，有人提着一篮子晒干的无花果，而最重要的是法勒斯。但是在今天，（普鲁塔克写作的时候是约公元 110 年），所有这些都被忽视了，人们带着金质的器皿，穿着华丽的服饰，乘着马车，还有戴着面具进行游行。[②]

公元前 6 世纪的阿提卡黑像陶上描绘了法勒斯游行。提洛岛的赛摩斯（Semos）描绘了公元前 3 世纪的戏剧化的法勒斯大游行，他提到有两种完全不同的法勒斯合唱队，一个叫"直立的法勒斯"（ithyphalloi），他们戴着面具；另一个叫"法勒斯佩戴者"（phallophoroi），不戴面具。尽管最初的乡村酒神节，在实践的具体细节上各个城邦有所不同，但是在后来的节日游行中，都雇用了戴面具的参加者。[③]

阿提卡的乡村酒神节在庆祝时，强调狄奥尼索斯是一个农业神，在冬季里的波塞德昂月，阿提卡地区的各个德谟里的村民都会组织阿里斯托芬在《阿卡奈人》里所描写的那种游行。根据亚里士多德的记载，喜剧就是从这些法勒斯颂歌中发展出来的。[④]很多德谟有自己的剧场，能表演喜剧和悲剧。佩泰利卡（Pentelikon）北边山脚下的伊卡利翁德谟（Ikarion），是一个产酒的村子，根据传说，这里是最初欢迎酒神的地方。

考古发掘显示出伊卡利翁的确是狄奥尼索斯崇拜的故乡。现存于希腊国家考古学博物馆的狄奥尼索斯大理石雕像就是在此处的一个拜占庭教堂下面发现的，一同发现的还有大量曾经置放在狄奥尼索斯神庙里的雕像。这个狄奥尼索斯的大理石雕像（参见彩图 19）是公元前 520 年的作品，是已知最早的石头雕像（绝大多数早期的雕像是刻在木头上或者是象牙上的）。这个穿袍的坐像手中拿着巨大的堪萨罗斯酒杯，从头到脚最初高达 2 米。雕像被放在神庙里，当时可能是整个阿提卡地区最引人注目的石像。同时，伊卡利翁出土的其他铭文还涉及了对狄奥尼索斯崇拜的管理细节、戏剧演出捐助人等方面的内容，也明确地说明这个产酒的村庄与狄奥尼索斯崇拜之间存在着密切关系。

---

① Aristophanes，*Acharnians*，240～265.

② Plutarch，*On the love of wealth*，527d.

③ Demosthenes，*On the False Embassy*，287.

④ ［古希腊］亚里士多德：《诗学》，陈中梅译注，1449a。

古代的人都愿意把法勒斯大游行与乡村酒神节联系在一起[①]，尽管在规模和场面的盛大上，乡村酒神节的法勒斯大游行都无法与城市酒神节相比。但是，对乡村酒神节来讲，法勒斯游行的确有着更为重要的意义，有着更多的淳朴因素。考古证据显示，在雅典的13个德谟里都有法勒斯游行的直接证据，特别是那些较大的德谟，比如庇雷埃夫斯、阿卡奈、厄琉西斯、萨拉米斯和伊卡利翁，法勒斯游行的规模会更大一些。

游行的队伍把“法勒斯”放在狄奥尼索斯的圣所外面，喜剧演员围着圣所跳舞，人们在“法勒斯”的下面垫上两块石头或者是装满酒的皮囊。圣所里面，祭司高喊：“不说邪恶的语言。”提篮者走过来，拿着长柄的勺子把调汁洒在蛋糕上面，献给狄奥尼索斯。祭司向狄奥尼索斯神祈祷，企盼快乐与乡村狄奥尼索斯节同在。接下来，就是向酒神献祭作为牺牲的山羊。

宰杀山羊之前，祭司祈祷说：“羊神，你来到葡萄园吃掉了果实累累的葡萄枝条，现在葡萄的根带来了丰硕的果实，我们将把足够的酒水泼洒给你。”在这里，宰杀替罪羊的行为充满了复仇和赎罪的意味。宰杀好的山羊被切碎后，混同牛奶在三脚架支起的大锅内烹煮，然后再放在火上烧烤，直至烧尽。这是因为肉经过水煮会变软，正如葡萄成熟后变得柔软一样。肉烧尽的时候，葡萄酒也被人们享用殆尽。整个程序模仿的都是自然界植物的生长过程和狄奥尼索斯被提坦神杀死、烹煮、烧烤然后吃掉的经历。人们通过这种仪式重新温习了狄奥尼索斯的传奇故事，再次感谢他为人们带来的欢乐。

接下来是喜剧比赛，这是献给新出生的狄奥尼索斯的演出，每一场都是新的作品。观看比赛的过程中，人们品尝着新酒，吃着丰收的坚果和其他食物。

节日的最后是狂欢。每一个狂欢的队伍都由12个男子和2名女子组成，12个男子暗指一年的12个月，2个女子代表的是同狄奥尼索斯密切相关的德墨忒尔和她的女儿珀耳塞福涅。

狂欢打破了所有的界限，演员和合唱队跨过他们所扮演的角色与观众相互交流，融为一体。人们取出了残留在罐底的猩红色的酒糟，涂抹在脸上，男人们化装成萨提儿和塞勒诺斯，佩戴上巨大的阳具、突出的耳朵、马尾、羊角和毛茸茸的腿。男人们穿上了女人的衣服，而女人则穿上了男人的服装，男女之间的界限消失了，人和动物之间的界限也消失了。在种种伪装下，人们可以互相嘲笑、互相攻击，无论你出身显贵还是出身平民，无论你是政府官员还是宗教权威，人们都可以肆无忌惮地进行嘲笑，甚至狄奥尼索斯本人，

① Aristophanes，*Acharnians*，240～265.

也会受到嘲笑和攻击。在这种闹剧式的放纵行为中，人们放松了自己的情绪，感受了生活欢快的一面。因此，南希·伊文思评价说，乡村酒神节的社会性本质，提升了雅典与阿提卡农村地区的交流，有助于维持一种共同的公民认同。对狄奥尼索斯的崇拜意味着每个人都参与到整个城邦的公共事务中来。①

六、城邦管理下的狄奥尼索斯节日

狄奥尼索斯的节日色彩纷呈，其底色是狂欢。但是从中我们看到更多的却是，狄奥尼索斯的节日与城邦的政治生活紧密相连。这种漫长的联系与互动过程在第二章已经有所展现，我们看到了狄奥尼索斯崇拜与城邦政治之间彼此借用、相互促进发展的关系。而随着城邦的发展，狄奥尼索斯的节日也经历了世俗化的过程和政治化的过程，承担了对城邦政治意识形态的表达。

（一）城邦对狄奥尼索斯节日的管理

城邦对狄奥尼索斯节日的管理分为两个方面，一个是公共官员参与节日管理，另一个是节日花费纳入到城邦的财政体系。

有证据表明，早在公元前 7 世纪，雅典公共官员就开始参与节日管理了，到公元前 6 世纪，雅典公共官员管理节日已成为一种普遍的现象，新兴的或重新组建的崇拜、节日和献祭都由雅典官员来管理，其中最重要的是有戏剧比赛和酒神颂歌比赛的节日。在这些活动中，真正的祈祷和献祭仪式并不是非常突出，相反，奢华、展示、游行、参与和竞技成为最重要的部分。②狄奥尼索斯的节日在形式和内容上为雅典人向整个希腊世界提供了一种展示其实力和观念的机会，因此，城邦对这些节日非常重视，在城邦官员的设置上，雅典城邦有专门的官员来管理狄奥尼索斯的节日。

雅典有三个执政官负有处理宗教事务的职责，他们是巴昔琉斯（Basileus）、名年执政官（Eponymous Archon）和掌管战争的督战官（Polemarkh）。其中，督战官主要管理战争期间的宗教事务，“承办为女猎神阿尔忒弥斯和恩努阿利奥的献祭，并安排为那些在战争中遇难者举行的葬礼”③。巴昔琉斯和名年执政官的职责都与狄奥尼索斯崇拜有些关联。巴昔琉斯也称君王执政官，他负责那些有古老传统的节日，勒奈亚节就在其中。亚

① Nancy Evans, *Civic Rites: Democracy and Religion in Ancient Athens*, Berkeley: University of California Press, 2010, p.189.

② J. K. Davis, “Religion and the State,” in *The Cambridge Ancient History*, Vol.IV, 2nd edition, John Boardman, N. G. L. Hammond, D. M. Lewis, M. Ostwald, Cambridge: Cambridge University Press. 2nd edition, 1988, p.374.

③ ［古希腊］亚里士多德：《雅典政制》，58.

里士多德在《雅典政制》中记载："君王监管的事务首先是宗教秘典……其次是勒奈亚的狄奥尼西亚节；这一节庆包括一次游行和一次竞赛。游行由君王与诸名监管人共同引导，竞赛则由君王一人置办。"[①]这里的"君王"就是巴昔琉斯。此外，巴昔琉斯还有司法的权力，主要是处理不虔诚的诉讼和有关宗教问题的纷争。

而名年执政官主要是组织那些新兴起的宗教节日，如城市酒神节和阿斯克勒庇俄斯（Asklepios）的节日。对这一执政官的职责，亚里士多德也做过详细的介绍：

> 执政官一经上任，首先要宣告在他上任之前凡为一个人拥有的东西直至其任期终了仍皆归其拥有及支配。接着他要为悲剧委任 3 名合唱队领班，选自所有雅典人中最富有的人；先前他还要为喜剧委任 5 名领班，但如今由各部落来提供这些人。然后他接纳由各部族为男子及儿童在狄奥尼西亚节上的竞赛与为喜剧和为男子及儿童在萨尔格利亚节上指定的合唱队领班；……他还监管游行，既包括为庆颂阿斯克累匹奥而举行的游行——在入教者们守屋时，又包括与监管人一同监管的在大狄奥尼索斯节上的游行。……他还主管狄奥尼西亚节和萨尔格利亚节的竞赛。[②]

节日的庆祝和对神的祭祀在古希腊极为重要，安排一次城邦的节日相当于为一场战争所作的准备。所以，宗教官员们的职责不仅神圣，而且也比较庞杂，因为他们不仅要保持圣地范围内的正常秩序，还要同其他的城邦官员一起组织宗教节日，控制宗教财政，检查支出与收入。

与其他古代文明不同的是，雅典的某些祭司也是通过选举或者是抽签产生的。希腊的祭司是指那些在神的圣地、以神的名义行使职责的人。在雅典，狄奥尼索斯也有自己的祭司，每年通过选举和抽签产生，在他们任期结束时，必须进行述职，对自己任期内的工作进行汇报。[③]雅典城邦每两年还挑选狄奥尼索斯的女祭司到帕纳苏斯山的德尔菲朝圣，赋予她们一种宗教使者的功能。在由家族控制的宗教崇拜里，祭司主要还是世袭担任，也就是终身制。但是在其他方面，他们和普通的公民是一样的，要遵守公民大会的法令。通过选举和抽签的方式，城邦让许多人承担了宗教责任。这些宗教权威在本质上属

---

① ［古希腊］亚里士多德：《雅典政制》，57.

② ［古希腊］亚里士多德：《雅典政制》，56.

③ L .B. Zaidman and P. S. Pantel, *Religion in the Ancient Greek City*, Trans., by P. Cartledge, Cambridge: Cambridge University Press, 1989, pp.49～53.

于作为城邦的全体公民群体，他们为着城邦的崇高利益而行使宗教责任。城邦的宗教事务也因此充满了民主色彩。

除了把狄奥尼索斯节日纳入城邦政治管理体系之外，在雅典，对狄奥尼索斯节日进行庆祝的费用支出也被纳入城邦财政体系，成为城邦集体的花费。

与宗教的公开性和公共性相一致的是，频繁举行宗教节日所需要的费用支出主要由“城邦费用”（demoteles）来支撑。城市酒神节的举办动用城邦费用大致开始于公元前 500 年左右，在时间上仅晚于泛雅典娜节，勒奈亚节是在公元前 440 年左右纳入城邦财政体系的。节日纳入城邦财政主要是满足了民众的宗教需要，可以更好地表达发展中的城邦所需要的集体认同感，因为贵族掌控的世袭宗教是无法表达这种集体宗教情感的。所以，城邦费用的实行，更多地出于政治的原因，而不纯粹是宗教原因。但是反过来，这种方式也改变了宗教的某些方面，尽管程度并不是很深。①

从严格意义上来说，雅典城邦没有公共的财政，他们通过“出资人”制度（liturgies，也称捐助人制度）制度组织筹集战争和节日的费用。所谓的“出资人”制度，就是把费用强制性地加在富人身上，强迫他们以捐款的方式承担。②这也构成了雅典城邦管理宗教事务的一个特色。在城市酒神节上，出资人被称为“choregia”，为戏剧比赛和合唱队出资。城市酒神节上要表演三出悲剧，外加一出萨提儿剧，这类戏剧比赛要持续演出三天，每天分别演一个悲剧家的作品。在演出进行之前，由雅典的执政官为每一位作者指定出资人，由他来为戏剧演出的设备，训练悲剧、喜剧和酒神颂歌的歌队负担费用。出资人在有些情况下由外邦人担任，同时出资人也会涉及大量的戏剧演出的组织工作。在公元前 5 世纪，被指定的出资人人数基本上是这样的：悲剧 3 个，喜剧 5 个，酒神颂歌 10 个。在悲剧比赛里，共有 3 个剧作家参加比赛，每人创作出 3 部悲剧和 1 部萨提儿剧，在喜剧比赛里，则是 5 个剧作家参加比赛。③在伯罗奔尼撒战争期间，由于经济原因，喜剧的出资人可能减为 3 个。在战争结束时，又出现了“联合出资人”（the joint choregos）这一名词，毫无疑问，这种安排也是为了减轻出资人的经济负担或者为了刺激已经摇摇欲坠的城邦精神，同时也是为了强迫有钱人和居住在雅典的外邦人履行对城邦的义务。

---

① John Boardman，N. G. L. Hammond，D. M. Lewis，M. Ostwald（eds.），*The Cambridge Ancient History*，Vol.IV，2nd edition，Cambridge：Cambridge University Press，1988，p.379.

② L .B. Zaidman and P. S. Pantel，*Religion in the Ancient Greek City*，p. 107.

③ C. Orrieux and P. S. Pantel，*A History of Ancient Greece*，Trans.，by J. Lloyd，Malden：Blackwell，1999，pp.169～170.

出资者用自己的资金，挑选歌队成员，也选定演员，通常演员只有两三个。出资者还负责戏剧的排演，同时负担演员的演出服及其他费用，比如说，演出结束后，尤其是得奖以后，他要请相关的人员吃顿饭，为狄奥尼索斯进行献祭，这算额外的费用。这些费用开支是巨大的，例如，公元前 403 年，有个出资人说自己共花了 1600 德拉克马（drachmas），这个花销足够 5 个四口之家一年的基本生活。[①]

出资人的运作方式可以起到调节公民贫富差别的作用，在雅典，只有财产超过 3 个塔兰特（talent，相当于 18000 个德拉克马）的人才有资格做出资人。3 个塔兰特是一个熟练手工工匠渴望在一生中挣到的钱，在公元前 5 世纪晚期，1 个德拉克马是一个重装步兵一天的薪水。对三列桨的资助是最为昂贵的，可能会仅限于精英阶层中的 300～400 个公民，大约是男性公民的百分之一（雅典的公民人数有变化，在公元前 431 年为 43000 人，到公元前 313 年为 21000 人）。[②]雅典每年花在戏剧比赛上的钱不少于资助战舰的费用，普鲁塔克记载说，雅典人花在制作《酒神的伴侣》《腓尼基妇女》《俄狄浦斯王》和描绘美狄亚与厄勒克特拉的悲惨遭遇所用的花费远大于他们为维持帝国及反抗波斯求得自由的花费。[③]普鲁塔克的说法虽然有些夸张，却从一个侧面反映出戏剧节花费的数额之多。

出资人或捐助人的钱主要花在具体的戏剧比赛上。为戏剧演出挑选制作人是其中之一，由富人出资完成剧本的写作和排练直至演出，这既可以看作是一种税收形式，也是富人为城邦做贡献的最好的机会，他们也会因此获得荣誉。演出服装上的奢侈花费，排演的成功以及在城市集会上盛大的个人出场仪式，都为出资人提供了提高自我形象的绝好机会，他们也在公民的注视下接受荣誉。因此，男性公民的竞赛不仅仅局限在戏剧表演和酒神颂歌的合唱中，还有出资人在城市中的地位的竞争。但是，捐助人阶层对出资的态度总体上来看是矛盾的。他们会尽可能地避开出资，但是一旦被指定为戏剧的出资人，他们也会表现出对公共事务极大的热情，拿出巨资——甚至可能使自己陷入破产的边缘。

古典时代后期，雅典的民主制陷入危机，城邦的精神力量不断减弱，无人愿意做出资人来负担排练及演出的经费，喜剧家阿里斯托芬的歌队就开始不断

---

① P. Cartledge，*Aristophanes and His Theatre of the Absurd*，London：Bristol Classical Press，1991，p8.

② Eric Csapo and William J. Slater，*The Context of Ancient Drama*，Ann Arbor：The University of Michigan Press，1995，pp.139～140.

③ Plutarch，*On the Glory of Athens*，348d～349b.

减员，后来的悲剧已经养不起昂贵的歌队了，作为民主思想象征的歌队不可避免地衰落了。这也从反面说明了古希腊戏剧的繁荣得益于城邦民主制的哺育。

（二）狄奥尼索斯的节日与雅典城邦的意识形态

从公元前 7 世纪开始，宗教官员逐渐在城邦的节日上起了主导作用，到公元前 6 世纪这种作用更是进一步加强。这说明，城邦越来越需要一种形式来传达它的思想。而在对狄奥尼索斯的崇拜过程中产生的戏剧演出、城市酒神节的盛大游行活动以及勒奈节和乡村酒神节上的狂欢，既不在贵族的控制之下，又使全城邦的人参与其中，真正体现和表达了城邦民主参与的思想，因而也成为城邦政治生活非常重要的组成部分。

狄奥尼索斯的节日里，盛大的神像游行总是被安排在第一天。游行是事先安排好的，从城里的某个固定出发点到神在郊外的圣地，或者从郊外的圣地再返回市中心的剧场，这条线路是固定不变的。[①]游行仪式的功能是显而易见的，其一是具有公共性，队伍行进的过程也就是宣传的过程，喧哗的人声，不断歌唱的酒神颂歌，都制造了邀请人们加入到游行队伍中来的氛围。游行队伍抬着的狄奥尼索斯雕像或者是硕大的生殖器模型也起到了宣传的作用，在队伍经过的地方，不时地激起群众的欢呼雀跃。城邦通过游行表达了整体意识。其二是这种游行也表达了一种政治含义，游行队伍沿着固定的路线总是要经过城邦的街道、市政广场等公共空间，这样的路线也把狄奥尼索斯崇拜镶嵌在了城邦的政治生活中。游行仪式的这种功能并不单独体现在狄奥尼索斯的节日中，对其他神崇拜的游行仪式也具有这样的功能。

康纳（Connor）认为，节日和仪式在古风时代就在政治生活中起着至关重要的作用。政治领袖经常通过游行节日向城邦宣讲城邦的价值观念，以期缩短与广大民众的距离。在古风时代，政治上的成功依赖于理解广大民众的需要、理想和关心他们所焦虑的事情，然后通过仪式和节日进行表达，与民众分享同样的价值理念，用共同的信念把民众团结在一起。[②]公元前 5 世纪公民的思想和荷马时代有了很大的不同，比如说，在对荣誉的认识上，雅典的公民是为城邦而战，而不是为了个人的荣誉而战。他们虽然还会为解放土地、保护家园和妇女、孩子而战，但他们个人的成功早已经包含在城邦的荣誉里了。伯利克里的葬礼演说词，赞扬的不是牺牲战士个人的勇敢和荣誉，而是城邦的荣誉。学者们基本认可这样一个事实，为烈士竖立纪念碑基本上

---

① L.B. Zaidman and P. S. Pantel，*Religion in the Ancient Greek City*，p.105.

② W. R. Connor，“City Dionysia and Athenian Democracy”，in *Aspects of Athenian Democracy*, W. R. Connor, M. H. Hansen，K. A. Raaflaub，B. Strauss（eds.），Copenhagen：Museum Tusculanum Press，1990.

是和雅典民主制的兴起同时发生的。[1]而同时，我们也发现，烈士的名单是按照克里斯提尼改革时定下的10个部落来划分的，名单并没有提到烈士的家族或者他所在的氏族，也就是说，烈士除了是雅典公民外，没有任何其他身份。这样就强调了一点，所有的雅典公民都是平等的。[2]所以，在古典时期，个人和城邦之间的责任、义务和纽带关系的重要性，是城邦民主意识发展的重要原则之一。而狄奥尼索斯的节日所要强调和表达的也是这一原则。

以雅典的城市酒神节为例，节日的一开始，就是最能体现公众平等参与的游行仪式和集体大餐，然后是城邦在剧场向全体公民展示的四种具有浓厚政治意义的仪式，营造了一种城邦利益高于一切的氛围，然后是戏剧演出，以悲剧和喜剧两种形式提出问题、引发人们的思考，同时吸引人们参与其中。在形式上，城市酒神节是由几名执政官来组织的，而这个执政官是民选的，“在公元前487年以后，是按民主程序抽签选举产生”[3]。在城市酒神节上还有一项比赛也十分重要，那就是演唱酒神颂歌。每年大致有1000名雅典公民参加酒神颂歌的演唱。在戏剧比赛结束后，剧场里还要召开公民大会，因为这里容纳的人要比普尼克斯（Pnyx）多。雅典公民要检查宗教官员对节日组织情况的陈述，并评选出为节日做出贡献的人。这一系列活动使狄奥尼索斯崇拜与雅典城邦的民主制水乳交融地结合在了一起：一方面，任何一种仪式活动都是以狄奥尼索斯的名义进行的，城邦的空气中飘浮着酒神的宗教气息；另一方面，城邦也利用节日和戏剧表演来展示城邦的思想和民主制度的魅力，城市酒神节的一系列活动和戏剧演出实质上承担了一种教育功能，剧场成为对雅典公民进行民主教育的一所学校。

在古希腊，宗教和爱国的政治宣传在许多方面是连接在一起的。比如，城邦之间经常在宗教建筑物的建设、向神献祭规模的大小等方面互相竞争，城邦也会试图把自己的地方神上升为泛希腊的神。对那些在宗教比赛上尤其是在奥林匹克运动会这样的大型比赛上获奖的人，他所在的城邦一般会给予其重奖，比如，雅典城邦会给这样的人以终身荣誉，他的子孙也会继承这一荣誉。

城市酒神节在宣传和鼓励这种爱国情绪方面起了重要的作用。除了戏剧演出的直接宣传和灌输外，雅典城邦还会利用这个节日，在众多盟邦面前展

① C. W. Clairmont, *Patrios Nomos: Public Burial in Athens During the Fifth and Fourth Centuries B. C.*, London: Clarendon Press, 1983, p.20.

② Simon Goldhill, “The Great Dionysia and Civic Ideology”, in *Nothing to do with Dionysos? Athenian Drama in Its Social Context*, J. J. Winkler and F. Zeitlin (eds.), Princeton: Princeton University Press, 1990, p.111.

③ P. E. Easterling and J.V.Muir（eds.）, *Greek Religion and Society*, p.124.

示自己的强大。城市酒神节和泛雅典娜节一样，是一种开放的体现，包容了外邦人和殖民地者。恰恰是因为这一点，这两个节日才成为象征性地表达雅典帝国开放性系统的场合：雅典的盟邦要制作阳具模型送到在雅典庆祝的城市酒神节上，并在剧场展出；泛雅典娜节上，雅典盟邦要像殖民地一样送来一头牛和全套铠甲。[①]修昔底德记载说，在每年的城市酒神节上，斯巴达的使节都会对雅典和斯巴达联合的誓言进行更新。[②]由此也可以看出，城市酒神节为各国使节的到访和国际交往提供了时机和场地。

在特定的节日时刻，特定的仪式产生了特定的意识形态和自我定义，在狄奥尼索斯剧场里举行的四种仪式更加集中地反映出城邦的政治意识形态。

一是城邦军事和政治领袖——十位将军进行祭酒仪式。公元前 4 世纪的一块铭文也确认了十位将军参加酒神节宗教仪式的事实，并指出在雅典，由十将军共同出席的节日非常之少，只有在为“民主”“和平”“好运气”这些明显与城邦的功能相联系的愿望祈祷时，十位将军才会同时出席[③]，由此可以看出，城市酒神节是城邦最重要的和最有影响力的宗教典礼之一。

二是由传令官宣布那些以特殊方式使城邦受惠、为城邦争光的公民的名单。雅典政治家德谟斯提尼认为，这种仪式展示了城邦对这些人的感激，同时激励着城邦的其他公民为城邦服务。[④]同时通过这个仪式，强调了个人与城邦之间的责任和纽带关系。在雅典的民主城邦时期，荷马时代的个人英雄主义的价值观已经发生了根本性的变化，取而代之的是集体的协作和团队精神成为城邦民主政治强调的美德。在公元前 5 世纪，军队就是公民的军队，如果要成为公民就必须在重装步兵中有自己的位置或在战场上有自己的位置；而在重装步兵中有一席之地的人，一般来讲，也就是公民。所以公民身份与军人的价值观是缠在一起的。雅典人对战争和军人价值观念的改变反映了公民和城邦的关系，而公布为城邦争光的公民的名单，无疑强调了城邦的民主政治框架。

三是展示来自雅典帝国各城邦的贡物。在城市酒神节上，来自雅典帝国各城邦的贡物被带到剧场去展示，让众人评判孰多孰少。罗格斯（Rogers）

---

① Robin Osborne and Simon Hornblower（eds.），*Ritual，Finance，Polis：Athenian Democratic Accounts*，Oxford：Clarendon Press，1994，p.272.

② Thucydides，V. 23.

③ S. Goldhill，“The Great Dionysia and Civic Ideology”，p.111.

④ P.E.Easterling（ed.），*The Cambridge Companion to Greek Tragedy*，Cambridge：Cambridge University Press，1997，p.56.

认为，这是为了在城邦和许多来自各地的参观者面前展示雅典城邦的权力以及她在希腊世界中的军事作用，是对城邦军事和政治成功的公开展览，是以节日来荣光城邦的一个典型例子。[①]这种展示也反映了雅典对自身国际地位的认识。随着雅典民主政治的发展，城邦也越来越强调这种公开仪式的作用。据考证，为烈士举行的公开葬礼和公布为城邦争光者的名单等仪式，出现的时间不早于公元前 470 年。而展示各同盟国贡物的仪式则是在金库从提洛岛转到雅典城之后才出现的。[②]所以，这些仪式的发展变化也反映了雅典城邦民主意识和城邦自我意识的演变。

四是烈士遗孤的展示。这些孩子的父亲为了城邦牺牲在战场上，他们由城邦出资抚养，并接受教育。当他们成人时，要全副武装出现在剧场里，展现在城邦面前，并被邀请坐在最前排的座位上。传令官宣布城邦为他们做的一切以及作为男性公民，他们应该为城邦做些什么。通过这种仪式，展现了城邦和个人之间的义务和纽带关系，以及这种纽带关系的军事意义。

这四种仪式与城邦的权威和尊严密切相关。城市酒神节完全表达了城邦的思想意识，它是整个城邦的节日，它以与生俱来的对城邦坚定信仰的力量，表达了民主城邦的基础和本质。仪式结束之后的戏剧演出用其独特的语言，反叛的力量，运用对神话的特殊描写，一遍又一遍地阐释着在戏剧开始之前的种种仪式上已经表达的主流意识形态。正如西蒙·古德黑尔所阐释的：城市酒神节上的仪式都是民主城邦的产物，作为仪式的一部分，戏剧一再涉及与城邦和家庭相对抗的义务，一再强调那些给城邦带来危险的鲁莽行为，一再提起城邦规范和评价体系[③]，反映出狄奥尼索斯的节日早已同城邦的政治生活、社会生活和宗教生活水乳交融。

狄奥尼索斯的节日反映并突出了古希腊节日的最普遍特征：多样化中的统一；起源于农民的农业庆祝；普遍的结构因素：游行、献祭和宴饮；对日常生活的节日插曲；竞技优胜的宗教概念；世俗化的过程。随着各种节日的举办，城市和郊区腹地之间的距离被逐渐拉开，城邦成为中心，成为花月节、勒奈亚节、乡村酒神节、葡萄丰收节和城市酒神节等所有这些节日的支持者、举办者和管理者。

---

① S. Goldhill，“The Great Dionysia and Civic Ideology”，p.104.

② C. W. Clairmont，*Patrios Nomos：Public Burial in Athens During the Fifth and Fourth Centuries B. C.*，pp.16～45.

③ S. Goldhill，“The Great Dionysia and Civic Ideology”，p.101.

需要说明的是，本章限于资料仅描述了雅典城邦的狄奥尼索斯节日，但是对狄奥尼索斯节日的庆祝不是阿提卡一个地区的事情，而是整个希腊世界的事情。狄奥尼索斯的节日存在于希腊各个城邦，一些月份的名字明显源自狄奥尼索斯的节日。花月（Anthesterion）因花月节（Anthesteria）而得名，勒奈伊昂月（Lenaion）因勒奈亚节（Lenaia）而得名，这在基克拉底斯、爱奥尼亚的城邦及爱奥尼亚的殖民地非常普遍。阿格里诺斯月（Agrionos）因阿格里尼亚（Agrionia，意为“野性的仪式”）而得名，在多里亚地区、彼奥提亚和帖萨利地区非常普遍。图伊乌斯月（Thuios，因 Thuia 而得名，意为“疯狂的妇女仪式”）在伯罗奔尼撒和帖萨利很普遍。

在希腊大殖民时代，有关狄奥尼索斯的铭文大量地出现在爱奥尼亚海沿线一带，证实了在这些地区的城市里，狄奥尼索斯祭祀的公开组织是城邦管理的一部分，节日的公开组织是日常祭祀日程的一部分。狄奥尼索斯崇拜随着希腊殖民而向北发展，从帕罗斯（Paros）来到了萨索斯，从特欧斯来到阿伯德拉（Abdera），从米利都来到奥尔比亚（Olbia）。在特欧斯和阿伯德拉，狄奥尼索斯的祭仪被称作安赫斯特利亚（Anhesteria），构成了城邦三大主要节日之一。在奥尔比亚，一个带有完整的各月份日历的铭文复制了米利都的日历，证明了这两个城市最初庆祝了同样的节日。希罗多德也说，奥尔比亚的巴库斯仪式（teletai）是从米利都引进的希腊仪式，被当地人所鄙视。[①]公元前 6 世纪的奥尔比亚铜镜上，也出现了狄奥尼索斯的神名和女性在巴库斯秘仪中的呼喊声（euai）。但是越往内地，与狄奥尼索斯崇拜相关的证据则明显减少，尤其是在城邦的机构发展较晚的地方，狄奥尼索斯并不总是城邦的神，也很少出现在城邦的档案里。他在内地的影响仅限于私人的献祭、墓地的铭文和私人组织的记录。[②]

所以，从雅典到斯巴达，从爱奥尼亚沿海到多里亚内地，在整个古代希腊世界里，都在进行着狄奥尼索斯的节日庆典，人们希冀同神交融在一起，也通过对每一个仪式环节一丝不苟地实施迎回了狄奥尼索斯，在歌唱和舞蹈的狂欢仪式活动中达到了彼此交融的目的。同时，由于狄奥尼索斯的节日集中在冬季，而节日中不可缺少的环节是狂欢，也就为最寒冷的季节带去了狂欢娱乐，这是集体的欢聚，是生活之浪花，是人之天性，彻底否定了生命的灰暗，张扬了对美好生活的企盼和向往。

---

① Herodotus，4.78.

② Daniel Ogden（ed.），*A Companion to Greek Religion*，Oxford：Blackwell Publishing，2007，p.329.

第五章　秘仪之神

狄奥尼索斯崇拜是一种带有浓烈政治色彩的宗教，从狄奥尼索斯崇拜地位的上升中，我们感受其日渐增强的政治色彩，在城邦举办的狄奥尼索斯节日活动中，我们体会到城邦对这种崇拜的管理和重视。从某种程度上说，狄奥尼索斯的节日就是一种社会生活和集体生活的形式。但是狄奥尼索斯崇拜还有另一面，它跨越了两个领域：公共领域和私人领域。公共领域内进行的是城邦集体庆祝的狄奥尼索斯节日，而私人领域是狄奥尼索斯的神秘仪式，它涉及私人经历和个人与神圣之间的联系——这是狄奥尼索斯崇拜所要表达的另一个重要内容。

神秘仪式（简称秘仪），希腊语为“mystes”，意为缄口不言或紧闭双唇，含有保密的意思[①]，是一种自愿的、个人的和秘密性质的入会仪式，要求参加者对仪式内容严格守密。入会仪式能从根本上改变一个人或一群人的身份。如同婚礼能使两个人进入婚姻状态一样，秘仪也能把个体合并（入会）进一个真实的或想象中的组织，这个组织多少都与来世相关。入会者选择经历一种秘密的和可怕的仪式，经历焦灼、死亡以及神启等一系列过程，进入一个崭新的得到神佑的状态。作为一种对死亡的提前经历，入会者能够消除对死亡的恐惧。[②]即，通过经历一种神圣的体验来改变心态。[③]

因此，秘仪试图建立起由拣选出的成员组成的宗教共同体，这种神圣的体验常常是经历对死亡的模仿，与某个神建立特殊的关系，从而得到死后（来世）幸福的允诺。公元前 5 世纪以后，teleté 一词也用来表示神秘仪式，特指神秘仪式中的入会仪式。古希腊的秘仪很多，但最著名的秘仪如厄琉西斯秘仪、俄耳甫斯教和巴库斯秘仪，在传说、仪式等方面都与狄奥尼索斯存在着某种关联，也就是说在这些秘仪里，狄奥尼索斯就是人们试图与之建立特殊关系的神。

---

① 王来法在《世界宗教研究》1996 年第 1 期发表的《古希腊及罗马的神秘仪式》一文中，认为应该译为“神秘仪式”，本文采用了这种译法，并把它简称为“秘仪”。

② Richard Seaford，*Dionysos*，London：Routledge，2006，p.49.

③ Walter Burkert，*Ancient Mystery Cults*，Cambridge：Harvard University Press，1989，p.11.

一、死亡、灵魂和狄奥尼索斯

秘仪之存在的根本原因是对死亡的畏惧。畏惧死亡是生命的事实，正如柏拉图所言："当一个人越来越接近预期的死亡时，对意想不到的事情的恐惧和担忧就出现了。关于地狱的种种传说，以及在阳世作恶，死了到阴间要受报应的故事，以前听了当作无稽之谈，现在想起来开始感到不安了。"①出于对死亡的畏惧，很多人试图借助入会或净化仪式来摆脱恐惧，他们相信一旦净化了，就能在哈得斯的王国内得到福佑，继续过无忧无虑的生活。

那么，与哪个神建立特殊的关系才能得到死后幸福的允诺呢？或者说，什么样的神能够建立起冥界、凡人与奥林波斯神之间的关系呢？在希腊的众神中，与冥界有关的神有这样几位：冥神哈得斯、冥后珀耳塞福涅、冥界使者赫尔墨斯、俄耳甫斯教的创立者俄耳甫斯以及狄奥尼索斯。哈得斯本身是冥界之王，统治冥界，不关心凡人生活的世界。同他一样，冥界的判官、艄公喀戎等也只属于冥界。赫尔墨斯是宙斯的儿子，是奥林波斯派往冥界的使者，具有沟通冥界与神界的功能。但在希腊人的观念里，他们或者专属于冥界，或者更侧重于神界，都不能搭建起冥界、凡人和神界之间的桥梁。古希腊人的神秘仪式是献给谷物女神德墨忒尔和冥后珀耳塞福涅的，而能承担秘仪之神这一角色的唯有狄奥尼索斯。

谷物女神德墨忒尔掌管着谷物的播种、生长和丰收，能够带来植物季节性的生命更新，她的女儿科瑞（即，珀耳塞福涅）是每年可以离开冥府几个月的冥后，掌管着凡人死后的幸福。这两位女神由此被认为具有庇护死者的能力，对这两个女神的崇拜形成了古希腊最大的秘仪——厄琉西斯秘仪。关于厄琉西斯秘仪的最早记录是《荷马式的德墨忒尔颂歌》，大约编纂于公元前650年到前550年。其中详细叙述了在厄琉西斯建立秘仪的过程，包括德墨忒尔对入会者能在冥界得到幸福的承诺。从本质上来看，献给两位女神的厄琉西斯秘仪要通过植物神所表达的一岁一枯荣的生命轮回来构建起一种心理模式，从而消除对死亡的畏惧。在传说里，狄奥尼索斯的出生、死亡和再生的经历赋予他既能下冥界又能入神界的功能，使他成为厄琉西斯秘仪里的扎哥留斯。

酒神颂歌歌唱的是狄奥尼索斯两次出生的经历。他是塞墨勒的儿子，但是塞墨勒被宙斯的雷电击死的同时，他被宙斯从塞墨勒的子宫内取出，缝进了宙斯的大腿，足月后取出。长大之后的狄奥尼索斯下冥府救出母亲，并使

① Plato, The *Republic*, 330d, Trans., by Paul Shorey, The Loeb Classical Library, Cambridge: Harvard University Press, reprint, 1937.

之升格为神。这是狄奥尼索斯最广泛流传的故事。在这个故事里，他具有救赎亡者的能力。

狄奥尼索斯被肢解的故事更是表达了他死而复生的能力。这个故事与提坦神有关，构建了古希腊人的善恶理念。在赫西俄德的《神谱》中，提坦就是奥林波斯诸神的对立面；人类承受着遥远祖先的罪孽之结果，祖先的罪恶可以一代接一代地传下来，这是一种普遍的希腊观念。但在这个故事里，狄奥尼索斯不再是凡间女子塞墨勒的儿子，转而成为宙斯和珀耳塞福涅的孩子，成为下一个时代的宇宙之王。赫拉出于嫉妒，诱惑提坦神把狄奥尼索斯撕成了碎片，并吃掉了他，只有他的心脏被雅典娜救下，把它交给了宙斯，而宙斯吞下了这颗心脏后，使塞墨勒受孕，生下了狄奥尼索斯·扎哥留斯。宙斯以闪电击死了提坦神，在提坦神尸体的灰烬中诞生了人，因为提坦神曾经吃了狄奥尼索斯的神圣的肉体，所以在人的身体中既含有提坦神的魔性，也含有狄奥尼索斯高尚的神性。这样，狄奥尼索斯直接涉及了“人的受难”这一主题，一方面，他确立了人类苦难命运的来源；另一方面，他为人们展现了自救的前景。

狄奥尼索斯两次出生的传说和被肢解的传说为古希腊人耳熟能详，事实上，在最早的文献《荷马史诗》里，诗人已经把狄奥尼索斯与死亡联系在一起了。在史诗《奥德赛》的结尾，我们已经得到某种暗示，即狄奥尼索斯送的双耳长颈瓶是用来盛装阿喀琉斯和帕特罗克洛斯（Patroclus）的尸骨的。[①]狄奥尼索斯的几次出现都是与死亡相联系，他因此成为能够护佑死者的理想人选。

虽然荷马史诗里没有提到任何形式的秘仪，但这并不能肯定地说，在荷马史诗编纂和形成的时代就没有秘仪。实际上，荷马史诗相信人有灵魂，认为人一旦死亡，其灵魂就会离开身体前往冥界。在《奥德赛》里，尽管死者王国让人惧怕，但灵魂是存在的，只要“吸吮乌黑的牲血”，它们就能和奥德修斯交谈。[②]此外，认为人在死后会得到奖励或惩罚的观念也在荷马史诗里有所体现。比如，奥德修斯说，他看到很多亡灵在冥界仍然从事着与其在世时相似的活动，比如克里特国王米诺斯（Minos）在冥界是死者的判官，也有人因为在世时所犯下的罪遭受着惩罚[③]，史诗《伊利亚特》中也提到过作伪证者死后会受到惩罚。[④]这说明，死后有灵且灵魂会

① Homer，*The Odyssey*，24.74f.

② Homer，*The Odyssey*，11. 152～154.

③ Homer，*The Odyssey*，11. 568～635.

④ Homer，*Iliad*，3.278～279.

在冥界受到惩罚的观念在荷马时代已经颇为流行，只是诗人没有强调这一点而已。

个人入会很显然是同公元前 6 世纪的社会发展联系在一起的，因为这一时期的社会开始强调个人的发现。[①]厄琉西斯秘仪和狄奥尼索斯秘仪都是在这个世纪出现的，很难说这只是一种巧合，恰恰反映出人们对自身的认识带来了对死亡和来世的关注。公元前 6 世纪末，灵魂、来世和灵魂转世（轮回）的观念已经明确出现在希腊世界，并在公元前 5 世纪末的希腊世界里广泛流行。布克特认为，这些观念的出现与毕达哥拉斯或者俄耳甫斯相关[②]，而除了这两个人物之外，我们在其他古代作品中也能找到相关的记载。

品达的诗歌里提到过这种观念，他在奥林匹亚颂歌中，解释了那些被闪电击死的人的特殊情况，用复杂而程式化的语言说明这种情况不可能是报复，因为它意味着灵魂轮回到更高的层次。[③]在赫波尼亚（Hipponion）发现的公元前 4 世纪的金质书页，上面描绘了与巴库斯秘仪相关的内容，里面提到，一般的灵魂会在第一眼泉处“使自己冷却”，而到达“回忆”之湖的人不会这样。另外的一些灵魂，可能会喝“忘却”的水，然后返回到上层世界中[④]，其中似乎也蕴含着轮回的观念。

在哲学领域人们对灵魂问题的争论更是普遍。米利都学派的代表人物泰勒斯提出万物有灵论，认为世间万物均有灵魂，而且灵魂由水构成；毕达哥拉斯把灵魂分为理性、智慧、情欲三个部分，不同部分作用不同；赫拉克里特和德谟克里特都承认灵魂的存在，后者还认为心理活动是灵魂的功能，灵魂是物质的。苏格拉底也认为灵魂是本原的、不朽的，而且认为灵魂比肉体更高尚、纯洁；柏拉图更是发扬光大了他的观点，认为“灵魂在取得人形之前，就早已在肉身以外存在着，并且具有知识”[⑤]。因此，荣格说，“在古希腊罗马和中世纪，人们普遍相信灵魂是一种实体”[⑥]。

社会上流行的灵魂观念及惩罚观念是神秘仪式得以存在并受到人们欢迎的基础，人们举行神秘仪式就是为了保证死后的幸福、免于死后的惩罚。正如柏拉图在《理想国》中所说：

---

① B. Snell，*The Discovery of the Mind*，New York：Evanston，1960，note 38.

② W. Burkert，*Greek Religion：Archaic and Classical*，p.298.

③ Pindar，*Oympian*，2.57.

④ Simon Price，*Religions of the Ancient Greeks*，Cambridge：Cambridge University Press，1999，p.119.

⑤ Plato，*Phaedo*，72E～77A.

⑥ ［瑞士］荣格：《心理学与文学》，冯川、苏克译，北京：生活·读书·新知三联书店，1987 年，第 30 页。

> 默塞俄斯与俄尔甫斯……用这些书里规定的仪式祭祀祓除，让国家和私人都相信，如果犯下了罪孽，可以用祭享和赛会为生者赎罪。可以用特有的仪式使死者在阴间得到赦免。谁要是轻忽祭祀享神，那就永世不得超生。[①]

我们也在柏拉图谈论秘仪的著作里发现了"teletai"这个词，当时已有很多人通过入会去实践神秘仪式。[②]柏拉图还谈到人的灵魂被囚禁在身体里，因古代无法言说的罪而受到惩罚，等待着神的解救。他认为个人的死亡是对其之前生命中所作罪恶的一种"自然惩罚"[③]，这种惩罚也是亚里士多德在《尼各马可伦理学》中所提到的"拉达曼迪斯的正义"（justice of Rhadamanthys，拉达曼迪斯是冥界的法官）[④]。

当灵魂、来世和灵魂轮回的观念在希腊世界流行的时候，人们在葬礼实践中也把狄奥尼索斯与冥界联系在一起，著名的阿普利亚陶瓶（Apulian vases）和罗马时代的石棺上大量使用了狄奥尼索斯的形象，把狄奥尼索斯作为亡灵的护佑者和救赎者。

阿普利亚陶瓶泛指在意大利南部出土的希腊陶器，分布在阿普利亚、卢卡尼亚、坎帕尼亚和帕埃斯图姆等地，有成百上千个，都是作坊里烧制出来的陶器。这些陶器主要是作为死者的陪葬放在坟墓里。在阿普利亚的瓶画上出现了很多与狄奥尼索斯相关的形象及他的生平片段，明确了狄奥尼索斯的含义就是死亡。

在阿普利亚瓶画上，能够定义死亡象征的主要图像元素还有"奈斯克斯"（naiskos），通常是坐落在装饰性矮墙上的一个白色的小神庙，里面有描绘着死者的浅浮雕（参见彩图20）。白颜色表示神龛，里面的人物则有很多解释。奈斯克斯代表着墓葬建筑中的大理石雕像，强调了墓地空间的理想和神圣特征，也强调了死者的英雄本质。因此，奈斯克斯被认为是葬礼纪念碑，是对死者理想化地再现。在神龛的四周，男人和女人有时候也有神话里的人物，把他们的供品带到坟墓里。这是奈斯克斯里的基本场景安排，这些主题被阿普利亚的瓶画师们无限地扩大了。

1962年，在距希腊北部城市塞萨洛尼基约12千米的小城德尔维尼（Derveni）发现了一组属于公元前4世纪后期的6个坟墓，在其中一个坟墓

---

① ［古希腊］柏拉图：《理想国》，郭斌和、张竹明译，北京：商务印书馆，1986年，第53页。

② Plato，*Laws*，870de.

③ Plato，*Phaedo*，70c.

④ Aristotal，*Nicomachean Ethics*，1132b 25，Oxford：Oxford University Press，2009.

里，有一只镀金的青铜酒罐，还有一部未燃尽的纸莎草稿。[1]这个酒罐让人联想到荷马史诗里的金质双耳瓶。这两种容器都是盛酒的，也都用来盛装骨灰。这个青铜酒罐装饰着狄奥尼索斯场景和冥界的浮雕（参见彩图 21）。在酒罐的腹部描绘着狄奥尼索斯、阿里阿德涅和狂舞中的萨提儿和狂女。两个巴库斯坐在酒罐的肩部，处于深睡状态，每个旁边都有一个警戒的萨提儿。酒罐上还描绘了曾经在《伊里亚特》中冒犯过狄奥尼索斯的吕库古斯，他被狄奥尼索斯逼进了一种可怕的疯狂状态。[2]在丧失理智的情况下，吕库古斯正准备撕碎他自己的儿子。这一场景似乎告诉人们，狄奥尼索斯的惩罚是可怕的，吕库古斯遭受了他应有的惩罚。这些盛放骨灰的容器，这些与坟墓有关的场景——奈斯克斯或者墓碑，与围绕它们的人物群体共同构建了宗教意识形态，强调了其与狄奥尼索斯和狄奥尼索斯宗教之间的联系。

无论是阿普利亚的瓶画还是德尔维尼的青铜酒罐描绘的都是狄奥尼索斯的世界。在意大利南部，狄奥尼索斯的崇拜和仪式非常流行，并具有某种特殊性，它强调一种信念，即相信在冥界存在着永恒的和幸福的命运，对那些加入狄奥尼索斯秘仪的人来说，通过在世时与狄奥尼索斯建立联系，可以获得个人的救赎、最终的解放和战胜死亡。在这个地区，狄奥尼索斯秘仪已经与厄琉西斯秘仪、俄耳甫斯教和毕达哥拉斯信仰融合在一起了。

二、巴库斯秘仪

公元前 7～前 6 世纪是古希腊城邦逐渐确立、民主政治逐渐形成的时代，人们的思想也随着社会变革发生了巨大变化，这主要体现在人们对个人价值的发现和觉悟上，当时的诗人如阿基洛库斯（Archilochus）和萨福等人都在抒情诗里表达了强烈的自我情感和自我意识；而与此同时，如何面对死亡越来越成为个人的问题，人们对生与死的思考越来越多，希冀通过个人的努力得到超越死亡的承诺。在整个时代变革的大背景下，狄奥尼索斯崇拜在东方文明尤其是古埃及文化的影响下明显地增加了许多神秘主义的因素，原始的单纯的作为生命力象征的酒神变成了巴库斯秘仪里面能使人们得到死后幸福的“救世主”。

狄奥尼索斯的秘仪大约出现在公元前 6 世纪，是奥诺玛克里托斯（Onomacritus）建立的，狄奥尼索斯的别称是“巴库斯”，因此他的秘仪也被

---

① ［美］保罗·麦克金德里克：《会说话的希腊石头》，晏绍祥译，杭州：浙江人民出版社，2000 年，第 322～323 页。

② Daniel Ogden（ed.），*A Companion to Greek Religion*，Oxford：Blackwell Publishing，2007，p.338.

称为巴库斯秘仪。尼尔森在《希腊化和罗马时期的狄奥尼索斯秘仪》一书中指出，狄奥尼索斯的秘仪和巴库斯秘仪是同一种崇拜的两个名称，是纯希腊的。[①]席福德认为，狄奥尼索斯的秘仪不仅被入会者熟知，而且，他的节日要面对城邦全体开放，要求得到每个人的尊崇。[②]这样，狄奥尼索斯的狂欢就是神圣仪式，旨在护佑入会者来世的幸福。参加狄奥尼索斯的秘仪能得到特殊的知识，把人引领至受祝福的和神圣的境界。这一境界将在冥界得以实现。[③]

最初，巴库斯秘仪只是妇女的活动团体，因为狄奥尼索斯的凡间随从只有女性，巴库斯或者是狂女，她们是狄奥尼索斯的信徒。在希腊语中，阳性名词 Bakkhos 和阴性名词 Bakkh 都是指那些为神着魔的人或者是神在其体内的人，而 Bakkhai 是 Bakkh 的复数形式，拉丁语为 Bacchae，就是“酒神的女信徒”。只是到了后期，可能是在公元前 6 世纪以后，在东方神秘主义的影响下，人们要求一种关注来世生活的宗教后才吸纳了男性，对秘仪的入会者不再做性别上的要求。

巴库斯秘仪是个封闭的小团体，人们通过入会的方式加入这个组织。在希腊，神秘仪式的举办权是控制在一些大家族手里的，比如厄琉西斯秘仪就掌握在欧摩尔庇德（Eumolpidai）和刻瑞克斯（Keryes）两个家族手中，前者是仪式的主持者，后者是持火炬者。秘仪的秘密始终由他们保守着。与此不同的是，巴库斯秘仪没有固定的圣地，也没有来自某一固定家族的祭司，哪里有追随者哪里就会有巴库斯组织出现，所以很可能巴库斯的祭司是云游的祭司。[④]巴库斯秘仪在夜间举行，信徒们在疯狂状态下达到与狄奥尼索斯的灵魂交融。

秘仪是个封闭的团体，参加秘仪的人必须发誓说，对举行的活动秘而不宣，违反这一誓言将获死罪。希罗多德在《历史》中也说，“关于这些（秘仪的）事情，我是知道它们的全部内容的，故而本来可以讲得更确切些，但是我不准备谈了”[⑤]。据说，悲剧之父埃斯库罗斯就曾经因为在剧本中泄漏了厄琉西斯秘仪的具体内容而被控告，后来因他不知道他所讲出的内容是机密的，

---

① Martin P. Nilsson, *The Dionysiac Mysteries of the Hellenistic and Roman Age*, New York: Aron, 1975, p. 143.

② Richard Seaford, *Dionysos*, pp.27～28.

③ Susan Guettel Cole, 1980: “New Evidence for the Mysteries of Dionysos”, *GRBS*, Vol.21, pp.231～237.

④ W. Burkert, *Greek Religion: Archaic and Classical*, p.291.

⑤ Herodotus, 2. 171.

才被判无罪。[①]秘仪对入会者的这种规定，保证了秘仪的神秘性，也使后世的人们无从了解巴库斯秘仪了。但是从一些零碎分散的记录中，我们还可以勉强推测出当时的一些具体情况。

比如，希罗多德曾讲述了一个参加秘仪的国王的故事：大约是公元前 5 世纪，斯奇提亚的国王司库列斯受到希腊文化的影响，在希腊的奥尔比亚城（Olbia），“想使自己参加巴科司·狄奥尼索斯的秘仪，而当他正要开始接受参加秘仪的圣礼时，他看到了一个极为奇妙的预兆。……但司库列斯不顾这一切，仍旧把参加秘仪的仪式举行完毕”。并且和其他的人一起举行了狂欢祭。[②]希罗多德的描述与在此地的一项考古发现互为佐证，同时奥尔比亚城的母邦米利都也出土了一篇 3 世纪的铭文，上面记载的狄奥尼索斯·巴库斯秘仪，男女都可加入，但是入会的引领人分别是男女祭司。[③]从希罗多德的描述中，我们可以看到，巴库斯秘仪的过程应该是这样的：先需要个人申请，外国人和男性都可以成为巴库斯秘仪的入会者，然后有一个准备阶段，参加传统的仪式，最后是一群人的狂欢。整个入会仪式既不是内心突然的迸发，也不是一个公开的节日。

但是，巴库斯秘仪最吸引古代希腊人的地方并不在于它能给入会者一种与神融为一体的感觉，而是因为它向入会者许诺了来世的幸福。《酒神的伴侣》中有多处反映了狄奥尼索斯的秘仪。剧中的第一个奇迹是地震中宫殿的摇晃，他的信徒看到了明亮的光。看到亮光经常是秘仪经历的一部分。剧中彭透斯的异装可能是秘仪中的入会者要穿上袍子。换掉自己日常的服装，穿上祭祀神的特殊长袍，入会者就会脱去自己的旧身份，象征性地获得重生，进入一个新的生命状态。《酒神的伴侣》表达的另一层含义是，狄奥尼索斯具有提升生命和毁灭生命的双重力量。由于拒绝神的祝福，忒拜城见证了狄奥尼索斯破坏性的一面。不入会（即，拒绝狄奥尼索斯）带来的是血腥的死亡，是如同彭透斯一样的生命毁灭，而愿意接受狄奥尼索斯的人经历了在悲剧开始的颂歌中所许诺的幸福。

悲剧《酒神的伴侣》在公元前 405 年雅典城市酒神节的悲剧比赛中获得头奖，说明希腊人对狄奥尼索斯是接受的，对巴库斯秘仪也是熟悉的。柏拉图在《斐多篇》里的一段话也说明了这一点：

---

① ［英］汤姆逊：《把秘仪的思想运用于戏剧》，［古希腊］埃斯库罗斯等：《古希腊悲剧经典》，罗念生译，北京：作家出版社，1998 年，第 528 页。

② Herodotus，4. 79.

③ W. Burkert，*Greek Religion：Archaic and Classical*，p.291.

> 神秘教的创始者从前曾提到过一种形象，说凡是未曾神圣化的、未曾入道的人进入下界以后，是要躺在泥坑里的，而凡是入道而又经过纯洁化了的人进入下界以后，就和神明住在一起；这种说法看来是有实际意义的，而并不只是空谈。因为，正像他们神秘教里所说的那样，很多人都是酒神的执杖者，但很少有人是神秘主义者，这些话按我的解释就指的是真正的哲学家。①

在柏拉图生活的时代，许多人参加巴库斯秘仪，并且认为通过净化仪式就能“和神明住在一起”是“有实际意义的”。“能够被神控制”只是发生在无法预测的方式下，也只发生在很少的个别人身上。而酒人人都可以喝，但不是人人都能成为巴库斯。

20 世纪后半期的考古发现弥补了巴库斯秘仪文字记载方面的不足。西蒙·普莱斯（Simon Price）把与巴库斯秘仪相关的考古资料分为三类。②第一类是德尔维尼（Derveni）纸莎草稿。前文提到的在塞萨洛尼基附近的小城德尔维尼发现的纸莎草稿可能写成于公元前 4 世纪，它用一种寓言的方式解释了包括神谱（The theogony）即宇宙起源诗（Cosmology）在内的各种文献。宇宙起源诗可能形成于公元前 6 世纪末 5 世纪初，德尔维尼草稿上共出现了 19 行，这是至今我们所掌握的与赫西俄德的《神谱》完全不同的宇宙起源论。

在德尔维尼纸草的开篇，有这样一句话：“我的歌只唱给那些能听懂的人，未入会的人，捂上你的耳朵。”③另外，在意大利南部库麦（Cumea）的墓区还发现了这样的属于公元前 5 世纪的铭文：“不允许未成为巴库斯的人躺在此处。”④这样的字句显示出秘仪是一个封闭团体的活动。从德尔维尼墓来看，它包含了俄耳甫斯教和巴库斯秘仪的两种成分，墓的主人既保存了俄耳甫斯教的“宇宙起源诗”，又崇拜着与狄奥尼索斯相关的所有形象。

第二类是在奥尔比亚发掘的大量骨质饰版，这些饰版大多在 5～7 厘米长，其中 3 块属于公元前 5 世纪的，上面的字迹至今仍然清晰可见。字迹如下：

> （1）生：死：生。真理。狄奥［尼索斯］，俄耳甫斯；
> （2）和平：战争。真理：谎言。狄奥［尼索斯］；
> （3）狄奥［尼索斯］，［谎言］真理。身体：灵魂。⑤

---

① ［美］罗素：《西方哲学史》，何兆武、李约瑟译，北京：商务印书馆，1963 年，第 183 页。
② Simon Price，*Religions of the Ancient Greeks*，Cambridge：Cambridge University Press，1999，pp.119～120.
③ Simon Price，*Religions of the Ancient Greeks*，p.119.
④ W. Burkert，*Greek Religion：Archaic and Classical*，p.294.
⑤ Simon Price，*Religions of the Ancient Greeks*，p.119.

这些骨质饰版可能就是狄奥尼索斯崇拜的会员特征，同时也显示了对灵魂和死后生活的关注。

第三类是公元前 4～前 3 世纪的金质书页，上面写着关于冥界生活的诗句，是死者的随葬品。这些书页来自意大利南部、塞萨利、克里特和爱琴海北部，按其内容可分为三组。第一组是在佩特里亚（Petelia）、赫波尼亚（Hipponion）、法萨罗斯（Pharsalos）和厄琉瑟那（Eleutherna）出土的，它们由一些训诫构成，告诉死者在阴间应该怎么做，如何找到永生的路。其中保存最好的书页是在赫波尼亚的一个女子的墓中找到的，被称为“赫波尼亚书页”。第二组主要来自图里（Thurii）的两个坟墓，内容是称颂死者的纯洁，希望能得到珀尔塞福涅的赏识并且荣升为神。第三组是在佩里那（Pelinna）一个女子密室的大理石石棺里发现的，这些书页上的诗句写的是第一组的内容，用的却是第二组的语言。其中，有这样一段话：

> 你死了，你又重生了，在这一天，你有了三倍的幸福。
> 告诉珀尔塞福涅，是巴库斯亲自解放了你。
> 你把一头牛赶进了奶里，
> 你把一只山羊赶进了奶里，
> 你把一只公羊扔进了奶里，
> 同你的荣誉相配，你有酒
> 在这地下，一个有福的人应该有的回报在等着你。①

这些话是很难懂的，尤其是“你把一只公羊扔进了奶里”，似乎是巴库斯秘仪入会者的暗语，当然也可以是俄耳甫斯教的暗语。这些书页内容似乎对两种宗教有着同样的意义，我们看到，巴库斯秘仪的入会要求和俄耳甫斯教的申请条件是一致的，目的也是一致的，都是要求得到来世的幸福。

在塞萨利的佩里那发现的金质书页（一对中的一个，公元前 4 世纪晚期）上的字句与在意大利的佩特里亚发现的内容是一致的：

> 你死了，你又重生了，在这一天，你有了三倍的幸福。
> 告诉珀尔塞福涅，是巴库斯亲自解放了你。
> 公牛，你跳进了奶里，
> 你快速地跳进了奶里，
> 公羊，你跳进了奶里，

---

① Simon Price，*Religions of the Ancient Greeks*，p.119.

> 同你的荣誉相配，你有酒
> 在这地下，同样的仪式在等着你，还有其他的得到护佑的人。[①]

金质书页里提到的酒可能是属于冥界的，似乎是对冥界的描述。在古代，参加秘仪的人在冥界享用酒的观念可能比较流行。[②]巴库斯秘仪中可能也模拟了酒的发明过程。德摩斯梯尼在攻击对手阿基尼斯（Aeschines）时提到了秘仪中的饮酒，也提到了秘仪的程序：为入会者穿上兽皮、为他们进行净化仪式、在他们身上涂上泥巴和糠麸、给他们喝混合罐中的酒、把他们从净化仪式中举起，并告诉他们说“我逃离了恶，发现了善”，让他们尽最大力量号叫。在白天，领他们穿过街道，权杖（thiasoi）上有茴香的花冠，缠绕着白色的、脸颊鼓胀的蛇，把它们举过头顶，喊着“Euoi Saboi”，边舞边喊“Hyes Attes，Attes Hyes”，一些老年妇女会欢呼“领袖、先知和提篮者（kistophoros）、拿着簸箕的人（liknophoros）”，然后可以领到各种各样的糕点。[③]德摩斯梯尼对秘仪的过程描述得非常细致，但是因为他对秘仪的态度基本是讥笑和嘲弄的，我们在用他的记述时还应该小心谨慎。

在赫波尼亚书页上有这样一段话：

> 你将在九泉之下地府的左边看到一泓泉水，泉水旁矗立着一株白色的柏树，这条泉水你可不要走近。但你在记忆湖边将看到另一条泉水，寒水流涌，旁边站着卫士。你要说：“我是大地与星天的孩子；但我的氏族却仅属于天，这你也知道。看哪，我焦渴得要死了。请快给我记忆湖中流涌出来的寒泉冷冽。”……接下来，冥王的臣民就会怜悯你，给你饮那记忆湖中的泉水。然后，你就像其他秘仪信徒和巴库斯信徒一样，走上长长的神圣之路。[④]

这是死者身边存放的训诫，告诉死者的灵魂如何在另一个世界里寻找出路，以及为了要证明自己配得上得救应该说些什么话。这是一种对死亡的演练。最后一句话，“秘仪信徒和巴库斯信徒一样，走上长长的神圣之路”就是对死者永久的祝福：如果你是巴库斯秘仪的入会者，你就会获得“走上神圣之路”的知识。在一首哀悼诗中，品达这样表达入会的意义：“那些入会者，

---

① Richard Seaford，*Dionysos*，p.55.

② Plato，*The Republic*，363cd.

③ Demosthenes，18.259～260.

④ W. Burkert，*Greek Religion：Archaic and Classical*，p.293. 另参见［美］罗素：《西方哲学史》，何兆武、李约瑟译，第42～43页。

受到神的庇佑，得以从烦恼和痛苦中解脱。”[①]在厄琉西斯秘仪里，人们举行游行仪式庆祝伊阿库斯从“神圣之路”来到厄琉西斯。所以，巴库斯秘仪也是旨在承诺死后幸福的。

这些书页尽管来自希腊世界的不同地区，但其内容却有很多重复之处，说明她们的仪式和信仰来自同一源头。金质书页对小量黄金的使用，不能说巴库斯的秘仪仅属于富裕阶层，却至少排除了一种可能，即巴库斯秘仪一直是属于穷人的。

巴库斯秘仪的入会者在葬礼方面也有独特的要求，据希罗多德记载，在埃及，“毛织品不能带入神殿或是与人一同埋葬。他们是禁止这样做的。在这一点上，他们遵从着与欧尔培乌司教和巴科斯教的教义相同的规定”[②]。之所以有这种要求，也是与对来世幸福的期冀密切相关的。

三、俄耳甫斯教和巴库斯秘仪

把金质书页带进棺木里的人已经入会加入了神秘崇拜。但是这种神秘崇拜是什么？学者们一直有争论。争论的焦点是，这种神秘崇拜是俄耳甫斯教还是巴库斯秘仪？在古希腊的文献记载里以及现代发现的考古资料里，这两种神秘崇拜交叉的内容很多，最重要的是他们崇拜的是同一个神——狄奥尼索斯。我们前文所述的将金质书页带进坟墓的人，有些学者认为他们信奉的是俄耳甫斯教。奥尔比亚骨质版上也的确提到了“俄耳甫斯”。那么，俄耳甫斯是谁？俄耳甫斯教又是一种什么样的宗教崇拜？

在家庭关系网络编织得非常严密的英雄神话里，俄耳甫斯是个局外人。赫西俄德的《神谱》里没有他的家庭谱系，他的传说故事是另外衍生的。他的母亲是司雄辩和叙事诗的缪斯女神卡利俄佩（Calliope），他的父亲是色雷斯的国王奥阿格洛斯（Oeagrus）。也有说他是阿波罗的儿子，这样的身世旨在强调他的音乐天赋。简言之，他承继了母亲的音乐天赋和父亲的冒险精神，参加了阿耳戈英雄之旅——这是英雄伊阿宋组织的到海外寻找金羊毛的探险队。一路上他以奇异的音乐战胜了许多困难，给了同伴们极大的帮助。在远航结束后，他回到故乡色雷斯，娶欧律狄刻为妻。不幸的是，欧律狄刻被毒蛇咬死，他悲痛万分，到地狱相救，他以美妙的音乐感动了冥河的艄公喀戎和冥王，使冥王同意他带妻子返回阳间，却规定在走出冥界前不许回头，也不能和妻子交谈。但他思妻心切，没有遵守这一规定，结果功亏一篑，从此

① Pindar，*Fragments*，131a.

② Herodotus，2. 81.

失去了妻子。

从很早的时候开始，俄耳甫斯就是史诗《阿耳戈英雄旅行记》中的关键人物。这部口口相传的古老史诗对荷马史诗《奥德赛》的听众来说也非常熟悉，因为奥德修斯曾喊道："阿耳戈的英雄们，唱起来！"[①]俄耳甫斯的传说有两个关键点，一个是俄耳甫斯的音乐才能，另一个是强调俄耳甫斯本人具有与神同样的能力，能够深入冥府并且返回人间。正是这两种能力，使人们相信，俄耳甫斯可以成为秘仪的发明者和记录秘仪智慧的人。也因此，早在公元前 6 世纪，古希腊即开始盛行一种神秘宗教"俄耳甫斯教"。

俄耳甫斯教有自己的教义，主要是神谱叙事，对宇宙起源有不同于赫西俄德的解释。神谱叙事的主要内容是狄奥尼索斯被提坦神肢解的故事，关于狄奥尼索斯的出生有三种说法：第一种是塞墨勒生的，第二种是从宙斯的大腿里生的，第三种是被提坦神撕碎后，又被大地母亲瑞亚重新生出的。俄耳甫斯教对狄奥尼索斯出生的第三种说法有着更多和更深入的解读。在这个出生的故事里，关键点是死亡、肢解和复活（狄奥尼索斯的第三次出生），阿波罗多洛斯（Apollodorus，公元前 2 世纪下半叶）对阴间的狄奥尼索斯・扎哥柔斯就是这样解释的。

俄耳甫斯教在古希腊流传很广，公元 1～2 世纪左右，其神谱叙事以叙事诗（rhapsodies）的形式在民间已有三个版本[②]，罗马帝国时代继续广泛传播，直到公元 6 世纪还有哲学家和其他的学者摘录或者讨论叙事诗的内容，叙事诗歌强调了狄奥尼索斯同冥府的关系，在这里，狄奥尼索斯是宙斯和珀尔塞福涅的儿子。珀尔塞福涅统治冥府，而狄奥尼索斯留在凡间帮助人类，教导人们通过净化仪式和献祭寻找解脱的办法。叙事诗还讲到，狄奥尼索斯生于克里特，由库瑞特（Kouretes）守护，5 岁时即被宙斯选中成为接替他统治众神的人选。[③]

由于俄耳甫斯教义的中心内容始终围绕着狄奥尼索斯，其目的也是关注信徒死后的生活，因此与巴库斯秘仪有很多相似之处。再加上秘仪入会者不会把秘密外传，而未入会的人对秘仪又不甚了解甚至产生误解。因此，古风时期和古典时期的人们似乎也很难把俄耳甫斯教与巴库斯秘仪区分开来。

历史学家希罗多德很多时候是把俄耳甫斯教和巴库斯秘仪作为同义词来使用的，他宣称俄耳甫斯和巴库斯的仪式在实质上就是埃及的和毕达哥拉斯

---

① ［古希腊］荷马：《荷马史诗・奥德赛》，王焕生译，12.70.

② 吴雅凌编译：《俄耳甫斯教辑语》，北京：华夏出版社，2006 年，第 6 页。

③ Simon Price，*Religions of the Ancient Greeks*，pp.117～118.

的。[①]与希罗多德同时代的希俄斯岛（Chios）上的伊翁（Ion）甚至认为俄耳甫斯的著作是毕达哥拉斯写的。[②]在公元前5世纪欧里庇得斯的悲剧《希波吕克斯》里，提修斯对他的儿子希波吕托斯说，到俄耳甫斯教徒那里去吧，把巴库斯当作你们的主，崇拜书里面那些无常的事情吧！[③]能够看出来，在欧里庇得斯看来，巴库斯秘仪和俄耳甫斯教是一回事。

后来的古代作家也都认为，在俄耳甫斯教和巴库斯秘仪之间存在着这样的联系，生活在公元前1世纪的狄奥多罗斯确认了俄耳甫斯的地位，认为他的影响开始于希腊化时代早期。狄奥多罗斯还为狄奥尼索斯的传说建立了自己的版本：狄奥尼索斯的探险开始于色雷斯，在这里，有一个叫卡洛普斯（Charops）的人帮助他惩罚了不敬的吕库古斯，之后，狄奥尼索斯把卡洛普斯立为色雷斯的国王，并把秘仪传给他。卡洛普斯又把秘仪传给了他的儿子奥阿格洛斯，奥阿格洛斯又传给了自己的儿子俄耳甫斯。俄耳甫斯对这一仪式进行了改革，由于这个原因，这个由狄奥尼索斯建立的仪式也被称作俄耳甫斯教。[④]

狄奥多罗斯的故事解释了俄耳甫斯教和巴库斯秘仪的一致性：德墨忒尔也是以这样的方式建立了自己的秘仪。作为外来神，德墨忒尔向厄琉西斯的贵族传授了自己的秘仪，使这个贵族成为地方祭司家族，狄奥尼索斯也把自己的秘仪传给了国王，这个国王又将其一代代地传给自己的子孙。但是，与厄琉西斯秘仪不同的是，厄琉西斯秘仪的名字除了还被叫作德墨忒尔的秘仪外，没有其他的名字，而狄奥尼索斯的秘仪被称作巴库斯秘仪，又因为俄耳甫斯的改革，而被称为俄耳甫斯教。狄奥多罗斯并没有说，除了被改革的部分外，是否还有未经改革的狄奥尼索斯存在。

普鲁塔克在为亚历山大大帝立传时，谈到了俄耳甫斯教和巴库斯秘仪，他认为两者是一样的，至少在马其顿是一样的。他写道："所有聚集到这里（指马其顿）的妇女都虔诚地投入到俄耳甫斯教和狄奥尼索斯的疯狂的仪式中。"[⑤]在这个仪式中，亚历山大的母亲奥林匹娅双手舞弄着大蛇，还有一些蛇或者从常春藤树下爬出，或者从扬谷的簸箕（likna）中爬出，或者缠绕在狂女的权杖（thyrsoi）之上。权杖和扬谷的簸箕都是巴库斯秘仪中使用的道

① Herodotus，2.81.

② Fritz Graf and Sarah Iles Johnston，*Ritual Texts for the Afterlife：Orpheus and the Bacchic Gold Tablets*，London：Routledge，2007，p.142.

③ Euripides，*Hippolytus*，953～954.

④ Diodorus Siculus，3.65.6. 但是狄奥多罗斯并没有指出自己所引用的文献的来源，从时间来看，应该不晚于希腊化时代，就有了此种观点。

⑤ Plutarch，*Alexander*，2.7～9.

具。普鲁塔克不止一次地把这些蛇同奥林匹娅床上的大蛇联系起来。在他的故事背后，可能是宙斯化身为大蛇与珀尔塞福涅乱伦的传说——而这一传说恰恰是俄耳甫斯教对狄奥尼索斯的解读。所以，按照后来作家的记载，巴库斯和俄耳甫斯的神秘仪式是共存的。

阿波罗多洛斯（Apollodorus）认为，俄耳甫斯教和巴库斯秘仪有着相同的规定，是“俄耳甫斯创造了狄奥尼索斯的神秘仪式”①。迪克基（M. W. Dickie）认为，实际上不存在两个不同的秘仪，一个是珀尔塞福涅的，一个是狄奥尼索斯的，两个神在一个宗教崇拜中扮演不同的角色。②巴库斯秘仪和俄耳甫斯教的确是紧密相连的，哈里森认为只有通过俄耳甫斯的教义才能真正理解狄奥尼索斯崇拜，而没有了狄奥尼索斯，俄耳甫斯的教义也就成了没有中心内容的一堆死文字。③因此，一直以来，人们对巴库斯秘仪和俄耳甫斯教是不加区别的。

然而事实上，两者还是有区别的。首先，俄耳甫斯教是作为对狄奥尼索斯崇拜的改革形式出现的。狄奥多罗斯（Diodorus）说：“俄耳甫斯，由于其天赋的能力和比其他人受到了更多的训练，他对疯狂的仪式进行了修改，人们把这种被改造过的狄奥尼索斯仪式称为俄耳甫斯教。”④俄耳甫斯教有自己的教义，建立了自己的宇宙起源论和神的谱系，并为宗教团体的活动建立了教规。这一点同没有特权祭司的希腊正统宗教形成了鲜明的对照。巴库斯宗教在后来的发展中也借用了俄耳甫斯教的教义，所以在德尔维尼墓里既有俄耳甫斯的教义，又有巴库斯秘仪的成分。

从根本上说，俄耳甫斯教主要是要强调狄奥尼索斯作为冥间之神的那一面，因为他掌管着冥间，所以他才能给死后的人带来幸福。俄耳甫斯这个名字来自希腊语单词“orphnei”，意思是“黑暗”，强调的就是冥间神的特性。这一点在俄耳甫斯对狄奥尼索斯传说的改造上也表现得非常明显。

俄耳甫斯教宣称引导人们过一种洁净的生活，不愿意被动物牺牲的血所污染，这与巴库斯秘仪里的撕碎动物、生吃野兽之肉的行为是截然对立的，所以才会有这样的传说：狄奥尼索斯因为俄耳甫斯偷看了神的仪式，在愤怒之下指使狂女们将他撕成碎片。⑤另外，在埃斯库罗斯的悲剧《酒神狂女》

① Apollodorus，I，3. 2～3.

② M. W. Dickie，1955：“The Dionysiac Mysteries in Pella”，*ZPE*，Bd-109，pp.81～86.

③ Jane Harrison，*Prolegomena to the Study of Greek Religion*，3rd edition，Cambridge：Cambridge University Press，p.455.

④ Diodorus Siculus，3.65.

⑤ L. B. Zaidman and P. S. Pantel，*Religion in the Ancient Greek City*，p.173.

（*Bassarai*）里面也讲到，俄耳甫斯在冥界游历一番后，拒绝崇拜狄奥尼索斯，转而把太阳神阿波罗奉为最伟大的神，狄奥尼索斯在愤怒之下，命令他的女信徒撕碎了俄耳甫斯。[①]这种传说实际上在俄耳甫斯教与巴库斯秘仪之间划出了一条鲜明的界限。

在古典时代，俄耳甫斯教与巴库斯秘仪最大的区别还表现在同城邦政治生活的关系上。俄耳甫斯教是与城邦宗教相对立的一种宗教。狄奥尼索斯崇拜里的秘仪某种程度上得到了城邦的认可。比如，早在俄耳甫斯教出现之前，在希腊就有了狄奥尼索斯的秘仪，花月节上的秘密婚盟和狄奥尼索斯的降生等仪式都属于神秘仪式，但也都是在城邦的节日上进行的。另外，酒神的女祭司们从阿提卡到德尔菲的舞蹈游行，尽管常常伴随着迷狂的行为，也是以城邦的名义进行的，是为了城邦的利益进行的。卡特利奇（Paul Cartledge）也把吸引妇女的巴库斯秘仪看作是戏剧演出的一部分，是被城邦认可的，他写道："在剧场之外的狄奥尼索斯崇拜的形式，比如说那些吸引妇女的形式，尽管妇女被排除在戏剧演出之外，或者也许不许她们观看戏剧演出，但是她们对狄奥尼索斯的崇拜活动，也被希腊人看作是整个表演的一部分。这也许就是在阿提卡的乡间，狄奥尼索斯的崇拜活动总是在有规律地、连续不断地进行着的原因。"[②]

俄耳甫斯教则有所不同，它的目的就是要与城邦的政治生活脱节，它的许多方面都是和奥林波斯宗教背道而驰的。

第一，在荷马的奥林波斯宗教里，神是不死的；但在俄耳甫斯教中，狄奥尼索斯被撕成碎片后又死而复生。

第二，奥林波斯宗教赞美的是现世的生活，对死者王国的生活是极力贬低的。阿喀琉斯宁愿做人间的奴隶，也不愿做冥界的王[③]，就深刻地表达了奥林波斯宗教的精神内涵。而俄耳甫斯则告诉人们，身体是灵魂的监狱，只有死亡才是对心灵的解脱。对俄耳甫斯教来说，尘世间的生活充满着苦难，所以它关注人来世的生活。他们对狄奥尼索斯崇拜进行改革也是出于同样的目的，即提高人的精神实质同时消灭肉体的影响，与狄奥尼索斯神合而为一。俄耳甫斯教通过许多净化的仪式帮助信徒们驱除形形色色的污染对它们的影响，帮助他们从再生的轮回中得到解脱。比如，他们规定教徒不能接触动物

① Robert Parker, "Early Orphism", in *The Greek World*（ed.）, Anton Powell, London: Routledge, 1997, p.494.

② P. E. Easterling（ed.）, *The Cambridge Companion to Greek Tragedy*, p.8.

③ Homer, *The Odyssey*, 11.486～503.

的肉，尽管他们同狄奥尼索斯崇拜有着很紧密的联系，但他们却不喝酒，只是把酒作为与神结合时的一种神秘热情的象征。俄耳甫斯教中也有狂欢仪式（orgy），“orgy”一词的原意是狂欢，俄耳甫斯教却用它来指“圣礼”，借用狂欢来净化信徒的灵魂，并使之与神交融合一。他们相信以这种方式可以获得以普通方法所不能得到的神秘知识。

第三，俄耳甫斯教通过讲述狄奥尼索斯被提坦神肢解的故事，制定了禁止食肉的教规，而禁止食肉就是与城邦的集体大餐截然相对的。[①]因为宗教节日里的公众游行和集体大餐是奥林波斯宗教的重要组成部分，是奥林波斯宗教融入城邦政治生活的重要基础。有了公众游行和集体大餐，才会有公众对城邦政治生活的广泛参与，城邦的思想才会因此渗透到每个公民的心中。而俄耳甫斯教的教规决定了他们对城邦政治生活的远离，也导致了一种新的宗教生活方式。

第四，俄耳甫斯教创造了与赫西俄德的传统相对的神谱。在赫西俄德那里，最初是无序、无区分的融合的原始状态，然后出现了一系列承受特定活动和表现地形个性化及影响的神，最后是宙斯取得了胜利，成为一个有序的、在宙斯永恒权力下等级化的世界。而俄耳甫斯教认为，从根源上讲，本原就是完美的统一，然后，随着统一的分裂和解体而堕落成为形式不同的和分离的个体，接下来，应该是各部分重新整合于大全的统一之中。到了第六代，也就是俄耳甫斯教的狄奥尼索斯到来的时代，世界将重新整合为“一”，他的统治代表着对失去的整体的重新获得。

很明显，俄耳甫斯教通过加强狄奥尼索斯崇拜中的私人成分，逐步脱离了城邦的公共领域，成为奥林波斯宗教的反面。在奥林波斯宗教里，希腊人和诸神的关系实质上是一种平等交换的关系；他们祈祷和献祭的目的，是指望诸神能对他们表示好意。正如希罗多德所说，这种宗教关系是通过“普通的神龛和祭品”而不是通过教会组织和共同的宗教信仰来维系的。而俄耳甫斯教强调的是灵魂轮回和个人的得救，提出了自己的教义，建立了现代意义上的教会，即宗教团体，不分种族或性别，人人可以参加。他们教导说，按照人在世上的生活方式，灵魂可以获得永恒的福祉或者遭受永恒的或暂时的痛苦。这些源于狄奥尼索斯崇拜的内容，被俄耳甫斯教升华为一种以个人救赎为目的的教义。

也正因为如此，雅典城邦才会保护和管理狄奥尼索斯崇拜，使它成为城邦官方宗教的一个必需的和和谐的组成部分，并没有在公民和入会成员之间

① M. Detienne，*Dionysos Slain*，Trans.，by M. Muellner and L. Muellner，Baltimore：The Johns Hopkins University Press，1977，p.70.

造成个人的和公众的冲突。而作为狄奥尼索斯崇拜的高级形式俄耳甫斯教，虽然引导了一种生活方式，本身却仅仅局限于一个很小的、封闭的群体，并没有改变古典时代雅典社会人们的生活观念和生活方式。

俄耳甫斯教已经近似于我们今天意义上的宗教。它是狄奥尼索斯崇拜发展到一定历史阶段的产物，因为“狄奥尼索斯的原始崇拜形式是野蛮的，在许多方面是令人反感的。……而是以奥尔弗斯为名的精神化了的形式，那是禁欲主义的，而且以精神的沉醉代替肉体的沉醉”①。狄奥尼索斯崇拜的精神内涵只有通过俄耳甫斯学说才能获得理解，并对希腊的宗教和哲学产生了深刻的影响，正如约翰·伯奈特所描绘的那样：“新的宗教……随着各个奥尔弗斯教团的建立而达到它发展的最高峰。就我们所能知道的而论，它们的发源地是亚底加……它们都是属于崇拜狄奥尼索斯的组织。”②

四、厄琉西斯秘仪里的伊阿库斯

公元前6世纪，狄奥尼索斯以与之同化的伊阿库斯的形象出现③在希腊最著名和最古老的厄琉西斯秘仪上。在从雅典到厄琉西斯的游行过程中，他是秘仪的主角，也是秘仪的精神所在。

厄琉西斯秘仪的创始之地是厄琉西斯城，位于雅典西部大约22公里处。每一年的波德罗米昂月（Boedromion），也就是公历的九月份，从希腊各地蜂拥而来的信徒云集于此，在雅典和厄琉西斯这两个城市之间进行他们的朝圣活动，参加秘密仪式，体验宗教带来的特殊心理变化。厄琉西斯秘仪旨在祭祀谷物女神德墨忒尔和她的女儿珀耳塞福涅。但是在公元前6世纪左右，厄琉西斯秘仪里增加了对狄奥尼索斯即伊阿库斯的崇拜。阿提卡和阿普利亚地区出土的大量瓶画证明了这一历史事实。“尽管我们对实际过程所知甚少，但是他的引入很可能是因为公元前6世纪宗教思想在希腊得到加强影响了埃留（厄琉）西斯。”④

狄奥尼索斯加入厄琉西斯秘仪的原因也可以这样理解：狄奥尼索斯崇拜所包含的生生不息的生命力和死而复活的传奇与厄琉西斯秘仪所企盼的丰收、来世的幸福有着较为强烈的因果联系，借助于狄奥尼索斯的死而复生，人们可以窥视隐藏在诸般表象之后的神秘世界，从而洞悉生命的真义和死亡

① ［美］罗素：《西方哲学史》，何兆武、李约瑟译，第40页。

② ［美］罗素：《西方哲学史》，何兆武、李约瑟译，第48页。

③ ［古希腊］克莱门：《劝勉希腊人》，王来法译，北京：生活·读书·新知三联书店，2002年，第197页。

④ ［古希腊］克莱门：《劝勉希腊人》，王来法译，第197页。

的奥秘。狄奥尼索斯在厄琉西斯秘仪中的出现，表达了古代希腊人对人类灵魂和生命动力的不绝的追问。埃里卡·西蒙认为，厄琉西斯秘仪表现的是德墨忒尔母女大喜大悲的离合故事，狄奥尼索斯作为一个迷狂而富有激情的神正适合这种情绪的表达，人们在他的感染下，更易达到与女神同喜同悲的境界。①

厄琉西斯秘仪关于德墨忒尔寻找女儿珀耳塞福涅的传说，解释了大自然的四季变化：当珀耳塞福涅和她的母亲在一起时，自然界就是丰饶的春、夏、秋三季；而她离开母亲在冥府度日时就是凄凉、萧索的冬季，这样的传说本身就为经历过死亡和复活的狄奥尼索斯加入其中留下了许多空间。在俄耳甫斯教的教义里，狄奥尼索斯就是珀耳塞福涅的儿子，来到人间就是为了帮助凡人通过仪式净化从而得到死后的幸福，所以，俄耳甫斯教、巴库斯秘仪和厄琉西斯秘仪三者之间有着相互重叠的思想和观念。虽然我们对前两种秘仪的具体过程没有多少了解，但是在亚历山大里亚的克莱门等人对厄琉西斯秘仪的强烈谴责词中，我们窥见了一些细节。

只有讲希腊语的人和洁净的人才有资格参加厄琉西斯秘仪，罪犯和外族人不得入会。新加入秘仪的人，被称为“mystes”，他们要从被称为介绍人（mystagogos）的官员那里接受初步的秘仪指导，介绍人一般来自厄琉西斯当地的主要家族，他辅导新入会者做仪式规定的动作，向他们介绍相关圣物和在神秘仪式中出现的戏剧场面的象征意义，以及一些斋戒或禁欲的规定。②秘仪的体验是分层次的，“mystes”是第一个层次，第二个层次叫“epoptes”。在秘仪进行的过程中，高级祭司占据着仪式的最神秘最庄严的部分，只有他才有权力进入放置圣物的秘仪房间。德墨忒尔的女祭司与秘仪的祭司共同负责厄琉西斯秘仪的主要事宜，女祭司在神秘的戏剧演出中会重现德墨忒尔的悲伤和寻找珀耳塞福涅过程中日渐绝望的心理。

厄琉西斯秘仪持续九天。每一天都有特定的仪式程序，参加者必须严格遵守。仪式开始的前一天，众多参加者聚集到厄琉西斯，然后浩浩荡荡地行进到雅典广场的德墨忒尔圣所。波德罗米昂月的第十五天，节日正式开始。在广场上首先有一个声明，官方宣布仪式正式开始并邀请入会者参加。节日第二天，入会者逐一拿着乳猪，由他的介绍人相伴，到海里与乳猪一起净化。

---

① Erika Simon, *Festivals of Attica: An Archaeological Commentary*, Madison: The University of Wisconsin Press, 1983, p.33.

② ［古希腊］克莱门：《劝勉希腊人》，王来法译，第198页。

节日第三天，为雅典城邦和其他参加秘仪的城邦举行大规模的献祭和祈祷，相关官员会带着动物牺牲到来，为自己的城邦和人民献祭。节日第四天被称为阿斯克勒庇俄斯（Asklepius）节，是为了纪念医神阿斯克勒庇俄斯。按照雅典人的传说，医神从埃皮达鲁斯（Epidauros）来到厄琉西斯参加秘仪却迟到了，为了迎接他，不得不重复举行前面的仪式。所以这一天的仪式是为迟到者准备的，对没迟到的人来说这一天是个休息日。[①]

剩下的几天是厄琉西斯秘仪庆典的高潮，游行、狂欢和神秘仪式是其主要内容。节日第五天，一大早，厄琉西斯的祭司从神庙中取出圣物，沿着泛雅典娜节大道前进，穿过广场，来到雅典的迪普隆门。伊阿库斯的木质神像存放在附近的伊阿库乌姆神庙（Iaccheion），头戴花冠的伊阿库斯神像在游行队伍的最前列，然后是男祭司和携带圣物的女祭司们，后面跟着的是城邦的官员、其他城邦的使团和外国代表，再后面是入会者及入会者的介绍人。游行队伍经过克菲索斯桥（Cephisus）时，会以嬉戏的方式互相嘲弄和谩骂，尤其是嘲弄那些有地位的公民。这一点很有狄奥尼索斯的狂欢气息，显然是为伊阿库斯准备的。因此这一天也被称为伊阿库斯节。

游行队伍举着圣物（hiera）和圣婴伊阿库斯的偶像，一路上对他唱着赞美的歌从雅典回到厄琉西斯。接下来的夜晚，他们在祈祷和静思中度过。节日第六天，在众人的欢呼声中，伊阿库斯手执火炬（火炬象征着生命力）出现，晚上，所有的入会者被邀请加入最后的观礼，也就是“秘密仪式”。这是秘而不宣的部分，其中有斋戒和开怀畅饮的环节[②]，都服务于和取悦于神灵、净化和摆脱有罪之肉体的宗教目的。节日第七天是疯狂的欢庆，每个人都可以嘲笑、谩骂别人。节日的第八天和第九天是最后的庆祝仪式，主持者将水和葡萄酒装满两个小的器皿，然后说出具有神秘意义的话语，接着便从一个器皿中舀出水泼洒向东方，从另一个器皿里舀出酒泼洒向西方。

从持续九天的节日安排来看，厄琉西斯秘仪显然类似于古代的丰产魔法。这一系列的仪式过程俨然是一场祭祀戏剧，以生动而易感知的形式表现了科瑞（珀耳塞福涅）从死亡到复活的过程，满足了人们探求生命的追问。最后两天的庆祝活动是“追加的——也许最初并未包括在内”[③]，很有可能是在狄奥尼索斯进入厄琉西斯秘仪后添加的活动内容，因为这两天的活动与狄奥尼索斯崇拜的关系更为密切一些。

---

① George E. Mylonas, *Eleusis and the Eleusinian Mysteries*, Princeton: Princeton University Press, 1969, p.251.

② ［古希腊］克莱门：《劝勉希腊人》，王来法译，第 27 页。

③ ［英］凯莱特：《宗教的故事》，曹国臣、刘宗峨译，南京：江苏人民出版社，1999 年，第 134 页。

在厄琉西斯秘仪里，作为圣子出现的伊阿库斯就是狄奥尼索斯，在从雅典到厄琉西斯的朝圣路上，伊阿库斯的神像护佑着两位女神，形成了一种类似于三位一体的关系。据鲍萨尼阿斯记载，在雅典和另外一些地方，狄奥尼索斯和厄琉西斯的两位女神也都是以这种关系相伴出现的[①]；麦茨格（Metzger）也认为，在厄琉西斯，狄奥尼索斯、德墨忒尔和珀耳塞福涅共同构成了神圣的三位一体，狄奥尼索斯的生活经历很可能在厄琉西斯秘仪中的秘密戏剧里已经展示给了信徒；甚至在罗马时期，人们仍然把德墨忒尔、狄奥尼索斯和珀耳塞福涅看作是三位一体，依次对应刻瑞斯、里贝尔和利贝拉三神。[②]

有学者怀疑狄奥尼索斯在厄琉西斯秘仪中没有任何具体的参与，乔治·米洛纳斯认为，品达所指的狄奥尼索斯在德墨忒尔身边登上王位，只是一种象征符号，表示这两个神都是外来神，在彼此相邻的地方建立了崇拜地。[③]而实际上，在科林斯的德墨忒尔和珀耳塞福涅的圣所里，狄奥尼索斯的确是厄琉西斯秘仪的一部分。[④]在从雅典到厄琉西斯的游行中，狄奥尼索斯/巴库斯和伊阿库斯是主角，尽管他们最初是独立的神，有各自的特点，但后来合并成了一个神。[⑤]克瑞尼和其他学者也把狄奥尼索斯作为厄琉西斯秘仪的核心和枢纽角色；哈里森走得更远，她认为厄琉西斯秘仪所有精神意义上的因素都借助于狄奥尼索斯崇拜。西塞罗说："世界上没有任何东西比埃勒夫西斯仪式（即厄琉西斯秘仪）更神秘了……它不仅教导我们如何欢乐地生活，而且告诉我们如何怀着美好的希望对待死亡。"[⑥]这段话恰好以狄奥尼索斯崇拜的精神实质阐释了厄琉西斯秘仪广受欢迎的原因。

五、秘仪与城邦的公民崇拜

希腊宗教大体上可分为两种类型：一种是对奥林波斯诸神的祭祀，一种是关注死亡和来世幸福的秘仪；前者是公民参加的公开的集体活动，以节日庆祝的方式，纳入城邦的政治管理和财政体系，后者是入会信徒参加的封闭

---

① Pausanias，9.8.1.

② Carl Kerényi，*Dionysos：Archetypal Image of Indestructible Life*，Trans.，by R. Manheim，p. 148.

③ George E. Mylonas，*Eleusis and the Eleusinian Mysteries*，pp. 277～278.

④ R. Stroud，1968："The Sanctuary of Demeter and Kore"，*Hesperia*，Vol.37，pp.329～330. 另参见［雅典］索福克勒斯：《安提戈涅》，第 1119～1121 行。

⑤ Helen Cullyer，2005："A Wind That Blows from Thrace：Dionysus in the Fifth Stasimon of Sophocles' Antigone"，*The Classical World*，Vol. 99，No. 1，pp. 3～20.

⑥ ［美］伊迪丝·汉密尔顿：《希腊方式——通向西方文明的源流》，徐齐平译，杭州：浙江人民出版社，1988 年，第 256 页。

的组织活动，是指向个人的救赎。那么，这两种宗教类型如何在希腊城邦内共处呢？两者之间有无冲突和矛盾之处呢？

首先，我们应该看到，在希腊城邦，公民集体崇拜通常以大型的节日来庆祝，是城邦的主要宗教形式。它镶嵌在城邦的公共生活之中，为城邦的生活提供了时间框架，是城邦意识形态的体现，与城邦的政治、经济和社会发展相辅相成。因此，公民的集体崇拜是城邦存在的基石，是城邦主流的宗教活动形式。相对来说，秘仪就是辅助的、边缘的和次要的。

其次，秘仪是在城邦发展过程中产生的，其本身的组织形式渗透了城邦的某些民主因素。以狄奥尼索斯秘仪为代表的底层民众的崇拜，保留了原始的民主平等的思想，这种民主平等思想恰逢民主时代的氛围，因而得到了发展。程曦认为，原始的军事民主也包括宗教上的平等参与，当原始社会瓦解时，宗教上的平等参与权一般就丧失了，形成了由祭司阶层管理的官方宗教，而在民间却以秘密结社的方式保留了平等参与的民主形式。[①]在雅典，王政之初，家族长的权威一直保留着，希腊因此也没有形成垄断的祭司阶级；民主政治时期，尽管家族的分化更加激烈，家族仍然掌握了秘仪的举办权，同时也保持了秘仪内部信徒之间平等参与的传统做法。威尔·杜兰在《世界文明史》中说："在伯里克利的开明时代，希腊宗教中最活泼和兴盛的部分是神秘仪式。"[②]这样看来，最民主的时代里，神秘仪式的兴盛并不偶然，两者有相同的根源，那就是平等参与的思想无论是对城邦的公民还是对秘仪的信徒都不是陌生的，相反，是他们共同追求的。

所以，尽管神秘仪式在许多方面都与公民宗教精神背道而驰，并居于城邦的边缘地位，但却是公民崇拜的必要补充。在古风和古典时代，公民崇拜始终是在家庭或国家中的所有层次上的集体生活必不可少的一部分，"是要把参加仪式者安置在各自合适的位置上和所需要的形式之中，使他们依照诸神主宰的世界秩序与人间的存在融合"[③]。这种崇拜形式少了宗教气味，却多了政治色彩。因为奥林波斯的神完全是人性的，在道德上也没有可受人尊重的地方，虽然他们与人相比，具有超人的威力，但不能激起人们足够的敬畏。所以，在希腊的祭奠仪式中，祭祀旨在索取某种回报，类似于一种贿神的功利行为，最多让希腊人感到"他可以和神建立起盟约的、持续性的、双方面

---

① 程曦：《原始宗教民主初探》，《安庆师范学院学报（社会科学版）》1999 年第 1 期。

② ［美］威尔·杜兰：《世界文明史·希腊的生活》，幼狮文化公司译，北京：东方出版社，1999 年，第 243 页。

③ ［法］让·韦尔南：《古希腊的神话与宗教》，杜小真译，北京：生活·读书·新知三联书店，第 56 页。

的关系”[1]。“盟约关系”在一般的灾难和冲突面前，能够解除普通公民内心的恐慌；但在一些巨大的灾难，比如公元前430年爆发的瘟疫面前就会显得无能为力，这种灾难使“与神建立的盟约关系” 受到怀疑，这也解释了公民崇拜在伯罗奔尼撒战争后衰落的原因。而另一方面，奥林波斯神基本上是属于城邦男性公民的，排斥了那些居于社会边缘地位的人，包括妇女、奴隶和其他外邦人，这些人的信仰问题是公民崇拜未能关注到的盲区。

马林斯基认为，宗教总是要解决生和死的问题。荷马史诗并没有回避死亡的问题，但是他强调“漂亮的死”，是为活着的人准备的，肯定的是现世的生活，比如荷马史诗对死者的王国描绘得也极为恐怖，并通过阿喀琉斯之口，说：“我宁愿为他人耕种田地，被雇受役使，纵然他无祖传地产，家产微薄度日难，也不想统治即使所有故去者的亡灵。”[2]与这种观念相适应，希腊人为冥界的神所举行的献祭仪式也显露了边缘化的特征。仪式要在夜间举行，不设突起的祭坛，直接在裸露的地面上进行。献祭用的牺牲一般都被焚烧掉，不留任何东西作为公众的聚餐。这种仪式旨在排除邪恶的力量，而不是要与冥界的神建立一种和谐的契约。[3]这种仪式让我们看到了希腊宗教经历的另一面，那就是，对个人终极命运的关怀、对不确定因素的痛苦始终存在于奥林波斯宗教的边缘，并且构成了希腊宗教经历中一个重要而又隐蔽的因素。而在这一问题面前，在人们对死亡的恐惧面前，公民崇拜似乎也无能为力。

巴库斯秘仪和俄耳甫斯教等宗教边缘组织和流派就是为试图解决这种对死亡的恐惧而存在的。所有的这些秘仪形式都以不同的方式致力于开辟一条通向希腊神秘主义的道路，追求与诸神更直接、更紧密、更个人的接触。比如，巴库斯秘仪中，人们通过疯狂的舞蹈，通过沉醉中的迷狂与神合为一体，得到神的启示，找到来世的幸福和个人得救的途径。厄琉西斯秘仪通过戏剧模仿让入会者熟悉死亡，并得到女神的护佑来消除对死亡的畏惧。俄耳甫斯教走得更远一些，它已经关注到人的来世，以许多净化仪式帮助信徒们驱除形形色色的污染，帮助他们从再生的轮回中解脱。这些方式显然要比盟约关系更为亲密、更为可信。在古代希腊，也正是这种宗教方式伴随着希腊人走过了迈锡尼文明和公元前 7～前6世纪的动荡时期。罗素在《西方哲学史》中也肯定了这一点：“在荷马诗歌中，代表宗教的奥林匹克的神祇，无论是在当时或是在后世，都不是希腊人唯一崇拜的对象。在人民群众的宗教中，还

---

① 吴晓群：《古代希腊的献祭仪式研究》，《世界历史》1999年第6期，第70～75页。

② Homer，*The Odyssey*，11. 486～503.

③ Mario Vegetti，“The Greeks and Their Gods”，*The Cambridge Illustrated History of Ancient Greece*，P. Cartledge（ed.），Cambridge：Cambridge University Press，1998，pp.270～271.

有着更黑暗更野蛮的成分，它们虽然在希腊智慧的盛期被压抑下去了，但是一等到衰弱或恐怖的时刻就会迸发出来。”[①]

通过前面的叙述，我们已经清晰地看到，狄奥尼索斯崇拜之所以特殊，就是因为它包含了公民崇拜和神秘仪式这两种在某种程度上相对立的崇拜形式。一方面，它是公民崇拜，是壮观的礼仪行列、分宰牺牲和节日大餐；另一方面，它又和神秘仪式有着直接的联系，他就是秘仪之神。他在一种迷狂状态下，通过神降启示的形式，在他所属的宗教核心中引进了一种超自然的经验，这种经验是属于神秘主义范畴的，与官方崇拜是不同的，甚至在许多方面是对立的。但是在历史文化的发展进程中，狄奥尼索斯崇拜的大部分却被归化于公民崇拜之中。狄奥尼索斯的节日如乡村酒神节、城市酒神节、花月节和勒奈亚节并不是一个封闭的圈子，而是分散在宗教历法中，与其他神的节日并行，享有等同于或者是高于其他神的地位，也就是说，城邦的宗教体系在认同狄奥尼索斯崇拜为公民崇拜的同时，完全接纳了他的神秘主义，接纳了与这种崇拜同时而来的、对立于奥林波斯其他神的因素。

狄奥尼索斯的秘仪尽管在某些仪式和思想上与公民崇拜相对立，却没有引导一种与城邦的公民生活不同的生活方式，它只是触摸到了城邦的公众仪式所没有表达、没有反映的一个心理的和宗教的问题。换句话说，它是从另外的角度来理解人的，在城邦的公民崇拜里，人就是城邦的公民和公民集体或城邦本身；而秘仪把人看作是独立的个人，无论男人、女人都是独立的人，当城邦的集体理想衰落时，个人的自我意识不断增强，秘仪显然适合于表达个人的思想，符合他们想独立于城邦宗教之外的要求。

所以，狄奥尼索斯的神秘仪式是作为公民崇拜的补充形式而存在的，它一方面满足了被公民崇拜排除在外的妇女、奴隶和外邦人的宗教和心理的需求；另一方面反映了公民宗教所没有表达的问题，解答了关于人死后生活的问题，满足了人们想要和神进行心灵沟通的要求，也满足了他们对来世生活的渴望。

---

① ［美］罗素：《西方哲学史》，何兆武、李约瑟译，第 33 页。

第六章　酒会、疯狂仪式与女性

狄奥尼索斯的节日是城邦的集体祭祀活动，狄奥尼索斯的秘仪是自我封闭的宗教群体进行的或隐秘或公开的活动。除了节日和秘仪以外，古希腊人还有其他类型的对狄奥尼索斯的崇拜活动，其中比较重要的有两种，一个是酒会，一个是疯狂仪式。前者基本上排斥了女性，后者则以女性为主，基本上排斥了男性参加。这两种活动虽然都排斥异性的参与，有一定的封闭性，却反映了古希腊人男女两性之间的关系，反映出狄奥尼索斯崇拜具有特殊的社会安全阀的功能，能够为男性和女性提供不同的心理疏导渠道。

一、男人的酒会

酒会（symposium）是古希腊人流行的一种社会活动，是私人宴请宾朋的一种方式，活动内容是宾客们在一起饮酒，同时有助兴的娱乐、游戏、谈话和吟诗。狄奥尼索斯被尊为酒神，饮酒的酒会自然少不了对狄奥尼索斯的奠酒仪式。对希腊人来说，狄奥尼索斯最实用和最亲切的角色是酒神，酒是他的威力，是他的武器，也是他赠与人类的礼物。因此，以宴饮为内容的酒会是把狄奥尼索斯作为规则和统领者来对待的。

古希腊酒会历史悠久，荷马时代已有酒宴活动，但这种酒宴还不是真正意义上的希腊酒会。荷马时代的酒宴活动一般规模比较大，仅限于贵族参加，是贵族彰显身份和财富的重要手段，也是贵族之间建立联盟的一种渠道。荷马史诗里有很多关于酒宴的描写，有的是为迎接远方的来客而设，有的是为向神祈愿的目的而设。比如，奥德修斯的儿子特勒马科斯来到派罗斯的宫殿，受到了国王老涅斯托尔的热烈欢迎，他们一起进行了祭神会饮：

> 革瑞尼亚策马的涅斯托尔开始说话："亲爱的孩子们，你们现在迅速完成我的心愿，我首先要向雅典娜献祭，她显然曾亲临我们丰盛的祭神会饮。你们有一人去牧牛场挑选一头牛，让一个牧牛奴尽快把牛赶来这里；另一人速去勇敢的特勒马科斯的黑壳船，把他的同伴们全部请来，只留下两个；再一人速去请金匠拉埃尔克斯前来，让他给牲牛的双角精巧地包上黄金。其他人全部留待这里，吩咐屋里的女仆们准备一席丰盛美味的宴肴，把座椅、柴薪和清澈的净水

在近旁备齐。"[①]

这是一次典型的酒宴活动。由国王临时安排，目的是迎接特勒马科斯的到来，但献祭的对象是雅典娜，因为她曾亲临丰盛的祭神会饮。从其他对类似酒宴的描述中也能看出，贵族们在酒宴中献祭的神可能是宙斯、雅典娜，也可能是阿波罗或者波塞冬，即使在奠酒时，呼唤的也是这些神的名字。在荷马史诗里，狄奥尼索斯的名字并没有在类似的宴饮中被呼唤过。与荷马时代的酒宴不同，古风时代的酒会规模变小，规则统领酒会，而最大的不同，可能是狄奥尼索斯成了酒会献祭的主要对象。

酒会发生变化的一个原因是贵族势力衰弱。随着城邦出现并日渐发展壮大，平民尤其是中产阶级在政治中获得越来越多的权利，一方面贵族的势力被大大削弱，无力承担大规模的贵族酒宴；另一方面，中产阶级开始模仿贵族的生活方式举办宴饮活动，因此导致荷马时代那种大规模的贵族酒宴被小规模的私人活动所替代。此时的酒会不再仅仅是彰显身份和财富的手段，还承担了更多的社会功能，在宾客们共同分享葡萄酒及美食的过程中，建立了群体之间的社会、政治和宗教的纽带关系。[②]这种纽带关系是在私人之间形成的，是少数富裕者想要获得的一种社会关系。

在城邦发展的关键时期，参加酒会的人多是富裕的公民，他们通过酒会结成纽带关系，也通过酒会传播自己的意见、思想和观点，进而在城邦层面产生影响力。一些有识之士在酒会中的讨论，尤其是他们对如何在城邦中建立合理政治制度的论证，影响了城邦政治组织的选择和发展，使得酒会具有了极强的政治意义。前文论及的梭伦改革的筹措，其背景中就有雅典贵族的酒会活动。因此，酒会刚一出现，就成为新的政治角色、新的政治观点的试验场，也为政治角色的出现提供了竞技舞台。不仅在雅典，在希腊世界的各城邦里，也都出现了酒会这种活动形式。科林斯出土的公元前 7 世纪的饮酒杯上，描绘了狄奥尼索斯的形象，实际上就是对早期有组织的聚众饮酒的强调。[③]在公元前 6 世纪的雅典，陶瓶上面与宴饮有关的绘画大量增加，也都反映出酒会及因酒会而形成的风气与城邦新秩序的建立密切相关。

酒会是男性聚在一起饮酒的场合，一般只邀请少数人参加，有身份的女性不会出现在酒会上，所以酒会形成了男性宴饮的社会群体，是希腊男性对

---

① ［古希腊］荷马：《荷马史诗·奥德赛》，王焕生译，北京：人民文学出版社，1997 年，第 417～430 页。

② O. Murray，*Sympotica：A Symposium on the Symposion*，Oxford：ClaredonPress，1990，pp.3～13.

③ Susan Guettel Cole，"Finding Dionysus"，in *A Companion to Greek Religion*，Daniel Ogden（ed.），Oxford：Blackwell Publishing，2007，p.331.

狄奥尼索斯的一种确定性的经历。从古风时代开始，古希腊酒会突出了狄奥尼索斯的地位，对他的崇拜无处不在，每个饮者都可以宣称自己是狄奥尼索斯的仆人。所以在酒会中，狄奥尼索斯是在场的。

狄奥尼索斯的酒会在场者身份源于狄奥尼索斯与酒的关系。古风时期，由于葡萄的种植和酿酒在生产生活中日益重要，狄奥尼索斯的角色重心日趋偏向酒神的功能，即，要保证农民在葡萄种植和葡萄酒的酿制等劳动中获得丰收。由于生产的需要，人们对丰收的渴望，狄奥尼索斯成为要求获得政治权利的民众的崇拜对象，而同时，他的整体融合性也是这个时代各阶层之间的黏合剂。如前文所述，正是在这个历史阶段，狄奥尼索斯的地位从边缘升至了中心。而在人们的生活中，酒神这个形象也成为狄奥尼索斯诸形象中最突出的形象，狄奥尼索斯在很多时候被等同于酒神。所以，以饮酒为主要内容的酒会顺理成章地将狄奥尼索斯作为尊崇的对象。

柏拉图和色诺芬都曾栩栩如生地描述过酒会中对神的奠酒和祈祷，说明酒会从开始到结束，酒神一直在每个饮酒者的心里。他们按照酒会的规则净手、放置调酒罐、奠酒、唱颂歌，表达对神的尊崇。在酒会中，狄奥尼索斯始终被看作是在场者和裁判。

> “苏格拉底，你在讽刺我。”阿伽松说。“一会儿，你和我将为自己的智慧辩护，狄奥尼索斯将是我们的裁判。但是现在，你在做其他事情之前，还是把注意力放在你的晚餐上吧。”
>
> 此后，阿里斯泰俄斯说，苏格拉底躺卧在榻上，与其他人一起用餐，然后他们奠酒，歌唱赞美神，做了所有通常应该做的仪式。他们转而回到饮酒的问题上。[①]

举办酒会的房间通常是专门设计的，门在偏离中心的位置，里面放着卧榻，一两个人用一张卧榻，将左臂支撑在榻上。卧榻前面有矮桌，上面摆放着清淡的点心。房间大小不一，小则摆放三张卧榻，多则摆放十二张或者更多的卧榻。[②]酒会有自己的举办程序和饮酒规则，规则被认为是狄奥尼索斯制定的。酒会房间的中央位置，摆放着酒罐，相当于仪式中的祭坛，也是狄奥尼索斯在场的标志。在酒罐里，按照不同的比例用水调酒，一般是加上两倍或三倍的水，然后才能斟满已经空了的酒杯。斟酒的是年轻的男女奴隶，通

① Plato，*Symposium*，175e～176b.

② John Boardman，Jasper Griffin and Oswyn Murray（eds.），*The Oxford History of the Classical World*，p.266.

常是因为貌美才被挑选来的。调酒、斟酒和饮酒的过程是一种分配和交换的过程，它突出了调酒罐的作用和象征意义。调酒罐相当于狄奥尼索斯的祭坛，人们围绕着调酒罐饮酒，是对葡萄酒分配和交换的参与，同时也是人与人之间的交流，是言论、诗歌和思想观念等方面的交流。

思想观念上的交流有一部分是通过刻画在调酒罐和其他饮酒器皿上的瓶画来完成的。因为调酒罐的中心地位，酒会主人会委托瓶画家精心刻画酒罐上的图画，这种图画往往表达了委托人或者瓶画家的价值观念。瓶画家们把调酒罐作为一个象征来定位固定的和活动的空间，描绘出酒会和狂欢的特征，也极力展示酒会与狂欢这两个时刻之间的联系。在宾客们的欣赏过程中，实际上会把这种价值观念扩散开来，调酒罐于是成为一种宣传的媒介，参与了对观念的分配和交换。

除了大酒罐之外，酒会中还会使用大量的饮酒器具，这些器具上面的绘画既是一种艺术品，同时也可以作为一种宣传品展示城邦的政治意识形态或者也展示了狄奥尼索斯的内在涵义。比如著名的眼睛杯。一只眼睛直视观赏者，实际上就是让人觉醒、引人注意的意思。正如雅典娜盾牌上的戈尔贡的脸一样，是一种挑战，更是一种提醒。让人注意到狄奥尼索斯带来的礼物有益处的同时，也要知道滥用酒带来的危害。如果不用仪式进行管理的话，酒就会威胁城邦。所以，眼睛杯的含义与德尔菲阿波罗神庙上的箴言是一致的，“勿过度”“认识你自己”，时刻提醒着观赏者警醒（参见彩图 22）。

在狄奥尼索斯的注视下，酒会上的行为举止具有严格的宗教约束，这种约束是酒会上比葡萄酒和醉酒更有意义的狄奥尼索斯因素（参见彩图 23）。每个酒会都有自己的“王”即 symposiarch，由他规定饮酒的量、调酒的比例以及晚上娱乐和活动的内容。只有当人们按照有组织饮酒的规则，将酒正确地用水稀释，然后共同享用时，酒才能带来休闲，才能刺激愉快而有秩序的交谈[①]，只有这样，才能正确地使用狄奥尼索斯的礼物。否则，就会走向文明的反面。在史诗《奥德赛》里，没有掺水的葡萄酒是“神明的饮料”，圆目巨人是强横、野蛮和不讲正义的族类，他喝的酒也是不加水的。[②]所以，饮纯酒的要么是神明，要么是野蛮人，饮用掺水的酒是文明人的规则。

在酒会上，饮酒规则也刺激了一种男性文化，成为男性公民在政治和文化生活上能够交流和对话的基础。阿里斯托芬在喜剧《马蜂》里，描绘了一个人在酒会上应该表现的行为举止：

---

① Albert Henrichs，“Changing Dionysos Identities”，in *Jewish and Christian Self-Definition III*，B. F. Meyer and E.P. Sanders（eds.），Minneapolis：Fortress Press，1983，pp.140～141.

② ［古希腊］荷马：《荷马史诗・奥德赛》，王焕生译，9.160～215。

布得吕克勒翁：别说了；躺在这里，练习会饮礼节和社交仪式。

菲罗克勒翁：怎样躺？告诉我。

布得吕克勒翁：很文雅地躺下。

菲罗克勒翁：是不是叫我这样躺？

布得吕克勒翁：不是这样。

菲罗克勒翁：那又怎样躺呢？

布得吕克勒翁：把膝头伸直，像一个受过体育锻炼的人那样软软绵绵、随随便便地倒在床单上。然后赞美一只铜盘，观看天花板，赏识大厅里的挂毯。打水来洗手！把桌子搬进来！我们进餐，餐后洗手，我们奠酒。

菲罗克勒翁：看在众神份上，告诉我，我们是不是在梦里吃酒席？

布得吕克勒翁：双管吹手奏乐完毕。酒友是忒俄洛斯、埃斯客涅斯、法诺斯、克勒翁，躺在阿刻斯托耳身边的是另一位客人。同这些客人在一起，你会接酒令吗？①

阿里斯托芬的这段关于酒会举止的对话是以喜剧嘲讽的口吻写的，但我们从中可以看到酒会对男性举止的要求，尽管在他较为讽刺的描述里，酒会丧失了庄严性，宗教氛围也淡薄了很多，但是每个聚在一起庆祝酒会的人都会知道神就在现场，所以他们要合理地利用这一场所，赞美神，为神歌唱。酒会就像是城邦的缩影，塑造了狄奥尼索斯在文明生活中的角色和力量。

酒会具有狄奥尼索斯的特征，还在于它结束于狂欢，这是一种吵闹的游行，狂欢者在夜里喧嚣着穿过城市的街道（参见彩图 24）。阿里斯托芬在《马蜂》里也写到酒会之后的此类狂欢。

布得吕克勒翁：这件事你已经学得相当到家了。我们到菲罗克忒蒙家里聚餐去。小厮，小厮，克律索斯，把我们的酒食装好；隔了这么久，我们今天要大醉一场。

菲罗克勒翁：不要大醉。喝酒是坏事；一个人喝醉了，就会破门，打架，扔石头；酒醒之后，还要缴纳罚金。

布得吕克勒翁：你同高贵的人一块儿喝酒，就不至于如此。他们会替你向受害者说情；或者由你讲一个漂亮的故事——伊索或绪

① ［古希腊］阿里斯托芬：《马蜂》，罗念生：《罗念生全集》第 4 卷，上海：上海人民出版社，2004 年，第 305 页。

巴里斯的滑稽寓言，你从酒会上听来的。这样一来，事情就会成为笑谈，他就会饶了你，离席而去。①

简单来说，酒会之后的此类狂欢类似于女性的疯狂仪式：醉酒狂欢的男人达到了狂喜中的自我超越，变成了无法无天的一群，敢于做出任何超出社会规范的事情。酒会的狂欢也会带来社会治安的问题，参加酒会的人经常在大街上借酒闹事，无辜的路人可能被痛殴，历史上还因为酒会的狂欢发生过凶险的事件，比如公元前 415 年的赫尔墨斯神像被毁案就与私人家里的酒会有关。据修昔底德记载，雅典在调查寻找毁坏神像的人的过程中，"有一些居住在雅典的异邦人和私人奴仆提供了一些情报，不是关于赫尔墨斯神像事件本身，而是以前一些年轻人在喝得大醉之后，有破坏其他神像的行为"②。之后，这一事件导致雅典召回了已经在战场上作战的亚西比德，并在事件的后来发展中导致他出逃叛国，让雅典蒙受了巨大的损失。

狂欢固然有狄奥尼索斯的特征，但是也在某种程度上说明，酒会中的狂欢有其更真实的内涵，它让我们看到了酒会狂欢的重要而原始的特征：它的贵族傲慢以及对现有社会规则的一种对抗。③从这个意义上来看，古风时代和古典时代的酒会虽然在规模和举办的目的上发生了变化，雅典的民主政治试图提供更多的公共空间和场所来举行聚餐，吸引了更多的普通公民，但在性质上仍然延续了贵族的品位和价值取向。

二、疯狂仪式

在柏拉图的《斐多篇》里，苏格拉底说狄奥尼索斯崇拜的实质就是疯狂仪式，他说："我们最大的福佑，是通过疯狂降临在我们身上的。"他认为有四种类型的"神圣疯狂"：预言的疯狂、仪式的疯狂、诗兴的疯狂和爱的疯狂，其中，仪式的疯狂指的就是在狄奥尼索斯的激发下，由女性完成的仪式。

疯狂仪式每两年一次，发生在深冬的荒山里。④被称为"狂女"的狄奥尼索斯的女信徒们离开城市，走进山林。她们奔跑着、舞蹈着，最终

---

① ［古希腊］阿里斯托芬：《马蜂》，罗念生：《罗念生全集》第 4 卷，第 306 页。

② Thucydides，VI. 18.28.

③ John Boardman，Jasper Griffin and Oswyn Murray（eds.），*The Oxford History of the Classical World*，p.266.

④ Simon Hornblower and Antony Spawforth，*Oxford Classical Dictionary*，3rd edition，Oxford：Oxford University Press，1996，p.908. "Maenads" 词条。

进入迷狂或出神的状态，达到仪式的高潮。在欧里庇得斯的悲剧《酒神的伴侣》中，迷狂状态下的狂女甚至能徒手撕碎野兽，杀死忒拜城的国王彭透斯。

古代作家对疯狂仪式的记载散见于诗歌、游记和历史记述之中，但大多是零碎的历史片段，只有欧里庇得斯在悲剧《酒神的伴侣》中全面而细致地描绘了一幕令人惊心动魄的疯狂场面：

狂女们“把头发打散披在肩上”，“我在屋里狂欢作乐，摇来摇去，把它甩起来了”，“手拿一根神杖，身披一张梅花鹿皮”，她们“赤着雪白的脚跑出城”，“像飞鸟一样，腾空奔跑”，“把一切弄得天翻地覆，甚至把孩子们从人家家里抢走；所有的东西都放在她们肩上，没有绳子系住，却也没掉在黑色的地上；她们没有铜铁兵器，只是头发上有火，却又烧不着自己。……他们的枪尖投过来不见血，而她们的棍子扔过去却见了伤……蛇又用舌尖把她们脸上的血点舐干净”。她们在山上奔跑，呼喊着：“追赶野羊，让它流出血来，那生肉多么好吃啊！”“整个山林和山中野兽都欢欣鼓舞，大自然也随着她们的奔跑而活跃起来”，最终，她们在狄奥尼索斯的魔力下，“嘴吐泡沫，眼珠乱转”，进入疯狂状态，撕碎了忒拜城的国王彭透斯。①

但是，在这些描写中有多少是真实的疯狂仪式，学者们一直存有争议。古典学家拉普（A. Rapp）早在1872年就指出，传说中的疯狂仪式与历史上的疯狂仪式有着明显的区别。前者仅存在于艺术家和诗人的想象中，是一种艺术的创造。②亨里奇（Albert Henrichs）认为，有关疯狂仪式的传说与仪式在《酒神的伴侣》中缠绕成一个复杂的网，几乎不可分割。③而著名古典学家道兹认为欧里庇得斯所描写的就是真实的疯狂仪式，疯狂仪式中的出神现象，在现今世界的其他宗教经历里面都能找到相似的描述，都与真实的崇拜仪式有密切的联系。④

所幸，从1890年到1968年，有5篇重要的希腊铭文出版，描述了从公元前3世纪到公元2世纪在希腊、小亚细亚和意大利的疯狂仪式，为我们了解疯狂仪式的历史真实提供了佐证。按照这5篇铭文的出版顺序，分别是（1）

---

① Euripides，*Bacchae*，参见罗念生：《罗念生全集》第4卷，罗念生译，第353～408页。

② A. Henrichs，“Changing Dionysos identities”，p.219.

③ A. Henrichs，1978：“Greek Maenadism from Olympias to Messalina”，*Harvard Studies in Classical Philology*，Vol. 82，pp. 121～160.

④ E. R. Dodds，*The Greeks and the Irrational*，p.278.

公元前 200 年左右的麦格尼西亚（Magnesia）铭文，复制了当地年代记中所引用的一则德尔菲神谕；（2）公元前 3 世纪晚期或前 2 世纪的米利都铭文，是一篇挽歌体的碑文；（3）公元前 276/5 年的米利都铭文，是关于出售狄奥尼索斯的女祭司职位的记录；（4）公元 2 世纪的拉丁姆附近的托里·诺瓦（Torre Nova）铭文，记录了狄奥尼索斯神圣团体的成员名单；（5）公元 2 世纪的菲斯克斯（Physkos）铭文，记录了有关崇拜的规则。[①]以这些铭文为基础，结合普鲁塔克、狄奥多罗斯、李维等古代作家留下的相关记载，我们大致可以确定历史上的疯狂仪式应该有如下具体内容：

疯狂仪式开始于城邦内的某个地方。有一首诗歌提到仪式开始于饼的献祭（sacrifice of cakes）[②]，另据狄奥多罗斯记载，仪式开始时，女人们轮流吟唱，呼唤狄奥尼索斯的出现[③]。这种呼喊能够帮助狂女们进入适当的狄奥尼索斯氛围。然后，她们离开城邦，呼喊着“eis oros”（意为“到山林里去”）走进山林。从家庭主妇转变为情绪激动的狂女是一种心理的转变，需要的不仅仅是呼喊，因此必须借助于各种手段促成这种转变，如使用乐器扬琴、阿夫洛斯管，还有小手鼓等打击乐器。打击乐器在全世界各地的仪式上都有使用，能够带来“出神”的效果。在疯狂仪式上，连续不断的小手鼓声，会大大刺激大脑中心的神经细胞活动，当外部的节奏与脑部运动同步时，声音和行动就会“迷住”或控制参与者。

生活在公元前 1 世纪晚期的地理学家斯特拉波（Strabo）认为，在狄奥尼索斯崇拜仪式中，疯狂的本质是在乐器伴奏下的舞蹈。狄奥尼索斯周围的信徒，有人手执低音的长笛，有人敲着古铜色的中空铙钹。竖琴提升了喊叫声，庄严的公牛咆哮声从某些隐蔽的地方传出来，类似鼓、类似地下的雷声，带着最深的恐惧传了过来。[④]

舞蹈会持续到深夜，其背景是深冬、寒夜和山间。连续不断的疯狂摇头、音乐的震荡、声嘶力竭的呼喊和舞蹈，都会降低血液对脑的供应，注定会出现眩晕的现象，或者得到类似于癫痫的反应，狂女们由此进入出神状态。出神状态是仪式的最高潮，舞者会晕倒在地，这是狄奥尼索斯最终迷住信徒的

① A. Henrichs，“Greek maenadiam from Olympias to Messalina”， p.121.

② Theocritus. 26.7.

③ Diodorus Siculus，4.3.3.

④ Strabo，“Geography （X. 470～471）”, in *Sources for the Study of Greek Religion*，David G. Rice and John E. Stambaugh（eds.），Atlanta: Society of Biblical Literature，2009，p.148.

标志（参见彩图25）。

最后，就像《酒神的伴侣》里歌队所唱的“这番劳累是甜蜜的”那样，狂女们在精疲力竭之后，沐浴在愉悦和欢喜之中。然后，带着这种欣喜的心情回到家里，再由现实把她们带到枯燥和封闭的生活之中。

相对于这些可以确定的过程来说，在《酒神的伴侣》所描述的疯狂仪式中，有三个细节应该属于传说。其一，吃生肉。米利都出土的铭文上确实提到了“ōmophagion”（生肉）这个词。铭文是这样说的：

> 当女祭司为了整个城邦的利益进行献祭活动时，在女祭司为了整个城邦的利益扔进一块献祭牺牲的生肉（ōmophagion embalmein）之前，任何人不准扔进生肉。也不允许任何人在一个公众的神圣团体（thiasos）前做引导。[①]

道兹认为“ōmophagion”就是被狂女们生吃掉的肉[②]，但很多学者都否定了他的看法。亨里奇认为这个词是指献祭牺牲的生肉，但并不是被崇拜者吃掉的。相反，它是被扔到一个专门堆积献祭物品的大坑里面的。在列斯堡岛，狄奥尼索斯被称为“食生肉者”，因此，这块生肉是要献给狄奥尼索斯的，而不是被信徒们吃掉的。[③]“embalmein”的含义很确定，就是“扔进、投进”，并非“被吃掉”。这一铭文足以证明传说夸大了仪式：狂女们食生肉只存在于说的层面上，在现实中远不是如此令人窒息和不安。

但是在疯狂仪式中的确会设置进“一块生肉”。这是因为，在希腊人的意识里，食生肉是边缘宗派的典型特征，经常属于邻近的、被希腊人看成是野蛮的民族，是一种远离文明、具有破坏性和颠覆性的因素。在古希腊其他女性节日如地母节（Thesmophoria）、阿多尼节（Adonia）里，也有禁欲、不育和妇女离家等因素，表达的都是对日常生活秩序的破坏和颠覆。

其二，舞蛇。狄奥尼索斯崇拜与蛇有着非常密切的关系，古风时期的瓶画上经常出现狂女持蛇舞蹈的场景[④]，但这些场景可能只是对传说的想象（参见彩图26）。普鲁塔克曾提到，亚历山大的母亲奥林匹娅把一群驯服的大蛇

---

① A. Henrichs，“Greek maenadiam from Olympias to Messalina”，p.121.

② E. R. Dodds，*The Greeks and the Irrational*，pp. 276～277.

③ A. Henrichs，“Greek maenadiam from Olympias to Messalina”，p.133.

④ M.Edwards，1960：“Representation of Maenads on Archaic Red-Figure Vases”，*The Journal of Hellenic Studies*，Vol.80，pp.78～87；S. McNally，1978：“The Maenad in Early Greek Art”，*Arethusa*，Vol.11，pp.101～135.

弄进了神圣团体里，是为了模仿传说中的狂女，令疯狂仪式更为夸张。[①]演说家阿吉尼斯的记载里提到在遥远的古代狂女是执蛇的[②]，似乎更能证明在他生活的公元前 4 世纪，狂女恰恰是不执蛇的。

其三，狂女们具有刀火不入的能力。古希腊的狂女们在平常的日子里，都是居家妇女，只有在固定的节日里，才充当狄奥尼索斯的女性伴侣，从常理来判断，很难具有刀火不入的能力。比较可能的情况是，在迷狂（出神）状态下，她们对疼痛不甚敏感。普鲁塔克记载说，大约在公元前 3 世纪中期，一群狂女们在寒冬的山上迷了路，人们组织了救援队去寻找，发现滴水成冰的天气里，女祭司们只穿着一层鹿皮衣，却不觉得特别寒冷。[③]

尽管可以确定这些细节描述只是传说而已，并不是历史上真实的疯狂仪式，但是它们的作用却不容忽视。因为这些附着在仪式上的传说映射出疯狂仪式的内涵，甚至在更高层面上实现了仪式的意图。在现实中，狂女们无法具有刀火不入的能力，而传说却能赋予她们这样的能力，令疯狂仪式更加具有感召力。正是由于相信传说，相信神的魔力，古希腊人才能获得或增强某种宗教体验。公元前 4 世纪的杨布里克斯（Iamblichus）这样描述他看到的出神状态：

> 很多人，在神的感召之下，当火近身之时没有被烧伤，神的激励影响使火不能接触到他们……还有一些人，尽管被射中了，但却没有意识到这一点；而其他那些肩膀上被斧子砍中的人、被刀砍伤胳膊的人，对自己身上发生的事毫无知觉。[④]

传说还传达了社会对仪式的评价：通过女性离开家把孩子撕成碎片的传说，表达了男性对这种举动的恐惧；通过食生肉的传说，表达了对文明社会的疏离；通过舞蛇的传说，表达了疯狂仪式与狄奥尼索斯之间的密切关系。所以，传说也构成了疯狂仪式的一部分，亨里奇甚至认为悲剧《酒神的伴侣》凭借其强大的影响力可能为后来的疯狂仪式树立了典范，即在希腊化时期的疯狂仪式中，人们有意识地去模仿《酒神的伴侣》中的场景。[⑤]

---

① Plutarch，*Alexander*，2.

② Jan N. Bremmer，1984："Greek Maenadism Reconsidered"，*Zeitschrift für Papyrologie und Epigraphik*，Bd. 55，p.269.

③ Plutarch，*Moralia*，249EF.

④ T. Taylor，*Iamblichus on the Mysteries of the Egyptians*，*Chaldeans and Assyrians*，London：Bertram & Dobell，1895，p.122.

⑤ A. Henrichs，"Greek Maenadism from Olympias to Messalina"，pp. 121～160.

布莱默（J. Bremmer）认为，在考察疯狂仪式时不能仅盯住其中的一些细节，而应该全面系统地展现一个整体的画面，因为所有的已知因素都是多维度表演中不可分割的一部分。[①]所以，在考察疯狂仪式时，真实发生的疯狂仪式活动固然重要，对那些表达了仪式的目的、内涵和功能的传说也应给予分析和理解。

疯狂仪式不同于庄严肃穆的城邦宗教节日，也背离了城邦对女性道德的期许，但是在古希腊社会中，却是受到城邦支持的一种宗教活动，也是服务于城邦利益、为城邦祈福的一种宗教活动。

对女性来说，逃离与反抗都不是仪式的最终目的，回归秩序才是疯狂仪式的真正目标。在古代作家的笔下，妇女被禁锢在家庭中，生活在阴暗的、封闭的空间里，她的生活和兴趣天生地与房子和家务联系在一起。[②]她的生活与其丈夫的生活是相对的：男人生活在公共空间，家庭是公民妻子存在的中心和界限。[③]城邦中的女性，不管结婚还是未婚，都被想象成过分依附于家庭的利益而不是城邦的利益，也就被想象成与城邦相对立的群体。这一群体可能形成两种威胁：一种是对公共领域的拒绝，另一种是对公共领域的控制或颠覆。狄奥尼索斯的疯狂能够应对这两种威胁：狄奥尼索斯把女性从家里带出去参加集体的仪式，模糊了家庭与公共领域的界限，疯狂仪式更是让女性释放情绪，暂时地控制和颠覆了权力。有关疯狂仪式的传说旨在说明这样一个道理：如果女人拒绝跟随狄奥尼索斯，或者男人阻止女人跟随狄奥尼索斯，那么，狄奥尼索斯就会摧毁她们的房子连同她们的家庭。如果她们被允许与狄奥尼索斯共舞，那么女人的疯狂只是一种暂时的状态，当疯狂消除，她们就会回归家庭。因此，崇拜狄奥尼索斯，进行疯狂仪式就是致力于城邦秩序的建设。

疯狂仪式很早就出现了，并被人们所熟知。荷马史诗在提到安德洛玛刻时，用到了“mainas”一词，即使这个词不是确指“狂女”，也具有“疯狂”的含义，在提到狄奥尼索斯时，说他是“mainomenos”，即疯狂的神[④]，吕库古斯被逼疯的传说，可能就是最早的疯狂仪式。公元前 6 世纪末，正是雅典政治改革的关键时期，在雅典人的瓶画艺术中，狂女们的舞蹈成为

---

① Jan N. Bremmer，“Greek Maenadism Reconsidered”，pp.273～274.

② E. C. Keuls，*The Reign of the Phallus：Sexual politics in Ancient Athens*，Berkeley：University of California Press，1993，pp.82～112；S. B. Pomeroy，*Goddesses，Whores，Wives，and Slaves：Women in Classical Antiquity*，New York：Schocken Books，1995，pp.78～84.

③ D. M. Schaps，1998：“What Was Free about an Athenian Woman？”*Transactions of the American Philological Association*，Vol.128，p.169.

④ Homer，*Iliad*，6.132.

最流行的主题。古典时期是疯狂仪式发展的繁荣时期，公元前 5 世纪，除了欧里庇得斯的《酒神的伴侣》，悲剧作家埃斯库罗斯也在悲剧《酒神狂女》中描写过疯狂仪式。城邦衰落之后，疯狂仪式也随之衰落，及至公元 2 世纪，疯狂仪式已经不再出现。[①]可见，疯狂仪式是与城邦的发展和城邦的利益相一致的。

在古典时期，疯狂仪式不是女性自发实施的，而是由城邦支持和管理的。雅典虽然没有关于举办疯狂仪式的文献记载，但狄奥尼索斯的仪式由城邦或德谟组织，而且被安排在官方的仪式日历中。每当德尔菲的图伊亚（Thuia）节（狄奥尼索斯的神圣节日）到来之际，雅典会选专门的酒神女祭司负责仪式，并选出 14 名尊贵的女人，作为狂女到帕纳苏斯山朝圣。在阿提卡的额基亚德谟（Erchia），发现了一份属于公元前 4 世纪的祭祀日历，其中列出了每年一次对狄奥尼索斯和塞墨勒的祭祀。仪式所需的费用由地方捐助者提供：12 德拉克马用于为狄奥尼索斯购买山羊，10 德拉克马用于为塞墨勒购买山羊。[②]

除支持和管理疯狂仪式外，城邦还直接管理狄奥尼索斯的女祭司。在米利都，为狄奥尼索斯服务的女性是有层次的。城邦的女祭司在最顶部，是主要的，郊区的和乡下的女祭司处于她的管辖之下。把米利都的两块铭文放在一起，我们可以看到，城邦女祭司的职责包括：主持献祭（公众的和私人的）、管理巴库斯庆祝的工具、引导城邦的巴库斯信徒前往山林、为整个城邦的利益参加公众游行、管理参加秘仪入会仪式的女性。其中一块铭文是这样写的：

> 如果有人（无论男人还是女人）想为狄奥尼索斯献祭的话，就让献祭的人指定一个祭司为他主持，同时被指定的官员接受额外的补贴……
>
> 女祭司由妇女来担任……同时为妇女提供在庆祝活动中需要的设备。如果有女人希望为狄奥尼索斯献祭，那么，作为额外的补贴，她要送给女祭司内脏等献祭的部分。
>
> 如果有女人希望加入城邦、或乡村或岛上的狄奥尼索斯的巴库斯秘仪，那么她应该每三年付给女祭司一个金币。

---

① Simon Hornblower and Antony Spawforth（eds.），*Oxford Classical Dictionary*，p.908，“Maenads”词条。

② F. Sokolowski，*Lois Sacrées des Cités Grecques*，Ecole Francaise d’Athènes，Travaux et Mémoires 18，Paris，1969，No.166.

> 在狄奥尼索斯的巴库斯秘仪的男、女祭司的引领下，把狄奥尼索斯从海上接到城中，在日落之前……[①]

在科斯（Kos），狄奥尼索斯的女祭司还调解城邦的管理机构和地方的女性崇拜团体之间的事宜。这里的女祭司在每个德谟都任命一个附属的女祭司，任何其他女性想要为狄奥尼索斯进行特殊的仪式（巴库斯秘仪）都是不可能的。如果女祭司发现有人没有遵守规则，就会上报到地方议事会。[②]

米利都的两块铭文都提到，狂女是为了“城邦的利益”而履行仪式，游行要在整个城邦面前进行[③]，且必须由公众的神圣团体做引导，崇拜狄奥尼索斯的私人团体想要参加的话必须认可城邦的和公众的神圣团体的权威。这些都说明城邦和女性通过疯狂仪式找到了一个平衡点：通过支持疯狂仪式，城邦为女性提供了一个为城邦服务的机会，同时消除了女性可能会为城邦带来的隐性威胁。

因此，同其他女性崇拜一样，疯狂仪式是城邦时代希腊社会生活中的整合因素，而不是分裂的因素。城邦在政治生活中是排除女性的。但狄奥尼索斯崇拜中的疯狂仪式却使女性成为主角，这是城邦通过宗教活动对女性低下地位的一种补偿。[④]在古希腊，城邦就是公民集体，公民集体的利益就是城邦的最高利益。在城邦最高利益的要求下，疯狂仪式谋求的也是公共利益和安全，它以短暂的非常态超越了世俗的、既定的日常规范，宣泄了女性的情绪，平衡了古希腊男女社会角色上的不平等。这一过程可以视为一种“戏剧化表演”，它从既定秩序出发，到非秩序，消解秩序，进而再次建立新的秩序。[⑤]而这一过程恰恰是符合城邦利益并为城邦所需要的，所以，它才能得到城邦的认可和尊重，并且要在城邦的管理之下完成。

三、狂女和女性日常的反常

完成疯狂仪式的人是狄奥尼索斯的女信徒。她们的名称在不同地区、不同环境下有所不同。狂女们疯狂的舞蹈和迷狂的举止只在外人看来是疯狂的，

---

① Daniel Ogden（ed.），*A Companion to Greek Religion*，p.337.

② F. Sokolowski，*Lois Sacrées des Cités Grecques*，pp.24～30，67～68；Daniel Ogden（ed.），*A Companion to Greek Religion*，p.338.

③ A. Henrichs，“Greek maenadiam from Olympias to Messalina”，pp.149～152.

④ ［法］让·维尔南：《希腊人的神话和思想——历史心理分析研究》，黄艳红译，北京：中国人民大学出版社，2007 年，第 367～368 页。

⑤ Sherman Miller Stanage，“Violatives：Modes and Themes of Violence”，In *Reason and Violence：Philosophical Investigations*，Sherman Stanage，Totowa：Rowman and Littlefield，1974，p.229.

大量的关于这种仪式的铭文显示，真正的信徒并不使用“疯狂的”（mania，mainesthai，mainades）来形容她们的仪式，而是使用跟仪式有关的中性词如“狄奥尼索斯的狂欢”（bakcheia，bakcheuein）。所以，“狂女”是外人对她们的称呼，她们自称为狄奥尼索斯的女信徒或狄奥尼索斯的疯狂女信徒，Thiasos是这些女信徒组成的狂欢歌舞队，可译为“狂女们的神圣团体”。

狂女们的疯狂仪式迥异于女性封闭隔绝的日常生活。古希腊的家庭是一夫一妻制家庭，也是核心家庭，本质上是由丈夫、妻子以及他们的孩子组成的。也有一些古典学家倾向于把家庭等同于作为经济单位的住户，所以也把一些附属的亲戚和奴隶看作是家庭的一部分。在这样的家庭里，女性的职责是管理家庭内部的各种琐事。在《荷马史诗》中，奥德修斯在其返回家后曾对他的妻子这样说道：“返回你的房间，去做你该做的事情，去织布、纺纱，且告诉你的随从去做她们该做的事情。”[①]色诺芬的《经济论　雅典的收入》也生动地描述了女主人的责任。一位丈夫告诉他的新妇：

> 你的责任就是呆（待）在家里，打发那些应该在外边工作的仆人出去工作，监督那些在家里工作的人；收受我们得到的东西，分配其中必须花费出去的部分，照管其中应该贮存起来的部分；要注意不要在一个月之中花掉留备一年使用的东西。当给你送来毛布的时候，你必须叫人为那些需要斗篷的人缝制斗篷。你还必须照管干的谷物使其不受损失以备制成食物。然而，你所担负的责任之一恐怕是不太合算的：你必须注意让任何得病的仆人得到照顾。[②]

在凯拉美克斯（Kerameikos）的雅典公墓，有些墓碑展现了一些妇女的形象，她们的活动背景都是家庭。家庭为妇女行为提供了一个理想化的、象征性的舞台。这些墓碑上描绘的画面就是理想的妇女生活状态：坐在织布机前、指挥女仆做家务、查看自己的珠宝、站在背景中注视丈夫和儿子告别，在画面中她们是庄重的，有时候还戴着面纱。

在喜剧里，阿里斯托芬通过妇女的演说强调了公民妻子和家庭之间的联系。比如在《吕西斯忒拉特》中，女性抱怨说：“女人走出家门不是一件容易的事。”[③]在《地母节》中，女性歌队见证了男人们在发现他们的妻子离开家

① Homer，*Iliad*，I. 356～359.

② ［古希腊］色诺芬：《经济论　雅典的收入》，张伯健、陆大年译，北京：商务印书馆，1961年，第28页。

③ Aristophane，*Lysistrata*，16.

后的愤怒。[①]在米南德留下的喜剧片断中，一位不知名的男人明确指出，对一个出身自由的公民妻子来说，家门就是她的世界的界限。[②]

狄奥尼索斯对妇女的意义在于，他是可以消除这一界限的，也是可以消除男性和女性之间的界限的。在《伊利亚特》第22卷里，当安德洛玛克再一次因为赫克托尔而惊慌，穿过自己的宫殿，像一个“狂女”一样向城墙跑去。[③]安德洛玛克身上所体现的疯狂特征不仅混淆了男人和女人在空间上的不同，而且也混淆了他们的行为。在荷马史诗里，战争是男人的事情，女人就应该待在家里。就像赫克托尔对安德洛玛克说的那样：“人一生下来，不论是懦夫还是勇士，我认为，都逃不过他的注定的命运。你且回到家里，照料你的家务，看管织布机和卷线杆，打仗的事男人管，每一个生长在伊利昂的男人管，尤其是我。”[④]狄奥尼索斯的疯狂让安德洛玛克跨越了男女之间的界限，她放下织布机，走出去成为勇士和猎人，冲到城市的最边缘，请求赫克托尔并且给他以军事上的建议。

正是由于狂女的特质，在古希腊的史诗和悲剧里，“狂女”或“疯狂的”等词经常被诗人用来描述不同于日常或普通人的女性，以凸显女性在心理和行为上的突变。古德里在《希腊人和他们的神》中写道：“在希腊，由于日常的限制和乏味的生活，释放的诱惑对女人就有着强烈的吸引力。”[⑤]他正确地指出了疯狂仪式对妇女具有吸引力的原因，那就是对日常生活的逃离。希腊妇女的传统职责是待在家里照看孩子、做琐碎的家务劳动。只有通过宗教节日，她们才有机会逃避日常的家务劳动，在古希腊，专门为妇女安排的节日并不多，除了地母节之外，较大的就是狄奥尼索斯的节日和秘仪活动。狄奥尼索斯是城邦的神，他统治的领域很多，疯狂仪式却是最重要的，柏拉图甚至认为狄奥尼索斯崇拜的实质就是“疯狂的仪式”[⑥]。只能由女性们完成的疯狂仪式无疑为妇女们暂时逃离家务劳动和枯燥的家庭生活提供了神圣的理由和必要的活动时间与空间。

泽特林（Froma I. Zeitlin）从仪式的层面来考察这一问题，也得到了相似的结论。他认为仪式既是社会生活的反映，也是对社会生活反面的反映，仪式行为所蕴含的信息可以加强社会规范，同时也提供了反抗这些社会规范的

---

① ［古希腊］阿里斯托芬：《地母节妇女》，罗念生：《罗念生全集》第4卷，第331～350页。

② Menander，*Fragments*，815 K-A. Edited and Trans.，by W. G. Arnott，The Loeb Classical Library，Cambridge：Harvard University Press，2000.

③ Homer，*Iliad*，22.461.

④ Homer，*Iliad*，22.489～492.

⑤ W. K. C. Guthrie，*The Greeks and Their Gods*，Boston：Beacon，1962，p. 148.

⑥ Plato，*Phaedo*，244e.

理由。疯狂仪式很显然是作为一种反抗的仪式存在的，在男女两性平衡关系这一问题上，疯狂仪式在深层次上符合了妇女的本性，因而也释放了妇女的紧张心理可能引起的攻击性行为。①西蒙（Goldhill Simon）也认为："古希腊医学上所描述的歇斯底里症（hysteria）和狄奥尼索斯的疯狂仪式表达了并且可能矫正了存在于男女两性社会角色上的不平等。这种方式是为社会所包容和接受的，它是对社会内心不平衡的一种展示、妥协和重新调整。"②

道兹（E. R. Dodds）认为，疯狂仪式类似于已知的宗教疯狂行为（如萨满教的出神现象），具有净化的功能。③人类学家则从疯狂仪式的颠覆作用这一层面出发，认为疯狂崇拜是一种"间接的侵略的战略"，是"神秘力量对社会弱者的特殊馈赠"，能够帮助弱势群体或社会边缘因素短暂逃离社会的束缚，反抗占社会主导地位的法律权威。④这些观点具有一定的理论基础，但并不足以解释疯狂仪式在古希腊城邦和女性生活中的特殊意义。因为参加疯狂仪式的人不是弱势群体，恰恰相反，这些妇女通常是社会的上层妇女。只有贵族妇女或者至少是女性公民才能被选为"城邦的狂女"（politai bacchae），代表城邦参加对狄奥尼索斯的祭祀活动。

麦格尼西亚出土的铭文讲述了这样一件事：曼伊安德河畔的麦格尼西亚居民发现了松树里的面具，遂向德尔菲请求神谕，阿波罗的女祭司皮提亚让他们"去圣城忒拜去请狂女，她们是卡德莫斯家族中的伊诺的后代。她们会给你们疯狂仪式以及尊贵的习俗，并将在你们的城市里建立巴库斯的神圣团体"。接下来，铭文还继续讲述了三个忒拜城的狂女被迎接到麦格尼西亚以及最后被荣耀地埋葬在此处的故事。⑤这个铭文显示出，即使在古典时代以后，狂女们仍然是集体中受人尊敬的成员，表演国家所支持的、被认为是高贵的仪式。

在雅典，每当德尔菲的图伊亚节日到来之际，雅典城邦会选出 14 名尊贵的女人，组成神圣团体去帕纳苏斯山朝圣，允许她们外出进行对狄奥尼索斯的神秘祭祀活动，鲍萨尼阿斯说她们在帕纳苏斯山顶为狄奥尼索斯和阿波罗

① Froma I. Zeitlin，"Cultic Models of the Female：Rites of Dionysus and Demeter"，pp.131～132.

② Froma I. Zeitlin，"Cultic Models of the Female：Rites of Dionysus and Demeter"，p.134.

③ E. R. Dodds，*The Greeks and the Irrational*，Berkeley：University of California Press，1951，pp.270～282.

④ Froma I. Zeitlin，1982："Cultic Models of the Female：Rites of Dionysus and Demeter"，*Arethusa*，Vol.15，pp.133～134.

⑤ 伊诺，是狄奥尼索斯母亲的妹妹，也是忒拜城的公主。传说她曾经抚养过狄奥尼索斯，与狄奥尼索斯的关系亲密，因而是神圣也是高贵的。Inscription from Magnesia，215.

疯狂舞蹈。[①]在传说中，与疯狂仪式的起源相关的厄利斯（Elis）的16位女性、奥克迈诺斯的奥雷埃（Oleiai of Orchomenos）、明亚德（Minyads）的女儿们以及普罗托斯（Proitos），无一例外，都是公主，都有着尊贵的身份。

传说中的狂女出身高贵（参见彩图27），现实生活中的狂女们也是受尊敬的一群人，在狄奥尼索斯的圣所里也立着她们的雕像。男人们会为他们曾做过狄奥尼索斯祭司的女儿、妻子和母亲制作雕像，并将其作为献祭的对象。艾瑞斯莱的斯摩（Simo of Erythrai）曾经是狄奥尼索斯（城邦的保护神）的女祭司，她在奉献的铭文中说她希望自己能被子孙后代记住。[②]米利都出土的一块墓碑上也写着狂女艾克美奥尼斯（Alkmeionis）的名字：

> 城邦的巴库斯官员，告别你们这些神圣的女祭司；对一个好女人来说，这是要做的正确的事情：她领导你们前往山林，她带着所有的献祭工具和圣物，在整个城邦面前游行。她的名字叫艾克美奥尼斯，罗迪奥斯（Rhodios）的女儿；她知道自己受神护佑。[③]

欧里庇得斯把忒拜的狂女分成三类：年轻的、年老的和少女。实际上，所有年龄段的女性都可以参加疯狂仪式。但按照狄奥多罗斯的记载，少女只能扛着狄奥尼索斯的权杖。[④]布莱默认为，在传说里，狄奥尼索斯带来的疯狂常常在女性的婚礼中得到缓解和控制，因此疯狂仪式可能起源于婚前仪式——从少女到已婚妇女的过渡仪式，尽管这种仪式的痕迹在后来的疯狂仪式中已经不再明显。[⑤]

但是，狂女只是一种阶段性的和暂时的职务，并不排斥女性参与其他形式的狄奥尼索斯崇拜活动。例如，艾克美奥尼斯既是当地狂女的官方领袖，同时作为狄奥尼索斯的公共祭司，也具有非疯狂仪式的功能。一般来说，疯狂仪式只限于女性，至少到希腊化时代末期都是如此。希罗多德提到的斯基台人的国王司基勒斯所参加的狄奥尼索斯崇拜仪式[⑥]是巴库斯入会仪式，并不是疯狂仪式。而在《酒神的伴侣》里，卡德摩斯、先知特瑞西阿斯和彭透斯，尽

---

① Pausanias，10.32.7

② Inscription from Erythrai 201a；Susan Guettel Cole，“Finding Dionysus”，in *A Companion to Greek Religion*，Daniel Ogden（ed.），Oxford：Blackwell Publishing，2007，p.336.

③ A. Henrichs，“Greek maenadiam from Olympias to Messalina”，p.148；Inscription from Miletos，2.733.

④ Diodorus Siculus，4.3.3.

⑤ Jan N. Bremmer，“Greek Maenadism Reconsidered”，pp.282～283.

⑥ Herodotus，4.79.

管为了戏剧效果装扮成狂女，却从来没有加入忒拜城的狂女队伍。[①]

从总体上看，希腊的仪式是一系列以动作为导向的、不断重复的、定型的、外在的和缺乏反思的活动，换句话说，是一种热心的回应规则，而不是内在感受和宗教感情的个人表达。[②]所以，在古代文献里，我们找不到疯狂仪式中女性的自我反思或心理活动，也无法了解她们在进行疯狂仪式时是如何感受神和神圣的宗教的。古代和现代的学者都认为对酒的陶醉不是狂女疯狂的原因[③]，尽管传说中的狂女经常举着酒杯或者神奇地创造出溪流般的奶、蜜和酒，但是，她们只是在分配狄奥尼索斯的未经稀释的礼物，而不是自己饮用它。她们与酒的密切联系是她们对狄奥尼索斯的分享。借用结构主义的术语，生肉和未经稀释的酒反映了反常、他者和狄奥尼索斯经历的极限[④]，那么，狂女们借助于疯狂仪式所要表达的也注定是一种反常，是对日常生活的颠覆，她们通过迷狂暂时与神合一，得到心灵的出神，借此逃离日常的平庸。

四、狄奥尼索斯崇拜中的男性和女性

著名古典学家汉森说，古希腊城邦作为政治和军事组织是一个男性社会，妇女是不允许参加政治和军事活动的，从功能意义上说，她们是城市的其他部分而不是卫城（politai）。[⑤]尽管公民的妻子具有公民身份，但这一身份的有益之处仅有益于家庭和城邦，即她的这一身份传给他们的孩子，从而为城邦提供新的公民。在古典时期，针对公民权以及子女的合法性，国家插手进行干预，建立了越来越严格的规则：最终，一个公民必须是两个雅典公民的合法婚姻带来的孩子，他的父母必须都是公民。对一个雅典人来说，与一个外邦人结婚或者在其他类型的关系下生出的孩子是不可能获得公民权的。[⑥]

在这样的家庭里，男女之间不可能是平等的，而是一种统治和被统治的关系。这种关系的形成也源于古希腊男性对女性根深蒂固的鄙视态度。哲学家亚里士多德认为女性身上被赋予的理性很少："奴隶完全不具备思虑机能；

① A. Henrichs，"Greek maenadiam from Olympias to Messalina"，pp.133～134.

② A. Henrichs，"Changing Dionysiac identities"，pp.144～145.

③ Euripides，*Bacchae*，686ff；E. R. Dodds，*Euripides：Bacchae*，p. xiii.

④ M. Detienne，*Dionysos Slain*，pp.62～63.

⑤ Mogens Herman Hansen，*Polis：An Introduction to the Ancient Greek City-State*，Oxford：Oxford University Press，2006，p119.

⑥ John Boardman，Jasper Griffin and Oswyn Murray（eds.），*The Oxford History of Greece and the Hellenistic World*，Oxford：Oxford University Press，2001，p.249.

妇女确实具有这一部分但并不充分；如果说儿童也会审议，这就只是些不成熟的思虑。”①在古希腊的戏剧中，对女人的刻画往往更生动、更有特色，悲剧中最强大的人物都是女人。而究其原因却是：女人没有思考能力，容易受情绪支配，更易于产生极端的情绪进而带来暴力的行为。悲剧《美狄亚》里杀死自己孩子的美狄亚、悲剧《阿伽门农》里复仇的克吕泰墨斯特拉、悲剧《忒琉斯》里为报复丈夫奸淫自己妹妹而要杀死自己儿子的普若克涅、悲剧《酒神的伴侣》里将自己的儿子国王彭透斯撕碎的阿高夫，都是在极端的情绪下犯了暴力的罪行。这些暴力故事反映了悲剧诗人对女性处境的同情，结果仍然是强化了社会对女性的态度，即女人需要保护，以免遭受她们自己及外部世界带来的伤害。所以，在男性和女性之间，这种优劣关系是永恒的，夫唱妇随是合乎自然的，丈夫终身受到妻子的尊重。②悲剧诗人索福克勒斯在《忒琉斯》里，通过剧中女性之口，说出了女人的困难处境：

> 但是现在，离开了我父亲的家，我什么都不是；是的，我经常审视女人的天性，我们什么都不是。我认为年轻的女孩在父亲的家里，有着凡人所知的最甜美的生活，因为天真无邪让孩子们永远安全和幸福。但是当我们进入青春期，明白事理后，我们就被赶走，被卖掉，远离了我们的神，远离了我们的父母。有些女人走进了陌生人的家，有些走进了外邦人的家，有些走进了没有快乐的家，有些走进了充满敌意的家。所有这些，一旦第一夜我们被戴上枷锁拉到我们的丈夫跟前，我们就被迫赞美并且说这一切都是好的。③

在雅典，对女性的偏见和对男性社会群体的强调，构建了作为城邦中心的公共生活：古代雅典的重心从家庭转移到城邦集体，所以就有了辉煌的节日和展示，也有了用于宗教和政治目的的大型公共建筑。在被大型建筑围绕的广场上，雅典男子度过了他们的一生。相比之下，他的家是寒酸的，不起眼的：在民主制下，男人的生活是在公共空间而不是在私人空间里度过的。与生活在公共空间的男性相对应，家庭才是公民妻子存在的中心和界限，只有在丈夫的许可下，她才能离开家庭。④

---

① ［古希腊］亚里士多德：《政治学》，卷 1 章 13，吴寿彭译，北京：商务印书馆，1983 年，1260a10～15。

② ［古希腊］亚里士多德：《政治学》，卷 1 章 13，吴寿彭译，1259b。

③ ［雅典］索福克勒斯：《忒琉斯》，残篇，583。

④ D. M. Schaps，1998：“What Was Free about an Athenian Woman？”，*Transactions of the American Philological Association*，Vol.128，p.169.

但是正如亚里士多德所认为的："每一家庭是城邦的一个部分，而夫妇和父子的组合则为家庭的各个部分。各个部分的善德必须同整体的善德相符。"[①]为了保证城邦的稳定、平衡和正常发展，就必须保持女性和男性、家庭和城邦之间的关系平衡。狄奥尼索斯是男性和女性都崇拜的神，男性和女性对狄奥尼索斯的崇拜实践活动各有特色，充分体现了男女两性在社会中的作用，也在平衡男女两性关系上起到了非常特殊的作用。

第一，在神话传说里和瓶画上，狄奥尼索斯始终维持着一种和谐家庭的形象。

在传说中，狄奥尼索斯似乎只爱过阿里阿德涅，此外再也没有爱情罗曼史，阿里阿德涅是被雅典的提修斯遗弃的克里特公主，因此在这一关系中，狄奥尼索斯是一个怜香惜玉的形象。奥林波斯诸神的多情故事反映了雅典贵族的道德传统和性爱取向。他们的婚姻只是为了能带来合法的孩子，他们对女性的爱情是在酒会上的妓女身上，而那些贫穷的农民和城里的手工业者既没有时间也没有金钱去搞婚外恋情。所以，他们在狄奥尼索斯身上赋予了牢固的、属于小农的道德价值观，把全部的情爱献给自己的母亲、妻子和孩子。在公元前 5 世纪上半叶，当其他奥林波斯神的多情故事成为红绘画家们喜爱的主题时，在瓶画艺术作品中，狄奥尼索斯从未追逐过女性，也没有表达过对家庭成员之外的女性的爱慕（参见彩图 28）。

相反，倒是有很多阿提卡瓶画描绘了狄奥尼索斯与自家人在一起的情景。这些静谧温馨的场景，同喧闹的神圣团体一样，缺少文献上的叙述，也使其家人的名字很难辨认。但是，狄奥尼索斯在这些场景中的"居家男人"形象是非常显著的。正如在厄琉西斯秘仪中，母亲、女儿的关系处于中心地位一样，在狄奥尼索斯崇拜中，神与丰收或地力丰饶的关系是通过其对自己子孙的关切反映出来的，希腊农业社会的家庭生活找到了其神圣的代言人——狄奥尼索斯。

在狄奥多罗斯记载的传说里，狄奥尼索斯是有后代的，他的这些孩子都是男性。瓶画中，狄奥尼索斯和孩子们一起出现的场景并不少见。但是，要说出这些孩子的名字也比较难。瓶画家埃克塞基亚斯（Exekias）在晚年做过一个有颈的双耳陶瓶，上面标出了俄诺皮翁（Oinopion）的名字，他是狄奥尼索斯的儿子，传说他从狄奥尼索斯那里学习了酿酒的技术。在瓶画上，他是一个健壮的、裸体的年轻男子，个头几乎赶上了他的父亲，正准备把酒从酒壶倒进他父亲的酒杯中。俄诺皮翁的形象还出现在两个更早的双耳陶瓶上，

---

① ［古希腊］亚里士多德：《政治学》，卷 1 章 13，吴寿彭译，1260b10～15。

双耳陶瓶是瓶画家阿玛西斯（Amasis）创作的，现保存在慕尼黑。还有几个黑像陶展现了狄奥尼索斯与一个怀中抱着小孩的女性在一起的画面。庇兹利没有做具体的认定，只是称这个女性为“抱孩子的女神”，但是西蒙认为，这个孩子就是俄诺皮翁，这个女人就是阿里阿德涅。当狄奥尼索斯与妻子和孩子在一起时，也有很多不同的表现方法。有时，阿里阿德涅坐着，她的儿子就站在她的腿上；有时，阿里阿德涅也是狄奥尼索斯在酒宴上的伴侣。狄奥尼索斯不同于雅典的一般男子，对他来说，酒宴是他的家庭事务。①

所以，通过神话和瓶画传达出来的信息是，在古希腊人的心里，狄奥尼索斯象征着家庭中男女两性的和谐关系。

第二，在狄奥尼索斯崇拜活动中，男性与女性承担各自的角色。

男人在与酒有关的节日里或者是在仅限于男性参加的聚会里，把狄奥尼索斯作为酒神来颂扬，而疯女们把狄奥尼索斯作为狩猎者和未征服的自然界的主宰来进行崇拜。在很少的情况下，才会出现男性崇拜者和女性崇拜者聚在一起的情况。已知的例外情况是花月节上的圣婚典礼。

男性对狄奥尼索斯的崇拜多数与酒有关。节日里的宴饮、酒会都以喝酒为主要内容，节日里的狂欢也是葡萄酒带来的结果。狄奥尼索斯被尊为“酒的发明者”和文明的创造者。面包和酒是地中海地区的基本食物，分别是德墨忒尔和狄奥尼索斯的礼物，原则上，狄奥尼索斯的礼物是给凡人的，但是实际上，只有男人才是酒的真正受惠者：希腊的女人和罗马的女人是不能饮酒的，如果喝酒是会受到处罚的。在希腊古风时期和古典时代的诗歌中，饮酒和陶醉一直以来都是男性身份的表达。作为酒神，狄奥尼索斯激发了阿基罗库斯（Archilochus）创作酒神颂歌，刺激了男性的性行为。战争期间，在身经百战的战士心中，酒是和平的祝愿。总体而言，狄奥尼索斯作为酒神帮助希腊的男性，包括自由人和奴隶，逃脱了日常生活中严峻的现实。

对底层民众来说，狄奥尼索斯崇拜与葡萄的丰收和葡萄酒的丰产直接相关。在阿提卡瓶画所表现的葡萄种植的画面里，采集和处理葡萄的萨提儿远远超过了偶尔出现的狂女，她们在这些画面中显然是从属的，而萨提儿所代表的男性劳动是主要的。采摘葡萄、踩踏葡萄等工作都需要繁重的体力劳动，自然要留给男性（参见彩图 29 和彩图 30）。所以，这些画面是现实生活的反映。女性只是协助性地倒酒。未婚女性偶尔也会把盛满葡萄的篮子从葡萄树下提到酒桶前。葡萄的栽培种植是男性的工作，也吸引了男性的注意力，但这些劳作无疑也强化了男性优于女性的自我意识。

① H. A. Shapiro，*Art and Cult under tyrants in Athens*，Mainz am Rhein：von Zabern，1989，p.94.

而对上层社会男性及其他们的政治野心来说，酒会成为一种社会催化剂。在约公元前 500 年的一个红绘瓶画上，描绘了狄奥尼索斯亲身出现在酒会的场景，狄奥尼索斯不仅是酒的保护神，也是纵情宴饮的人的保护神。酒会以酒为媒介，建立了私人之间的纽带关系，成为古风时代政治的试验场，同时对贵族来说，它保留了贵族的价值观，为贵族文化和生活习俗的传承留下了一个空间。

女性在狄奥尼索斯的节日里有着重要地位。在勒奈亚节上，有狄奥尼索斯的女祭司；在城市酒神节上，有出身高贵的女性引领游行；在葡萄丰收节上，有“送餐的女性”参加游行及之后的宴会；在花月节上，有巴昔琉娜和 14 个尊贵的妇女扮演重要的角色。在葡萄丰收节上，两个青年男子“奥思科福饶伊”要穿上女人的服装，进行异装仪式，也是为了能参加狄奥尼索斯的节日。古希腊的瓶画艺术对狄奥尼索斯节日中的异装仪式有较多的表现。欧里庇得斯在《酒神的伴侣》中也把异装当作是常规的狄奥尼索斯仪式。非常可能的是，狄奥尼索斯节日中女性的重要地位是历史真实的一种再现，“所有的证据都显示，雅典的妇女是这个城市的狄奥尼索斯崇拜的实际基础”[①]。历史学家认为，农业是在母系氏族公社时期由女性发展起来的。[②]在女性收集和采摘食物的过程中，她们发现把幼苗养起来和保护起来，能使今后的采摘变得更加容易，她们的实践成为人类走向农业的第一步。在雅典的德墨忒尔的节日上，也是妇女起着主导作用。德墨忒尔的节日与农作物的生长密切相关，狄奥尼索斯的节日与葡萄栽培的各个阶段密切相关。所以，正如德墨忒尔节日中的女性地位反映了她们是农业的实践者，那么，女性在狄奥尼索斯节日中的地位也反映出她们在葡萄栽培的早期实践中的地位。[③]

第三，狄奥尼索斯通过多种方式融合了男性和女性的关系，维系着家庭和城邦的平衡。

在几乎所有的秘仪里，性活动占据着非常重要的地位。城市酒神节是最具公众性质的狄奥尼索斯节日，期间有巨大的法勒斯游行，但如前所述，虽然法勒斯是男性生殖器，却与淫荡无关，而是象征着狄奥尼索斯强大的生命力。当然，在青春期入会仪式上，遭遇性欲是正常的和必需的。从孩童经过青春期到成人和婚姻的转变是自然的，这一过程中的因素可能被很好地保存在秘仪中，特别是被保存在狄奥尼索斯的秘仪中。有很多迹象表明，只有已

---

① Carl Kerényi, *Dionysos: Archetypal Image of Indestructible Life*, Trans., by R. Manheim, Princeton: Princeton University Press, 1979, p. 161.

② Tom B. Jones, *Ancient civilization*, Chicago The University of Chicago Press, 1960, p.16.

③ Valdis Leinieks, *The City of Dionysos: A Study of Euripides's Bakchai*, p. 195.

婚的妇女，而不是处女，才能成为真正意义上的巴库斯。[1]普鲁塔克在安慰妻子时，也提到了他们加入的狄奥尼索斯秘仪。[2]公元前 4 世纪的阿普利亚陶瓶基本上是用于墓葬的，也多与狄奥尼索斯的秘仪有关，而这些瓶画经常描述的男女相遇，可以被解释为对天堂的一种希望，是对在另一个世界的人的美好祝愿。[3]

狄奥尼索斯似乎是作为家庭的对立面出现的，但实际上，他对家庭所起的作用恰恰是促进家庭融合的。他令妇女离开家庭到山间游荡，为女性走出家门、缓解生活压力提供了机会[4]，从而最终维持了家庭的秩序。狄奥尼索斯代表毁灭，也代表社会的建立。当狄奥尼索斯进入家庭把女人从家庭里带到山野时，家庭和社会之间的界限消失了。席福德认为，狄奥尼索斯和狂女的神话传说显示，如果女人拒绝跟随狄奥尼索斯，或者男人阻止女人跟随狄奥尼索斯，那么，狄奥尼索斯就会摧毁她们的房子连同她们的家庭。如果她们被允许与狄奥尼索斯共舞，那么女人的疯狂只是一种暂时的状态，当疯狂消除，她们就会回归家庭。[5]妇女离开家庭的运动反映了狄奥尼索斯和妇女在毁灭与建立社会过程中的作用：当妇女离开家庭时，家庭和社会毁灭了；当她们返回时，秩序和文明被更新。

而从城邦的角度来看，女性对狄奥尼索斯崇拜仪式活动的参与，也是对建立社会过程的参与。古希腊城邦的集体性是建立在牺牲妇女利益的基础之上的。女性很少在政治中起作用，也很少从城邦政治中获取利益，相应地，城邦中的女性，不管结婚还是未婚，都被想象成过分依附于家庭的利益而与城邦相对立。但是，城邦中的妇女可能也被想象成要抵制自身被排除在公共领域的命运，进而去模糊男女性别的差异。女性的这两种对于城邦男性秩序的威胁似乎是相互对立的，一种是对公共领域的拒绝，一种是对公共领域的控制或颠覆，但是在事实上，它们是自然地联系在一起的：例如，《伊里亚特》里的安德洛玛克和悲剧《安提戈涅》里的女主人公，都宣称自己是为了家庭的利益而反对男性的公共秩序。

这两种女性对城邦的威胁可以由狄奥尼索斯来平衡和对抗，因为狄奥尼索斯是城邦的神。针对第一种威胁，城邦邀请女性参加狄奥尼索斯崇拜的公共节日。从花月节到乡村酒神节，女性在节日里进入城邦的公共领域，而不

---

① Diodorus，4.3.3.

② Plutarch，*In Consolation to His Wife*，611d.

③ Walter Burkert，*Ancient Mystery Cults*，p.105.

④ M. Dillon，*Girls and Women in Classical Greek Religion*，London：Routledge，2002，p.148.

⑤ Richard Seaford，*Dionysos*，p303.

是被排斥在外。而针对第二种威胁，应对的办法是狄奥尼索斯式的疯狂。女性逃往野外是对男性的统治表示敌意，因为在想象中，女性离开城市来到未开化的地区，基本上与动物无异①，她们在野外与他人的性关系反映了男性对女性的失控。但是疯狂仪式把女性从家里带出去，颠覆女性对家庭的依赖，可以短暂地发泄女性被压抑的情绪，然后在疯狂仪式之后，顺利回归家庭，避免了对公共领域的颠覆。她们在野外的实践活动翻转了把妇女作为从属并限制在家中的文化秩序：给幼兽喂奶、赤手捕猎、撕碎动物、劫掠村庄、击败男人，等等。在这种疯狂仪式中，她们幻想进入暂时的野蛮状态，目的是经过驯服后返回结婚的文明状态。②

在这一点上，狄奥尼索斯的疯狂仪式也类似于阿尔忒弥斯的布劳戎仪式，但与后者的显著区别是，疯狂仪式聚拢的女子不只有未婚的，还包括已婚的女性。在男性控制之外，疯狂仪式不断地更新着野蛮的范围，旨在把女孩并入婚姻状态下的家庭和城邦。在古风时期的列斯堡岛上，有一处崇拜地，供奉着狄奥尼索斯、宙斯和赫拉。前者代表着野蛮的状态，后者象征着文明的婚姻状态。因此，疯狂仪式在总体上不是对文明的城邦的对立，而是对女子成为公民妻子这一整个过程的对立。疯狂仪式象征性地翻转了城邦复制自身的过程。所以，希腊的各个城邦都具体实践着《酒神的伴侣》中所描绘的疯狂仪式。③

① Richard Seaford，1988：“The Eleventh Ode of Bacchylides：Hera，Artemis，and the Absence of Dionysos”，*The Journal of Hellenic Studies*，Vol. 108，pp. 118～136.

② Richard Seaford，“The Eleventh Ode of Bacchylides：Hera，Artemis，and the Absence of Dionysos”，pp. 121～122.

③ E. R. Dodds，*The Greeks and the Irrational*，Berkeley：University of California Press，1951，pp.270～282.

第七章 戏剧——献给狄奥尼索斯的演出

现代许多学者认为戏剧起源于仪式，包括巫术仪式和宗教仪式。维利斯·哈特诺尔指出："戏剧起源于远古时期人类最初的村社的宗教仪式。整个人类历史上都可以找到身穿兽皮的祭司和神的崇拜者们在祭神时表演的歌舞和涉及神的降生、死亡以及再生的传说。直到今天，在一些未开化的民族中还可以发现类似的仪式。"①古希腊戏剧的产生也符合这一规律，它起源于狄奥尼索斯的祭祀仪式，并且始终是献给狄奥尼索斯的演出。

一、戏剧的原型——狄奥尼索斯庆祭仪式

如前文所述，狄奥尼索斯的祭祀仪式是一种集体的活动。在最古老的节日花月节、勒奈亚节和乡村酒神节上都有男子集体模仿萨提儿的狂欢活动。柏拉图在《法律篇》中对此也有过说明："至于狂欢和舞者，他们在进行净化和仪式时，会模仿那些喝醉了的宁芙仙女、潘神、塞勒诺斯和萨提儿舞蹈。"②而在模仿过程中，他们丧失了个人特征，消融在狄奥尼索斯的信徒群体里，他们的外形、举止及所要达到的目标都是一致的。③这种模仿，超越了个人的正常理性，在迷狂状态下，实现了一种身份的转化。庇波（M. Bieber）在《希腊和罗马的剧场史》中把这种模仿看成是戏剧产生的基础："当舞者和歌者通过迷狂和相应的化装发生变化时，模拟表演的第一步实现了：一个人可以表达他者。"④

希腊戏剧产生的第二步是酒神颂歌歌队的出现。早在还没有文字记载的远古时期，希腊人就有为神演唱合唱颂歌的习俗。每逢庆祝丰收、奉祀神祇、婚丧嫁娶、生儿育女之类的重大节日，人们往往用舞蹈和合唱来表达心中的情感，合唱颂歌就产生于这样的祭祀活动中。酒神颂歌（Dithyramb）是合唱

---

① ［英］维利斯·哈特诺尔：《简明世界戏剧史》，李松林译，北京：中国戏剧出版社，1986年，第1～2页。

② Plato，*Laws*，815c.

③ Valdis Leinieks，*The City of Dionysos：A Study of Euripides's Bakchai*，p. 351.

④ Margarete Bieber，*The History of the Greek and Roman Theatre*，Princeton：Princeton University Press，1961，p.9.

颂歌的一种形式，是专为狄奥尼索斯演唱的颂歌，“Dithyramb”的意思是“两重门”，内容是歌唱狄奥尼索斯两次诞生的经历及其所遭受的苦难。酒神颂歌是一种狂欢之歌，通常伴有化装舞蹈表演，舞蹈的人常扮成半人半山羊的萨提儿。

公元前 7 世纪中叶，阿基罗库斯（Archilochos）已经知道酒神颂歌、狄奥尼索斯和酒之间的关系，也明确表达了疯狂和集体模仿之间的关系，在他的诗歌残篇里，他写道：“我知道如何演奏酒神颂歌，这是酒神狄奥尼索斯的可爱乐曲，借助于酒，我的推理遭到了雷击。”[①]“推理遭到了雷击”指的是失去常态而进入疯狂状态，雷电是宙斯的原形，也与狄奥尼索斯有关，是他与凡人交流的手段，因此，这种疯狂可以是狄奥尼索斯带来的。但是，残篇里的演奏不是个人的表演，甚至不是阿基罗库斯对自己诗歌的表演。酒神颂歌是合唱队的表演，阿基罗库斯只是参与其中。当疯狂的歌队表演酒神颂歌时，意味着他们在模仿。阿基罗库斯并没有说明他的歌队在模仿哪个群体，但是，既然有酒，就意味着这是一个萨提儿歌队。[②]

萨提儿歌队从本质上说是一队即兴演唱酒神颂歌的狄奥尼索斯崇拜者，演唱的时候，他们模仿狄奥尼索斯崇拜的祭仪，不仅模仿宁芙仙女、塞勒诺斯或者萨提儿，也模仿与狄奥尼索斯崇拜不太相关的因素，从而使歌队的表现增添了多种新的内容，慢慢地产生了简单的情节、搞笑的措辞和大量的舞蹈。古代作家在讨论戏剧起源的问题时，经常提到萨提儿歌队，早期的萨提儿歌队被认为是最早的悲剧歌队雏形。[③]

亚里士多德强调萨提儿歌队的重要性，他认为，悲剧从萨提儿的歌队中产生，只是到了后来才从简单的情节和搞笑的措辞中变得严肃起来。韵律也从四音步诗句变成抑扬格的诗句。最初他们使用四音步诗句就是为萨提儿的舞蹈所作。[④]

罗马帝国时期的詹诺比乌斯（Zenobios）也曾解释过萨提儿歌队的演变，“一开始，歌队习惯于为狄奥尼索斯吟唱酒神颂歌，但是后来诗人放弃了这一习惯，开始写作爱恩特斯（Aiantes）和肯陶洛斯（Kentaurs）。所以，观众才

---

① Archilochos，*Fragments*.

② Valdis Leinieks，*The city of Dionysos：A Study of Euripides's Bakchai*，p.355.

③ Valdis Leinieks，*The city of Dionysos：A Study of Euripides's Bakchai*，p.353.

④ ［古希腊］亚里士多德：《诗学》，陈中梅译注，1449a. 第 19～23 页。

会开玩笑说‘与狄奥尼索斯无关’，由于这个原因，歌队后来决定把萨提儿作为前奏，这样就可以表达他们没有忘记狄奥尼索斯了”[①]。于是，后来的酒神颂歌歌队就不再仅仅具有狄奥尼索斯的特征了，他们会根据自己所要表达的具体人物形象来进行表演，只有萨提儿歌队保留了狄奥尼索斯的特征。

美图姆那的阿利昂（Arion）为酒神颂歌歌队的进一步发展做出了巨大贡献。阿利昂的诗歌活动主要在科林斯。希罗多德认为他是酒神颂歌的发明者："美图姆那的阿利昂是个举世无双的竖琴手，而据我们所知道的，是他第一个创作了狄图拉姆波司歌，给这种歌起了这样的名字，后来并在科林斯传授这种歌。"[②]《苏达辞书》[③]对这一过程的发展做了更多的解释："据说，阿利昂发明了悲剧的模式，建立了歌队，让他们唱酒神颂歌，为歌队所唱的歌曲起了名字，并让歌队成员萨提儿按照韵律讲话。"[④]但从现存的资料来看，早在公元前 7 世纪就有酒神颂歌了，阿利昂的贡献可能在于他改革了当时酒神颂歌的形式，突出了内容的完整性和连贯性。这样，歌队的表演可以事先编舞并演唱别人写好的歌曲。萨提儿歌队于是按照严格的韵律进行讲话，也可以模仿人物进行表演。所以，阿利昂实际上建立了悲剧的歌队——而这恰恰是悲剧的本质。《苏达辞书》把阿利昂看作是悲剧表演的第一人："美图姆那的阿利昂是第一个引入悲剧表演的人，正如梭伦在其《哀歌》中所指的那样。"[⑤]

在酒神颂歌的表演过程中，合唱队、化装表演、专业的诗人等环节都得到了全面的演练，可以说，是酒神颂歌直接孕育了悲剧的诞生。值得注意的是，酒神颂歌在悲剧产生之后，仍与悲剧一起流传，甚至比悲剧流传得还要久远。

歌队建立之后，接下来的重要步骤就是设置演员，所以希腊戏剧产生的第三步是演员的出现。希腊传记作家第欧根尼·拉尔修（Diogenes Laertios）曾对演员的设置做了很好的总结：

---

① Zenobios，5.40. 在古希腊的文学作品（诗歌和散文）中有大量的谚语和成语、惯用语，简明扼要地总结了古代人的智慧，这是希腊文学的重要特征。在古代就有一些人如 Didymus 和 Lucillus 等人从大量作品中摘抄这些谚语编辑成册。詹诺比乌斯是哈德良时代的学者，他对古代作家的谚语书籍进行了摘要，并按照文学类别进行了重新分类和安排。参见 Simon Hornblower and Antony Spawforth（eds.），*The Oxford Classical Dictionary*，3rd edition，Oxford：Oxford University Press，1996，p. 1115.

② Herodotus，1.23.

③《苏达辞书》（*Suda*，*Suidas*）是一部历史百科全书，编撰于公元 10 世纪末期，保存了相当多的早期学术观点，也收录了很多古希腊学术和文化的资料，因此具有很高的史料价值。

④ Valdis Leinieks，*The city of Dionysos*：*A Study of Euripides's Bakchai*，p.357.

⑤ Valdis Leinieks，*The city of Dionysos*：*A Study of Euripides's Bakchai*，p.358.

> 在古代的悲剧中，首先只有歌队单独表演戏剧。然后，特斯庇斯采用一个演员与歌队对话的形式。埃斯库罗斯采用了第二个演员，索福克勒斯采用了第三个演员，由此悲剧才完整。①

根据《苏达辞书》对特斯庇斯的记载，公元前 534/3 年，特斯庇斯首先采用一个演员与合唱队长对话，并串演几个角色。也就是说，从阿里昂对酒神颂歌歌队进行定型，使之能够分析和表达人物特征，到第一个演员出现，大致用了近一个世纪的时间。一旦演员引入进来，人物性格就可以通过歌队与演员的对话来展现。从这一点开始，悲剧达到其最终形式，成为真正意义上的悲剧。而这一系列的发展都与狄奥尼索斯崇拜关系密切，甚至悲剧演员也是狄奥尼索斯神圣团体发展的最终结果，因为演员仍然使用狄奥尼索斯的神圣团体在崇拜狄奥尼索斯时的模仿，只是这种模仿不再是群体的模仿而变成了个人的模仿。

亚里士多德的记载也说明了公元前 5 世纪之后，古希腊悲剧在演员设置上的变化：

> 埃斯库罗斯最早把演员由一名增至两名，并减削了歌队的合唱，从而使话语成为戏剧的骨干成分。索福克勒斯启用了三名演员并率先使用画景。此外，悲剧扩大了篇制，从短促的情节和荒唐的言语中脱颖而出——它的前身是萨图罗斯剧式的构合——直至较迟的发展阶段才成为一种庄严的艺术。②

亚里士多德所提及的萨图罗斯剧就是萨提儿剧，这是悲剧在“扩大了篇制”后增加的内容。萨提儿剧所表演的不再是即兴之作，而是固定下来的内容，其主题常常是“狄奥尼索斯的解放”。在欧里庇得斯的《圆目巨人》里，萨提儿的歌队开始时是圆目巨人刻克洛普斯（Cyclops）的奴隶，最终他们得到了解放，并且宣称今后只服务于狄奥尼索斯；在索福克勒斯的《萨提儿的追踪》（*Ichneutai*）里，萨提儿的歌队开始时也是奴隶，尽管不清楚是谁的奴隶。阿波罗许诺了他们的自由，最终他们如愿得到了自由。关于奴役和解放的主题也同样可以在其他的萨提儿剧中找得到③，比如，在欧里庇得斯的《阿尔刻提斯》（Alkestis）里，阿尔刻提斯摆脱了死亡，在《海伦》里，墨涅拉俄斯和海伦逃离了埃及，在《伊菲革涅亚在陶乐斯》里，俄瑞斯忒斯和伊菲

---

① Diogenes Laertius，3.56.

② ［古希腊］亚里士多德：《诗学》，陈中梅译注，1449a。

③ Valdis Leinieks，*The City of Dionysos：A Study of Euripides's Bakchai*，pp.360～361.

革涅亚逃离了陶乐斯。这些都反映出趋同于萨提儿剧的解放主题。

喜剧直到公元前 486 年才得到雅典官方承认，成为狄奥尼索斯庆祭活动中的一个比赛项目，大约在公元前 441～前 440 年，喜剧比赛也进入另一个祭祀狄奥尼索斯的主要节日——勒奈亚节。①亚里士多德认为，喜剧也是从即兴表演发展而来，“来自生殖崇拜活动中歌队领队的即兴口占，此种活动至今仍流行于许多城市”②。亚里士多德所指的生殖崇拜活动就是狄奥尼索斯庆祭活动的一部分，是放荡的人群在领队的带领下，抬着法勒斯模型进行游行，并唱着言辞淫秽的歌。在雅典的喜剧演出中，喜剧演员经常佩戴生殖器模型。③亚里士多德生活的时代接近于古希腊戏剧的繁荣期，因而他对戏剧（悲剧和喜剧）起源所作的推论是最有价值的，也是最为可靠的④，所以，古希腊戏剧的原初形态就是酒神狄奥尼索斯的庆祭仪式，并成为目前被学者广泛接受的一个观点。

然而，在原始宗教的土壤中，并不是所有的宗教仪式都演变成了戏剧，在古希腊众多的祭拜仪式中，也只有在狄奥尼索斯的庆祭仪式中才产生了戏剧，也就是说，正是由于狄奥尼索斯的庆祭仪式中所包含着的某种特殊的因素，才完成了这种由宗教仪式到戏剧的转化。维利斯·哈特诺尔认为，戏剧之所以成为戏剧，有三个方面的因素不可缺少：演员的道白和演唱不受原始合歌的约束；道白反映一定的矛盾冲突；观众介入情感但不参与表演。⑤

我们现在无法追溯古希腊戏剧产生和发展的详细过程，但是比照维利斯·哈特诺尔提出的三个基本条件，单从狄奥尼索斯崇拜本身所具有的特点中，我们就可以找到这种崇拜何以成为戏剧原型的原因，以及它对戏剧的重大意义。

第一，狄奥尼索斯的传奇身世始终充满了冲突，而这种冲突满足了戏剧要反映“一定的矛盾冲突”的本质要求。

第二，狄奥尼索斯本身就是面具。面具是一种神物，在载歌载舞的狄奥尼索斯崇拜仪式上，它使人感到自己已经变成了面具所代表的神，从而能顺利完成角色的转换。朱狄在《原始文化研究》一书中更为详尽地阐述道：“祭祀仪式对戏剧的起源所提供的最重要的东西并不是构成戏剧形式上的东西……而是它教给创造‘角色’，一个和自己不同的人，并进入角色的内心世

---

① ［古希腊］亚里士多德，《诗学》，陈中梅译注，附录十，第 250 页。

② ［古希腊］亚里士多德：《诗学》，陈中梅译注，1449a。

③ ［古希腊］亚里士多德，《诗学》，陈中梅译注，第 4 章注释 32，第 54 页。

④ Simon Hornblower and Antony Spawforth（eds.），*The Oxford Classical Dictionary*，3rd edition，Oxford：Oxford University Press，1996，pp.1538～1539，“Entry on Tragedy” 词条。

⑤ 胡志毅：《神话与仪式：戏剧的原型阐释》，上海：学林出版社，2001 年，第 12 页。

界中去，用角色的言词代替自己的言词，用角色的行动代替自己的行动。"[①]在希腊戏剧中，演员很少，一个演员往往要担任几个角色，但观众却不会因此而混淆角色，原因就在于演员的角色是通过面具来转换的，而观众也是通过面具来识别人物角色的。也就是说，面具解决了一个"角色矛盾""角色转换"的问题，这一点对戏剧的形成至为重要。

第三，狄奥尼索斯崇拜中的迷失现象。当狄奥尼索斯的祭祀仪式发展为戏剧表演时，仍然保留了一些迷失现象。比如演员表演的心态与狄奥尼索斯在其崇拜者那里所诱发的与神灵交流的心理状态非常相似：演员在表演时，力求与"角色"合一，因此他表现的不是"自我"而是"他者"。合唱队的表演是一种集体的迷失，他们唱出的是同一种声音，每一个成员都是整体中并不重要的一部分，他们消融在集体中，没有自己的个性，他们所有的愿望都已经交给了狄奥尼索斯，如同在秘仪中受到神的控制一样。

第四，狄奥尼索斯崇拜中包含着"神圣或世俗""庄严或滑稽"的复合性结构和功能，因而具有很强的宣泄功能。从古希腊的文学作品、艺术作品、教派名称以及有关祭祀仪式的记录来看，狄奥尼索斯在希腊人心目中有如下形象：（1）葡萄酒之神；（2）生殖能力和生命力的象征（在祭祀仪式中常常通过男性生殖器来展示）；（3）疯狂之神；（4）舞蹈之神；（5）面具和化妆之神；（6）秘仪创始之神；（7）他者，通过面具的角色转换，表现出他者的形象。[②]这些形象都以酒神沉醉、迷狂的本性为基础，表达了酒神亦庄亦谐的鲜明特性。在酒神庆祭仪式上，一方面是庄严的杀牲祭祀，另一方面却是带有浓厚世俗娱乐色彩的舞蹈和狂欢；一面是对神的敬畏，另一面是紧张之后的心灵宣泄。"原始的狄奥尼索斯庆祭成了一种宣泄，它使人们超越自我，净化人们非理性的欲力，或引导它们进入这一特有的渠道。"[③]归根结底，这种独特的结构和功能才是促使戏剧产生于狄奥尼索斯崇拜仪式的深层原因。

狄奥尼索斯庆祭仪式中的这几个特点，直接与古希腊戏剧的艺术实践紧密相连。亚里士多德认为："诗史的编制，悲剧、喜剧、狄苏朗勃斯的编写以及绝大部分供阿洛斯和竖琴演奏的音乐，这一切总的说来都是模仿。"[④]据此，我们认为，戏剧是对酒神崇拜及其祭祀仪式的模仿，是借助于各种媒介——音乐、合唱、道白、面具等对狄奥尼索斯的崇拜仪式所作的移植和变形。

---

① 朱狄：《原始文化研究》，北京：生活·读书·新知三联书店，1988 年，第 517 页。

② P. E. Easterling（ed.），*The Cambridge Companion To Greek Tragedy*，Cambridge：Cambridge University Press，1997，p.45.

③ M. Grant，*Myths of The Greeks and Romans*，New York：New American Library，1962，pp.245～249.

④ ［古希腊］亚里士多德：《诗学》，陈中梅译注，1447a。

早在戏剧产生之前，戏剧的构成要素如对白、音乐、歌队和舞蹈就有了各自相对独立的发展，为戏剧的最后登场做了从内容到形式的全方位的雄厚铺垫。史诗经过代代传唱，渐渐形成了一些较为固定的主题和格式，并为广大民众所熟悉。仅以对戏剧形成的贡献而言，史诗不仅为戏剧家提供了丰富的创作题材和大量的戏剧性对话，而且为戏剧培养了一批又一批有着文化积蕴的观众。在荷马史诗中，实际上就有了通过演说和人物间的对话来展现和分析人物特点的技巧了。赫灵顿（John Herington）在《从诗歌到戏剧》中说："高度戏剧化的对话的基本概念——深深影响了剧情发展和我们对角色的理解——在荷马史诗中就有了全面和丰富的发展"。[①]雷涅克斯（Valdis Leinieks）也说，人物的表现和动机在很大程度上都是荷马最早发明的。[②]亚里士多德也看到，荷马赋予每个人物以性格特征，没有一个人物是没有特点的。[③]只是因为史诗不使用演员，荷马对人物的表现不涉及模仿。

兴盛于公元前 6～前 5 世纪的希腊抒情诗成功地表达了作者细腻的情感和独立的思想，为戏剧表达各种各样的情感冲突提供了表达方式上的借鉴。著名学者罗念生先生认为："从继承的关系来看，戏剧乃是史诗与抒情诗的结合。"[④]

20 世纪波兰著名美学家塔塔科维兹指出，无论是希腊的抒情诗还是合唱颂歌都具有一种公众的、社会的、公有的和民族的特点，祭祀和宗教仪式的诗歌用于朗读和歌唱，而不是个人阅读。这种特点为一切诗歌所具有。甚至连描写性爱的抒情诗也具有公共宴乐歌曲的性质而不供人阅读。阿那克里翁的歌在宫廷上演唱，而萨福的歌用于宴会之中。[⑤]诗歌所具有的鲜明的集体性、混合性、功利性和实用性等特点都是和希腊社会文化的发展相适应的，在希腊，社会生活与宗教生活之间没有任何界限，各种宗教仪式与生活的细节联系密切在一起，希腊抒情诗（包括合唱颂歌）虽然反映了一定的个人意识和个人的情感要求，但始终保留着服务于宗教、服务于公众活动的特点。这一特点也被后来的另一种艺术形式——希腊戏剧所继承。

---

① Jonh Herington，*Poetry Into Drama：Early Tragedy and the Greek Poetic Tradition*，Berkeley：University of California Press，1985，p.137.

② Valdis Leinieks，1975："The 'Iliad' and the Epic Cycle"，*The Classical Outlook*，Vol.52，pp.62～64.

③ ［古希腊］亚里士多德：《诗学》，陈中梅译注，1460a. 11。

④ ［古希腊］埃斯库罗斯等：《古希腊悲剧经典》，罗念生译，北京：作家出版社，1998 年，第 637～638 页。

⑤ ［美］古斯塔夫・缪勒：《文学的哲学》，孙宜学、郭洪涛译，桂林：广西师范大学出版社，2001 年，第 132 页。

公元前 6 世纪，当民主政治在雅典城邦蓬勃发展之时，迫切需要用一种集体的方式来表达人民大众的思想感情和他们的政治主张，当时的传统文学形式已经不能承担这种新的历史使命：史诗是宫廷文学，表达的是英雄人物的思想感情；抒情诗是个人文学，表达的是个人的世界和个人的情感；合唱颂歌虽然是集体的歌唱或朗诵，但其表现内容和形式又过于单一。在这种情况下，戏剧从代表民众崇拜的狄奥尼索斯的祭祀仪式上、从酒神颂歌中孕育产生，表达了民主城邦的意识形态。

二、戏剧与城邦意识形态

戏剧一经产生，就成为城邦从理论上确定思想体系、确定与集体生活观念相联系的道德精神的一种有效工具。因此，在僭主政治时期的悲剧雏形成为某些政治斗争中的重要环节，其本身也具有了鲜明的政治意义：首先是僭主代表平民、自由农和城市手工业者举起了要求获得与旧贵族平等权利的旗帜，鼓励和支持大众化、乡村化的狄奥尼索斯崇拜，然后是悲剧雏形的诞生和一系列重大城邦节庆的建立，最后是公元前 6 世纪末雅典城市酒神节的建立以及悲剧竞赛的举行。这一系列具有相同价值指向的历史事件环环相扣，构成了狄奥尼索斯崇拜、戏剧产生和希腊民主制度之间相辅相成、紧密联系的发展脉络。

为了建立新的城邦政治和公民思想，就必须把新思想与它从中脱胎而出的传统观念相比较。换句话说，就是要在脱离原来的母腹的同时，也要清楚自己源于何处，自己的根在哪里。悲剧思想主题的发展就是如此，在神话的往昔、史诗的往昔与政治体制的现在这三者之间的不断争论中，悲剧思考着公民思想的问题，并且以自己的语言和方式进行着表达。如《波斯人》反映了城邦民主制对东方专制主义的胜利，三联剧《俄瑞斯忒斯》表达了文明的法制对传统的血亲复仇的胜利，《被缚的普罗米修斯》反映了人类文化的巨大进步，充满了反对僭主的呼声。在表演中，有关社会生活的种种伦理关系、道德要求被一一定义和解释，城邦的公民们通过亲身观看和体验，通过在剧场中的争论和评判，在自觉或不自觉中复制并确认了那些基本的社会关系和价值观念。戏剧在这里担负起了教育、熏陶城邦公民的政治功能。

“在早期的、古风时期的和古典时期的诗歌里有重要的因素，可能被宽泛地称作‘教育的’‘文化构成的’。荷马、赫西俄德、梭伦、色诺芬尼、提欧根尼（Theognis，哀歌体诗人），在不同程度上都使自己为观众提供信息和劝告。”[①]然而，悲剧诗人所作的贡献并没有仅仅停留在提供信息和劝告上。亚里士多德在评价悲剧的思想因素时曾说，公元前 5 世纪悲剧诗人笔下的人物有一种政治的气质，而他自己所处时代的悲剧人物是雄辩的气质。在《尼科马库斯伦理》里，他把政治的气质阐述成一种跨越道德和公众政策以及对城邦集体进行道德教育的原则。在亚里士多德那里，似乎政治和道德因素是连在一起的。[②]

阿里斯托芬也充分而直接地思考了悲剧的政治角色。《蛙》描写了在冥界进行的一场戏剧比赛：埃斯库罗斯和欧里庇得斯争夺最佳悲剧家的奖项。两个诗人对“人们称赞诗人”的原因进行了争论。

> 埃斯库罗斯：你回答我，人们为什么称赞诗人？
>
> 欧里庇德斯：因为我们才智过人，能好言规劝，把他们训练成为更好的公民。
>
> …………
>
> 欧里庇德斯：难道我描写的准德娜的故事不是真事吗？
>
> 埃斯库罗斯：是真事，可是一位诗人应该把这种丑事隐瞒起来，不应该拿出来上演。教训孩子的是教师，教训成人的是诗人，所以我们必须说有益的话。[③]

在阿里斯托芬心中，有比文化构建更为重要的东西，那就是服务于城邦，为城邦训练更好的公民。埃斯库罗斯和欧里庇得斯这两个悲剧家在喜剧《蛙》里的竞赛，表达了诗人教育的目的是提升城邦的理念。正如我们看到的那样，欧里庇得斯也宣称，悲剧家应该使城邦的人变得更好，歌队为城邦提供好的建议。两个悲剧家尽管有争论，但他们在戏剧要有益于城邦这个观点上是一致的，争论的焦点仅在于如何为城邦的公民集体服务，是在叙述人的本性时描绘冲突和情绪呢，还是应该仅仅展现其简单的和理想化的人性？

诗歌和教育之间的联系是《蛙》剧中不断重复的主题。歌队要为城邦提供好的建议和指导；而剧中的埃斯库罗斯也把自己的灵感与指导性的实践与前辈联系起来，这些前辈是俄耳甫斯、墨赛俄斯（Musaeus，据称是俄耳甫斯之子）、赫西俄德和荷马。他们是“一些在社会中起着一种基本作用的诗人；受到神启的行吟诗人在某种程度上是群体的集体记忆，他们同时还是‘书本’，

---

① Justina Gregory，*Euripides and the Instruction of the Athenians*，Ann Arbor：The University of Michigan Press，1991，p.2.

② Aristotle，*Nichomachean Ethics*，1093a27～1094b11.

③ 罗念生：《论古希腊戏剧》，北京：中国戏剧出版社，1985 年，第 121～123 页。

书中积集了构成群体的社会纽带的整个知识”[①]。戏剧家是诗人，也是 sophos，在古典时期的剧场里，“诗人是人民的教师”[②]，这一地位是城邦赋予的，更是受到城邦法律保护的。他们发出的是城邦的声音，享有特权和话语权威。

悲剧中含有政治因素这一点已经得到了学者们的普遍认可，但是很少有学者会认为，悲剧的政治自觉是通过取材于当时的具体事件来体现的。[③]现存悲剧的人物和情节多取材于神话世界，取材于荷马史诗及与其相关的诗歌。埃斯库罗斯的《波斯人》是个例外，因为它取材于希波战争，但是很明显，这幕悲剧是一个实验，很快就被废弃了，因为它会伤害观众。另一个剧作家普律尼库斯（Phrynichus）的悲剧《米利都的陷落》就是因为这个原因（令观众看到了战争带来的伤害）而被禁演，剧作家本人也被罚款。所以，取材于神话的古希腊悲剧反映的是城邦社会内部的各种冲突，但是很少直接涉及雅典人当时的政治活动。[④]悲剧探索了存在于过去和现在的内在冲突，试图把传说中的人物与公元前 5 世纪的城邦世界进行对照，目的是让人们重新思考传统文化和新的社会秩序之间的不同价值。

在《荷马史诗》所描绘的英雄时代里，贵族价值由出身和财富衡量，个人的言论和功绩超过集体的努力。在这样的社会中，结果是最重要的，而意图是不重要的，社会声望没有其他的评判标准，在应对战争时，个人价值起决定性作用，社会是按照贵族的准则来运转的。但是随着社会变化的需要，这些标准也注定会经历一些变化。

民主的雅典在社会和政治上进行了很多意义深远的改革，也就更希望对贵族的准则进行更为全面的调整。克里斯提尼改革所建立的社会结构鼓励雅典人将自己定位为社会群体中的一员，个人荣誉的传统道德标准就不再适用于雅典的民主政治。克里斯提尼建立的陶片放逐制度，目的就是处理杰出个人可能给集体带来的威胁：假如有 6000 名公民出现在公民大会上，而多数人在陶片上写上了同一个人的名字，那么这个人在没有被起诉任何具体罪行的情况下，就会被雅典驱逐出境 10 年之久。[⑤]显然，雅典民主制的成功运作依赖的不是杰出个人的功绩而是绝大多数公民的集体努力，因此，英雄时代的杰出品质在雅典这样的民主社会里，反而会给社会带来问题，需要被清除掉。

---

① ［法］让·韦尔南：《神话与政治之间》，第 327 页。

② P. E. Easterling（ed.），*The Cambridge Companion to Greek Tragedy*，Cambridge：Cambridge University Press，1997，p.67.

③ Justina Gregory，*Euripides and the Instruction of the Athenians*，p.6.

④ O. Taplin，*The Stagecraft of Aeschylus*，Oxford：Clarendon Press，1977，pp.130～134.

⑤ Aristotle，*Athenian Politics*，22.

另一个发生根本变化的情况是政治权力的分配。在雅典民主制度下，尽管军队中的高级将领仍然由贵族担任，但是他们必须与普通公民分享权力。因为公共决策最终由普通公民在公民大会里投票决定。军队统帅和骑兵指挥由选举产生，而不是由抽签产生，所以公元前 5 世纪和前 4 世纪的铭文及文献资料都显示，这些职位是由贵族家庭的人担任。[①]有学者据此认为，真正的权力不在人民手中。但需要注意的是，雅典的民众在这种民主制度下得到了某种平衡。辛克莱尔（R. K. Sinclair）理性地总结道，这种体系能够运作在于它的平衡，雅典人似乎满足于这种方式，他们可以利用那些有野心的个人的才干，让这些人控制权力并运作权力，而他们则对他们的领袖进行严格的审查。[②]在这样的社会里，人们否定自然的等级观念，出身和财富不再是其价值的标志，而杰出的功绩往往被看成是集体的威胁。传统的贵族道德标准已经不再适合民主时代的社会现实，而传统仍然在起作用的表现是，雅典人仍然景仰传说和诗歌所构建的模式，仍然愿意通过神话传说确认自己的价值。

在这样的转折点上，诗人作为传统的智慧源泉，引领整个社会重新确认社会价值，既保留英雄时代的魅力和权威，又能使之适合现存的社会。悲剧对政治尺度的揭示正是迎合了这种需要，出现了巴黎学派所称的“悲剧时刻”。法国古典学家让·韦尔南、维达尔-纳凯（P. Vidal-Naquet）、妮科尔·洛罗（N. Loraux）和德蒂安（M. Detienne）等人被称为“巴黎学派”[③]，他们解释了“悲剧时刻”的含义。韦尔南认为，希腊悲剧的社会—政治复杂性产生于某一具体的历史时刻，当公元前 5 世纪雅典的社会经历核心出现断层时，就出现了“悲剧时刻”。快速发展的社会实体一方面具有新的民主法律和政治体系，另一方面古代的宗教体系也影响着社会的发展，断层由此产生。对韦尔南来说，这个断层大到“法律和政治的思想”足以和“神话的和英雄的传统”相对抗。[④]悲剧由此呈现了两个体系之间的冲突以及完全不同的对领袖和权威的概念。贵族英雄的个人的和过度的言行一方面要服从于神的意志，另一方面要受到集体的或民众的限制。所以，希腊悲剧中的男女主人公在观看戏剧的雅典人眼中是有问题的，他们不是人们学习的楷模，他们所处的“问题处境”也是缘

① J. K. Davies，*Wealth and the Power of Wealth in Classical Athens*，N.H.：Ayer Company Publishers，Incorporated，1981，pp. 122～124.

② R. K. Sinclair，*Democracy and Participation in Athens*，Cambridge：Cambridge University Press，1988，p.221.

③ J. P. Vernant，P. Vidal-Naquet，*Myth and Tragedy in Ancient Greece*，New York：Zone Books，1988，p.27；N. Loraux，*Tragic Ways of Killing a Woman*，Cambridge：Harvard University Press，1987.

④ Marianne McDonald and J. Michael Walton（eds.），*The Cambridge Companion to Greek and Roman Theatre*，Cambridge：Cambridge University Press，2007，p.76.

于两种体系之间的冲突。甚至悲剧最基本的形式都反映出神和国王个人的权威与新的集体权威的冲突，这种冲突供人们探寻、竞争和讨论。

然而，“悲剧时刻”的认定也存在问题，因为阿提卡的悲剧与雅典的民主制度并不是同时产生的。尽管有些学者如康纳（Connor）极力主张城市酒神节产生于克里斯提尼改革之后，也力图把最早的悲剧演出置于民主体系的框架内。但很多学者认为，悲剧早在改革前已经产生，并且绝不是雅典民主政治的一项发明。有更多的证据显示，雅典人在城市酒神节上进行演出是庇西忒拉图僭主的天才举措。为了维持自己的权力，雅典的僭主们设法提升个人对国家的认同，也会建立面向公众的崇拜。那么，似乎也可以说，“悲剧时刻”的源头在于僭主试图建立一种归属感时，而后才在民主制度的框架内真正发生。

公元前 5 世纪，当悲剧作为雅典城市酒神节的重要演出内容后，悲剧的发展就与雅典民主制的快速发展及其霸权地位的确立同步进行了。伯里克利执政期间，鼓励广大公民参与政府事务的实践活动，对陪审法官以及其他在政府内任职的公民实行津贴制度，使公民不会因为贫穷而丧失参与国家管理的机会。针对戏剧演出，国家发放观剧津贴，使观剧成为一种城邦政治活动。应该说，雅典民主制的发展及其帝国背景为戏剧所表达的意识形态提供了框架，同时强化了悲剧对民主和独裁等问题的深刻思考。

从公元前 7 世纪起，反对僭主和独裁开始成为很多贵族诗歌的主题，到公元前 5 世纪，这个主题已是雅典民主制的本质特征。悲剧承担了对民主政治利与弊的深刻反思。《波斯人》（公元前 472 年）中通过歌队和波斯王后的问答对雅典民主制度进行的解释，欧里庇得斯在《乞援人》中通过传令官对雅典民主制度提出的疑问[①]，都是在为雅典民主制的合法性提供依据。

悲剧还关注传说中的其他统治家族，例如阿戈斯、斯巴达和忒拜的问题，展示王朝家族压制的统治或不正当的行为，同时又把雅典提升到与这些国家相对立的地位。在埃斯库罗斯的悲剧《复仇女神》、索福克勒斯的《俄狄浦斯在科洛诺斯》和欧里庇得斯的《乞援人》中，雅典经常被作为在其他城市犯下罪过的人的避难地或者裁决地。也就是说，不以雅典为背景的悲剧也要使观众想到雅典。在多数情况下，悲剧家们把独裁的英雄描绘成僭越的、傲慢的和易于犯错的形象，而这些个人缺陷往往会给社会和宗教带来灾难。[②]他们强调传说中的忒拜僭主因傲慢而犯下的错误，把忒拜城构建成雅典的一面镜

① ［古希腊］欧里庇得斯：《乞援人》，pp.481～485。

② F. Zeitlin，“Thebes：Theatre of self and Society in Athenian Drama”，in *Nothing to Do with Dionysos？：Athenian Drama in its Social Context*，J. J. Winkler and F. Zeitlin（eds.），Princeton：Princeton University Press，1990，pp.130～167.

子，在忒拜城中上演有关自身、家庭和社会的重要问题，让雅典人进行反省。

例如，索福克勒斯的《俄狄浦斯王》以俄狄浦斯为主角，通常学者们试图从他的经历中理解什么是古希腊人的命运观，但是如果将俄狄浦斯视为一个独裁的政治领袖，就会发现他本身所具有的性格缺陷是不适合担任这一职位的，所以这部悲剧从某种意义上来说，是关于僭主制的思考。每个人都是有缺陷的个体，而所谓的政治领袖，最普遍的性格缺陷是他们想要得到显赫地位的愿望，这种性格缺陷经常而且不可避免地造成对社会群体的灾难。埃斯库罗斯的《阿伽门农》、欧里庇得斯的《奥瑞斯忒斯》《伊菲革涅亚在陶乐斯》都讲述了此类政治领袖。他们能够影响事件的发展却从不考虑社会群体的利益，他们想要的就是自己或自己家庭的显赫地位。让社会群体满足于政治领袖的利益，这种态度不可避免地带来灾难和毁灭。阿里斯托芬在喜剧《蛙》里更进一步地表达了对当时政治领袖的不满，他不仅认为政治领袖失败的原因是性格缺陷或是对显赫地位的追求，还认为，政治家们从出身低微、外邦人或者缺乏传统训练的人中间产生，就会导致城邦的灾难。[①]

所以，戏剧一方面天然地表达了城邦的政治意识形态；而另一方面，城邦也主动地把戏剧作为一种媒介来宣传自我的意识形态。在民众节日和民主意识的框架之内，戏剧具有了强烈的社会政治共鸣，以其形式及其所着意表达的集体决定和法制观念，解释并促进了城邦民主制度的发展。

第一，在形式上，戏剧有利于把观众引入剧情之中。在戏剧产生之前，文学只是口头的，诗人在音乐的伴奏下，吟唱着过去的历史。在这个过程中，诗人是个讲述者，而他讲述的故事发生在神话般的往昔，对希腊人来说，故事中的人物是一种遥远的、模糊的形象；而戏剧不同，在戏剧演出过程中，没有叙述者，或者说，讲述者已经消失在人物的后面，所有的人物都出现在观众的眼前，都在以自己的名义讲话，剧情也在观众的眼前逐步展开。更为重要的是，戏剧取材的远古神话和传说故事，都是观众们非常熟悉的，而且，悲剧虽然取材于远古的神话，但悲剧中的人物经常使用公元前 5 世纪的观众们所使用的政治词汇，如 demos，turannoi（tyrants），strategoi（generals）和 poleis，使神话中的人物具有公元前 5 世纪的特征。[②]这种形式就是大众文化的形式，是鼓励大众积极参与的形式。在露天剧场里，无论是贵族还是平民，无论是政治领袖还是普通公民，观看同一出戏剧，思考同一个问题。在这一时刻，戏剧把城邦内所有人的思想归于一点。

---

① Valdis Leinieks，*The City of Dionysos：A Study of Euripides's Bakchai*，p. 36.

② Marianne McDonald and J. Michael Walton（eds.），*The Cambridge Companion to Greek and Roman Theatre*，p.74.

第二，戏剧表达了集体决定的思想。戏剧的题材是远古的神话与传说，却按照现实的观念来处理矛盾冲突。城邦建立之初，理性思潮泛起，以占卜问卦、求神乞灵的方式来解决现实问题的方法逐渐隐入历史的背景中，只是在宗教领域还继续扮演着角色。人们已经普遍认为，只有在充满理性的争论之后才能产生合理的决定。人们共同讨论城邦的问题，争论、磋商，最后用投票这种民主的方式来解决问题。每一个人都有这样的感觉，集体生活从很大程度上说，就是在磋商和选择之后共同做出决定。在剧场里，观众们亲眼看到了人物之间的争论，看到了没有考虑别人的意见而独断专行的克瑞翁给城邦集体带来的巨大灾难，也就从反面认识到，为群体利益做出决定的最佳途径就是以民主的方式进行投票。

在悲剧的细节处理上，似乎也流露出了这种思考。比如，埃斯库罗斯的悲剧《俄瑞斯忒斯》，当主人公俄瑞斯忒斯面对残酷的现实抉择时，歌队也表现得如同在忧虑和希望之间动摇不定，表现出相当大的犹豫不决，对他的行为将要产生的后果充满了忧虑。[①]这种处理，实际上就反映了雅典公民在城邦建立之初的责任感和已经萌发的集体观念：主人公的行动不再是个人的行为，他应该考虑他的行动会给整个城邦带来什么样的命运。——这就是戏剧所要强调和展示给观众的。

第三，戏剧表达了城邦法治思想，即以法庭审判来代替血亲复仇的古老观念。经济变革、社会变革导致了社会结构和家庭结构发生了变化，城邦成为超越了家族集团的整体。在德拉古（Dracon）立法之前，希腊还流行着血亲复仇的传统，城邦建立后，就应该由城邦和法庭代替原来的氏族来了结代代相传的血亲复仇。

埃斯库罗斯的三联剧《俄瑞斯忒斯》反映的就是这一历史转变。在悲剧的第一部《阿伽门农》里，阿伽门农远征归来，被妻子及其姘夫杀害，妻子杀他是因为他为了使远征队得以顺利起航，拿自己的亲生女儿为女神阿尔忒弥斯献祭。这是一次复仇的行动。第二部《奠酒人》，阿伽门农的儿子俄瑞斯忒斯为父报仇，杀死了自己的母亲。这是第二次复仇，两次复仇都属于以牙还牙、以血换血的血亲复仇；在第三部《复仇女神》里，对血亲复仇应不应该继续这一问题，作者给出了答案。杀死自己母亲的俄瑞斯忒斯被复仇女神（代表母系血缘的力量）追杀，却受到了阿波罗的保护，最后由女神雅典娜主持了一次会审。在评判票数相等的情况下，雅典娜投了俄瑞斯忒斯的无罪票，使复仇女神放弃了复仇行动。埃斯库罗斯以悲剧的形式反映出母系氏族的血

① ［法］让·韦尔南：《神话与政治之间》，余中先译，第437～438页。

缘关系已经被城邦的父系氏族的伦理标准所代替这一历史事实。同时也以神的名义，向人们阐释了血亲复仇被法庭审判代替的原因，以及给城邦公民带来的利益：有了法庭，原告和被告对簿公堂，陈述各自的论据，让人们衡量是非曲直。

在保留下来的希腊悲剧中，只有一部《波斯人》取材于现实题材，尽管所有的悲剧作家讲述的都是远古的神话和传说，从他们的笔端流露出的却是民主意识和城邦思想，而且他们都对雅典的民主制度表示了尊敬。对“悲剧作家的政治观点是否出现在剧中”“他们的戏剧是否被作为政治宣传的工具”以及诸如此类的问题，学者们曾经反复争论过，实际上，这类问题是无须讨论的，因为《俄瑞斯忒斯》《被缚的普罗米修斯》等悲剧，不仅是对雅典民主政制发展变化的反映，而且引领了时代发展的趋向和潮流，那就是以民主代替专制、以城邦法制代替原始的评断标准成为城邦公民思想的核心。

所以，在古希腊，戏剧承担了为城邦的民主政治进行宣传的任务，它不单单是戏剧作家的工作，也不仅仅局限于雅典以及附近社区，它是一种群体的社会现象，也是一种令诗人、修辞学家、演说家以及普通公民都要为之努力的一种事业。正因为如此，公元前 5 世纪的雅典戏剧才吸引了众多希腊世界的文化名人，成为古代希腊人政治生活和文化生活的重要组成部分。

三、古希腊戏剧中的狄奥尼索斯因素

悲剧起源于狄奥尼索斯崇拜，狄奥尼索斯崇拜的仪式也塑造了悲剧的一些典型特征，如演员佩戴的面具，舞台上经常出现的祭仪场面、歌队（歌队是表演的中心，具有通过舞蹈试图与狄奥尼索斯交流的倾向），甚至悲剧所要表达的个人受难①，等等。但是作为一种文学艺术形式，悲剧在长久发展的过程中，越来越趋于成熟，越来越与城邦的政治、人们的社会生活联系在一起。在雅典，悲剧更成为雅典城邦政权体系的一部分，以休闲娱乐的方式表达着城邦的意识形态，其最初的仪式形式似乎踪迹难寻了。②很多学者由此也提出这样的疑问：起源于狄奥尼索斯崇拜仪式的悲剧还与狄奥尼索斯有关吗？献给狄奥尼索斯的悲剧演出只是借用了他的名义，而他却变成一名观众了吗？

有些学者在对保留下来的悲剧文本进行考察时，认为狄奥尼索斯崇拜对娱乐没有什么影响，古希腊悲剧在本质上已经与狄奥尼索斯崇拜无关。③彭兆

① ［德］尼采：《悲剧的诞生：尼采美学文选》，周国平译，第 40～41 页。

② P. E. Easterling and J. V. Muir（eds.），*Greek Religion and Society*，Cambridge：Cambridge University Press，1985，p.36.

③ O. Taplin，*Greek Tragedy in Action*，London：Methuen，1978，p.162.

荣也认为，在希腊悲剧的文本中已经没有狄奥尼索斯的因素了，悲剧的“文化中心化”进程必然要对所有悲剧的中心人物进行符合社会价值的改造以使之成为符合既定社会结构的人物形象。结果是，狄奥尼索斯作为“神格”的历史情结与“崇高化”的中心角色的要求越来越远；以至于在真正堪称代表性的古希腊悲剧中就再也看不见酒神作为主角的身影了。[①]

悲剧文本中果真看不到狄奥尼索斯的身影了吗？我们所说的“狄奥尼索斯的因素”就是与狄奥尼索斯相关或者由其引发的各种特征和符号：充满曲折和矛盾的经历、围绕在他身边的随从萨提儿和迷狂的女性信徒、诙谐戏谑的阳具模型的游行、秘仪、对日常生活的反叛等。以这些特征和符号来反观古希腊悲剧文本，我们发现狄奥尼索斯因素几乎随处可见，且表现得相当丰富多彩，构成了悲剧之所以为悲剧的基础。

第一，在流传至今的古希腊悲剧中，狄奥尼索斯的确很少作为主角出现，但这并不意味着狄奥尼索斯不是悲剧家所关注的焦点。相对于曾在古希腊上演的悲剧而言，流传到今天的悲剧文本仅仅是少数。以埃斯库罗斯为例，他一生写过大约 70 部悲剧，而完整保留下来的剧本仅有 7 部，在那些不幸佚失的悲剧里，狄奥尼索斯可能很多时候都是主角，这些悲剧的题目和残篇都说明了这一点。

比如，在埃斯库罗斯的悲剧中，至少有 7 部已确定与狄奥尼索斯有关：《塞墨勒》（*Semele*，狄奥尼索斯的母亲）、《克珊忒里埃》（*Xantriai*，梳理羊毛的人，反映了对狄奥尼索斯崇拜的抗拒）、《彭透斯》（*Pentheus*，忒拜城的国王）、《酒神的伴侣》（*Bacchae*）、《埃多尼亚》（*Edonians*）、《酒神狂女》（*Bassarids*）、《内阿尼斯柯》（Neaniskoi，指庆祝狄奥尼索斯崇拜的年轻人）。[②]非常可能，《塞墨勒》《克珊忒里埃》《彭透斯》构成了一部三联剧。这个三联剧通过一系列剧情的发展，最终导致了彭透斯因抵制狄奥尼索斯崇拜而死。尽管我们没有这部剧的全部内容，但我们知道了其中几个重要的情节。在剧中，有作为塞墨勒的敌人出场的赫拉，有处于迷狂状态的狂女。似乎还在塞墨勒怀孕时，无论谁摸了她的肚子，都会为狄奥尼索斯所着迷。狄奥尼索斯的出生是一件令人震惊的事情。伴随着闪电和雷声，他的母亲被毁灭，这一情节可能与酒神颂歌有着相同的意义。[③]

《埃多尼亚》《酒神狂女》《内阿尼斯柯》构成了另外一组三联剧。《埃多尼亚》讲的是色雷斯国王吕库古斯对狄奥尼索斯的抵抗以及失败后遭到的惩

① 彭兆荣：《仪式谱系：文学人类学的一个视野》，四川大学博士学位论文，2002 年，第 163～164 页。

② http：//www.theoi.com/Text/AeschylusFragments2.html，2011 年 8 月 15 日 10：52。

③ Richard Seaford，*Dionysos*，p.91.

罚。存留下来的残篇内容显示，这部剧与欧里庇得斯的《酒神的伴侣》不仅在情节上相似，在细节上也有很多相似的地方。《酒神狂女》讲的是色雷斯的狂女在狄奥尼索斯的命令下，撕碎了俄耳甫斯。因为俄耳甫斯从冥府寻找他的妻子回来后，放弃了对狄奥尼索斯的忠诚。《内阿尼斯柯》讲的是崇拜狄奥尼索斯的埃多尼亚被允许进入了吕库古斯的王国，在这里建立了对俄耳甫斯和阿波罗的崇拜，达成了与狄奥尼索斯崇拜之间的某种平衡。①

埃斯库罗斯也写过《酒神的伴侣》，可能是另一部悲剧《彭透斯》的别称，讲述了狄奥尼索斯的经历。埃斯库罗斯的悲剧中，还有两部悲剧与狄奥尼索斯相关：《阿塔玛斯》（*Athamas*）和《陶克索提得斯》（*Toxotides*）。阿塔玛斯与抚养过幼年狄奥尼索斯的伊诺有关，因为阿塔玛斯曾娶伊诺为妻；陶克索提得斯讲述了阿克泰翁（Actaeon）因触怒阿尔忒弥斯遭到报复的故事。女神将其变成一头鹿，被他自己的猎狗撕碎。所以，仅从埃斯库罗斯留下的悲剧题目和残篇中，我们就能够看出，与狄奥尼索斯相关的题材得到了悲剧家的深切关注。学者英伍德（Sourvinou-Inwood）评价说，埃斯库罗斯对宗教尤其是对狄奥尼索斯崇拜的关注，使他的悲剧最贴近原初的戏剧仪式。②

除了埃斯库罗斯外，我们知道还有一些悲剧家也写过与狄奥尼索斯相关的经历。最著名的是欧里庇得斯以狄奥尼索斯为主角写了《酒神的伴侣》，另外，悲剧家伯里福利斯曼（Polyphrasmon）写过关于狄奥尼索斯和吕库古斯的三联剧，悲剧家斯宾萨罗斯（Spintharos）写过《被电击的塞墨勒》。

第二，从悲剧的情节来看，悲剧复制了狄奥尼索斯作为个体的曲折经历。狄奥尼索斯刚到忒拜时遭到了国王彭透斯的抵制，随后，他通过迷狂的女信徒将彭透斯撕碎，毁灭了王室，最终在忒拜城建立了自己的崇拜。在有关狄奥尼索斯的传说中，“抵制—疯狂—崇拜的确立”这一过程不断地重复着，而这一过程在古希腊悲剧中也得到了表达。身份的颠覆、疯狂、血亲仇杀、贵族家庭的自我毁灭以及崇拜在城邦的建立等重要因素都是由狄奥尼索斯引起的，也是人们需要悲剧来表达的情感过程。以狄奥尼索斯为主角的悲剧（如欧里庇得斯的《酒神的伴侣》和埃斯库罗斯的《埃多尼亚》）表达了此类情感，而在狄奥尼索斯缺席的悲剧里，也安排了类似的情节，表达了相似的情感变化过程。

在欧里庇得斯的悲剧《希波吕忒斯》《赫拉克勒斯》里，主人公不是狄奥尼索斯，却与酒神有着相似的经历，表达了同类情感变化。在《希波吕忒斯》

---

① http：//www.theoi.com/Text/AeschylusFragments2.html，2011 年 8 月 15 日 10：52。

② Christiane Sourvinou-Inwood，*Tragedy and Athenian Religion*，Lexington：Lexington Books，2003，pp. 201～264.

中，提修斯对希波吕忒斯的死负有责任，也因为嫉妒毁灭了自己的家庭，所以在该剧的结尾，建立了对希波吕忒斯的崇拜。①在欧里庇得斯的悲剧《赫拉克勒斯》中，赫拉克勒斯在疯狂中杀死了自己的孩子，恢复神智后，他来到雅典，在这里得到了全城邦为他建立的英雄崇拜。②这种剧情的发展模式应该是与狄奥尼索斯的主题有关系的，这在早期悲剧中表现得尤为明显。狄奥尼索斯是疯狂之神，也是城邦的神，他能引起血亲之间的仇杀，然后建立集体的崇拜。尼采也认为："希腊悲剧在其最古老的形态中仅仅以酒神的受苦为题材。"在狄奥尼索斯缺席的悲剧里，"长时期内唯一登场的舞台主角就是酒神"，因为"希腊人一般不能容忍个人登上悲剧舞台"③，所以普罗米修斯、俄狄浦斯等著名角色显现为多种形态的真实酒神。

在亚里士多德的悲剧理论中，悲剧的结构是由"个人的缺陷"、"突转"和"发现"构成的。"个人的缺陷"是某种大的过失，是错误的判断，源于对神缺乏认识；"突转"是对现有状态的翻转，是命运的突变；"发现"是主人公经历遭遇后，发现了某种至关重要的信息和启示，整部剧的剧情由此得到阐明。所以"突转"和"发现"被亚里士多德看作是"悲剧中最具吸引力的因素"④。这一结构与狄奥尼索斯的经历也是相契合的："个人的缺陷"导致对神的抵制，"突转"体现在疯狂之中，通过神转向另一种状态；"发现"即认识神的力量，进而建立对神的崇拜。以索福克勒斯的《俄狄浦斯在科洛诺斯》为例，俄狄浦斯因为犯下了杀父娶母的罪过而自我放逐，多年后来到雅典附近的科洛诺斯圣林，在这里，平静的放逐生活被打断，命运突转，忒拜城的克瑞翁逼他回国，紧接着却得到雅典国王提修斯的礼遇，得以在圣林里长眠，并把祝福给了雅典，也得到了雅典人的崇拜。这一系列情节中有"突转"和"发现"，也与狄奥尼索斯的经历"抵制—疯狂—崇拜的确立"相似。

如果在情节上对类似狄奥尼索斯的经历表达得不甚明了，悲剧作家还会通过萨提儿剧（Satyr Play）进行弥补。在希腊古典时期的城市酒神节上，每个悲剧作家不仅要演出三幕悲剧，还要加上一幕萨提儿剧（Satyr play），才算是完整的比赛内容。而萨提儿剧绝对是与狄奥尼索斯崇拜密切相关的。在萨提儿剧中，歌队经常是由狄奥尼索斯的随从萨提儿组成的，他们展现的喧嚣和热闹是根植于快乐的——是美酒、舞蹈、音乐和性所带来的快乐，这

① Euripides，*Hippolytus*，1420～1430. Loeb Classical Library，London：William Heinemann，1912.

② Euripides，*Madness of Hercules*，1332～1333. Loeb Classical Library，London：William Heinemann，1912.

③ ［德］尼采：《悲剧的诞生：尼采美学文选》，周国平译，第 40～41 页。

④ Laszlo Versényi，1962："Dionysus and Tragedy"，*The Review of Metaphysics*，Vol. 16，No. 1，pp. 82～97.

种快乐是属于狄奥尼索斯的。在欧里庇得斯的《圆目巨人》(*Cyclops*)中，狄奥尼索斯的缺席让人若有所失，但是一旦萨提儿从圆目巨人手中解放出来，他们对在狄奥尼索斯身边享受永久快乐的憧憬就能让观众感觉到神赐的幸福。[①]所以说，悲剧的情节、结构以及戏剧演出的安排都与狄奥尼索斯有着千丝万缕的联系。

第三，狄奥尼索斯崇拜中的术语在悲剧中大量使用。与狄奥尼索斯崇拜相关的术语，被悲剧家娴熟运用，激发了观众对狄奥尼索斯的联想。还是以欧里庇得斯的《疯狂的赫拉克勒斯》为例。赫拉克勒斯在被赫拉逼疯之后，杀死了自己的孩子，在描述他的疯狂状态时，悲剧家使用了狄奥尼索斯崇拜中的用语。

> 歌队：啊，太可怜了，宙斯！疯狂的报复，狂暴的，凶恶的，灾难连着灾难，就要把他（指赫拉克勒斯）不当你的儿子似的来打倒了。
>
> 宫殿里面的灾难！
>
> 她（指疯狂女神）的跳舞开始了，没有配着金鼓，也没有高兴挥舞着吵闹神的神杖。
>
> 英雄之家的灾难！
>
> 她要去流许多血，并不是用葡萄汁去做酒神的祭奠。
>
> 啊！孩子们，快逃啊，远离死亡！
>
> 死亡的歌声配着萧管唱了起来了！
>
> （里面有叫喊奔跑的声音。）
>
> 像一只猎犬，他在追赶他的儿子！疯狂永远不要在他家里开酒神的宴会了。[②]

在描写赫拉克勒斯的疯狂时，多次提及酒神、舞蹈，并把人的血比作葡萄酒的汁液，这些狄奥尼索斯崇拜中专用术语的使用，可以让我们确定，古代希腊人对这一崇拜仪式的特征是相当熟悉的。迷狂是狄奥尼索斯崇拜的典型状态，在狄奥尼索斯的威力下，人们可以不借用酒，舞蹈和歌唱也能让人进入迷狂状态，狄奥尼索斯的女性随从狂女（maenads）经常有一些疯狂的举止，而悲剧在描写处于激动、焦虑等状态下的人物时，似乎会不由自主地喻之为“狂女”。比如，埃斯库罗斯在悲剧《阿伽门农》里，是这样描写克吕泰

① Euripides，*Cyclops*，708～711. Loeb Classical Library，London：William Heinemann，1912.

② Euripides，*Madness of Hercules*，892～900. Loeb Classical Library，London：William Heinemann，1912.

梅斯忒拉的："一个来自地府的怒吼的狂女，一个向着亲人们喷出残忍杀气的母亲，她胜利地吼叫，如此大胆，仿佛是从战场上归来。"[①]尽管克吕泰梅斯忒拉不是因为受到狄奥尼索斯的刺激而杀掉自己的丈夫的，但我们仍能感到这里的"狂女"不只是一个比喻那么简单。欧里庇得斯在描述杀子的美狄亚时，让歌队唱道："我听说古时候有一个女人，也只有她一个女人，才亲手杀害过她心爱的孩儿，就是叫神明激得发狂的、被宙斯的妻子赶出门外去漂泊的伊诺。"[②]这个伊诺就是养育幼年狄奥尼索斯的保姆，欧里庇得斯用伊诺的疯狂来形容美狄亚的举动。在悲剧《酒神的伴侣》里，阿高夫作为狄奥尼索斯的女信徒，在迷狂中杀死了自己的儿子彭透斯，把儿子的尸体当作"勇士的奖品"高举着带回王宫。[③]

第四，悲剧发展了狄奥尼索斯崇拜所具有的政治含义。在古典时期，悲剧承担了城邦政治意识形态的宣传作用，在雅典尤为突出。而这种功能是狄奥尼索斯崇拜所具有的政治含义的延续和发展。

狄奥尼索斯有三个与政治相关的特点：一是，在有关狄奥尼索斯的神话里，狄奥尼索斯常常是贵族的对立面，摧毁贵族的家庭，建立自己的崇拜；二是，作为酒神，狄奥尼索斯与生产劳作的民众有着密切关系，也曾被认为是民众的神[④]；三是，消融界限，他能够消融个人和集体、男人和女人、野蛮和文明、贵族和平民之间的界限，使城邦融为一体。这三个特点赋予狄奥尼索斯某种政治含义，在雅典民主政治发展过程中，狄奥尼索斯多次被改革者所利用，成为扩大民众基础的一种工具。[⑤]在城市酒神节上表演的戏剧延续了狄奥尼索斯的政治含义，思考了更深层次的主题，即如何从僭主的统治下解脱出来后，如何使城邦集体走向繁荣。在《酒神的伴侣》中，彭透斯作为"僭主"徒劳地抵抗新的崇拜，最终被自己疯狂的母亲杀死。这一主题实际上就是悲剧对现实政治的思考。公元前 510 年左右，雅典的僭主统治被推翻，雅典民主政治的一个特点就是对僭主复辟的恐惧，所以，在悲剧中反复强调僭主统治带来的危害，《俄狄浦斯王》和《阿伽门农》都突出了个人领袖的缺陷，而把建立城邦的集体政治看作是城邦繁荣发展的基础。

悲剧有自己特定的语言，且要取材于远古的神话，可能不会以直接的方

---

① ［古希腊］埃斯库罗斯：《阿伽门农》，1222～1238.《罗念生全集》第 2 卷，上海：上海人民出版社，2007 年。

② ［古希腊］欧里庇得斯：《美狄亚》，1281～1292.《罗念生全集》第 3 卷，上海：上海人民出版社，2004 年。

③ Euripides，*Bacchae*，1232～1243.

④ Barry B. Powell，*Classical Myth*，London：Pearson，2001，p.281.

⑤ 魏凤莲：《狄奥尼索斯崇拜探析》，《世界历史》2005 年第 3 期，第 88 页。

式来表达政治主题。在保留下来的悲剧文本中，我们看到了类似于狄奥尼索斯经历的情节，看到了在“抵制”和“疯狂”中挣扎的人，看到了家庭和城邦、个人受难和城邦集体繁荣之间的对立关系（对妇女来说，囿于家庭和走出家庭参加整个城邦的庆祝就是一个矛盾），我们看到悲剧似乎更多地表现出对城邦秩序的怀疑、审视和颠覆。正如西蒙·古德黑尔（Simon Goldhill）强调的那样，“悲剧一次次地描绘了社会秩序的解体和崩溃，描绘了超越了社会行为规范和边界的人，描绘了冲突、侵略和走投无路的世界。……悲剧似乎是故意要为城邦价值的确定创造困难”①。但是这些矛盾纠葛，正是悲剧表达的语言，同狄奥尼索斯的面具一样，它的作用是要引发观众思考自身和自己的对立面，悲剧也因此表达了一种对界限的超越，消除了个人与城邦集体、男人与女人之间的隔阂，重新塑造了群体、集体和城邦的观念。尤其是，在剧场的氛围里，观众对个人的受难会产生集体的悲悯，能够提升城邦的凝聚力，这一点可能是悲剧最终要带给雅典人的，也是剧场所具有的最深刻的狄奥尼索斯因素。

戏剧的原型是狄奥尼索斯崇拜，对希腊人来说，戏剧演出始终是狄奥尼索斯祭仪的一部分。在古希腊城邦，戏剧不是随便就能演的，只有在祭祀狄奥尼索斯的节日上，才会有戏剧演出。除了城市酒神节外，勒奈亚节和乡村酒神节上也会有戏剧表演，只是勒奈亚节更属于雅典人自己，而城市酒神节已经有了一种泛希腊性质。在这些节日上，戏剧演出并不是节日的中心，节日的中心依然是前往狄奥尼索斯圣地的游行仪式和随之而来的宰杀牺牲和集体大餐。②

剧场里始终笼罩着狄奥尼索斯崇拜的氛围，在剧场的观众中央，“设立着狄奥尼索斯的祭司的座位，是他支配着演出，而在前场——这是为歌队保留的圆形空间，比演员们表演的舞台稍低一点——的中央，设立着狄奥尼索斯的祭台，歌队则在他周围变换着队形。从某种意义上说，整个表演是以祭台为中心的”③。在勒奈亚节和乡村酒神节上，人们也都要表演戏剧，而且是新创作出来的戏剧，作为献给重新回到人间的狄奥尼索斯的礼物。对观众来说，戏剧是人们和神共同分享的一道程序，是人们要把最好的竞技结果献给神的祭祀仪式。伊斯特林认为，“希腊宗教节日在满足了希腊人聚集在一起、娱乐自己的需要”的同时，“坚韧刻苦地追寻着竞争之后的卓越——这是他们认为

① Simon Goldhill，1987：“The Great Dionysia and Civil Ideology”，*The Journal of Hellenic Studies*，Vol. 107，p. 74.

② P. Cartledge，*Aristophanes and His Theatre of the Absurd*，p.7.

③ ［法］让·韦尔南：《神话与政治之间》，余中先译，第432～433页。

的献给神的最好的东西”。[①]城市酒神节上竞争激烈的戏剧比赛，其意义也在于此，其最初的意义和价值取向都是指向狄奥尼索斯的——为了免除神的暴力惩罚，为了赢得神的好感获取快乐，为了获得丰收，等等，就要把最好的戏剧献给他。

卡特利奇（Paul Cartledge）在《“深层戏剧”：作为希腊人生活程序的剧场》一文里说过这样一段话：

> 狄奥尼索斯崇拜在宗教上的经历既是城邦的、群体的，又是个人的和秘密的，它远远超出了戏剧的规范化的表演，附带了许多含义和对生命的渴望。在剧场之外的狄奥尼索斯崇拜的形式，比如说那些吸引妇女的崇拜仪式，尽管妇女被排除在戏剧演出之外，或者也许不许她们观看戏剧演出，但是她们对狄奥尼索斯的崇拜活动，也被希腊人看作是整个表演的一部分。这也许就是在阿提卡的乡间，狄奥尼索斯的崇拜活动总是在有规律地、连续不断地进行着的原因。[②]

在这段话里，卡特利奇拓展了戏剧表演的范围和内涵，他认为，狄奥尼索斯的崇拜仪式如女祭司的舞蹈、秘密仪式等“吸引妇女”的崇拜仪式也都是“表演”；而反过来，这些包括戏剧在内的表演自然也都是狄奥尼索斯崇拜的一部分。

所以，古希腊悲剧起源于狄奥尼索斯崇拜的祭祀仪式，但在其之后的发展过程中，并没有远离狄奥尼索斯崇拜，悲剧的演出始终是为了取悦和尊崇神，悲剧的文本内容充斥着狄奥尼索斯的因素，悲剧的主角是多种形态的酒神，悲剧的情节模仿了狄奥尼索斯的经历，悲剧的某些描写借用了狄奥尼索斯崇拜中的术语，悲剧的政治含义也是狄奥尼索斯政治作用的延续和发展。应该说，古希腊悲剧的发展始终渗透着狄奥尼索斯崇拜的因素，始终是“献给狄奥尼索斯的演出”[③]。

四、悲剧《酒神的伴侣》和喜剧《蛙》里的狄奥尼索斯形象

悲剧《酒神的伴侣》和喜剧《蛙》分别塑造了狄奥尼索斯的形象，前者表现了一个既暴虐又仁慈的神的形象，后者表现了一个懦弱、胆小的丑角形

---

① P. E. Easterling and J.V.Muir（eds.），*Greek Religion and Society*，p.127.

② P. E. Easterling（ed.），*The Cambridge Companion to Greek Tragedy*，p.8

③ P. E. Easterling（ed.），*The Cambridge Companion to Greek Tragedy*，p.8.

象。这两个彼此矛盾的形象似乎都被古代的希腊人所接受，因为这两部剧都获得了头奖，赢得了赞誉。但如何理解希腊人心中矛盾的狄奥尼索斯形象，却成为我们今天所要面对的一个难题。

《酒神的伴侣》文辞优美，结构合理，从始至终贯穿着矛盾冲突，是欧里庇得斯悲剧中的上乘佳作。[①]《酒神的伴侣》取材于广泛流传的狄奥尼索斯神话，讲述了狄奥尼索斯在忒拜征服抵制者，树立起自身威严的故事，这是一个胜利的故事同时也是一个痛苦的故事。基本剧情是这样的：狄奥尼索斯从小亚细亚来到忒拜城重新建立自己的仪式，但是忒拜城的国王彭透斯拒绝崇拜他，忒拜的先知特瑞西阿斯和狄奥尼索斯的外公卡德摩斯尊崇狄奥尼索斯，把常春藤缠在头上去参加狂欢，却遭到彭透斯的阻挠。彭透斯还把酒神的女信徒们都抓起来关进牢房，但是她们却被神奇地摘掉镣铐跑了出去。狄奥尼索斯让卡德摩斯家族的妇女全部疯狂，走出家门到山谷里参加狂女们的歌舞，自己则化装成外邦人被擒到彭透斯身边，向他显示各种神迹，警告他“是凡人就不要反对天神”，却仍然无法让他信服，于是引诱他去窥探山上的狂女。彭透斯穿上女人的衣服去山谷中窥探，结果被他的母亲阿高夫误认为是幼兽，率领狂女们将其撕碎。清醒之后的阿高夫知道了这一切都是轻视狄奥尼索斯的结果。于是，在令人战栗的残暴与血腥中，狄奥尼索斯建立起了全城对自己的崇拜。

《酒神的伴侣》是一部经过深思熟虑、具有极高原创性的著作，是欧里庇得斯人生的最后几年在马其顿写成的。公元前 5 世纪末，马其顿国王阿基劳斯（Archelaus）制定了雄伟的文化政策，吸引了来自希腊世界各地的诗人和乐师，这可能是欧里庇得斯选择在马其顿生活的原因。马其顿地区的女性愿意投身于狄奥尼索斯的群体中进行狂欢仪式，经历疯狂、神附身和执蛇等状态。[②]在此地生活的时间里，欧里庇得斯由此对狄奥尼索斯的祭仪有了更深刻的经历和体会。欧里庇得斯死后不久，这部剧在雅典上演获得了头奖。

《酒神的伴侣》并不是对公元前 5 世纪晚期希腊狄奥尼索斯崇拜的描述，相反，它是原创性的、能自圆其说的文学作品。欧里庇得斯选取了狄奥尼索斯崇拜的一个具体特征，在服务于自己的艺术目的的前提下，对之进行了心理学的解释。在欧里庇得斯的观念中，模糊似乎是狄奥尼索斯最为本质的特

① H. D. F. Kitto，*Greek Tragedy：A Literary Study*，London：Routledge，2003，p.371.

② Plutarch，*Life of Alexander*，1. 2.

征。[①]用剧中的台词来说，就是狄奥尼索斯“对凡人最可怕也最仁慈”，同希腊悲剧中的其他神（如欧里庇得斯悲剧《希波吕托斯》中的阿芙罗狄忒）一样，狄奥尼索斯对藐视其神性的人给予了最严厉的惩罚。

《酒神的伴侣》的结尾为狄奥尼索斯认同的经历提供了某种例证：在野性的放纵和狂欢之后的，是悲哀地醒来回到现实世界中。在剧中，忒拜城的狂女们从山中归来、阿高夫的清醒以及卡德摩斯在狂欢中从忘记自己的年迈到清醒地认识到自己老了，都是醉酒经历的再现。[②]观众们对美好而可怕的狄奥尼索斯有着自己的认识：狄奥尼索斯每到一个新的地方都会创造奇迹，比如发明酒，他建立的秘仪能让人往返阴阳两界，为人带来死后的护佑，为他献祭的各种节日由城邦全体人员参加，人们戴着面具、扮作萨提儿、品尝新酒、进行法勒斯大游行和神圣婚礼，这些仪式给人们提供了欢乐的时刻，制造了公开的、自由的和欢乐的节日氛围。但是，悲剧《酒神的伴侣》描绘的狄奥尼索斯却是暴力的，足以令人战栗的，这样的狄奥尼索斯形象为什么会被古典时代的人们普遍接受呢？

古典学家道兹通过狄奥尼索斯仪式的目的及其神话的特定含义来理解《酒神的伴侣》里的狄奥尼索斯形象，在其专著《欧里庇得斯：酒神的伴侣》的导言里，他认为，与希腊其他悲剧不同，《酒神的伴侣》反映了一个历史性的运动——一种新的宗教进入希腊。在注释中他继续解释道：狄奥尼索斯崇拜与希腊其他的宗教崇拜迥然相异，但是在希腊世界里，它又从来都不是一个独立于其他崇拜之外的宗教。[③]欧里庇得斯写作的时候，狄奥尼索斯崇拜作为一种新的宗教进入希腊世界的运动已经深藏在遥远的历史中，但是对它的记忆却以神话的形式保存了下来，它所反映的宗教态度及其对宗教经历的记忆亦与环境长时期地融合在了一起，被作为希腊人生活的一部分接受下来。在欧里庇得斯生活时代的雅典，狄奥尼索斯崇拜所解放和体现出来的力量以另一种方式表现得相当活跃。

道兹认为，我们身体里的冲动和能量就是狄奥尼索斯，他能从狂喜转变为野蛮的谋杀。完全沉溺于疯狂的情感在宗教仪式中是美好的和令人喜悦的，但是，无论是欧里庇得斯的时代还是我们今天，不受抑制的情感能够导致

---

① Albert Henrichs，“He Has a God in Him：Human and Divine in the Modern Perception of Dionysos”，in *Masks of Dionysus*，T. H. Carpenter and C. A. Faraone（eds.），pp.13～43.

② Euripides，*Bakkhai*，Trans.，by R. Gibbons，with Introduction and Notes by Charles Segal，Oxford：Oxford University Press，2001，pp.29～30.

③ E.R. Dodds，*Euripides：Bacchae*，Oxford：The Clarendon Press，1953，导言 xi。

“正常的”男人和女人实施令人恐惧的暴行。为了证明他是神，是一种永恒的、绝对的力量，狄奥尼索斯要求希腊人认识这一力量在世界中的位置，并向他妥协。[①]这就是《酒神的伴侣》里狄奥尼索斯形象的本质和基础。

阿里斯托芬在喜剧《蛙》里塑造出另一种形象的狄奥尼索斯。《蛙》讲的是狄奥尼索斯乔装成赫拉克勒斯的模样，冒险潜入冥府，试图带回悲剧家欧里庇得斯的经过。基本情节如下：狄奥尼索斯带着自己的奴仆克桑西阿斯成功地渡过冥河，在穿过野兽出没的峡谷时，遇上了厄琉西斯秘仪的献祭队伍，打听到普路同的冥府位置，来到了冥府。在这里，狄奥尼索斯参加了冥府举行的戏剧比赛的评选，欧里庇得斯和埃斯库罗斯都想获胜。两位诗人从语言、文法、修辞、人物刻画等方面进行了较量，均各有才智，最后，狄奥尼索斯建议两位诗人针对雅典的现实困境给出妙计对策，并把计胜一筹的埃斯库罗斯带回了阳世。

在《蛙》里，狄奥尼索斯被塑造成一个粗俗的人，胆小、夸大其词、行为粗鲁，在阿里斯托芬的笔下，他完全受人类情绪的控制，成为一个在伯罗奔尼撒战争中为军队服务的充满荣誉感的雅典人形象。阿里斯托芬能凭借这部剧轻而易举地获得头奖，说明希腊人认为神是可以被粗鲁对待、合理嘲弄的，但这并不是说他们会因此而怀疑神的威力，相反，在这部剧里狄奥尼索斯是戏剧之神，他知道城邦需要什么样的诗人，他要为城邦去拣选诗人，——这正是他的神力所在。

假定神的弱点貌似喜剧最荒谬的地方，却也正是喜剧幽默的源泉。比如，狄奥尼索斯在面对埃阿科斯的威胁时，吓得要尿裤子[②]；又比如，狄奥尼索斯在与青蛙对骂时的粗俗言语[③]，都是喜剧的创作语言，并且作为一种创造，也只是在喜剧舞台上才展现为一种幽默。喜剧中的狄奥尼索斯是一个安全阀，让人们从对神的敬畏中找到了一个安全点。这种方式虽然缺少了悲剧中神的威严，却多了友善，让雅典人对他们的喜爱更多了几分。[④]

所以，两种形象的狄奥尼索斯都是希腊人心中的狄奥尼索斯，可能《酒神的伴侣》中的狄奥尼索斯更接近传说中神的形象，他暴虐而温柔，遥远而

---

① Euripides，*Bakkhai*，32.

② ［古希腊］阿里斯托芬：《蛙》，《罗念生全集》第 4 卷，第 478～500 页。

③ ［古希腊］阿里斯托芬：《蛙》，《罗念生全集》第 4 卷，第 200～270 页。

④ Robert Parker，*Polytheism and Society at Athens*，Oxford：Oxford University Press，2005，pp. 151～152.

又亲近；《蛙》里的狄奥尼索斯行为举止更接近世俗中的人，有人的弱点，粗俗且有喜感。但喜剧里的狄奥尼索斯也保持了戏剧之神的形象，他被认为是诗人的灵感之源，与缪斯并列。他是这部喜剧的主角，他的角色要求是为城邦寻找悲剧诗人而历险，因而与悲剧有着贯穿始终的紧密联系，在《蛙》里，埃斯库罗斯称他为“巴库斯的主人”[①]。而与之相呼应的是，埃斯库罗斯创作的悲剧中“充满了狄奥尼索斯”[②]，在鲍萨尼阿斯的记载里，狄奥尼索斯告诉埃斯库罗斯如何写作悲剧，并保护着死去的索福克勒斯[③]。

狄奥尼索斯无论以哪种形象出现，都具有世俗和神圣的双重特性，这一点对希腊人的戏剧演出非常重要。在希腊，世俗的东西和宗教的东西总是平静地共生，神的圣地也是人们举行节日的地方，节日举行的过程中，总是同时伴随着向神献祭和做牺牲，公众行为和对神的祭祀是不可分的。就像祭祀活动本身，一方面它向神奉献食物和酒，另一方面它为希腊人提供了一个集体聚餐的机会。所以，世俗和神圣始终是交织在一起的，即使是最世俗的节日也摆脱不了一个宗教的根。在狄奥尼索斯的节日里，狂欢似乎是最世俗的举动了，但这里面包含的最初的意义却是对神的感激之情，是对神的模仿以及通过这种模仿想达到与神融为一体的神圣的愿望。尽管戏剧在后来有了较多的世俗性和娱乐性，但它始终摆脱不掉宗教的根。

戏剧在形式上是献给狄奥尼索斯的演出，在内容和所发挥的社会功能上也充分反映出狄奥尼索斯崇拜的庄严与戏谑、颠覆与平衡共存的鲜明特点。人类学家经常把节日里的某些“神圣的时刻”与“对社会正常秩序的某种颠覆”联系在一起。狄奥尼索斯崇拜里的许多仪式和观念都体现了这种颠覆。狂女们在山林里游荡，远离了家庭，是对日常琐碎生活的颠覆；节日里的狂欢是对单调生活的颠覆；巴库斯秘仪里的迷狂是对理性思维的一种颠覆。而在城市酒神节上演出的悲剧和喜剧也在本质上体现了狄奥尼索斯崇拜的这种精神。悲剧和喜剧这两种完全不同的思想表达方式首先就形成了某种对立。悲剧展现的是对人生命运的叩问，主题是庄严的。它通过描绘由暴力和无秩序引起的社会动荡而引起人们的思考；而喜剧的风格则是嬉戏的，它描写的是人们未实现的愿望和并不存在的世界。同样是描写狄奥尼索斯，欧里庇得斯的酒神就残暴和庄严，而阿里斯托芬的酒神就滑稽可笑。所以，从某种意

① ［古希腊］阿里斯托芬：《蛙》，《罗念生全集》第4卷，2 1259。

② Plutarch，*Moralia*，715.

③ Pausanias，1.21.1～2.

义上讲，喜剧也是对悲剧的一种颠覆。在城市酒神节上，先是上演悲剧，然后上演喜剧，人们的情绪从悲剧的紧张和思考转到了喜剧的欢笑和戏谑，充分表达了狄奥尼索斯的两面性和不可捉摸的特点。只有雅典的城市酒神节是这样安排戏剧演出的，这种安排实际上体现了希腊人对狄奥尼索斯精神的理解。

综上所述，希腊戏剧不仅具有娱乐功能，还包含了深刻的宗教内涵，其本身就是狄奥尼索斯崇拜仪式的一部分。索沃比（Robin Sowerby）也认为："古希腊戏剧比随后的欧洲戏剧更加具有程序化的形式……戏剧表演是宗教节日的一部分。"①脱离了狄奥尼索斯崇拜，人们就无法理解古希腊戏剧演出在许多程序上的安排，也就很难理解古希腊戏剧的深层内涵。

① Robin Sowerby，*The Greeks：An Introduction to Their Culture*，London：Routledge，1995，p.83.

第八章　文化冲突与融合中的狄奥尼索斯崇拜

狄奥尼索斯崇拜在古典时代最具希腊文化特色，代表了希腊人不朽的生命原动力。它既是古希腊城邦公共生活的一部分（如城市酒神节、戏剧演出），是城邦正式承认的一种宗教，又在很多方面疏离于城邦（如秘仪和疯狂仪式），否认和超越了城邦。可以说，作为一种宗教形式下的生活方式，狄奥尼索斯崇拜同时涉及了城邦的公共空间和私人生活。古典时代之后，狄奥尼索斯崇拜依次走进了希腊化时代、罗马共和国时期和帝国时期。这几个历史阶段是多种文化冲突较为激烈的时代，也是多种文化大融合的时代，在与其他文化相遇的时候，狄奥尼索斯崇拜再次凸显了融合界限的特性，吸纳了古代埃及和古代西亚文明中的很多神秘主义因素，狄奥尼索斯的神秘仪式得以快速发展，变成了一种救赎宗教。

一、变革时代中的文化冲突与融合

伯罗奔尼撒战争之后，希腊城邦陷入危机。由于雅典和斯巴达之间长达30年的战争，各城邦的外部环境和内部结构发生了极大的变化。外部竞争激烈，雅典和斯巴达两败俱伤，希腊世界出现了权力真空，大大小小的各城邦开始了新一轮的争霸活动，耗尽了希腊世界最后的力量；而在各城邦内部，原来稳定的小农经济解体，大地产出现，公民分化严重，贫富矛盾激化，公民的爱国热情已然消失。“城邦盛期公民之间互相帮助的精神，从此一去不返。城邦内部矛盾的发展，成为城邦危机最明显、最直接的反映。”[①]

这一时期，随着城邦价值观念的衰落，城邦集体已经丧失了凝聚公民忠诚的向心力，但公民的心理需要有新的寄托，于是某些具有特殊福佑功能或者关注来世得救的宗教越来越受到关注——无论是本地的还是外地的神，只要具有这种功能，都在人们的探索之列，被期待着来满足人们的心理需求和对宗教的渴望。神秘仪式于是具有了特别的含义，选择入会的人在一起祈求个人的救赎。人们对公共崇拜的关注已经转为对私人宗教实践的关注。一些在古典时代还处于边缘地位的宗教，如对医神阿斯克勒庇俄斯的崇拜，日渐具有显著的地位，代表了传统宗教在日益多元化的文化背景中的发展趋势。

---

① 晏绍祥：《世界上古史》，北京：中国人民大学出版社，2009年，第201页。

在这种趋势下，人们对狄奥尼索斯的崇拜热情不但没有减少，反而有所提升。狄奥尼索斯的节日按惯例进行，戏剧仍然在上演，以狄奥尼索斯为主角的秘仪吸引更多的人加入其中。城邦危机之时，也正是关注个人救赎的狄奥尼索斯秘仪兴盛之时。

亚历山大征服把希腊带进了希腊化时代，希腊在地理上成为幅员辽阔的大帝国，人口流动增加，商业贸易往来频繁，希腊人与其他民族彼此接近，也相互冲突。在帝国境内以及帝国分裂之后形成的三个希腊化王国里，宗教融合缓慢发生。这种融合首先是希腊文化的向外扩张，希腊人在政治上的统治地位决定了这一点，因为每个希腊化君主都试图保持和强化王国内的希腊因素，希腊的神被带到东方成为新的希腊化城市的神，希腊人的生活方式、政治运作模式也大张旗鼓地转移到新的希腊城市，成为这些城市模仿的对象。而与此同时，希腊人开放的心态和对外国事务的好奇使他们能够接受东方的因素，特别是接受带有神秘主义色彩的宗教思想和观念。东方的神被奴隶、商人、士兵和船员带到西方。①所以，融合也是希腊宗教对东方宗教因素的大量接受和吸纳。在这样一个变化的时代里，宗教的发展必然出现新的特征。

首先，城邦变成了帝国，与城邦的价值观捆绑在一起的奥林波斯诸神也要变成整个帝国所崇拜的对象。亚历山大征服之前，希腊城邦通过商业的发展已经与其他民族建立了交流和往来，亚历山大的胜利却前所未有地改变了希腊世界。随着他征服的脚步，中亚远至巴克特里亚和印度的土地都纳入希腊文化影响的范围。在他征服的路线上，一路建立了以他的名字命名的城市，构建了能够实现世界利益的统治网络。这个希腊化世界不再是希腊的道德和诸神能起作用的古典城邦的翻版，而是已具有了更多的世界化和全球化的特征②，在这个世界生活的人不仅仅是希腊人，还包括安纳托利亚的、小亚细亚的、非洲的和印度的各个民族。这些民族的道德观念和宗教观念将在整个帝国内发生交流和碰撞。

其次，在世界化的大帝国内，希腊宗教尽管在仪式上没有什么改变，但是对神的观念已经发生了本质的变化。③古典时期的城邦在引导公民的宗教生活、激励公民的创造力方面是非常成功的。希腊城邦面积不大，性质相同，基本保持着自由、平等、自治，在极大范围内整合了人们的政治、社会和文

① Helmut Koester，*History，Culture，and Religion of the Hellenistic Age*，Philadelphia：Fortress Press，1990，p.164.

② Marvin W. Meyer，*The Ancient Mysteries：A Sourcebook，Sacred Texts of the Mystery Religion of the Ancient Mediterranean World*，Philadelphia：University of Pennsylvania Press，1987，p.2.

③ Jan N. Bremmer，*Greek Religion*，Oxford：Oxford University Press，1994，p.94.

化生活，究其原因，宗教在其中起了重要的润滑剂作用，城邦在引导公民的宗教生活方面也显得非常自信。但是，在城邦危机以及随之到来的希腊化时代，城邦已不再是基本的政治单位，与城邦的命运联系在一起的奥林波斯神无疑会从荣耀走向衰落，从而给人们带来很多心理和精神上的困惑，人们的心灵需要抚慰，这些问题的存在具有普遍意义，因为它是社会上绝大多数人的需求。这种需求为希腊化时代的宗教转型和文化融合奠定了基础。

实际上，早在古典时代后期，希腊宗教已经显示出转型时期的某些迹象。奥林波斯诸神的神性和道德被反复质疑：为什么神与人同形同性？为什么神与人一样的贪婪、妒忌、恶毒？为什么要崇拜一个没有道德的神？一些哲学家和智者试图说明和解释奥林波斯神存在的合理性，但另外一些哲学家却将这种质疑不断向前推进。普罗泰戈拉在其著作《论神》中宣称，他不知道是否真的有神存在，如果真有神，他们又将是什么样子。在对神的怀疑中，他提出了“人是万物的尺度”这一著名论断。最终，雅典人以不虔信为由起诉他并判他死刑。①虽然他逃脱了雅典人的制裁，但据说又死于海难，最终没有逃过海神波塞冬的惩罚。②也有一些哲学家以具体的宗教理论来理解希腊诸神。开俄斯岛的普罗狄库斯（Prodicus）讨论了宗教的起源，他认为，在古人的观念里，所有能赋予生命的东西都是有神性的，如太阳、月亮、河流和山泉，所以，人们自然地把面包尊崇为德墨忒尔，把葡萄酒尊崇为狄奥尼索斯。而戏剧家克里提阿斯（Critias）在戏剧《西西弗斯》里提出了一种宗教观点，认为宗教是政治家发明出来用于统治人民的，通过神让人民感到畏惧，因为这些政治官员宣称神能看到和知晓所有人的所作所为，惩罚那些违法者。美西尼的犹希迈罗斯（Euhemerus of Messene）在《神圣记载》中认为，希腊诸神在很久之前只是凡人，是国王和民众的领袖。这种认识已经显现出强烈的无神论思想倾向。③

但值得注意的是，对神的质疑仅存在于知识分子当中，并没有影响到普通民众，比如雅典人对苏格拉底的审判，一方面体现了转型阶段新旧宗教思想的冲突，另一方面也反映出奥林波斯诸神在希腊化世界里仍然是一支重要的宗教和文化力量。诸神旺盛的生命力体现在持续举办的各种节日和竞赛中。这些节日喧嚣、热闹，可能缺少宗教的深度和虔诚的严肃性，却又实实在在

---

① Simon Hornblower and Antony Spawforth（eds.），*The Oxford Classical Dictionary*，3rd edition，Oxford：Oxford University Press，1996，pp.1264～1265.

② Marvin W. Meyer，*The Ancient Mysteries：A Sourcebook，Sacred Texts of the Mystery Religion of the Ancient Mediterranean World*，p.2.

③ Simon Hornblower and Antony Spawforth（eds.），*The Oxford Classical Dictionary*，p.567.

地镶嵌在民众的生活中，证明了民众对古老崇拜的广泛接受。大众的虔诚、娱乐都表现在祈祷、仪式和颂歌里，政治宣传也同这些节日密不可分。[①]古老的《荷马史诗》仍然保持着古代教育中心的地位，对《荷马史诗》的注疏也使人们能从新的、科学的和哲学的角度来解释神话。哲学虽然对宗教有批评，也挑战了希腊人的信仰，但在这个阶段，这些挑战和批评还无法改变仍然强大的传统宗教结构，新的因素只能慢慢地融合进来。[②]所以，希腊化时代仍然是多神教大行其道，人们对新的崇拜和老的崇拜都会怀有敬意。[③]融合是希腊化时代宗教的主体特征。

各种形式的宗教融合遍布整个希腊世界。威廉姆·阿兰在《宗教融合：希腊悲剧的新神》一文中将"宗教融合"的方式分为两种[④]：第一种是交流中的融合，指一个民族的神被用于指称其他民族的神，或用其他民族的术语来重新解释本民族的神。希腊宗教借用了很多近东的宗教和神话，并把其他民族的神等同于自己民族的神，这可能是理解外来宗教的最好的办法。比如，希罗多德就经常使用这种方法，在介绍埃及诸神时，他把狄奥尼索斯等同于俄赛里斯，把阿波罗等同于荷拉斯，把阿尔忒弥斯等同于布巴斯蒂斯（Bubastis），把德墨忒尔等同于伊西斯。[⑤]第二种是内部的融合，指在某个具体的宗教领域内，转移某个神的权力、特性和神圣称号。

希腊宗教本身是一种融合的宗教。狄奥尼索斯的名字虽然早就出现在线形文字 B 泥版中，是希腊最古老的神之一，但是其谜一般的特性使他在希腊人的心目中是一位新神和外来神。他所具有的新神和外来神的特征使他与真正外来的新神关系最近，也就最容易与他们融合。[⑥]外来神的特性、称号和掌控的领域易于转移到狄奥尼索斯身上，或者与狄奥尼索斯互用。厄琉西斯秘仪中的伊阿库斯、色雷斯的萨巴最俄斯、埃及的俄赛里斯和托勒密王朝的塞拉皮斯都与狄奥尼索斯崇拜有这样的关系，无论其中哪个新神到来，希腊人都会找到其与狄奥尼索斯崇拜的相似性。狄奥尼索斯崇拜也就附着在不同的新神身上，不断更新和发展着。

公元前 146 年，罗马征服马其顿王国，希腊成为罗马帝国的一部分，希腊文化与罗马文化也经历了冲突与融合。在征服希腊之前，具有浓厚政治色

---

① Helmut Koester，*History，Culture，and Religion of the Hellenistic Age*，pp.169～170.

② Jan N. Bremmer，*Greek Religion*，p.94.

③ Thomas R. Martin，*Ancient Greece*，New Haven：Yale University Press，pp. 217～218.

④ William Allan，2004："Religious Syncretism：The New Gods of Greek Tragedy"，*Harvard Studies in Classical Philology*，Vol. 102，pp. 113～155.

⑤ Herodotus，2.144.2；2.156.5.

⑥ William Allan，"Religious Syncretism：The New Gods of Greek Tragedy"，p.146.

彩的罗马宗教有着自己的发展轨迹。在罗马共和时代，宗教与国家政治是一种自然和谐的依存关系，共和末年和帝国初年，虽然宗教加入了很多人为的干扰和滥用，沦为政客们手中的工具，仍然体现了宗教服务于政治的功能。某种宗教活动一旦被认为会威胁国家政治安全，罗马政府就会采取严厉措施。比如对狄奥尼索斯的崇拜活动就曾遭到过类似处罚。但是罗马宗教的另一面是具有极强的包容性，因为古代罗马的宗教本身就是在不断吸收外邦宗教的过程中形成的。与萨宾人的战争之后，罗马接受了萨宾人的神，形成了古老的“三联神”。在埃特鲁利亚文明的影响下，罗马人接受了埃特鲁利亚的神。公元前 5 世纪以后，罗马的神在希腊宗教里找到了自己的对应神，模仿希腊十二主神的神系，逐渐形成了罗马的十二主神。罗马帝国的征服使民族众多的国家和地区合并成一个整体，这些民族的宗教也进入了罗马帝国宗教的大熔炉里，体现了多元化的发展格局。不可避免地，这些宗教之间也发生了思想上的冲突与融合。3 世纪危机之前，罗马帝国境内，伊西斯崇拜、密忒拉崇拜等宗教活动广泛流行，并一度被官方认同。这些东方神秘宗教的传入改变了罗马宗教的原有面貌，同时也为基督教的出现奠定了思想基础。

基督教产生于公元前 1 世纪，公元 4 世纪末发展成为罗马帝国的国教。在几个世纪的时间里，新生的基督教与犹太教、古埃及宗教和古希腊宗教之间一直存在着矛盾、冲突和融合。基督教本身就形成于犹太教和希腊文化之间的互动之中，基督教起源于犹太教，却善于利用希腊传统文化来支持和阐释自己的教义，比如俄耳甫斯教因其宗教权威和悠久的历史被基督教徒用来论证自己信仰的正确性。在公元 1 世纪和 2 世纪，有些基督教徒认为教徒可以参加希腊宗教的献祭仪式，尤其热衷于参加厄琉西斯秘仪，认为：“古希腊的秘仪里含有智慧。当然，他们的行为受到了正统基督教思想的批评，认为他们是根据自己的理论解释了所有言行，声称一切都遵循了精神，按他们的说法，即使是剧场中的表演，其言行也没有违背神意的指引……他们参加了所谓的大母神秘仪，认定他们能够在这些仪式上真正观察到他们自己所有的秘密。”①

可见，在基督教产生及发展之初，基督教与多神教的崇拜活动并行存在，并从后者中汲取了自身发展的营养。但从基督教成为国教之后，原来的多神教信仰被视为异端，成为被打击的对象。厄琉西斯秘仪等夜间举行的献祭活动被法律所禁止，所有违反者和对此姑息的官员都被处以严厉的惩罚。②在立

---

① Hippolytos，“Refutation of all Hersesies，5. 6～9”，in *Religions of Rome*，M. Beard，J. North and Simon Price，Cambridge：Cambridge University Press，1998，II No. 12，7e（iv）.

② M. Beard，J. “North and Simon Price”，*Religions of Rome*，No. 11.

法反对传统崇拜的过程中，所有传统献祭活动都被禁止，古代圣地处于罗马帝国的严格监控之下，公共献祭的地点被永久地关闭。希腊的神像、祭坛、圣所和神庙被大肆破坏和摧毁，巨大的神像、立柱纷纷倒下，神庙被拆毁或改作他用。公元 435 年，在德尔菲，阿波罗神庙的后殿遭到有组织的破坏，圣地内的祭坛、宝库等建筑物被刻上了十字架图案，大约 5 世纪中期，在小亚细亚西部的阿芙罗狄西亚，阿芙罗狄忒神庙里的神像遭到破坏，之后，雅典的帕台农神庙、厄瑞克透斯神庙和赫菲斯托斯神庙都被改成了教堂。[①]最终，多神教被完全消灭，基督教一统天下。

二、希腊化君主对狄奥尼索斯的尊崇

在希腊化时代的多种文化冲突中，狄奥尼索斯崇拜却获得了独特的发展机遇。狄奥尼索斯得到了希腊化君主们的推崇，被尊崇的地位仅次于医药之神阿斯克勒庇俄斯，他的秘仪吸引了越来越多希冀获得死后福祉的人。在希腊化时代，对希腊和其他地区的宗教生活来说，狄奥尼索斯的重要性远远超过了其他奥林波斯神。但是对狄奥尼索斯的崇拜方式或普及程度很难评价，因为他以多种形式出现，有时可能仅仅是一种时尚或者是一个符号，所以很难确定那些出现在艺术作品中的狄奥尼索斯形象、他的标志、他的随从是否就是对狄奥尼索斯的崇拜。

希腊化时期，马其顿王国、塞琉古王国和托勒密王国的新君主手中的权力不是世袭的，而是在争夺亚历山大帝国遗产的斗争中抢得的。很自然，为了使自己的地位合法化，他们希望从仍被尊崇的奥林波斯众神中挑选一个保护神。如果能够证明自己像《荷马史诗》中的英雄一样，是某个神祇的后代就更好了。安提柯王朝的君主们强调自己的祖先是赫拉克勒斯，所以，赫拉克勒斯作为一种象征出现在马其顿国家铸造的钱币上。[②]塞琉古王朝把米利都的阿波罗视为保护神，因为他曾经预言过塞琉古王室的命运。[③]当然他们也把阿波罗作为自己王朝的祖先，据说塞琉古的大腿上有一个胎记，形状似锚，而锚正是阿波罗的标志。[④]在这一阶段，宗教和王权通过多种方式相互影响和作用，为君主的统治增加了更多的庄严性和权威性。

《剑桥古代史》认为，宗教对希腊化君主施加的影响主要通过四种渠道：

---

① R. Cormack，“The Temple as the Cathedral”，in *Aphrodisias Papers*（JRA Supp. 1），Ann Arbor，MI，C. Roueche and K. T. Erim（eds.），pp.75～88.

② Polybius，5. 10.10.

③ Diodorus. 19.90.4.

④ Justinian，15. 4.2.

第一，一个王朝及其王室成员受到某个神的特别护佑，这个神就是王朝的保护神；第二，国王在很多情况下会与某个神融为一体，变成神本身；第三，建立了对国王的特殊崇拜，并衍生成非常复杂的崇拜系统；第四，存在某种王朝崇拜，这是官方建立的对王室已逝（有时是活着的）成员的崇拜。[①]从总体上来说，这四种崇拜活动是独立的，但并不彼此分离，也不妨碍王室信仰其他的神或为其他的神建立崇拜和神庙。在埃及，狄奥尼索斯、阿波罗、赫拉克勒斯、赫尔墨斯、波塞冬和宙斯等诸神与托勒密王朝的各位国王通过上述四种渠道发生联系，或与国王融为一体，或成为王室的保护神，对埃及王室来说，狄奥尼索斯也是最重要的王室保护神。

狄奥尼索斯与托勒密王朝的紧密联系可能从托勒密一世时就开始了。公元6世纪阿杜里斯（Adoulis）的一块铭文中说，托勒密三世父系的祖先是赫拉克勒斯，母系的祖先是狄奥尼索斯，也就是说赫拉克勒斯和狄奥尼索斯都被托勒密王朝认作家族的祖先。此后，托勒密四世和托勒密十二世也都将自己与狄奥尼索斯等同。托勒密十二世在位时还把"新狄奥尼索斯"这一称号作为自己的官方名字。[②]几十年之后，罗马的马克·安东尼也模仿了埃及托勒密王朝的这一做法，自我等同于狄奥尼索斯。为什么狄奥尼索斯能得到这样的尊崇呢？原因在于狄奥尼索斯与埃及的冥神俄赛里斯非常相似，俄赛里斯掌握冥界，能够死而复活，狄奥尼索斯也是如此，法老在谱系上与狄奥尼索斯建立联系，在文化上易于被埃及土著接受，因此，埃及法老与狄奥尼索斯—俄赛里斯相结合，是有政治含义的，至少通过这种做法宣告了自己作为希腊人统治埃及的政治理想。

狄奥尼索斯被推崇的第二个原因是他的征服者形象。在神话中，狄奥尼索斯是东方的征服者。传说中狄奥尼索斯对印度的胜利与亚历山大在公元前327～前326年对印度的实际征服具有相同含义。狄奥尼索斯早已被看作是小亚细亚地区的征服者，欧里庇得斯的悲剧《酒神的伴侣》中提到过这一点，而且，随着这部悲剧的演出，可能也强化了狄奥尼索斯征服东方的一种观念。[③]诺努斯（Nonnos）在《狄奥尼索斯的传奇》里描述了狄奥尼索斯的征服过程。他带着自己的随从萨提儿、狂女和潘神，带着从各地征募来的军队，在震耳

---

① F. W. Walbank，A. E. Astin，M. W. Frederiksen，R. M. Ogilvie（eds.），*The Cambridge Ancient History*，2nd edition，Vol. VII，part I，*The Hellenistic World*，Cambridge：Cambridge University Press，1984，pp.84～85.

② F. W. Walbank，A. E. Astin，M. W. Frederiksen，R. M. Ogilvie，*The Cambridge Ancient History*，Vol. VII，part I，p.86.

③ Christine Alexander，1955："A Roman Silver Relief：The Indian Triumph of Dionysos"，*The Metropolitan Museum of Art Bulletin*，New Series，Vol. 14，No. 3，pp. 64～67.

欲聋的牧笛和铙钹的喧嚣声中，在遥远的地区建立了和平，为当地人留下了葡萄和葡萄酒。[①]凯旋的神圣、荣誉以及满载着战利品，这个主题一直是希腊化王国的话题，也成为后来罗马帝国的话题，所以酒神对印度的征服常常出现在希腊化时期以来的艺术作品中，直至安敦尼和奥勒略时期，浮雕工匠们似乎也还在使用这样的主题和艺术风格。

由于统治宣传的需要，狄奥尼索斯崇拜早在公元前 4 世纪就已随着亚历山大的东征传播到埃及和小亚细亚，到公元前 3 世纪，已受到各希腊化王国的推崇。尽管在埃及，现有的资料还无法让我们了解狄奥尼索斯秘仪的仪式和观念，但这些资料能确切地告诉我们狄奥尼索斯崇拜活动的规模。托勒密二世在位期间（公元前 282～前 246 年），曾举行过盛大的游行，狄奥尼索斯的雕像是其中最主要的形象。雕像的四周是狄奥尼索斯的随从及各种各样的道具，都是崇拜活动所需要的。[②]据说，这个游行展示了托勒密王室版的狄奥尼索斯崇拜，除了其他数不过来的群体外，狄奥尼索斯自己的随从就包括："40 名萨提儿头戴常春藤样式的金冠，三种不同类型的马其顿狂女，60 个萨提儿踩踏的装满葡萄的酒桶；120 个头戴花冠的萨提儿和塞勒诺斯，一些扛着酒桶，一些拿着酒杯——所有的酒杯都是金子做的。"从印度胜利归来的狄奥尼索斯坐在大象上，后面跟着"500 个穿着紫色长袍、束着金腰带的年轻女子"[③]。这种对狄奥尼索斯崇拜的展示附加了托勒密王朝法老的个人野心，极尽奢华和盛大，炫耀了王室的财富和显赫。

托勒密四世建立了尊崇狄奥尼索斯的节日，节日上，他手执铃鼓，亲临参与表演。[④]他还建立了一个酒会，其中的成员可能组成了狄奥尼索斯的神圣团体。[⑤]他自称是狄奥尼索斯的后裔，甚至在身体上纹了狄奥尼索斯的常春藤树叶。大约在公元前 210 年，他还发布了一道有关狄奥尼索斯崇拜的敕令，命令所有的狄奥尼索斯秘仪的入会（祭司）者都要在亚历山大里亚登记注册，并且要说明他们是从谁那里得到了这一神圣仪式，要向上追溯三代。敕令还要求入会者把圣书交给一个王室官员，圣书上要盖上印章并写上自己的名字。[⑥]这道敕令的目的我们不清楚，但是它说明，狄奥尼索斯崇拜深受欢迎，

① Nonnos，*Dionysiaca*，13.

② Martin P. Nilsson，*The Dionysiac Mysteries of the Hellenistic and Roman Age*，New York：Aron，1975，p.11.

③ Athenaeus，5. 197C-201E；A. Henrichs，"Changing Dionysiac identities"，p.151.

④ Plutarch，*Cleomenes*，33～36.

⑤ Athenaeus，276a～c.

⑥ H. Idris Bell，*Cults and Creeds in Graeco-Roman Egypt*，Liverpool：University Press of Liverpool，1953，p.18.

国王对它很感兴趣，反映了君主想要控制这一崇拜的意愿和举措。

与埃及的情况相似，在小亚细亚的帕伽玛，阿塔罗斯王朝的君主们也宣称狄奥尼索斯是他们的祖先，尊崇狄奥尼索斯为国家的神。公元前 2 世纪，帕伽玛的君主甚至还把秘仪的标志——一条从篮子里爬出的蛇——印在了广泛流通的钱币上。[①]

希腊化时代，原来属于希腊城邦的地区由马其顿王国占据着，其统治者是安提柯王朝的君主们。由于政局变动，城邦文化衰落，希腊人生存所面临的不可预测性似乎比以往任何时代都要严重，国王的统治代替了城邦政治体系，有能力的国王能够给城市带来实际的好处和恩惠，因此成为大众崇拜的对象。公元前 307 年，雅典人神化了安提柯和他的儿子底米特里（Demetrius），原因就在于作为统治者，他们赠给雅典城大量的礼物并恢复了民主制（15 年前，即在公元前 322 年，马其顿的指挥官曾取缔了雅典的民主制）。同绝大多数对统治者的崇拜一样，这个例子反映了雅典人发自内心的感激，以及要奉承统治者以换得更多恩惠的愿望。

狄奥尼索斯崇拜中所隐含的净化和解放的观念与政治中的征服和自由相关联，我们经常会发现希腊化时期的城市以举办酒神节的方式来标志某些重要的时刻，借以表达社会政治的“解放”和“净化”。[②]雅典人对底米特里的尊崇，就借用了狄奥尼索斯的含义，雅典人认为是底米特里把雅典从寡头统治下（也有人将其视为僭主统治）解放了出来，因此把酒神节重新命名为“狄奥尼索斯和底米特里节”，底米特里及其父亲被尊崇为“救世主”。在他访问雅典时，雅典人为他的到来举行了庆祝活动，如同庆祝酒神的节日。[③]

同一时期，在优卑亚岛的厄瑞特里亚（Eretria）发现的铭文也为我们提供了这方面的证据：

> 提议：由于狄奥尼索斯游行，驻军撤离了，民众得到了解放，颂歌唱起来了，民主制重新确立，所以应该纪念这一天。议事会和民众大会决定：所有的厄瑞特里亚人，包括在此居住的外邦人，都要戴上常春藤花冠参加狄奥尼索斯的游行。
>
> 所有的公民……
>
> 要雇用……
>
> 花冠。也要献祭

① Richard Seaford，*Dionysos*，p.58.

② D. J. Phillips and D. Pritchard（eds.），*Sport and Festival in the Ancient Greek World*，p.180.

③ Robert Parker，*Athenian Religion：A History*，pp.258～263.

狂欢
（？）为狄奥尼索斯的[歌队表演]……
送（？）酒……①

从铭文中我们可以看出，曾经在这个城市驻扎的马其顿军队撤离了，城市正在进行狄奥尼索斯的游行，或许恰好撤离发生在为狄奥尼索斯唱颂歌之时。接下来，城邦为民众解放和民主制的恢复举行庄严的仪式，要求所有人要头戴常春藤花冠参加狄奥尼索斯的盛大游行。厄瑞特里亚人似乎也奉献了大量的酒神颂歌表演来纪念这些活动。这些活动显示出在希腊化时代，对狄奥尼索斯的崇拜延续了其在古典时代的基本内涵——自由和解放。

还有一个例子。公元前 288 年，即在雅典恢复民主制不久，喜剧诗人兼政治家菲利皮迪斯（Philippides）在城市酒神节上首次安排了献给德墨忒尔和科瑞的比赛，作为对民众解放的纪念。②把厄琉西斯秘仪的女神邀请到城邦的酒神节上，这件事说明，三个神之间的亲密关系早已存在。这三个都具有“救赎”功能的神在城邦的主要节日上成为一种新的组合，似乎也反映出在历史的动荡中，城邦试图为狄奥尼索斯的节日寻找新的定位和模式。

在有些地区，狄奥尼索斯被尊为国家崇拜，得到公开的提升。公开的庆典展现了很多典型的狄奥尼索斯特征：塞勒诺斯和舞者参加的游行，哑剧和变戏法的，女人扮作酒神的伴侣，年轻男人扮作萨提儿和潘神，哑剧表演、酒神狂欢的舞蹈、戏剧演出。所有这些都是狄奥尼索斯节日的一部分，狄奥尼索斯节日要持续好几天，男女老幼，社会各阶层的人都可以参加。至少在希腊化时代，狄奥尼索斯崇拜还有在国家层面上公开组织的庆典活动，而不仅仅是作为秘仪俱乐部的存在。③

除了政治上的含义之外，在希腊化时代，狄奥尼索斯还被看作是酒神、精致生活方式的符号以及一种胜利的文明力量——征服世界以及征服人的内心。在这个时代的神话里，狄奥尼索斯已经失去了之前的庄重和深度，这是对理性的宗教和王朝政治妥协的结果。④

但总体来看，希腊化时代的狄奥尼索斯崇拜更多的还是以秘仪形式进行的，这与古典时期城邦为狄奥尼索斯举办的节日明显不同。尽管狄奥尼索斯

---

① D. J. Phillips and D. Pritchard（eds.），*Sport and Festival in the Ancient Greek World*，pp.180～181.

② *IG*II^2 657，43～46.

③ Helmut Koester，*History*，*Culture*，*and Religion of the Hellenistic Age*，p.182.

④ Caroline Houser，*Dionysus and His Circle*：*Ancient Through Modern*，The Fogg Art Museum：The Stinehour Press，1979，p.8

的神庙到处都是，多数是在露天剧场的旁边，但是对秘仪的庆祝很明显是在个人家里。这种庆祝肯定包括共餐和饮酒——因为狄奥尼索斯毕竟是酒神。狄奥尼索斯死后复活的传说流传甚广，应该能够为死后得到永生的希望提供一种基础。但是这一永生的希望不再是对古老的植物神崇拜进行简单的精神意义上的解释，而是把俄耳甫斯教的观念以及东方宗教的观念用于解释狄奥尼索斯的神话和仪式。简言之，狄奥尼索斯的秘仪又杂糅了很多其他的宗教文化元素。最有说服力的例证是，这一时期已经很难区分巴库斯秘仪和俄耳甫斯教秘仪了。

在希腊化时代，狄奥尼索斯的秘仪似乎有扩大的趋势，至少在小亚细亚的城市和海岛上，出现了很多狄奥尼索斯秘仪的证据。我们从中了解到男人也被允许参加巴库斯女子的疯狂仪式，还发现了有男子担任祭司的职务，在秘仪中，男祭司和女祭司担任神圣团体的领袖。狄奥尼索斯秘仪也扩散到埃及，在埃及的古罗波（Gurob）村，出土的重要纸草文献属于公元前 3 世纪晚期，上面记载着仪式的指导说明，包括狄奥尼索斯等多个神的名字、在神秘仪式中使用的标志性物品，例如果球、吼器、动物的骨节和镜子等。①特俄克里托斯（Theocritus）的诗歌提到说，这些神圣的物品都是狄奥尼索斯秘仪中使用的，它们从一个篮子里拿出来摆放在祭坛上，但只有入会者才能看到。②在希腊化时代，狄奥尼索斯秘仪似乎并不专属于富人，因为在元老院法令中，罗马元老院提到的参加巴库斯秘仪的人并不属于社会上层。③

三、罗马文化与狄奥尼索斯崇拜

意大利南部有很多希腊人的殖民地，罗马统一了意大利南部之后，自然也合并了这个地区盛行的希腊文化——其中就包括狄奥尼索斯的神秘仪式。罗马国家权威与狄奥尼索斯崇拜之间的冲突也随之展开。

考古学的证据显示，早在公元前 6 世纪，狄奥尼索斯崇拜或者巴库斯秘仪在意大利南部地区就流行甚广。巴库斯秘仪是一种私人的而不是公众的崇拜，以小的地方群体为单位或以家庭为单位进行活动，参加者的目的是为来

---

① H. Idris Bell，*Cults and Creeds in Graeco-Roman Egypt*，p.18.

② Theocritus，The Greek Anthology，26.8～9，13～14. Edited by A. S. F. Gow，Cambridge: Cambridge University Press，2008.

③ Helmut Koester，*History*，*Culture*，*and Religion of the Hellenistic Age*，p.183.

世的惩罚或福佑做准备，也有为了治病而祈愿的。[①]历史学家李维在《建城以来史》中记载，一位母亲许愿入会的目的是给儿子治病：

> 那位母亲告诉年轻人，在他生病时，她已经为他许愿，他一开始康复就让他入会巴库斯的仪式，但是现在她想解除这个誓约，因为她当时是迫于诸神的盛情而许的愿。他必须禁欲十天，在第十天，他要参加一个宴会并用净水梳洗，然后她再带着他进入圣地……[②]

但是，到公元前 3 世纪末至前 2 世纪初，狄奥尼索斯的秘仪开始了狂热的传教运动。罗马的喜剧作家普劳图斯（Plautus）在好几部剧作中都提到巴库斯秘仪，提到聚会的秘密符号和地点等内容，显示出他对秘仪有着深刻的理解。[③]入会者举办秘密的聚会，彼此约定能认出同类的秘密符号，入会的仪式细节也发生了变化。仪式的内容增加了饮酒和宴会，激发了宗教狂热的氛围，也出现了一些有伤风化的行为。此种变化在李维的《建城以来史》中有更详细的记述：

> （10.5）[然后他的女主人伊斯帕拉（Hispala）告诉他说]，当她还是奴隶时，她作为侍者跟随她的女主人进入过圣地，但是成为自由人之后，她再也没有接近过它。她知道那是各种堕落发生之地，众所周知，两年来，20 岁以上的人没有加入过秘仪；一旦某人被感召了，他就成为祭司们的一个牺牲品。他们带他去一个充斥着痛苦喊叫、颂歌、音乐以及铙钹与鼓乐混杂在一起的地方，在这里，入会者的声音听不到了，而一些令人羞耻的行为却粗暴地施加在他的身上……
>
> （13.8）伊斯帕拉为罗马的执政官详细地解释了巴库斯秘仪的起源。最初这个圣地是属于女人的，按照习俗不允许任何男子进入。每年有三天固定的时间为巴库斯们举行入会仪式。按照习俗，女人轮流当选祭司。但是坎帕尼亚（Campania）的 Paculla Annia 在任职祭司时改变了这一切——尽管已被诸神警告。她首次让男人入会，

① S. Cole，“Procession and Celebration at the Dionysia”，*Theatre and Society in the Classical World*，R.Scodel (ed.)，Ann Arbor：University of Michigan Press，1993，pp. 235～237。

② Livy，39. 9.4. Trans.，by B. O. Foster，The Loeb Classical Library，Cambridge：Harvard University Press，1967.

③ Richard Seaford，*Dionysos*，p.59.

> 就是她的两个儿子 Minius Cerrinius 和 Herennius Cerrinius。属于白天的仪式，她改成了晚上的仪式；每年三天的时间，她改成了每个月 5 天。结果，秘仪成了乱交：男女混杂，夜晚增加了放纵，在那里，有各种各样的犯罪和卖淫。男性的放荡要远甚于女性。如果有人对这些羞耻之事不能容忍或者不愿意做这些罪恶之事，就会被作为献祭的牺牲而遭到屠杀。相信所有这一切都是合法的，这是在这个群体中最能得到赞扬的信念。男人们通过身体疯狂的抖动得到预言，仿佛他们的思想已经离开了身体；女人们，穿着巴库斯的服装，头发散乱，举着燃烧的火炬跑到台伯河畔，把火炬浸在水中，取出来时却仍然燃烧着火焰（因为用硫磺和石灰处理过）。据说，有人被神夺走了性命，因为他们确实被绑在机械装置上带走了，带到了隐蔽的洞穴里——他们就是那些拒绝发誓的或者拒绝参加犯罪活动的或者拒绝忍受这些陋习的人。这是一大群人，现在几乎成为了第二个国家。也有几个贵族男女混杂在其中。在过去的两年里，因为 20 岁以上的不得入会这项政策，那些更年轻的人获得了机会，并且更能容忍缺点和罪恶。[①]

李维的描述里有前后矛盾之处。他一方面说入会者被秘密谋杀而且连尸体也找不到了，另一方面又说，这种秘仪吸引了大量的信徒，规模每天都在扩大。前者可能是误读，认为巴库斯秘仪想要激发入会者对死亡的恐惧。但是，因为秘仪是在夜间进行的，夜间和群体活动这两个因素加起来可能会引起罗马权威的联想，臆断其中发生了不道德的性行为——这也是事实。最初，巴库斯秘仪只面授给很少的人，但很快，就被广泛传播吸引了众多的信众。公元前 186 年，罗马元老院认为这些信众是一个煽动性的群体，严重威胁着罗马共和国的安全，于是发布了一道法令镇压了狄奥尼索斯崇拜。这次镇压异常残酷和彻底，一次就处死了大约 6000 人。[②]

元老院关于巴库斯的法令（the Senatus Consultum de Bacchanalibus），禁止酒神狂欢节以及其他所有举行秘密集会的崇拜活动。狄奥尼索斯的公共崇拜虽然没有被完全禁止，却也受到了严格的限制。在仪式的现场不允许超过两个男人和三个女人，崇拜者集体不允许设有公共金库或者是管理崇拜的官员。这种限制主要是为了避免巴库斯秘仪在公共崇拜的幌子下继续进行。在普劳图斯的晚期剧作《卡西纳》（*Casina*）中，他写道，“现在没有巴库斯女

---

① Livy，39. 10.5～7，13.8～14.

② Livy，39. 20.

人在表演了”[①]，也可以看作是对这次镇压活动的一个旁证。

罗马元老院之所以大规模镇压狄奥尼索斯秘仪，还有更深层次的政治原因。首先，罗马元老院把这一秘仪看成是外来的宗教，是希腊的宗教而非罗马的宗教。在罗马的宗教里，与狄奥尼索斯相对应的神是里贝尔（Liber），但是在李维的叙述和元老院的敕令中都没有提到里贝尔这个名字，这也证明在罗马人的印象中，狄奥尼索斯或者巴库斯就是外来的神——尽管早在公元前6世纪意大利南部就有了这种崇拜，而围绕这个外来神的秘仪活动可能会威胁罗马的政治安全。罗马的传统宗教一直是国家的精神支柱，体现着罗马人的道德准则，充满着虔诚和爱国主义。西塞罗把罗马的伟大归之于神的指导，将宗教和信赖神意作为罗马人的安全和荣誉观念中最基本的内容。[②]但外来宗教，特别是东方神秘主义宗教，在教义和仪式上充满了神秘色彩，注重自我内省和救赎，不可避免地会与罗马传统宗教发生冲突和对抗。总体上来说，对被征服地区的神秘宗教，罗马政权虽然允许其存在，政策也比较宽容，但这种宽容终究是有限度的。

反观这一时期的巴库斯秘仪，它有相对成熟的秘密组织，对经济资源的组织也颇为成熟，入会是个人的选择，而不是受命于地区、家庭、保护人、传统和权威，其组织独立于政治权威之外。参加秘仪活动的信徒可能也融合了来自社会不同阶层的人。秘仪的急剧发展，连同它的神秘入会以及秘仪成员宣誓忠诚于秘仪的规定所带来的认同，可能威胁到了罗马现有的秩序结构。[③]按照李维的记载，罗马权威感到这些组织要建立第二个“国家”，阴谋控制罗马。更有意思的是，普鲁塔克对公元前73年斯巴达克奴隶起义的记载，也把狄奥尼索斯与一种威胁力量联系在一起了。他说斯巴达克“在最早被卖到罗马的时候，据他们说有次他正在睡觉，竟然看到一条蛇盘在他的脸上。他的妻子是他的同乡也是女预言家，经常出现酒神附体的狂热激情，说是这种征兆使他具备无可匹敌的权力，对他而言可以蛊惑群众未尝不是一件好事”[④]。除此之外，在狄奥尼索斯的秘仪中，罗马政权还看到了一种要毁灭界限的倾向。比如在仪式中男女混合，以及男性入会者身上的女人气，这样的男性信徒被政府认为无法成为罗马帝国需要的好战士。

尽管遭到了镇压，但巴库斯的传教运动并没有完全消失。小部分残余力

① Martin P. Nilsson, *The Dionysiac Mysteries of the Hellenistic and Roman Age*, New York: Aron, 1975, pp. 14～21.

② 赵林：《西方宗教文化》，武汉：武汉大学出版社，2005年，第6页。

③ Richard Seaford，*Dionysos*，p.61.

④ Plutarch，*Life of Crassus*，8.4.

量一直在地下活动，而且一些民众领袖的崛起可能也为狄奥尼索斯崇拜的发展创造了较好的环境。马略（约公元前 157～前 86 年）是罗马新型的政治家，他靠军功走上政治舞台，并对罗马军队进行了改革，打破原来的公民兵制度，建立了新的募兵制，使每个罗马公民都可以参加军队，扩大了兵源。据说，马略就以酒神的堪萨罗斯大酒杯（这是狄奥尼索斯的标志）为自己的饮器。马略之后的另一位民众领袖是朱利乌斯·凯撒，凯撒对希腊风格的君主制非常渴望，曾有谣言说他要把罗马帝国的首都迁到亚历山大里亚。而他和埃及女王克娄奥佩忒拉一起消磨了大量时间的亚历山大里亚恰恰是狄奥尼索斯崇拜的中心。更晚一些时候，也有人说，是凯撒第一个把对里贝尔（狄奥尼索斯在罗马宗教里对应的神）的崇拜引入了罗马。这一点可能未必是真的，但至少也反映了凯撒曾经对狄奥尼索斯崇拜有过兴趣。

在罗马宗教里，里贝尔与刻瑞斯和利波拉共同组成“平民农事三联神”，但是罗马的竞技比赛没有一个是献给里贝尔的，能够看出在罗马的宗教里，他的地位并不高，在贵族与平民的阶级分化加剧时，还出现过“平民农事三联神”与所谓“贵族三联神”（朱庇特、马尔斯和奎里努斯）分庭抗礼的情况。只是后来，平民与贵族平权，平民神才进入了国家之列。[①]所以，古希腊的狄奥尼索斯崇拜在罗马统治期间，没有上升为国家庆祝的崇拜活动，基本上是以秘仪的形式出现的。

可能就在凯撒权力上升的阶段，在庞贝的一间别墅的墙壁上，描绘了狄奥尼索斯秘仪的场景，保留了令人震撼的神秘入会的视觉画面（参见彩图 31）。这是一幢私人别墅，其规模显示别墅的主人是一个富裕的秘仪信徒，壁画“顶天立地”，分布在一个小房间的四面墙壁上。整组画面的中心是狄奥尼索斯，也有很多与狄奥尼索斯崇拜相关的因素，如法勒斯、簸箕等物。装有法勒斯的簸箕在巴库斯秘仪里很早就出现了，在这里并没有任何特别神秘的含义。在阿普利亚的瓶画上，狄奥尼索斯的女性随从就拿着这种簸箕；而在庞贝的壁画中，簸箕被放在柱子上，是乡村背景的象征。

布克特在《古代秘仪》里也描述了这一壁画。[②]他说，没发现哪个文献能对这些画面给予真正关键性的解释。似乎是经过改革后的狄奥尼索斯秘仪又大规模地返回了意大利，因为在公元前 186 年，这种秘仪作为酒神的狂欢已被赶出意大利。而之后，大约在公元前 1 世纪晚期到公元 1 世纪早期的某段时间里，狄奥尼索斯崇拜再次复苏并不断发展。在图斯库鲁姆（Tusculum）

---

① ［苏］谢·亚·托卡列夫：《世界各民族历史上的宗教》，魏庆征译，北京：中国社会科学出版社，1985 年，第 493 页。

② Walter Burkert，*Ancient Mystery Cults*，p.96.

发现的公元 2 世纪的一个铭文上，写有入会的成员名单，按照他们的宗教头衔排列，共有 500 个人名。[①]罗马帝国时期的其他铭文也告诉我们，大约在公元 2 世纪和 3 世纪的时候，巴库斯崇拜广泛流行，达到了鼎盛时期。按照尼尔森的理解，这一时期的巴库斯崇拜已经没有了最初的宗教狂热，新的巴库斯秘仪特别受到富人阶层的喜欢，他们在自己的家里举行巴库斯秘仪，并且用与巴库斯有关的宗教绘画来装饰他们的房子。庞贝别墅、科隆别墅和法尼希娜（Farnesina）别墅墙壁上发现的壁画和马赛克为我们提供了巴库斯秘仪在意大利的栩栩如生的画面和信息。

总结一下，与狄奥尼索斯相关的别墅壁画有三个特征：第一，在这些画面中，都有一个令人震撼的筛谷的簸箕，里面装着圣物，是用布罩着的巨大的法勒斯，在秘仪别墅的壁画上，一个跪着的妇女正要揭开它；而在法尼希娜别墅的灰泥浮雕上，正要揭开布的则是一个塞勒诺斯。[②]第二，画面都会展现狄奥尼索斯的随从，特别是塞勒诺斯，这意味着可能存在着装扮成传说中人物的仪式，所以才会频繁出现。第三，初入会者似乎都是孩子。[③]每一个场景都在强调狄奥尼索斯秘仪的入会仪式。

秘密别墅中的壁画为我们了解狄奥尼索斯的神秘仪式提供了丰富的图像资料。此外，还有大量的图像、文学和铭文类的资料反映了狄奥尼索斯的入会仪式。保存较好的“坎佩尼亚浮雕”是一些陶土版，约属于公元前 1 世纪中期到公元 2 世纪中期，里面描绘了狄奥尼索斯秘仪的某些因素。阿莱佐（Arezzo）的作坊出产的酒杯，以及从 1 世纪到 4 世纪罗马各地出产的马赛克、有浮雕的石棺等，也都体现了与狄奥尼索斯相关的主题。神秘仪式经常把狄奥尼索斯与死联系在一起，大部分的罗马石棺上，还描绘了狄奥尼索斯式的丰收与富足：神话中的阿里阿德涅或塞勒诺斯，疯狂的舞蹈或酒后的狂欢、葡萄丰收、狄奥尼索斯的胜利游行以及纵欲的活动，等等。有的场景刻在石棺上，这些场景自然就与死者的富足生活联系在一起，使人自然地联想到，通过神秘仪式，入会者可以在冥界得到狄奥尼索斯式的富足。此类场景与基督徒那种禁欲的庄重形成了鲜明的对照。

但是，在有关狄奥尼索斯的艺术作品中，很难确定神秘仪式中所显示的形象在多大程度上与冥界有关。例如，在科隆发现的别墅内，有一幅属于公元 3 世纪早期的马赛克壁画，描绘了很多东西，有狄奥尼索斯、萨提儿、狂女、牧羊人、潘神、色情场面、音乐和舞蹈、贝壳、无花果树、簸箕、果实、

---

① Martin P. Nilsson，*The Dionysiac Mysteries of the Hellenistic and Roman Age*，pp.66～115.

② Walter Burkert，*Ancient Mystery Cults*，p.95.

③ Richard Seaford，*Dionysos*，p.64.

饮器、葡萄、豹子、狮子、驴、山羊、狐狸、水果篮、花、鸽子、鸭子、鹦鹉、家禽和孔雀[①]，其中大部分都适合作为餐厅的装饰。但是，如果在狄奥尼索斯崇拜的背景中考察马赛克壁画中的每一个形象，又似乎具有独特的含义，特别是那些由神秘仪式创造的能够带来死后幸福的物品。甚至是鹦鹉在狄奥尼索斯崇拜中都是神圣的。鹦鹉是从印度带来的，是狄奥尼索斯胜利征服印度的标志，所以，在托勒密二世的狄奥尼索斯游行上也有鹦鹉。

在整个公元 4 世纪，狄奥尼索斯的秘仪一直持续流行，但这个秘仪已经不再是公元前 186 年被元老院立法禁止的巴库斯秘仪，它少了宗教狂热，多了对现世生活享乐的关注，因此吸引的是意大利富人。他们在家里举行宴饮和狂欢，也包括小部分的宗教仪式。[②]在这一时期，巴库斯被认为是酒神和快乐之神，是一种奢华、安逸生活和快乐享受主义的象征。

四、"欢呼酒神者"和"狄奥尼索斯的艺人"

在希腊化和罗马时期，出于崇拜某个神的目的，各地出现了一些自发形成的地方崇拜组织，规模或大或小，但各具特色，这是古典城邦衰落之后，人们关注私人生活，或追求现世美好，或追求来世幸福的体现。在此期间，崇拜狄奥尼索斯的群体也大量出现，它们或者是个人自愿加入的组织，但有自己的活动规则；或者是宗教性组织，但世俗的享乐成分也占了很大比重。这些组织中，"欢呼酒神者"（Iobakchoi）和"狄奥尼索斯的艺人"（Thiasos）两个组织活动最多，而且留下了较为详细的记载。[③]

"欢呼酒神者"实际上是雅典人在公元 2 世纪末期组织的酒会，其名称"Iobakchoi"本身就是狄奥尼索斯的一个别称。表面上，他们仍然沿用了从古风时代以来希腊男子举办酒会的方式，但是，狄奥尼索斯的崇拜者却把社会性的饮酒提升为宗教群体的一种仪式体验，使这一时期的狄奥尼索斯崇拜有了新的特点。"欢呼酒神者"关注于饮酒仪式，致力于对狄奥尼索斯的尊崇，为了这些目的，他们制定了规范所有男性会员的行为准则。所有会员要捐赠葡萄酒作为入会的费用，每月一交，供群体消费，被称作奠酒（spondai），并以此作为对会员生活中欢乐时刻的强制捐赠。高级会员如祭司、首席巴库斯（chief bakchos）和会计为特定的节日还要提供特殊的捐赠。[④]如果组织内部的

---

① Richard Seaford，*Dionysos*，p.64.

② Martin P. Nilsson，*The Dionysiac Mysteries of the Hellenistic and Roman Age*，p.74.

③ Martin P. Nilsson，*The Dionysiac Mysteries of the Hellenistic and Roman Age*，p.145.

④ Albert Henrichs，"Changing Dionysos Identities"，in *Jewish and Christian Self-Definition III*，B. F. ed.Meyer and E.P. Sanders（eds.），Minneapolis：Fortress Press，1983，pp.140～141.

成员之间出现纠纷，组织也有相应的规定予以解决。比如，他们规定，被语言侮辱的人要找到两个证人才能使无礼的人受到惩罚，骂人的人要向组织缴纳罚金，而如果从言语冲突升级为动手伤人的话，被打的人需要向祭司提出诉求，组织里的全体成员将以投票的方式解决。[①]在这样的规定制约下，“欢呼酒神者”的饮酒聚会一直保持着很好的秩序，那些吵闹和惹麻烦的人会被赶出聚会场所。[②]

除了饮酒仪式之外，“欢呼酒神者”还极力宣传他们的休闲生活方式，通过狄奥尼索斯的口号以及符号，迅速被社团内部及外部的人接受。雅典的“欢呼酒神者”组织会址在雅典市中心，卫城西边，但是他们饮酒聚会的场所叫作“stibas”（字面的意思是“临时的床”或“挂满枝叶的躺椅”），这是一个具有田园诗意的名字，让人联想起乡间生活的甜蜜、户外的野餐和对城市的逃避。在酒的作用下，他们会暂时地忘掉自己的世俗身份，投入到狄奥尼索斯变形的古老形式中，用面具装扮自己，借戏剧逃离现实生活。“欢呼酒神者”尊崇狄奥尼索斯的方式很多，他们的一个祭司甚至编纂了一本圣书，宣传狄奥尼索斯的神圣与功绩。

“狄奥尼索斯的艺人”是另一种群众性组织，更确切地说，Thiasos 原意为追随狄奥尼索斯的神圣团体，后来指称由是专业演员组成的行会。因为古希腊戏剧源于狄奥尼索斯崇拜，也始终是献给狄奥尼索斯的演出，戏剧演员祈求狄奥尼索斯的保护，所以他们的行会被称作“狄奥尼索斯的艺人”。演员行会的出现是希腊化时代和罗马帝国时期戏剧发展变化的结果。

希腊化时代的统治者仍然把节日庆典作为展现统治成果和宣传价值观的重要手段，为了展示自己的胜利，可以随时举办戏剧表演和酒神节进行庆祝。公元前 348 年，菲利普二世在摧毁奥林图斯后举行戏剧表演的比赛，公元前 335 年，亚历山大在攻下忒拜后在迪翁（Dion）进行酒神节表演，打破了城市酒神节是周期性的、固定的宗教节日这一传统。在被征服的地区进行狄奥尼索斯式的比赛，成为隆重庆祝军事胜利的重要方式。

公元前 322 年，雅典无条件向马其顿的安提帕特投降，结束了独立自主的时代，之后成为马其顿王朝统治下的一个自治城市。这一时期，雅典的戏剧比赛和节日的举办也发生了重要的变化。吕库古执政时期，曾对公元前 336/5 年到公元前 325/4 年之间的城市酒神节进行了改革，出台了这样一条规定：公元前 5 世纪（雅典戏剧的黄金时代）曾在城市酒神节上演出的悲剧和

---

① F. W. Danker，*Benefactor：Epigraphic Study of a Graeco-Roman and New Testament Semantic Field*，St. Louis：Clayton Publishing House，1982，p.158.

② Albert Henrichs，“Changing Dionysos Identities”，p. 142.

喜剧在重新演出时不得进行篡改和删减。[①]此项规定反映出当时的一个现实，那就是演员对已有戏剧多有篡改。

演员之所以要对戏剧的内容进行篡改，是因为他们在角色承担上发生了变化。在公元前 5 世纪，三个主要演员分别在一个悲剧家的四部剧（即三联剧，包括三个悲剧和两个萨提儿剧）中表演，也就是说一个人表演一天，从公元前 449 年开始，三个演员争夺一个最佳演员的奖项。但是在公元前 4 世纪，这种情况发生了变化：每个主要演员只表演一个剧作家的一部悲剧，每天表演一部。这种变化使演员为了取悦于观众，很少考虑一个剧作家所写的三联剧的整体效果，而更关注于自身的表演。亚里士多德说，在这个时期，“演员远比诗人重要”[②]。德摩斯梯尼也提到过，演员因为受到欢迎成为众人追捧的明星，收入颇丰，积累起巨大的财富，有些明星演员甚至能够在节日上也成为捐助人。[③]

在关注演员演技的时代里，米南德（Menander）、迪菲卢斯（Diphilus）、菲勒蒙（Philemon）等剧作家写出的新喜剧避开了公元前 5 世纪剧作家提出的关于城邦意识形态的大问题，转而强调家庭的、婚姻的或经济问题。这种转变要求演员们能够表演出各种不同人物的性格特征，而不用去找寻神话冲突中的主导力量。这样的戏剧演出分离了剧作家和表演之间的关系。而演员在表演时，可能会选择某些经典悲剧和喜剧的片段，歌队因此被大幅削减甚至弃之不用。歌队的衰落反映了削减开支的需要，同时也是演员大受欢迎的结果。但无论怎样，戏剧丧失了狄奥尼索斯崇拜试图表达的集体意识，在价值和能力上明显衰落了。柏拉图曾叹息酒神的节日失去了原初的意义，“被败坏了”[④]。但新喜剧就此繁荣起来，成为普通人娱乐的重要方式，演员也因此成为一种专业和行业，人数增多，也就有了自己的行业需求。

公元前 4 世纪末，由于城邦民主力量的式微，雅典废除了戏剧捐助人，代之以选举产生的竞赛经纪人，他们是控制演出的富人精英。[⑤]实际上，希腊化时代剧场里的“明星体制”反映了贵族个人在政治和军事领域的统治地位，他们把表演和权力联系在一起，也就把文化和政治领导权集于一身了，这种统治策略为罗马共和国后期和帝国的统治树立了榜样，使罗马统治者一开始

① Marianne McDonald and J. Michael Walton（eds.），*The Cambridge Companion to Greek and Roman Theatre*，p.190.

② ［古希腊］亚里士多德：《诗学》，陈中梅译注，3.1403b31.

③ Demosthenes，18.114.

④ Plato，*Laws*，3. 700e6～701a3.

⑤ Marianne McDonald and J. Michael Walton（eds.），*The Cambridge Companion to Greek and Roman Theatre*，p.191.

就把政治权力深深地渗透到各种节日和竞赛之中。在波利比阿、李维及其他历史学家的笔下，戏剧比赛成为竞技比赛的重要一项，也成为重大节日的必备内容，衍化为罗马统治者提升自我和对城市进行文化控制的一种工具。[①]

在希腊化君主政权和罗马国家的推动下，戏剧在内容和形式上，在演员的选择和运作模式上，在剧场的建设和装饰上都发生了极大的变化。首先，演员成立了自己的行业组织"狄奥尼索斯的艺人"，代表自己的利益处理各种事务。

从希腊化时代就开始繁荣的节日文化，为云游的"狄奥尼索斯的艺人"提供了大量的演出机会，因为新建立的节日和竞赛很多，而戏剧的表演者们越来越专业，加之只有少数城市有自己的剧作家和演员，所以，演员们可能被很多城市邀请（或雇佣）去当地表演。于是，"狄奥尼索斯的艺人"组织应运而生，他们的职责类似于今天的明星经纪人，演员们主要是在希腊的节日和竞赛上进行表演，而"狄奥尼索斯的艺人"行会具体组织、处理演员的事务并代表演员的利益。在这样一个疆域不断扩大的世界里，"狄奥尼索斯的艺人"为艺人们提供的身份超越了某个具体的城邦公民或帝国的臣民。从公元前 3 世纪早期开始，大约在持续 600 多年的时间里，我们找到了"狄奥尼索斯的艺人"行会存在的大量证据，包括：希腊化时期的城邦或联盟在很多法令里提到了这些组织的特权，以及对他们参加节日和竞赛的具体组织和管理；希腊化的国王和罗马官员的书信；元老院的法令涉及特权的给予，以及对行会内部事务及行会与各城市之间纠纷的裁决；在戏剧比赛中竞赛者及获奖者的名单；行会同意参加节日和竞赛演出的声明以及为了纪念行会杰出成员或者所在城市的官员而雕刻的铭文。[②]这些证据说明了"狄奥尼索斯的艺人"的作用和受欢迎程度。

竞赛的次数增多，举办竞赛的地区也增多了，艺人们云游的地域更加广阔，这也增加了管理他们的难度。艺人们经常活动，小心地互相协作以满足竞赛的最低需要，但也会经常发生场次撞车的现象，即出现了两个地区的节日活动在同一天举行。这里的"最低需要"是满足在每场比赛活动中至少有

---

① Marianne McDonald and J. Michael Walton（eds.），*The Cambridge Companion to Greek and Roman Theatre*，p.191.

② Sophia Aneziri，"World travellers：the Associations of Artists of Dionysus"，in *Wandering Poets in Ancient Greek Culture：Travel，Locality and Pan-Hellenism*，Richard Hunter and Ian Rutherford（eds.），Cambridge：Cambridge University Press，2009，pp.218～236.

两个参赛者参加。因为有的时候也会出现一个项目无人参加或仅有一人参加的情况。

在希腊，有三个主要的狄奥尼索斯的艺人社团，分别属于雅典、地峡和尼米亚、爱奥尼亚和赫勒斯滂，他们主要在希腊、小亚细亚和岛屿上云游演出。①比如，大约在公元前 279/8 年（或前 278/7 年），德尔菲的“近邻同盟”（Amphictiony）②发布法令赠与雅典的“狄奥尼索斯的艺人”行会以特权，法令有三份，其中两份在雅典，一份在德尔菲。这是最早的关于“狄奥尼索斯的艺人”行会的史料。还有一份也是公元前 3 世纪上半叶的铭文，上面写着："Koinon，‘狄奥尼索斯的艺人’一起巡游演出，为地峡赛会和尼米亚赛会演出戏剧。”在小亚细亚，最早的铭文是公元前 3 世纪下半叶的，上面写着："Koinon，‘狄奥尼索斯的艺人’非常活跃，在爱奥尼亚和赫勒斯滂地区巡游演出。”从公元前 3 世纪中期到公元前 146 年的一个世纪里，这个行会的所在地在特奥斯（Teos），但是后来因为与这个城市产生了分歧，被迫迁走并在公元前 188 年与帕伽玛的行会合并。③

而最让我们感兴趣的是，行会最崇拜的神是狄奥尼索斯。由于涉及每个演员的利益，所以行会组织的活动都以显示他们的“虔诚”为骄傲。有大量的证据表明，“狄奥尼索斯的艺人”同狄奥尼索斯的其他组织一样，也有秘仪活动。公元前 78～前 77 年的一块铭文显示，雅典的“狄奥尼索斯的艺人”在厄琉西斯建立了祭坛和圣地，在那里，他们进行奠酒仪式并且唱酒神颂歌，在举行厄琉西斯秘仪的日子里，为德墨忒尔和珀耳塞福涅奠酒以及献祭。安卡拉的一块铭文记载，哈德良皇帝在位时期的“狄奥尼索斯的艺人”会进行“神秘的竞赛”以及“秘仪的各个阶段”④。生活在公元 2 世纪或 3 世纪的学者在提到城市酒神节时，曾想象剧作家米南德“每年都在他的祭坛旁为狄奥尼索斯献上颂歌，举行神秘仪式，并在表演舞台上献上新剧”⑤。

罗马时期的艺人组织与希腊化时期的“狄奥尼索斯的艺人”又有很大的

① G. M. Sifakis，1965：“Organization of Festivals and the Dionysiac Guilds”，*The Classical Quarterly*，Vol. 15，No. 2，pp. 206～214.

② 近邻同盟是为保持圣地和崇拜而设立的希腊联盟组织，多数只关注于地方性的圣地，但有些很重要的如雅典的和德尔菲的近邻同盟包括了来自希腊各地的代表，他们能够出台法令惩罚那些冒犯圣地的行为，德尔菲的近邻同盟甚至能发起圣战。参见 Simon Hornblower and Antony Spawforth，*The Oxford Classical Dictionary*，3rd edition，p.75.

③ Sophia Aneziri，“World travellers：the Associations of Artists of Dionysus”，pp.219～220.

④ Sophia Aneziri，“World travellers：the Associations of Artists of Dionysus”，p.220.

⑤ Alciphron，*Letters*，4.18.16. Trans.，by A. R. Benner and F. H. Fobes，Loeb Classical Library，Cambridge: Harvard University Press，1949.

不同。在希腊化时期，是各个地区的艺人团体进行云游，他们自己从各地组织诗人和乐师，因此具有强烈的世界性，称得上是“世界公民”，在其他的世界性群体——如商人、演说家、哲学家和使节——中间，他们是唯一的专业艺术家，通过他们的行会组织，而具有了世界性的本质和身份。然而，在罗马帝国时期，各地的艺人团体衰落了，但艺人个体属于国家，艺人不再是政治分裂世界中的地方组织的成员，而是由帝国统一控制和管理。“狄奥尼索斯的艺人”在帝国范围内建立了网络组织，从某种意义上说，这是世界范围内的行会组织。这种帝国范围内的行会组织可能理解起来比较难，简单来说，它是一个中央组织的机构，在帝国的各个区域内都有地方分支机构。[①]实际上这也是与帝国的中央集权的政治体系相吻合的。同此前相比，首先，艺人们在世界云游时，危险降低了，基础设施、道路、舞台搭建等辅助条件大大提高，这些都是统一的罗马帝国带来的便利条件。

其次，配合节日比赛的需要，在国家力量的推动下，剧场建设出现了新的风格，狄奥尼索斯的形象成为剧场装饰的主题。

公元前 2 世纪，在希腊东部的特奥斯，这里曾是“狄奥尼索斯的艺人”行会的中心，人们建立了一个狄奥尼索斯神庙，神庙的楣饰以狄奥尼索斯为主题，描绘了狂女和萨提儿，很可能这些浮雕也影响了其他城邦的神庙建设。当剧场开始全部使用石头建造之后（约公元前 150 年），酒神及其随从成为浮雕中经常表达的形象，因为其装饰性强，而且生动活泼，没有时间限制，人物众多，可以充满长长的楣饰。有关剧场装饰的主题选择可能取决于各地的风格，但是更有可能的是与演员行会的出现有关。雅典和特奥斯都是希腊化时期和罗马时期的演员行会的重要中心，雕刻着狄奥尼索斯形象的建筑物，也影响了其他城市的具有相同兴趣的追随者。

在希腊大陆，科林斯、德尔菲的剧场也有很多浮雕装饰。帕伽玛剧场大约建于公元前 2 世纪，是已知最早的有雕刻装饰的剧场，描绘了战争和想象中的海洋里的怪兽。这个剧场可能影响了在以弗所的大剧场（约 66 年）的浮雕。以弗所剧场有一系列浮雕，以深浮雕的形式再现了萨提儿以及狩猎的场面。在舞台的前面，还有阿玛宗战士和萨提儿。从这个角度看，以弗所的剧场可能影响了后来的雅典狄奥尼索斯剧场的浮雕，并且影响了公元 2 世纪和 3 世纪罗马世界里其他剧场的建设。[②]狄奥尼索斯生活的各种经历和故事成为浮雕装饰中最受欢迎的主题，经常出现在与狄奥尼索斯有关系的各种建筑物

---

① Sophia Aneziri，“World Travellers：the Associations of Artists of Dionysus”，p.229.

② Mary C. Sturgeon，1977：“The Reliefs on the Theater of Dionysos in Athens”，*American Journal of Archaeology*，Vol. 81，No. 1，pp. 31～53.

中，罗马的石棺也保留了大量的此类作品。

雅典的狄奥尼索斯剧场是目前已知的以狄奥尼索斯的生活故事为主题的剧场。剧场现存的四块浮雕应该是公元 2 世纪的作品，也就是在建设剧场的舞台时雕刻的。公元前 86 年苏拉入侵雅典后，剧场建设了两个新的舞台。哈德良和安东尼统治期间，又建设了更高的舞台，上面可能装饰着塞勒诺斯。在这里，可能也是第一次，概括性的、纯装饰性的场景让位给了与狄奥尼索斯相关的个人故事的场景。这种发展受到了哈德良的古典口味和兴趣的影响，而这一点无疑在雅典引起了共鸣，因为在公元 2 世纪的雅典，还保存了大量古典艺术，说明古典艺术的传统仍然占主导地位。比如，在大都会博物馆保存的一件罗马银器上，描绘了狄奥尼索斯征服印度之后凯旋的场面，表现了狄奥尼索斯征服印度后归来，中间执权杖者是狄奥尼索斯（参见图 8-1）。

图 8-1 罗马银器上的浅浮雕

（引自 Christine Alexander，1955：“A Roman Silver Relief：The Indian Triumph of Dionysos”，*The Metropolitan Museum of Art Bulletin*，New Series，Vol. 14，No. 3）

狄奥尼索斯崇拜的影响并没有局限于希腊化帝国，而是随着“狄奥尼索斯的艺人”的戏剧演出传到中亚和南亚等地区。在犍陀罗地区的文化遗址中出土过狄奥尼索斯的神像，与狄奥尼索斯有关的颂歌和舞蹈也都融入当地的文化之中。狄奥尼索斯的形象甚至传到了中国。近年在西安发掘出土了三件“醉拂菻”驼囊，上面就有疑似狄奥尼索斯随从塞勒诺斯的醉酒形象（参见图 8-2）。[①]这种东西文化的交流跨越了遥远的时空距离，显示出古代世界里的文化流动。目前，这些驼囊已受到研究者的关注，其背后所隐含的文化意义也逐渐被挖掘出来。

① 葛承雍：《“醉拂菻”：希腊酒神在中国——西安隋墓出土驼囊外来神话造型艺术研究》，《文物》2018 年第 1 期。

“狄奥尼索斯的艺人”这一行会组织是在节日和竞赛的氛围下形成并发展起来的，它与政治权力之间的关系让我们清楚地看到，艺人及其行会对希腊化时代和罗马时代的总体社会环境和政治环境有着强烈的依赖。古典时代之后，希腊的各城市试图在世界中发挥作用并且的确以自己的方式影响了这个世界。这种影响超越了他们的地理边界，从意识形态和文化层面上，强化了希腊世界一体化的倾向，他们通过表演、活动、戏剧和音乐，在塑造一个统一的希腊-罗马文化的过程中起到了关键作用。

（a）

（b）

图 8-2　隋张綝夫妇合葬墓出土陶骆驼与驼囊局部展开复原图

（图片来源：王喜刚：《西安长安隋张綝夫妇合葬墓发掘简报》，《文物》2018 年第 1 期）

五、在基督教的打压之下

从今天的角度来看，基督教似乎是一场突然的革命，但事实上基督教作为犹太教的一个分支，是在经过了漫长的时间和剧烈的冲突之后才得以建立起来的。公元前 1 世纪，正是基督教兴起和最初发展之时，在整个罗马帝国范围内，厄琉西斯秘仪、阿斯克勒庇俄斯的医神崇拜、狄奥尼索斯崇拜及与其相似的其他秘仪才是人们最热衷的宗教崇拜活动。正如前文所述，仅从狄奥尼索斯崇拜这一种宗教现象来看，多神教仍然具有强大的生命力，在各个阶层中广为流行，从田间劳作的农民，到思辨能力极强的知识分子，都以自己的方式崇拜他，期待狄奥尼索斯能够消除人们对死亡的恐惧。所以，对基督教的发展来说，狄奥尼索斯崇拜无疑也是一个大的挑战。

早在基督教出现之前，狄奥尼索斯崇拜就与巴勒斯坦地区有过多种方式的联系。首先，表现为与犹太人之间的冲突。希腊化王国的君主尊崇狄奥尼索斯，塞琉古王朝和托勒密王朝试图把狄奥尼索斯放进自己的家族谱系。肥沃的巴勒斯坦地区位于埃及和塞琉古王国之间，其归属问题始终没有解决，是以这两个国家一直为此征战不休，而在征战过程中，两国都发生过强迫巴勒斯坦地区的犹太人尊崇狄奥尼索斯的事情。犹太人对自己的宗教有着强烈的认同感和使命感，逼迫他们尊崇狄奥尼索斯的命令随即引发了他们的强烈仇视。公元前 168/7 年，犹太人因为反对塞琉古王朝推行希腊文化揭竿而起，在以起义者马卡比的名字命名的《马卡比书》里，记载了有关这方面的情况，书里提到，在塞琉古国王安条科四世统治时期，犹太人被强制戴上常春藤花冠，参加崇拜狄奥尼索斯的游行。[①]

其次，狄奥尼索斯也是巴勒斯坦地区某些希腊城市的保护神。在传说中，狄奥尼索斯是征服了东方的神，像亚历山大大帝一样征服了印度等遥远的土地。因此，得到了在巴勒斯坦的希腊城市的尊崇。传说狄奥尼索斯建立了斯基忒波利斯城（Scythopolis），而后来的考古发掘也证实，在拿撒勒东南 18 英里处的这个城市，的确存在着对狄奥尼索斯的崇拜。老普林尼在写于公元 1 世纪的著作中也提到过这个城市，此地被认为是尼撒，即传说中仙女抚养狄奥尼索斯长大的地方。[②]另外，巴勒斯坦的其他地方出土了与狄奥尼索斯崇拜有关的钱币和艺术品，都是公元 1 世纪之后的物品。

考古发掘还证实塔尔苏斯也有对狄奥尼索斯的崇拜。在距离塔尔苏斯城西 80 英里处的塞琉西亚，出土了一块属于公元 1 世纪的铭文，证实这里曾存

---

① Maccabees，6.7. 参见 Richard Seaford，*Dionysos*，p. 121.

② Richard Seaford，*Dionysos*，pp. 120～121.

在过狄奥尼索斯的神秘仪式。塔尔苏斯是圣保罗的家乡，所以也不奇怪，在保罗书信中也经常——直接或间接地——流露出狄奥尼索斯的秘仪对他的影响。[①]比如保罗在《罗马书》第5章中说："我们既靠着他的血称义，就更要借着他免去神的愤怒。"死亡和复活的观念、神的受难、入会者与神合为一体以及入会者的救赎，等等，似乎也都在保罗书信里隐约显现出来。但是狄奥尼索斯的神秘仪式对圣保罗有多大影响，我们还不得而知，因为我们对秘仪还不够了解。

所以，从公元前1世纪到公元4世纪末，在基督教的发展之初，即使是在基督教兴起的巴勒斯坦地区，基督教与狄奥尼索斯崇拜及其他多神崇拜是并行发展的。或者说，在公元4世纪之前，基督教一直处于发展的艰辛时代，因为罗马政府把基督教看成是非法的宗教，对基督教进行过严酷的打压，此时，罗马帝国尊奉的还是多神教，古老的希腊崇拜在帝国范围内也得到了统治者的支持。奥古斯都在位期间，推出了支持崇拜希腊诸神的政策，在喜爱希腊文化的皇帝哈德良时期，对希腊诸神崇拜的支持达到顶峰。但是这种支持从另一方面也导致了古老崇拜的衰落，因为古老传统接受的支持越多，政府给的赞助越多，世俗的成分就越多，神庙的崇拜活动似乎就越远离大众的宗教自觉。到罗马后期，神圣铭文的数量急剧减少，那些巨大的神庙建筑似乎也丧失了神圣的内容和意义。所以，对奥林波斯众神的崇拜似乎与普通人的生活渐行渐远。但是，与秘仪有关的希腊神却没有衰败，特别是德墨忒尔和狄奥尼索斯继续得到民众的支持，一些从东方传来的崇拜如塞拉皮斯和伊西斯、大母神和阿蒂斯、密忒拉等也是如此。[②]

基督教与多神教共存的局面在公元4世纪末发生了根本变化。392年，提奥多西皇帝在位时，基督教成为罗马帝国的国家宗教，希腊的多神教信仰转而被视为异端，成为被打击的对象。厄琉西斯秘仪等夜间举行的献祭活动被法律所禁止，所有违反者和对此姑息的官员都被处以严厉的惩罚。[③]在立法反对传统崇拜的过程中，所有传统献祭活动都被禁止，古代圣地处于罗马帝国的严格监控之下，公共献祭的地点被永久地关闭。

此后，在基督教的暴力破坏之下，希腊的神像、祭坛、圣所和神庙被大肆破坏和摧毁，巨大的神像、立柱纷纷倒下，神庙被拆毁或改作他用。公元435年，在德尔菲，阿波罗神庙的后殿遭到有组织的破坏，圣地内的祭坛、宝库等建筑物被刻上了十字架图案，大约在5世纪中期，在小亚细亚西部的

① Richard Seaford，*Dionysos*，p. 123.
② Helmut Koester，*History*，*Culture*，*and Religion of the Hellenistic Age*，pp.170～171.
③ M. Beard，J. North and Simon Price，*Religions of Rome*，No. 11. 14（A. D. 392）.

阿芙罗狄西亚，阿芙罗狄忒神庙里的神像遭到破坏[①]，之后，雅典的帕台农神庙、厄瑞克透斯神庙和赫菲斯托斯神庙都被改成了教堂。

公元 529 年，东罗马帝国的皇帝查士丁尼下令：“那些仍不敬神、仍犯有错误并遭诅咒的希腊人要受洗成为基督徒，否则将不许担任公共官职，也不许继承任何遗产。”[②]在查士丁尼的命令下，以弗所的主教约翰开始着手改变从以弗所到内陆地区的异教徒的宗教信仰，他在此项工作的进程中了解到，在特拉勒斯（Tralles）圣所管辖之下，仍然有 1500 个多神教的小神庙，祭司们仍然以传统的礼仪制度统领着这些神庙。于是，约翰下令拆毁这处圣所，同时在这个地点监督建造一座修道院，作为这一地区的核心建筑。约翰自我标榜说，他在 30 多年的时间里，让 8 万人受洗，建造了 96 座教堂和 12 座修道院。[③]他的行为代表了基督教通过国家机器对异教的打击，宣告了基督教的最终胜利。

在各种禁止传统宗教崇拜的法令之下，对狄奥尼索斯的崇拜仍然延续着从前的传统，基督教作家的记载里提供了狄奥尼索斯崇拜持续存在的证据。古典学家理查德 • 席福德（Richard Seaford）在希腊化时代和基督教早期的文献中进行了细致的爬梳，找到了很多狄奥尼索斯崇拜仍然存留的痕迹。本文根据他的著述，按图索骥，在这些文献中也找寻了相关证据，但本章所列举的多数证据仍出自席福德的著作《狄奥尼索斯》，具体证据参见对应的注释。

约公元 340 年，根据索佐墨诺斯（Sozomenos）的记载[④]，在劳迪希亚（Laodicea）的两个基督教牧师，由于参加尊崇狄奥尼索斯的吟诗活动被惩罚，他们参加的这种活动只是为那些入会者准备的，是秘仪活动。圣奥古斯丁曾在一封信里谴责尊崇狄奥尼索斯的公众狂欢活动，提到当时的很多名人也都参与其中了。公元 392 年，狄奥多西皇帝宣布异教为非法，但是在托斯卡纳的科萨（Cosa）城内，考古学家发现，一个建筑物大约从公元 4 世纪中叶开始一直被用作巴库斯的社团饮酒聚会的场所，直到公元 5 世纪才停止使用。

迟至公元 691 年，君士坦丁堡的教会还在禁止异装行为，禁止戴面具，禁止在踩踏葡萄或者把酒倒进酒罐时高呼“令人厌恶的狄奥尼索斯”的名字。[⑤]在装殓死者的石棺上，人们还是愿意刻上有关狄奥尼索斯的神话。在埃及，公元 5 世纪的诺努斯写出了关于狄奥尼索斯的长篇传奇，48 卷本，以诗的语言叙

---

① R. Cormack，“The Temple as the Cathedral”，in *Aphrodisias Papers*（JRA Supp. 1），Ann Arbor，MI，C. Roueche and K. T. Erim（eds.），pp.75～88.

② Simon Price，*Religions of the Ancient Greeks*，p.170.

③ Simon Price，*Religions of the Ancient Greeks*，pp. 170～171.

④ Sozomenos，*History of the Church*，6.25. 参见 Richard Seaford，*Dionysos*，p.126.

⑤ Richard Seaford，*Dionysos*，pp.126～127.

述了狄奥尼索斯的经历。公元 6 世纪的纺织品上还绣着狄奥尼索斯的传说。异常丰富的狄奥尼索斯视觉艺术作品也影响了早期基督教艺术，特别是在对葡萄的表现上。在罗马圣康斯坦萨（Santa Costanza）教堂的地下室里，有一幅保存完好的公元 4 世纪的基督教马赛克，细致地描绘了葡萄伸出的枝条以及葡萄丰收的场景。

狄奥尼索斯与剧场的联系也贯穿了整个古代，成为狄奥尼索斯在基督教的打压之下顽强存在的一个例证。公元 6 世纪，加沙的克里希乌斯（Choricius）在为哑剧辩护时，演讲的题目是“为那些在狄奥尼索斯的剧场里表达生命的人”，似乎表达了古典时代狄奥尼索斯所代表的生命活力。从这些针对剧场的抱怨中，也能看出人们对狄奥尼索斯净化仪式的怀念。公元 363 年，皇帝背教者裘里安说，他宁愿回到从前，为狄奥尼索斯进行净化仪式，但是这已经不可能了。[①]尽管剧场的演出也可以被想象成是一种宗教经历，但对基督徒来说，这些活动无法与庄严肃穆的基督教礼拜相提并论。基督徒德尔图良（Tertullian，约 160～240 年）就抱怨说，剧场是属于维纳斯和里贝尔的，所以他把剧场看成是“魔鬼的教堂”。对奥古斯丁（公元 354～430 年）来说，那些需要在公众面前展现自己错误的神放任自己成为不干净的灵魂。[②]因此，基督徒把剧场看成是对邪神的崇拜。

在基督教全面胜利之后，基督教的教义和故事里却时隐时现着狄奥尼索斯的踪迹。狄奥尼索斯和耶稣在表面上有很多相似之处，他们都是宇宙最高神的儿子，都有一个凡人母亲，都以人的面目出现在人间，都有被杀后又复活的经历。早期的基督教作家也注意到了基督教与秘仪之间的某些相似性，宣称是秘仪模仿了基督教。最早做这种宣称的人是圣徒查士丁（Justin）。他是生活在公元 2 世纪的人，他写道，狄奥尼索斯被认为是神的儿子，在他的秘仪里使用葡萄酒，他被肢解，然后升入天堂。[③]生于公元 2 世纪中叶的亚历山大里亚的克莱门，年轻时参加过秘仪，后来皈依基督教，转而猛烈地攻击异教的秘仪，他认为真正的秘仪只有在基督教里才能找到。

在基督教的仪式和狄奥尼索斯的秘仪里，的确有很多相似性。酒被想象成狄奥尼索斯的血，也被想象成耶稣的血。基督教也把神的死与压榨葡萄联系起来。克莱门称耶稣是“大串的葡萄，为了我们的原因被压碎”，同样，在《罗马人书》的第二个出生赞美诗（写于公元 6 世纪）中，玛丽亚在听到耶稣要被钉死在十字架上的预言时，回答说：“哦，我的葡萄树，但愿他们不要挤

---

① Julian，*Letters*，89. 参见 Richard Seaford，*Dionysos*，p. 126.

② Augustine，*City of God*，2.26. 参见 Richard Seaford，*Dionysos*，p. 126.

③ Richard Seaford，*Dionysos*，p.126.

压你！”耶稣于是回答说，他的复活将带来新的生命和世界的更新。[①]这些都显示出狄奥尼索斯与葡萄的密切关系广为人知，很轻易地投射到基督教徒的观念里，成为他们对耶稣与葡萄之间关系的表达。

在漫长的中世纪，基督教一统人们的思想，但是对狄奥尼索斯的崇拜却以各种方式潜伏在基督教里，以狂欢、以圣餐等方式存在于人们的日常生活中和宗教生活中。伯高·帕特里奇在《狂欢史：从古希腊到二十世纪》里，这样讲述基督教的两个节日——圣诞节和复活节：

> 本来这是两个非基督教的节日，他们的起源与繁殖丰产有关。在基督徒的生活中，这两个节日也起了某种安全阀的作用。当然，这种作用是在自觉或不自觉的状态下得以实现的。另外，教会尽管并不赞同五朔节的庆典和愚人节的狂欢，但也没有采取压制的态度，事实上，它也无法压制这些活动。[②]

波利多尔·维吉尔认为，愚人节起源于罗马人的萨图恩节和巴库斯狂欢节。[③]这些节日更多的可能不是源于宗教情感，而只是一种情绪的发泄。尽管历经了很多困难，但是一些生殖崇拜和丰产崇拜还是保留了下来。

巴库斯秘仪和厄琉西斯秘仪对基督教有无影响，学术界一直有争论。基督教学者当然不肯承认神秘宗教的影响，但是，布特沃斯（G.W. Butterworth）说：“基督教是由圣徒保罗传布给十分熟悉神秘仪式的术语、并且往往十分熟悉这些仪式本身的民族的。……他甚至用神秘教的语言描绘了整个基督教救赎计划。教会对神秘仪式的尖锐敌意阻止了任何直接或自觉的借用；但是一旦采用了词汇，思想的内容也就一起过来了。”[④]

布特沃斯认为，基督教从神秘仪式里吸收了某些重要的因素。基督教之前的神秘仪式许诺人们来生的幸福，许诺得救，这种许诺在基督教出现之前就已存在千年之久，又和基督教共同存在了几百年，必然会对基督教有某种程度的影响。比如，俄耳甫斯教预示了基督教的许多教条教规，早期的基督教常用俄耳甫斯和狄奥尼索斯的形象来描绘耶稣。“尽管基督教从一开始就有自己鲜明的特征，并且从来没有失去过这种特征，然而它并没有拒绝流行思想和实践中的某些成分。正是借助于这些成分，它才能以更加清楚、更易接

① Richard Seaford，*Dionysos*，p.127.

② ［英］伯高·帕特里奇：《狂欢史：从古希腊到二十世纪》，刘心勇、杨东霞译，上海：上海人民出版社，2014年，第75页。

③ ［英］伯高·帕特里奇：《狂欢史：从古希腊到二十世纪》，刘心勇、杨东霞译，第79页。

④ ［古希腊］布特沃斯：《关于希腊神秘仪式的附录》，［古希腊］克莱门：《劝勉希腊人》，第203～204页。

受的形式表达自己的思想。”[①]当然，对来世和获救的理解，基督教比秘仪更为合理，更为深入人心，也更加符合时代和历史的发展需要，而这也是基督教最后战胜神秘仪式的原因之一。

总之，在古代地中海文化融合的视角下，诸神之间存在着很多相似性与交融性，他们之间彼此联系、彼此认同以及彼此吸收。在公元前 5 世纪，在希罗多德的笔下，狄奥尼索斯已经等同于埃及的冥神俄赛里斯，在《酒神的伴侣》里，他与安纳托利亚的女神库柏勒的狂欢仪式联系在一起。亚历山大大帝的征服活动极大地拓展了希腊神与东方神的融合，这一过程一直持续到基督教兴起之后。无处不在的葡萄，崇拜者的热情，想象中的外来神的特质，使狄奥尼索斯崇拜不断与对其他神的崇拜融合在一起，他与塞拉皮斯、阿蒂斯、萨巴最俄斯、密忒拉、赫卡忒以及意大利的里贝尔和埃特鲁里亚的弗福伦斯等神要么非常接近，要么已经融合成为一个神。

而在宗教融合的潮流中，基督教却在另一方面避免了这一融合的潮流，虽然它吸收了狄奥尼索斯崇拜等其他宗教的内容，但始终保存了自己的独特性和独立性。所以，尽管在表面上，基督教与狄奥尼索斯的秘仪有一些相似之处和互相影响，但是他们的道德规范和组织结构有着根本的区别。狄奥尼索斯崇拜没有形成类似于犹太教或基督教那样的宗教组织，没有持久的组织形式，也不是自给自足的教派。此外，对狄奥尼索斯崇拜来说，它一直都是古代社会系统的一部分，古老的社会系统消失了，这种崇拜也就无所依附，复苏狄奥尼索斯以对抗基督教只能是徒劳之举，它的消失实属在所难免。

① 布特沃斯：《关于希腊神秘仪式的附录》，［古希腊］克莱门：《劝勉希腊人》，第 204 页。

第九章 借用与表达——狄奥尼索斯在近现代

14、15世纪，文艺复兴的曙光微露，为了冲破基督教会的禁欲主义，呼吁人们追求现世的生活，人文主义艺术家在古典文化中寻找能够表达人性的思想和观念，他们描绘古代的神话，吟唱古代的诗歌。在这个过程中，狄奥尼索斯因其独特的生命活力、与大自然的亲密关系以及其所表达的世俗生活，被文艺复兴时期的艺术家们所关注，成为新兴的资产阶级价值观的载体，表达了“人”的解放和自由。因此，狄奥尼索斯的形象大量出现在雕刻、绘画中，他的故事大量出现在文学家的作品里。但是，与希腊古典时代的狄奥尼索斯崇拜相比，近现代的狄奥尼索斯在精神内涵上发生了巨大的变化。在古典文化里，狄奥尼索斯崇拜是一种实实在在的宗教实践活动，而在近现代，它已经变成了一个较为抽象的名词或概念，被不同的需要者赋予了新的含义和价值，最终成为非理性主义的代名词，表达了人类内心多种复杂又无法言说的情感。

一、文艺复兴时期的狄奥尼索斯

欧洲文艺复兴首先在经济和文化比较发达的意大利兴起，佛罗伦萨成为文化艺术的中心。最早的资产阶级在经商和手工业生产中出现，他们重视人在生活中的地位，有了自我精神上的需求，又因为他们手中握有大量财富，可以在物质和精神两个层面影响文学家和艺术家的思想观念，使他们以自己的创作实践为途径，开始了在古典文化中寻求灵感、汲取营养的探索之路。在他们的追寻之下，表达人性、表达自由和解放的古希腊诸神复活了，某些契合人文主义精神表达的神更是受到了艺术家们的青睐。在罗马时代留下来的大量的瓶画、别墅壁画、雕刻作品以及色诺芬所描绘的宴饮活动中，狄奥尼索斯是经常出现的形象，他自由、世俗、快乐，带着人间的幸福感，符合文艺复兴时期的艺术家们的创作需求，因此艺术家们愿意把自己的思想和情感投射在狄奥尼索斯的形象中。1490年，诗人洛伦佐·美第奇（Lorenzo de Medici）为佛罗伦萨的嘉年华游行写了一首酒神颂歌，歌颂了狄奥尼索斯带来的快乐。诗的开头是这样的：

青春多么美好，
却又转瞬即逝，
寻欢的人，尽早吧！
谁知道明天的事呢？

这里是巴库斯和阿里阿德涅，
美丽的，彼此为对方燃烧。
因为时光飞逝，我们在不觉中，
而他们是永恒的幸福依偎。①

颂歌以狄奥尼索斯和阿里阿德涅的爱情为主题，写出青春易逝，要及时行乐的世俗观念，并以奢华的词语描绘了狄奥尼索斯的各色随从，如宁芙仙女、萨提儿、塞勒诺斯等，还提到了弥达斯（Midas）。弥达斯是希腊神话里弗里吉亚的国王，因为找到了迷途的塞勒诺斯，获得了狄奥尼索斯的奖赏，被授以点金术，凡是他手指碰到的东西都会变成黄金。但是很快，他就发现拥有这个点金术实质上是个灾难，因为他把自己的女儿变成了黄金雕像，把自己要吃的食物都变成了金锭。后来他祈求狄奥尼索斯收回了赐予他的点金术。②在洛伦佐的颂歌里，他还发出了一个直达生活本质的提问："他碰到的所有东西都变成了黄金，但是如果不能让自己幸福，有财富又有何意义呢？"

除了洛伦佐之外，斐奇诺（Marsilio Ficino）也对狄奥尼索斯深感兴趣，对狄奥尼索斯精神进行了深入研究。斐奇诺是文艺复兴柏拉图主义的先锋人物，他翻译了6世纪自称丢尼修（Dionysius the Areopagite）的学者写的《神秘神学》。这本书对散布在《圣经》中的天使形象和描述进行了检索和研究，并以新柏拉图主义学说解释了基督教的神秘主义，被后世称为伪丢尼修书。斐奇诺称丢尼修为"柏拉图主义的基督徒"。在翻译《神秘神学》的前言中，斐奇诺写道：

古代神学家和柏拉图学派认为，狄奥尼索斯精神是狂喜和对分离思想的放弃，部分通过天生的爱，部分通过神的激励，超越智力的自然限制，他们奇迹般的变成了神，仿佛陶醉于仙露，也仿佛拥

① 转引自 Richard Seaford，*Dionysos*，p.134.

② Barry B. Powell，*Classical Myth*，London：Pearson，2001，p.252.

有了巨大的喜悦，这么说吧，是在巴库斯的疯狂之中。①

斐奇诺对狄奥尼索斯精神（Dionysiac spirit）有着新的理解。在他的著作《关于爱》（1484 年）里，他宣称，有四种神圣的疯狂在促进灵魂的连续提升中发挥了作用。狄奥尼索斯的疯狂处于第二阶段，疯狂仪式减少了灵魂的多样性，保证了灵魂的纯洁。柏拉图的《斐多篇》里也提到过四种神圣的疯狂，并影响了公元 3 世纪的普罗提诺（Plotinus）。普罗提诺是古罗马时期的希腊唯心主义哲学家、新柏拉图主义的创始人。他曾说，狂喜来源于个人对可怕事物或者神的情感体验。但是，斐奇诺关于狄奥尼索斯精神的概念与之完全不同。斐奇诺认为，狄奥尼索斯精神超越了理智，打开了到达深层含义和神圣的狂喜的渠道。可以看出，斐奇诺对狄奥尼索斯精神的理解受到了普罗提诺的影响，同时又超越了普罗提诺的思想，给疯狂赋予了更高层次的理解，超越了单纯的智慧，他认为，狄奥尼索斯带来的疯狂超越了界限，掌管着生与再生。

> 有智慧是指具有思考的能力，通过思考可以看到事物本身，而另一种智慧是，通过某种直觉看到的事物超越了其本身，这是爱的智慧。当与琼浆（酒）一起喝的时候，它超出理性，堕入了爱河，在圆满中简化为幸福；而像这样的喝醉酒比清醒更好。②

斐奇诺的研究是一个学者对古典文化的重新理解，也是时隔千年之后对狄奥尼索斯崇拜的重新体验。由于他的研究和关注，狄奥尼索斯的形象及其所表达的精神在新的时代里，焕发出了新的光彩。斐奇诺的研究影响了这一时期的很多人文学者和艺术家，米开朗基罗是其中最重要的一位。1496 年，雕刻家米开朗基罗在罗马的第一件雕刻作品就是狄奥尼索斯，这件承袭了古典风格的杰作，现保存在佛罗伦萨的巴杰罗（Bargello）博物馆里。雕像呈现出来的狄奥尼索斯手拿酒杯，努力保持着醉态的平衡，他的头上戴着葡萄宝冠，眼神一片醉意，他身后拖着一种动物的皮，让人联想起他的疯狂仪式，狂女们在当场撕碎动物的生肉。酒神的周围有长着羊腿的小萨提儿，正调皮地趁酒神迷醉之时偷吃葡萄（参见彩图 32）。这座雕像原本是为主教拉斐尔瑞阿诺做的，后来被美第奇家族购买，并于 1572 年转移到佛罗伦萨。米开朗基罗称自己为上帝工作，这个雕像里面的常春藤、葡萄等物都是上帝的神圣植物，与基督教并不违背。

① 转引自 Richard Seaford，*Dionysos*，p.134.

② Richard Seaford，*Dionysos*，p.135.

创作这座被认为是最接近古典文化的雕像的时候，米开朗基罗刚刚二十岁出头，他的创作思想应该源于斐奇诺。因为在米开朗基罗在去罗马之前，同美第奇家族和斐奇诺都有过接触，也对柏拉图主义产生了很大的兴趣。这座雕像可能就是多种因素影响的结果，它淋漓尽致地表达了酒神的灵魂和意义。

提香（Titian）创作了一幅与狄奥尼索斯相关的著名油画《巴库斯与阿里阿德涅》（参见彩图 33），创作时间是 1523 年。画面描绘了狄奥尼索斯的突然显圣。巴库斯乘豹子拉的战车突然出现，把被提修斯遗弃在纳克索斯岛上的阿里阿德涅吓得惊慌失措，画面上她的姿势是转身欲逃，所以她背对着观者。巴库斯看到了她的恐惧，正从车上跳下来。巴库斯的周围有很多随从，有手拿铙钹的狂女，也有可爱的萨提儿，还有一个人身上缠着几条蛇。在画面的左上角，蔚蓝色的天空里，有八颗星星，构成了巴库斯承诺要变形的永恒星座。这种热闹的画面里饱含着世俗的喧嚣，也表达了状态的过渡，即阿里阿德涅从绝望的孤独到永恒的幸福的过渡，这是通过获得狄奥尼索斯的爱来完成的。

提香的另一幅油画《酒神的狂欢》（参见彩图 34），也是在 16 世纪早期创作的，表达了人生的欢乐与享受。画面表现的是巴库斯与众神狂欢的场面，酒仍然是迷醉的原因，美丽的女子全身裸露，人物大胆放荡，表达了心理欲望，是对人性的赞扬和对神学禁欲主义的挑战。

卡拉瓦乔的油画《酒神巴库斯》表现了狄奥尼索斯的内在精神气质（参见彩图 35）。卡拉瓦乔是巴洛克艺术的代表人物，他的酒神画像是 1596 年创作的，现收藏于佛罗伦萨乌菲齐美术馆。在这幅画里，酒神拿着酒杯斜倚在卧榻上，头上是葡萄的枝叶编制的花环，榻前的桌子上摆放着各种水果，比较突兀的是他的脸和身体之间形成了一种矛盾对峙：这是一张女人的脸，一具男人的身躯。这样的形象表达了酒神在迷醉状态下的无性别特征或者雌雄兼备的特征。稍加注意还会发现，卧榻前茶几上的水果虽然是秋天的果实和象征，但是瓜果有坏掉的迹象，苹果被虫蛀过，石榴已经开裂。这种矛盾之处似乎也在表达着对狄奥尼索斯的理解：一方面是对欢庆的欲望，另一方面是对死亡来临的恐惧。卡拉瓦乔在病中的自画像《扮作酒神的自画像》（参见彩图 36）也凸显了这种矛盾。酒神是欢乐的来源，也是丰收之神，而扮作酒神的画家本人面容憔悴，脸颊苍白，显示出对青春稍纵即逝的无奈之感。

在艺术史上，酒神狄奥尼索斯成为艺术家们争相表达的一个形象，无数艺术巨匠都为此做过尝试，提香、鲁本斯、德拉克罗瓦、毕加索等，但流传最广、形象最经典的被认为是米开朗基罗的巴库斯雕像和卡拉瓦乔的绘画《酒神巴库斯》。1500 年前后，意大利在政治、经济、文化和宗教领域发生了重大变化，这种变化也带来了艺术领域的发展变化，艺术家的自身修养、社会地位和创作对象也随之发生变化。提香等艺术家在国内受到了尊崇，获得了优厚的待遇，他们由中世纪默默无闻的工匠，变成了掌握话语权的人，他们的作品面对的不再是中世纪的大众群体，而是转向了知识分子群体，有的还被贵族赞助，专门为某些贵族服务。在这种氛围下，艺术家的作品反映的是当时知识分子群体的情绪、内心感受和对生活的态度。

文艺复兴时期的狄奥尼索斯形象比其他的古典元素表达了更深层次的内涵。因为狄奥尼索斯的某些元素已被融进基督教文化里，所以，艺术作品中的常春藤、葡萄等狄奥尼索斯元素在当时的基督教世界里能被接受，也具有基督教文化的象征意义。同时，我们还清晰地看到，狄奥尼索斯崇拜这一古希腊人的大众性宗教活动，历经中世纪的漫长沉寂之后，已经不再能成为人们的宗教信仰，随着古典文化的复兴，它只是再次被少数知识分子所关注，其所附着的特殊含义被逐渐挖掘，成为知识分子表达自我的一种方式。

二、重新定义狄奥尼索斯

欧洲文艺复兴是对古典艺术的复兴，但是人们对古典文艺进行理性与科学的研究是在文艺复兴之后。“古典文艺复兴的历史观肇始于 18 世纪启蒙理性和新古典主义。正是通过温克尔曼所构建的古典主义桥梁，人们才得以由文艺复兴抵达古代，形成系统的西方艺术编年的叙述。”①在理性主义时代，古希腊艺术通过温克尔曼的著作得到真正的认识，“高贵的单纯、静穆的伟大”，是温克尔曼对古典雕刻作品的理性概括，但随之而来的是，“理性主义”成为古典希腊文化的标签，与此相适应，隐含在古典希腊文化中的那些矛盾的、非理性的元素则统统被忽略掉了。18 世纪末到 19 世纪初，德语国家的一些哲学家、文化史学家和艺术史学者，致力于探索古典文化和文艺复兴时期文化中的矛盾与黑暗之处，“希腊精神的复兴，改造当时我们民族整个心灵生活的哲学和文学创作运动，从外部侵入这种心灵生活的法兰西革命”②，都为德国精神生活带来了又一个异常活跃而丰富的时代。狄奥尼索斯反复出现在德国诗人弗里德里希·荷尔德林（Friedrich Holderlin，1770～1843）的作品中，成为一种新的象征。

荷尔德林热爱古典文化，其作品多以古典颂歌体形式歌唱自由、和谐和

---

① 张坚：《多重时间：从风格到“图像研究”——“重置的文艺复兴”及其争议》，《文艺研究》2017 年第 7 期，第 11 页。

② 李永平：《荷尔德林的复兴》，《山东社会科学》2015 年第 12 期，第 25 页。

大自然。在他之前，狄奥尼索斯一直是奢华、安逸生活和快乐享受主义的象征，但对他来说，狄奥尼索斯代表了一种自由的想象。书信体小说《许佩里昂》是他的成名作，主人公许佩里昂是18世纪的希腊青年，参加了1770年的反抗土耳其的斗争，这一人物形象表达了使祖国摆脱专制主义的理想，他对反抗和解放的诉求与狄奥尼索斯所象征的力量相吻合。因此，这本书甚至在没有提到狄奥尼索斯名字的时候，也能令人想起酒神的气质。比如，作者写道："当神圣冲开监狱，那就是解放的时刻……对我们来说，仿佛就是未被束缚的灵魂……回到充满阳光的大厅。"[①]1797年，他的诗歌作品中明确提到狄奥尼索斯的胜利：

> 恒河的河畔听到了快乐的神的胜利，年轻的巴库斯来了，征服了印度的全部土地，带着神圣的美酒，将人们从睡梦中惊醒。[②]

这句诗里，明确讲到了狄奥尼索斯自印度归来，是一种解放者的形象，在《宛如节日》里，他提到塞墨勒"想见到上帝，被他的闪电击中，这位神授的女神便生下了雷雨之果，即酒神巴库斯"[③]，把狄奥尼索斯看作是神灵和世人共同的作品。在他的诗歌《面包和酒》里，细致还原了狄奥尼索斯在古代的特征：

> 神灵之火在奔突，不舍昼夜，
> 正欲启程，就这样地来吧！让我们放眼广袤的天地，
> 让我们寻找自己的东西，尽力而为，
> 有一点不可动摇，不管是正午，还是
> 夜半更深，一个准绳永存：
> 它适用于大家，对每个人又各具个性，
> 每个人在能力所及之处，应纵横驰骋。
> 因而，欢呼着的癫狂惯于嘲讽他人的嘲讽，
> 每当这种癫狂在神圣之夜突然把歌者打动。
> 因而，请到伊斯特莫斯来，去吧，那儿的茫茫大海喧响在
> 帕那斯山崖，那儿的皑皑白雪照耀着达尔菲的巉岩，
> 从那儿前往奥林匹斯圣地，从那儿攀上金泰龙峰巅，
> 踏进松树林，步入葡萄园，从那儿起，

---

① Friedrich Hölderlin，*Hyperion*，Digitale Biliothek，1793. 转引自 Richard Seaford，*Dionysos*，p.138.

② Richard Seaford，*Dionysos*，p.138.

③ ［德］荷尔德林：《荷尔德林诗新编》，顾正祥译，北京：商务印书馆，2012年，第42页。

泉女忒拜和伊斯梅诺河喧响在卡德莫斯之国，
那儿正朝我们走来的那位神回首又徘徊。
…………
面包是大地之果，却是光的赐予，
葡萄酒之欢源自怒吼的雷神。
因而我们也联想到天神们，他们
来过这里，适当的时候还会再来，
因而他们——歌手们也真诚地歌唱酒神，
对这位古神之赞美并非出于虚荣。
是的，他们有理由说，他使白昼与夜晚和解，
不懈地把天国的星辰带上带下，
永远快乐，像他所热爱的四季常青的
松树叶，像他选用常春藤所装点的桂冠，
因为他留了下来，亲自把遁去的诸神的踪迹
带往处于黑暗世界中的无神者。
…………
苍天父亲认出每个人，属于我们大家。
但此间最高之神的儿子，叙利亚人，
手擎火把下凡到冥冥世界。
永生的贤人看在眼里，被禁锢的灵魂
露出笑容，凝滞的目光冰消雪化。
提坦人在大地的怀抱里安然睡去，堕入梦乡，
连嫉妒成性的地狱之犬也饮酒入睡。①

“面包是大地之果，却是光的赐予，葡萄酒之欢源自怒吼的雷神。”诗人把面包看作是阿波罗的赐予，把葡萄酒看作是狄奥尼索斯的赐予，面包和葡萄酒是阿波罗和狄奥尼索斯的结合，也是白昼与黑夜的融合。同时，面包和葡萄酒是基督教里的圣餐，是耶稣的礼物，诗人想表达的是，面包和葡萄酒证明了古希腊诸神与耶稣之间的互相涵化，因为无论是圣餐，还是为狄奥尼索斯的狂欢庆典，都离不开神性的注入，离不开吃和喝，离不开共同的聚会。在诗歌结尾处，狄奥尼索斯与耶稣融合在一起，诗歌所描绘的场景有一个巨大的背景，那就是狄奥尼索斯与耶稣的相似性。那个“最高之神的儿子”、那个“叙利亚人”指的是耶稣，也可以是来自小亚细亚的狄奥尼索斯。

① ［德］荷尔德林：《荷尔德林诗新编》，顾正祥译，第103～111页。

如何理解荷尔德林作品中的狄奥尼索斯呢？又如何理解热衷于表现狄奥尼索斯的荷尔德林呢？这可能要从他自身的经历及当时的社会文化背景中寻找答案。

荷尔德林在南德施瓦本地区度过了他的青年时代，曾在蒂宾根神学院攻读神学与哲学，但正是这段经历使他对严苛的基督教制度极为反感。法国大革命爆发后，他深受鼓舞，也被法国大革命中表现出来的民主思想、自由和平等理念深深吸引。后来，当法国大革命日益走向血腥和暴力时，荷尔德林也开始寄情于一种观念和思想方式上的革命，希望以此来代替血腥和暴力的现实革命。他把希腊文化作为典范，认为古希腊文化的光辉可以滋养人的心灵。

1798 年，荷尔德林在个人情感上遭遇挫折，又加上他的几个革命者朋友受到参与谋反者的指控而被沃特姆伯格公爵囚禁，他的精神受到了双重打击，处于精神分裂的边缘。但在这一时期，他创作了多首瑰丽无比的挽歌体诗，《面包和酒》是其中篇幅最长的一首，也是其全部诗歌中最著名的一首。[①]这首具有哀怨和狂热双重色彩的诗歌体现了荷尔德林个人狂热的情感，描绘了狄奥尼索斯的疯癫、奔放、自由和开放，有一种美酒带来的喜极而乐的陶醉感，对狄奥尼索斯带来的陶醉以及自然与人、神的融合表达了企盼。在古代，狄奥尼索斯是突然的狂喜，是自由和解放，他从印度的归来似乎蕴含着希腊人的全面胜利。荷尔德林发展了狄奥尼索斯的这一内涵，表达了法国革命胜利后，欧洲在十几年的时间里所弥漫的政治兴奋，他的诗歌就是这一强大时代背景的产物。他抓住了希腊人对世界最本质的见解：对自然、人、英雄和众神的亲缘关系的意识，这是一种参照古典而对观现代的记忆与想象。[②]他也从内在去体会自然、人与众神的和谐融合所带来的生机盎然，被黑林格拉特称为“调节神人关系的新救世主”。

荷尔德林是尼采最喜欢的诗人。尼采在中学时代就为荷尔德林的作品所着迷，他对生命的阐释，从思想到形式，乃至个别话语，都可以看到荷尔德林对他的影响。[③]在尼采的作品里，承继性地挑选狄奥尼索斯来表达他自己的哲学理念。在《悲剧的诞生》里，尼采对狄奥尼索斯进行了重新定义和阐释。他试图证明狄奥尼索斯崇拜所代表的疯狂是对日常琐事的超然，而这正如更

---

① ［德］荷尔德林：《荷尔德林诗新编》，顾正祥译，第 111 页。

② ［德］威廉·狄尔泰：《体验与诗：莱辛·歌德·诺瓦利斯·荷尔德林》，胡其鼎译，北京：生活·读书·新知三联书店，2003 年，第 297 页。

③ 李永平：《荷尔德林的复兴》，《山东社会科学》2015 年第 12 期，第 25 页。

加有秩序的阿波罗崇拜一样，恰恰是希腊精神不可或缺的。之后，在更加明确地反对基督教文化的作品中，尼采把狄奥尼索斯当成一种最实用的符号，让其代表人类谋求改变的创造动力，来反对基督教的懦弱的献身和许诺来世安全的甜言蜜语。正如他描绘的那样，狄奥尼索斯的动力引导着那些能够控制自身的人去快乐地生活，尽管这样也会带来苦闷，也无法期望得到永远的平静。尼采对狄奥尼索斯的两个概念——作为秩序平静的阿波罗的衬托和对基督教拒绝生命本质的有力对抗——作为文化类型和生活方式冲突中的关键符号，成为解释狄奥尼索斯的最基本的范式。①在尼采的笔下，具有酒神精神的人是这样的：他们天生带着一种痛苦与狂欢交织的癫狂的气质，他们知道人生是有其悲剧的一面的，却不愿意用肤浅的乐观主义去回避悲剧，也不愿意用虚伪的乐观主义去掩盖悲剧，也不肯像叔本华那样，彻底向悲观主义屈服。相反，尼采最终要摆脱悲观的噩梦，他发现："一个人倘若有健全旺盛的内在生命力，他是不会屈服于悲观主义的。悲观主义是生命力衰退的表现，屈服于悲观主义有如屈服于霍乱，表明机体已经患病。"②总之，所有的问题都在于生命力。狄奥尼索斯代表着生命的活力，你若健康，就会热爱生命，就会向往人生的欢乐。

尼采并没有把狄奥尼索斯看成是人类之外的一种神圣力量（而希腊人是这样认为的），尼采发现了存在于我们内心的具有破坏力的狄奥尼索斯。狄奥尼索斯的迷狂能打破一切界限和禁忌，使人暂时回归原始的统一状态。这种迷狂状态是一种破坏的力量，也是一种反抗理性和规则的力量，换言之，是人内心的一种非理性。尼采之前的温克尔曼强调希腊文化的理性秩序，而尼采则试图更正这一点，他认为在希腊文化中还有非理性的冲突，这是一种与阿波罗同样重要的一种力量。同样，现代文明中的人类也有相似的心理结构和心理情绪。

尼采对狄奥尼索斯的定义，我们在《导言》中已经作了叙述和说明，在这里不再赘述。值得注意的是，后来的学者以尼采的定义为基础进一步深化了对狄奥尼索斯的研究。正如没有一种理论能够穷尽对某种宗教现象的解释一样，现代学者对狄奥尼索斯的每种研究方法都只是解释了狄奥尼索斯的某个重要侧面，并在这个侧面上加上了无尽的想象。所以，在现代研究者的思考之下，狄奥尼索斯被赋予了很多不同的含义。罗德认为狄奥尼索斯是人类早期幻想逻辑的充满感情的沉积物，基本上把狄奥尼索斯解释成生物学现象。

---

① Park McGinty，*Interpretation and Dionysos：Method in the Study of a God*，p.1.

② ［德］尼采：《一个不合时宜者的漫游》，《偶像的黄昏》，李超杰译，北京：商务印书馆，2013年，第36节。

哈里森在《希腊宗教研究导论》里，把狄奥尼索斯看成是一种想象的力量，人们期待他能够为人类提供物质上的福利。在哈里森的另一部著作《忒弥斯》（*Themis*）里，她把狄奥尼索斯看成是天然的社会欢腾的表达。尼尔森认为狄奥尼索斯崇拜提供了人类需求——物质、情感和知识——的复杂网络，但是在最后的分析中，他还是把狄奥尼索斯看成是一种虚构，是人类有限思想面对无法理解的自然现象所产生的一种敬畏。最后，道兹同罗德一样，把狄奥尼索斯看成是人类不可避免的动力和情绪的实际表达。

1933 年，奥托构建了一个截然不同的狄奥尼索斯。[①]奥托是尼采的精神信徒，受尼采的启发，他强调狄奥尼索斯在情感表达方面的价值和意义。但是，与尼采不同的是奥托严肃地重新把狄奥尼索斯看作是神，认为他的神性是绝对的、无条件的、不能转移到人的替代者身上。奥托提出了一个动态的狄奥尼索斯，他经常以各种形式现身，他是人们对宇宙的印象，揭示了其最原始的状态。对奥托来说，狄奥尼索斯是一种关键的方式，通过他，古希腊人才能穿越世俗的维度参与到最深层次的本体层面。

尽管对狄奥尼索斯的理解千差万别，但是学者们仍然在一个基本的解释学框架内理清了宗教事实，并最终基于真实的史料用宗教语言解释了狄奥尼索斯。[②]至今，狄奥尼索斯被广泛理解为一种对人的动力、欲望和行为方式的神圣模仿。[③]而值得我们注意的是，以上这些学者虽然研究的是古希腊的狄奥尼索斯崇拜，但是已经超出了古希腊史的研究领域，甚至超出了学术界的影响，推动了处于近现代文明里的人们去形成科学的世界观，并对自身的心理有了更多的理解。在心理学领域，尼采对狄奥尼索斯的定义带来了意想不到的影响，尤其是在弗洛伊德的心理学理论出现后，戏剧化地变成了对狄奥尼索斯现代化的讨论。

亨里奇认为："现代狄奥尼索斯主要是一个不安的神，是情绪的混乱、暴力和社会无秩序，是一种单方面的描绘，无限地来自于虚构故事和它的现代感受，而不是来自于古希腊人的崇拜。"[④]"狄奥尼索斯"成为一个现代化的名词，不再是一个神的名字，而变成了人类的一种精神经历。[⑤]最近几十年，

---

① Walter Otto, *Dionysos: Myth and Cult*, Trans., by R.B.Palmer, Bloomington: Indiana University Press, 1965.

② Park McGinty, *Interpretation and Dionysos: Method in the Study of a God*, pp.196～198.

③ T. H. Carpenter and C. A. Faraone（eds.）, *Masks of Dionysus*, p.22.

④ A. Henrichs, "Between Country and City: Cultic Dimensions of Dionysus in Athens and Attica", p.271.

⑤ A. Henrichs, "He Has a God in Him: Human and Divine in the Modern Perception of Dionysos", pp. 13～43.

解释者心中预想了狄奥尼索斯精神状态对社会群体及个人的影响，焦点集中于精神特征或者社会的无秩序，集中在两性角色或角色颠倒（仪式被允许的阶段），集中于对自然、社会或者概念界限的打破。[①]狄奥尼索斯的概念变得越来越抽象，成为人类学、心理学等领域常用的概念，对狄奥尼索斯与彭透斯冲突的心理学解读为这个概念的使用奠定了基础。狄奥尼索斯于是从一种象征变成一种心理或情绪上的状态。

三、文学艺术领域的狄奥尼索斯

尼采对狄奥尼索斯的定义和表达也大量地反映在很多文学作品中。文学以探索人性为目的，人的内心活动和本能是文学作品所着意刻画的内容。从这个意义上说，文学领域更易于接受尼采对狄奥尼索斯的理解。20 世纪，很多现代著名作家的作品里，都有尼采理论的痕迹，体现了对生命原动力的渴望，表达了人的内心深处无法言说的非理性情绪。比如，杰克·伦敦的《野性的呼唤》、赫尔曼·黑塞的《荒原狼》、托马斯·曼的《死在威尼斯》、戈尔丁的《蝇王》、毛姆的《月亮与六便士》等，或者通过塑造狄奥尼索斯的形象来表达作家个人的情感，或者通过剧情模拟了狄奥尼索斯的经历以探索迷狂的状态，或者以酒神和日神的对立来挖掘人性和生活本质。

托马斯·曼的《死在威尼斯》创作于 1912 年。表面上看只是一部同性恋小说，后来改编的同名电影也被认为是经典的同性恋影片。但是，这个中篇小说还有更深的含义，它表达了原始生命的冲动，表达了本能与理智之间的深刻冲突。小说对原始丛林的描绘，以及对主人公梦境的描绘都深刻地捕捉到了狄奥尼索斯迷狂的模糊本质，尤其是他沉溺于界限消融时及梦境中的语言，有一些借用了《悲剧的诞生》对狄奥尼索斯的描写，也再现了原始人祭祀淫乱狂欢的场景。

德语世界里，受到尼采影响的作家还有茨威格、赫尔曼·黑塞等人。黑塞充满哲理意味的《荒原狼》（1920 年）探讨了文明与野蛮、人与狼、灵魂与肉体、本能与理智之间的冲突。[②]同一时代背景下，英语世界里的作家们也关注着这类冲突。杰克·伦敦的小说《野性的呼唤》（1903 年）写的是一只文明世界里的狗回归野性、重返荒野的历程，写的虽然是狗反映的却是人类社会的主题和人性。野性与人性的交织互斗中，野性的力量占据了上风，这一过程表达了人类灵魂深处最奇异和最难安定的动力，那是一种需要张扬的

---

① T. H. Carpenter and C. A. Faraone（eds.），*Masks of Dionysus*，p.24.

② ［德］赫尔曼·黑塞：《荒原狼》，张睿君译，合肥：安徽文艺出版社，2016 年，第 30～34 页。

生命动力，是狄奥尼索斯所表达的原始生命力。

1919 年英国作家毛姆出版《月亮与六便士》一书，主人公的原型是印象派画家高更。在描写画家的创作激情时，毛姆大量借用了“尼采从希腊文明中所揭示过的狄奥尼索斯精神——这是一种舞蹈在万物之上的伟大的人类激情”①。比如，他这样描写画家斯特里克兰的精神气质：

> 在他身上，有某种原始的东西。他似乎参与了大自然的神秘力量，就像希腊人用半人半兽的形象，用萨梯、弗恩来呈现这种神秘力量。我想到马西亚斯，他竟然敢和阿波罗比赛乐器，结果被活活剥了皮。斯特里克兰内心似乎怀着奇妙的和弦和难以预料的图景。我预见，他的结局将是折磨和绝望。又一次，我感觉他被魔鬼附体了；但不能说是邪恶的魔鬼，因为这是在混沌初开、善恶未分之前早已存在的原始力量。②

而在描写爱上斯特里克兰的女人布兰奇的行为时，毛姆称她是迈娜得斯（Maenad，狂女），是“欲望的化身”，并用萨梯（萨提儿）追逐仙女的比喻来形容这个女人的爱情：

> 他是不是梦见一位仙女正在希腊的森林中飞奔，萨梯在后面紧追不舍？她拼命奔跑，慌不择路，但他步步紧逼，她甚至感觉到，他热辣辣的呼吸吹到了自己的脖子上！但她依然一声不响向前飞奔，他也一声不响紧紧追赶；最后，她终于被他抓住了，但是，使她浑身战栗的，究竟是恐惧，还是狂喜？③

此外，毛姆多次用狄奥尼索斯的因素来描写人的欲望、大自然的原始力量、画家内心的激情。小说中的斯特里克兰所具有的创作冲动与尼采在《悲剧的诞生》里高度赞扬的狄奥尼索斯精神高度一致，是一种舞蹈在万物之上的伟大人类激情，一种超越自我肉体、欲望与灵魂的艺术化生命表达，是人类生命的最高表现形式。这些描绘表明，在尼采理论的影响下，作家已经很自然地把狄奥尼索斯作为一种情绪的表达方式，潜意识里认为这样描写最能引发读者的共鸣。

---

① ［英］毛姆：《月亮与六便士》，徐淳刚译，杭州：浙江文艺出版社，2017 年，第 280 页。

② ［英］毛姆：《月亮与六便士》，第 123 页。引文中的“萨梯”是狄奥尼索斯的随从萨提儿（Satyr），“弗恩”是罗马的自然和丰收之神弗恩努斯（Faunus），“马西亚斯”（Marsyas）是古希腊的森林之神，长着羊角和羊蹄，与萨提儿一起被视为大自然的精灵。

③ ［英］毛姆：《月亮与六便士》，第 140～141 页。

比毛姆更深入的是美国意象派诗歌运动的重要代表人物埃兹拉·庞德，他不仅用狄奥尼索斯的因素来表达情感，而且用现代英语深入挖掘狄奥尼索斯的古代传说。在1922年出版的《前比萨诗篇》里，庞德重新讲述了狄奥尼索斯与水手的故事，展现了狄奥尼索斯的神的威力，与古代诗人贺拉斯和奥维德的感受遥相呼应：

涌起的后浪在舵链里平静下来。
曾经是吕卡布斯的海豚，
黑色的鼻吻，
成了划桨手上的鱼鳞。
我祈祷。
我看见了我所看见的。
当他们带来了那个男孩时，我说：
“他的身体里有一个神，
尽管我不知道是哪个神。”
他们把我踢到了船头。
我看见了我所看见的：
梅登的脸像是小船的表面，
胳膊缩成了鱼鳍。而你，彭透斯，
最好是听忒瑞西阿斯和卡德摩斯的吧，
否则好运就会离你而去。①

在这首诗里，庞德把狄奥尼索斯的出现看成是一个谜，一个强大却又转瞬即逝的谜，诗里面的水手，与欧里庇得斯悲剧《酒神的伴侣》里的彭透斯一样，等知道了神的不可侵犯性时为时已晚。彭透斯之所以拒绝狄奥尼索斯，是因为他被狄奥尼索斯乔装成人的外表所迷惑，没有看到狄奥尼索斯的神性。但是，庞德直觉上已经感受到了神性的出现，尽管神被隐藏在人的形体之下。当狄奥尼索斯最终在变形的奇迹中证明了自己神的威力时，他的直觉也被证实了：“我看见了我所看见的。”看见就相信，不仅在奥维德的诗里是这样，在贺拉斯（Horace）的诗里也是如此。贺拉斯展现在读者面前的是一个真正见过狄奥尼索斯并感受到他的力量的信仰者：“我在远处的山崖上看见了巴库斯，相信我，后代的人——他正把他的歌教给注意倾听的宁芙和尖耳朵的羊

① Ezra Pound，*The Cantos of Ezra Pound*，New York：Patheon Books，1983，p.9.

脚萨提儿。”[①]作为唯一的见证者，诗人的声音唤起了神启的神秘和仪式的经历。诗人所公开强调的，证明了希腊人和罗马人把狄奥尼索斯看成是一个能显圣的神，特别是，这有助于解释为什么狄奥尼索斯的视觉形象和他的随从能够构建起狄奥尼索斯崇拜的显著特征——神的威力就在其出现时得到了证明，并在这些形象里得到揭示和庆祝。[②]在庞德后期的诗歌中，他似乎非常喜欢弗雷泽关于狄奥尼索斯的概念，强调植物和农业的仪式、厄琉西斯秘仪、扎哥柔斯神话、神圣结合等。

后来的文学分析家们写了很多东西，试图把庞德复杂而变幻的认识压缩成既有的能够反映出狄奥尼索斯特征的一般公式——“普路同或冥界的狄奥尼索斯”[③]，“宇宙神圣动力的象征”[④]或者“性与酒之神”。[⑤] 比如，在对尤金·奥尼尔（Eugene O’Neill）的戏剧《大神布朗》（*The Great God Brown*）的分析中，斯蒂芬·布莱克把中年主角描绘成一个玩牌的“现代狄奥尼索斯”，他经常去一个叫库柏勒（Cybel）的妓女（库柏勒的名字让人联想起弗里吉亚的大母神）那里。[⑥]在文中，他这样写道：“布朗，她的一个常客，代表了现代男性的性欲，崇拜阳具却又不育。如果他不过度担心后果和责任的话，他会是具有掠夺性的。在她自我陶醉的现代化身中，她使自己与现代化的狄奥尼索斯相匹配，即，这两个人打纸牌的双层接龙消磨时间。”[⑦]在《大神布朗》的第二幕第一场里，库柏勒与戴恩（Dion Anthony，这个名字明显是狄奥尼索斯名字的一部分）打牌，而戴恩死后，威廉·布朗戴上了戴恩的面具，成为他的替代者。[⑧]在这部戏剧里，温和的性以及打牌的活动似乎成为现代狄奥尼索斯的标志，远离了狄奥尼索斯崇拜的黑暗与野蛮，也远离了狄奥尼索斯崇拜的淫荡和残酷。

如果说庞德的诗歌着意复原狄奥尼索斯的神性的话，英国作家戈尔丁则把狄奥尼索斯看作是人性中恶的力量。20 世纪中期，世界大战已经结束，但

① Horace，*Odes*，2.19.1～4，Hertfordshire：Wordsworth Editions Ltd，1999.

② T. H. Carpenter and C. A. Faraone（eds.），*Masks of Dionysus*，p.17.

③ L. Surette，*A Light from Eleusis：A Study of Ezra Pound's Cantos*，Oxford：Clarendon Press，1979，p. 44.

④ Anthony Woodward，*Ezra Pound and the Pisan Cantos*，London：Routledge，1980，p.88.

⑤ C. F. Terrell，*A Companion to the Cantos of Ezra Pound*，Vol. 2，Berkeley：University of California Press，1984，p.426.

⑥ Stephen A. Black，*Eugene O'Neill：Beyond Mourning and Tragedy*，New Haven：Yale University Press，1999，p. 327.

⑦ Stephen A. Black，*Eugene O'Neill：Beyond Mourning and Tragedy*，p. 328.

⑧ Eugene O'Neill，*The Great God Brown：Classic Drama*，Createspace Independent Publishing Platform，2016.

是东西方两个意识形态的阵营对峙，核武器带来的核战争阴影仍然威胁着文明社会，人们对可能还会到来的战争感到忧虑重重。1954 年，戈尔丁的小说《蝇王》出版，探讨了文明和野蛮、人性的善与恶。这部小说没有尼采学说的影子，而是直接取材于古希腊的悲剧，其主题和结构都与欧里庇得斯的《酒神的伴侣》有某些相似之处。《蝇王》描写的人性之恶与狄奥尼索斯所代表的非理性力量一样，都是一种原始的、野蛮的自然力量；《蝇王》中的西蒙被错认为野兽，惨死于孩子们狂野的狩猎舞蹈中，类同于狄奥尼索斯对彭透斯的惩罚。而在孩子们杀死西蒙的狩猎舞蹈中，他们的欢呼声“杀野兽呦！割喉咙呦！放它血呦！”[①]也有意模仿了狄奥尼索斯的疯狂仪式；在结构上，《酒神的伴侣》在结尾处采用了古希腊悲剧表演中常用的“机械降神”的方法，《蝇王》的结尾也是在拉尔夫被杰克等人追得走投无路时，意外遇到了来营救的成人。在小说里，“野兽”是孩子们始终畏惧的东西，但正如西蒙预感到的以及作者借蝇王之口说出来的，“野兽”就是人的一部分。古代的狄奥尼索斯似乎通过作家的描述变成了一种具有普遍意义的神话和象征，暗喻了人性和人类世界的现状。

1983 年，戈尔丁凭借《蝇王》获得诺贝尔文学奖，获奖理由是：“因为他的小说用明晰的现实主义的叙述艺术和多样的具有普遍意义的神话，阐明了当今世界人类的状况。”[②]而另一部获得诺贝尔文学奖的鸿篇巨作里，虽然没有提及狄奥尼索斯的名字，但处处隐藏着尼采关于酒神和日神二元对立理论的影子。在 1967 年出版的《百年孤独》里，加西亚·马尔克斯描绘了一个充满魔幻色彩的奇异世界，挖掘了人类在生存斗争中积淀而成的深层情感、经验和原始意向。书中有各种复杂的人物关系，而更让读者看得眼花缭乱的是，布恩迪亚家族的七代男人都以阿尔卡蒂奥和奥雷里亚诺为名，这两个名字一代一代地延续重复，经常让读者产生错觉和幻觉，搞不清人物的前世今生。实际上，如果以酒神和日神之间的二元对立关系来看人物形象构建的话，《百年孤独》中所有世代的阿尔卡蒂奥和奥雷里亚诺其实只有两个人，一个是以阿尔卡蒂奥为代表的酒神，一个是以奥雷里亚诺为代表的日神；阿尔卡蒂奥们总是为家族延续烟火，而奥雷里亚诺们则正好相反。书中描述的每样事物也都具有两面性，有阳光的一面，同时也有阴暗脆弱的一面。他们每个人表面上都是孤独的，但内心里却是惶恐和抗争的。而从小说本身来看，其所创造的魔幻世界是非理性的，但对人类生存和时代历史的思考又是理性的。[③]

---

① ［英］戈尔丁：《蝇王》，龚志成译，上海：上海译文出版社，2018 年，第 175 页。

② ［英］戈尔丁：《蝇王》，龚志成译，第 2～3 页。

③ ［哥伦比亚］加西亚·马尔克斯：《百年孤独》，范晔译，海口：南海出版公司，2011 年。

斯皮亚斯在其著作《狄奥尼索斯和城市：二十世纪诗歌中的现代主义》中说，狄奥尼索斯代表着与理性主义的对抗。在现代艺术家的眼中，人不是理性的、能够理解和控制世界和自我的动物，而是不知深浅的神秘存在，服从内心的和外在的他能感知的部分。现代艺术家所要做的就是在艺术之城中，与更深层次的、更加神秘的狄奥尼索斯融为一体。[①]20 世纪中叶，美国先锋话剧《狄奥尼索斯在 69 年》试图再现古代的崇拜实践，表达的就是现代人的这种心理诉求。

这部先锋戏剧作品由谢克纳根据欧里庇得斯的悲剧《酒神的伴侣》改编并导演，后来由布赖恩•德•帕尔玛（Brian De Palma）拍摄成同名电影。电影实际上是纪录片，是对谢克纳这部先锋话剧的表演现场的记录，演员和观众在同一时间的互动表演也成为记录的内容。所以，这部电影是我们得以观看此剧的资料来源。此片长约 84 分钟，主要有三个情节：彭透斯和狄奥尼索斯出生，狄奥尼索斯与彭透斯斗争并获胜，彭透斯惨死。

整部戏保持了欧里庇得斯《酒神的伴侣》的原剧情节和大致框架，但简化了很多，台词很少，“从《酒神的伴侣》的 1300 行台词中选用了 600 行”[②]，并对古老的台词进行了现代化处理，使其和现代更接近。歌舞占用了这部戏剧的大量时间，一场不到一个半小时的演出中，迷幻性舞蹈共持续了 26 分钟，念经持续了 4 分多钟。这种迷幻性的舞蹈给了观众以强烈的视觉冲击。在表演的一开始，演员们是躺在地板上的，发出古代疯狂仪式中对狄奥尼索斯的呼唤“hoi，hoi”，他们富有节奏地摆动着双手。同时，一些男演员也在表演中心奔跑，翻跟斗。这是序曲。完全由歌舞和其他动作组成，然后，彭透斯的扮演者游离出剧情，同现场的观众打招呼，他告诉观众们不但可以观看，还可以参与表演。接下来是正式的演出，仍然是持续的喊声和歌舞，直到彭透斯出生。他出生时，所有的女演员双腿叉开，男演员匍匐在女演员的双腿之下形成一个通道，暗示这就是女性的产道。然后，仍然是喊声和令人迷惑的念经一样的声音。

此后，戏剧在第二场和第三场分别展现了狄奥尼索斯的疯狂仪式和彭透斯被杀死的暴力场景，均以这种迷幻性的舞蹈为主导。整个表演场地在狄奥尼索斯的感召下已没有了观众和演员的界限，观众们已经与演员共同形成了一个舞蹈的整体。在这样的舞蹈中，每个人像是“着了魔”，被神附体了，如同在狄奥尼索斯的魔力下，狂女们在舞蹈中与神合一。演员们在剧场里裸露身体，疯狂地舞蹈和呼喊，宛若原始的狂欢状态。这种带着淫荡的热情配上

① L. S. Dembo，1973：“The Modern Spirit and Dionysus and the City”，*Boundary* 2，Vol. 1，No. 3，pp.716～721.

② 孙惠柱：《谁的蝴蝶夫人——戏剧冲突与文明冲突》，北京：商务印书馆，2006 年，第 59 页。

激越的鼓点声，也刺激了观众们脱掉衣服一同狂欢——这是这部影片被列为色情片的另一个原因。1969 年 1 月 27 日，表演团在密歇根大学进行表演时，演员因衣装暴露，被警察逮捕。后来虽然被判无罪，但是，能够看出这部剧带给当时社会的剧烈震荡。

俞建村在其论文《跨文化视阈下的理查・谢克纳研究——以印度和中国为例》中，把这种迷幻性的歌舞看作是东方的文化因素："没有观众会感觉这是一个西方戏剧的模仿世界，而是一种带有神秘东方文化意蕴性展演。这里没有西方人所认为的传统表演，只有神秘东方潜在的幻觉表现。"[①]他还认为，在欧里庇得斯的《酒神的伴侣》里，也是把狄奥尼索斯当作是来自东方的神来写的，所以酒神的文化背景是整个东方文化。而《狄奥尼索斯在 69 年》设置的也是另一种文化背景，其中的人的诞生仪式是从新几内亚岛阿斯玛特族艺术改编而来。类似的改编也是在二战之后西方文化接受非本族文化影响的大背景下完成的。正如谢克纳已经认识到的：许多社群的集体形式对当代西方戏剧的影响如同希腊罗马的古典形式对文艺复兴的影响一样。然而，它们之间的差别也是重要的：文艺复兴时期，古典文化全部得以保存的是建筑物的遗址、旧的文本和造型艺术的遗迹。今天跨文化的事情发生在表演领域，节目是原汁原味的，表演节目的人是前殖民地的民族。[②]

编剧谢克纳在另一篇题为《疯狂的政治》一文（1968）里提到狄奥尼索斯对 20 世纪六七十年代的影响：狄奥尼索斯出现在今天的美国，在嬉皮士的身上、在黑色暴乱者的"狂欢精神"里，在校园里，甚至在郊区的庭院和居室里，都可以找到他的身影。[③]他希望狄奥尼索斯成为能把西方文明从军国主义、个人主义、麻木的知识分子、对自然环境的无休止的破坏、男权主义以及把人变成物的渊薮中解救出来的力量。因此，20 世纪 60 年代末，美国处于越战危机之时，《狄奥尼索斯在 69 年》的上演，表达了对战争、对冷战对立、对国内矛盾等的不满情绪，并希望借助狄奥尼索斯的精神和力量来消融种种矛盾。

---

① 俞建村：《跨文化视阈下的理查・谢克纳研究——以印度和中国为例》，上海戏剧学院博士学位论文，2008 年，第 16 页。

② R. Schenner，*Performative Circumstances: From the Avant Garde to Ramlila*，Kolkata：Seagull books，1983.

③ Edith Hall，Fiona Macintosh and Amanda Wrigley（eds.），*Dionysus since 69：Greek Tragedy at the dawn of the third Millennium*，Oxford：Oxford University Press，2004，p. 1.

四、狄奥尼索斯对于今天的意义

进入 21 世纪以后，学者们对狄奥尼索斯的研究关注似乎更多了。以狄奥尼索斯为主题的专著、论文层出不穷，甚至多次举办以狄奥尼索斯为主题的国际讨论会。2009 年 5 月和 2010 年 2 月，世界各地的学者两次云集在柏林加蒙博物馆和马德里康普顿斯大学，以各种方法深入挖掘着狄奥尼索斯的每一个侧面。会议之后，学者们的论文也结集出版，2011 年出版论文集《一个不同的神？狄奥尼索斯和古代多神教》[①]，2013 年出版论文集《重新定义狄奥尼索斯》[②]。这样的研究热度显示出，生活在 21 世纪的人们对这个古代的神依然有着强烈的兴趣。但是，为什么？

在今天的互联网上，只要稍加搜索，就能找到成百上千个仍然被各民族崇拜的神，而狄奥尼索斯作为古代希腊的神已经湮灭很久了。为什么在 21 世纪的今天，要了解这样一个消失了很久的古代神？他对今天人们的生活会有什么影响？学者们研究他，艺术家们借用他，说明他仍然具有某些实用功能和现实意义。笔者以为，狄奥尼索斯的实用功能和现实意义体现在两个方面，一个是学术研究的价值，一个是他仍然具有的社会功能。

从学术意义上说，狄奥尼索斯作为一个古代的神，狄奥尼索斯崇拜作为一种广泛流行的古代宗教实践活动，一方面，为我们理解古希腊社会提供了一个独特的切入点，帮助我们理解古希腊社会的宗教实践活动，同时也让我们了解古代的宗教与政治、文化和社会之间的关系，简言之，为我们了解古代社会打开了一扇窗。对狄奥尼索斯的研究越深刻，对古希腊文明就越有接近其本质的认识。而另一方面，狄奥尼索斯还架起了古代和现代之间的桥梁。当基督教刚刚在地中海世界建立的时候，狄奥尼索斯崇拜已经流行了十几个世纪，并在整个地中海世界内深深扎根。在基督教把福音书中的道德伦理融入进社会规范的过程中，在反对狄奥尼索斯崇拜的过程中，也自然地受到了狄奥尼索斯崇拜的影响，狄奥尼索斯因素由此成为基督教文化的一部分。而探索这一过程中狄奥尼索斯被接受和发生影响的原因，有利于理解现代西方文化的演变及其以人为本的核心内容。因此，自文艺复兴以来，众多学者对狄奥尼索斯崇拜的深刻内涵孜孜以求。他们试图通过文献、图像、物质遗存、仪式和宗教知识来提供信息和方法，累积起来的对狄奥尼索斯的研究成果可称汗牛充栋，原因即在于此。

---

① Renate Schlesier（ed.），*A Different God？：Dionysos and Ancient Polytheism*，Berlin：De Gruyter，2011.

② Alberto Bernabé，etc.，（eds.），*Redefining Dionysos*，Berlin：De Gruyter，2013.

狄奥尼索斯在现代社会所具有的社会功能可以从两个方面来理解：首先，狄奥尼索斯具有情绪疏导和释放（katharsis）的功能，能够释放文明异化带来的心理压力，借助于对狄奥尼索斯的各种崇拜活动，古代的希腊人找到了健康的生活方式，也会为现代人摆脱文明异化提供思想方法。

在古希腊，生产力水平低下，人们普遍面临着疾病和死亡的威胁。由于医疗技术条件的限制，患病者尤其是感染瘟疫的死亡率是极高的。众所周知，在伯罗奔尼撒战争期间，瘟疫夺走了许多人的生命，就连首席将军伯里克利也未能幸免。在著名医生希波克拉底的瘟疫病历记录上，接受他治疗的 42 名患者中，死亡了 25 人。[①]约翰·古德在《理解希腊宗教》一文中指出："我们必须明白在古代世界里生活的不稳定性，并考虑到其技术资源的真正匮乏。即使是在繁荣且'先进'的公元前 5 世纪的阿提卡地区，人们的生活也几乎是完全建立在采用最低农业技术的生存农业基础之上的。对农作物、动物以及人类所遭受的各种疾病的侵袭完全无法控制。"[②]人们对生活的预期普遍很低，当时的医疗技术对许多疾病都无能为力。人们只能把希望寄托在神的身上。在这样的环境背景下，一个宣称能治病的神很容易受到人们的崇拜，并在治病的过程中，帮助人们克服焦虑心理和树立信心，起到调节人们心理的作用。正如威尔逊所说："宗教仪式是一种企图把种种情感活动变为比实际状态要缓和得多的压抑形式，一种唤起人们信心的行为。"[③]

在古希腊，人们认为狄奥尼索斯崇拜对一些疾病有治疗功能。酒神的传说里就有祭司美兰姆波司治疗疯病的原型，他通过一种似乎是能使人着魔的舞蹈仪式宣泄了阿勾斯妇女们的疯狂情绪，使她们平静下来。这种宣泄方法就是"katharsis"，在希腊语中是"净洗"和"宣泄"的意思，也是宗教意义上的净涤，同现代意义上的顺势疗法有些接近。

据西塞罗记载，最先运用"宣泄"净化疗法的是医神阿斯克勒庇俄斯（Asklepios），在当时古希腊人的心目中，他既是医圣，又是某种意义上的宗教领袖。[④]在雅典城市酒神节开始的前一天，作为准备节日的一个程序，人们要为这名医圣举行献祭仪式。在公元前 5 世纪的时代和文化背景下，净化疗法是一种较常用的医疗手段。对希腊人来说，能使人们染上病并能给予治疗的神还包括库柏勒、潘神、赫卡忒、波塞冬、阿波罗和战神阿瑞斯等。他们

① P. E. Easterling and J.V.Muir （eds.），*Greek Religion and Society*，p.6

② P. E. Easterling and J. V. Muir（eds.），*Greek Religion and Society*，p. 6.

③ ［日］池田大作、［英］威尔逊：《社会与宗教》，梁鸿飞、王健译，成都：四川人民出版社，1991 年，第 4 页。

④ ［古希腊］亚里士多德：《诗学》，附录六，陈中梅译注，第 226 页。

都在本质上与狄奥尼索斯有着共同点，都是当时极低的医疗水平的产物。一般来说，一个病人举行了对某个神的仪式后，得到了疏导，那就证明他的麻烦是这个神引起的；如果仍然没有治愈，他就应该在别的地方找原因，再试试举行其他神的仪式。古希腊有众多的神，当求助一个神没有结果时，他们就会转向其他的神，而不是认为求神无用。

“当狄奥尼索斯崇拜上升到城邦宗教之后，其他的一些崇拜形式如对库柏勒神的崇拜等超过了狄奥尼索斯崇拜的这种治疗的功能，而与狄奥尼索斯有关的秘仪在某种程度上继续发挥着这一功能。”[①]道兹认为，狄奥尼索斯崇拜和库柏勒崇拜的功能是基本相同的，即以治疗疾病为目的，排解人们对疾病这种来源不明的东西的恐惧感和紧张感。另据亚里士多德的学生阿里斯托克塞诺斯（Aristoxenos）所述，毕达哥拉斯学派的成员们用药物医治身体上的疾病，用音乐“洗涤”不纯洁的心灵，经过洗涤的心灵是安谧而和谐的。[②]——实际上，这也是所谓净化疗法产生的效果。

狄奥尼索斯崇拜活动中的疯狂舞蹈和其他疯狂仪式对疾病也具有净化和疏导作用，并为消除人们对自然的恐惧和无奈找到了宣泄口。“在许多社会，也许是在所有的社会中，祭祀活动中的舞蹈都能为一些人提供令人愉悦的宗教体验，人们通过舞蹈更容易获得与神的交流。”[③] 但是这种疯狂的舞蹈如果过度，就会给人们带来伤害，因此不能时时进行、处处进行，而“狄奥尼索斯崇拜把人们需要发泄的情绪导入一个相对无害的渠道，它的发生有相对的时间和场合，疯狂和迷醉成为服务于宗教的一种手段”[④]。这是一种较为合理的解释，因为无论从世俗的角度还是从宗教的角度来看，舞蹈或者是短时间内的疯狂举动对发泄人的内心不安都是有帮助的。

起源于狄奥尼索斯祭祀仪式的戏剧演出也是释放社会压力的重要形式。亚里士多德指出：“每个人都难免受怜悯、恐惧等感情的影响，虽然有的人特别容易产生这些感觉。动感强烈的音乐可以引发某些人的宗教狂热，当情感的高潮像疾风暴雨那样一扫而过后，他们的心情就会趋于平静，就像病人得到治疗和净洗一样。”[⑤]植根于狄奥尼索斯崇拜的悲剧为社会提供了一种无害的、公众乐于接受的、能够调节生理和心态的途径。[⑥]狄奥尼索斯崇拜中的逃离日常生活的种种放纵行为是一种发泄，观众们在剧场里的叫喊也是发泄，

---

① E. R. Dodds，*The Greeks and the Irrational*，Berkeley：University of California Press，1951，p.77.

② ［古希腊］亚里士多德：《诗学》，附录六，陈中梅译注，第 226 页。

③ E. R. Dodds，*The Greeks and the Irrational*，p.271.

④ E. R. Dodds，*The Greeks and the Irrational*，pp.272～273.

⑤ ［古希腊］亚里士多德：《诗学》，附录六，陈中梅译注，第 228 页。

⑥ ［古希腊］亚里士多德：《诗学》，附录六，陈中梅译注，第 228 页。

悲剧所引发的怜悯和恐惧，其目的也是为了把人们心中的恐惧疏导出去，从而使人们得以较长时间地保持健康的心态。“喜剧”（komodia）发挥着与悲剧同样的功能，它的原意就是“狂欢时的歌唱”。从远古时代始，“komos”或者“komazein”（狂欢）就是成群的男子以歌唱和舞蹈的方式向狄奥尼索斯表达敬意的活动。与酒神颂歌的庄严相区别的是，狂欢表达的是一种不受限制的、自由的感觉，一种真正的心灵舒张的感觉。

而从社会发展的角度看，狄奥尼索斯崇拜的疯狂状态经常被看作是对社会理性的一种颠覆，并以这种独特的形式模糊了阶级界限、性别界限，突破了理性的压抑，释放了社会对人心理造成的压力。在文明社会里，个人与集体的对立常常以“契约”的形式保持平衡。这种“契约”常常把个人眼下的利害计较遮蔽甚至融化于集体未来的社会目的之中。这时候，在表现形式上，一方面是社会把自己的目的强加给个人，另一方面，个人已经获得一种习惯，把自己的一生视为一个整体，甚至也把自己与社会集体视为一个整体。于是，越来越自觉地为着自己的未来而牺牲自己的眼前，这就是理性，文明人优于野蛮人的原因也就在于此。这种理性可以让他以深谋远虑之眼光，盘算眼前与长远，从而理智地控制感情冲动。但是人的自然本性是始终存在的，在文明和理智的长期压制之下，可能会变成一种不可抵抗的欲望。压制自己的本性，其结果就是人的本性会不可遏止地突破内心的堤坝，导致精神失常。也就是说，这种十分合理的文明化进程，在发展过程中很可能会出现异化。马小朝在《宙斯的霹雳与基督的十字架——希腊神话和〈圣经〉对西方文学的发生学意义》一书中把这种异化后果概括为两个方面：第一，是将过程推向极端，过程本身成了目的，从而销蚀了个体生命的本真价值。第二，长期理性禁锢所造成的谨小慎微，循规蹈矩，也可能造成生命激情的枯萎、感觉的钝化，从而丧失了生命中许多美好的东西。[①]守财奴、工作狂等类型的人都是理性过程发展到极端的产物。

那么，如何才能防止这样的异化结果出现呢？这就要加入一些非理性的因素来平衡，要不断地通过适当的方式来宣泄心理压力。狄奥尼索斯崇拜就是对这种社会异化的反动，在《酒神的伴侣》里，狄奥尼索斯是作为忒拜城的国王彭透斯的敌人出现的；关于狄奥尼索斯的传说里也处处充满了对秩序的破坏，充满了文明社会所排斥的血腥。他和他的崇拜者因此被看作是社会反叛的力量和他者的形象。而古希腊是个理性的社会。德尔菲的阿波罗神庙里有句名言“切忌过度”和“认识你自己”，教导人们遵守伦理道德准则，反复强调

① 马小朝：《宙斯的霹雳与基督的十字架——希腊神话和〈圣经〉对西方文学的发生学意义》，上海：学林出版社，1999年，第46页。

节制和适度。乍一看，狄奥尼索斯崇拜是与此完全相悖的，但是为什么这种破坏秩序的宗教又是保证理性社会正常运行的平衡点，并为社会所需要呢？

罗素认为："没有这种巴库斯的成分，生活便会没有趣味；有了巴库斯的成分，生活便是危险的。审慎对热情的冲突是一场贯穿着全部历史的冲突。"[①]狄奥尼索斯的快乐有着极宽的范围，从乡巴佬简单的在油迹斑斑的酒囊上乱蹦的快乐，到结构复杂的疯狂的巴库斯仪式，都充满着快乐。而在这些仪式上，狄奥尼索斯始终是"解放者"。在酒神的沉醉状态中，人们无论是肉体上还是在精神上，都能很快恢复那种被理性所束缚乃至毁坏了的强烈激情，宣泄自己的压抑情绪，使自己得到解脱，并在经历不幸和哀痛之后仍然觉得世界充满了欢愉和美。狄奥尼索斯是梦幻的制造者，他能让船的甲板上长出葡萄，能让他的信徒看到虚幻的世界，从而忘记了现实的痛苦，满足了或者释放了社会人拒绝责任的冲动，因此接受狄奥尼索斯崇拜，能使心理情绪得到较好的疏导，把可能对社会或自身造成危害的情绪导入到无害的渠道，从而保证了社会的秩序和平静。马林诺夫斯基说："宗教需要整个的地方以使分子共同崇拜圣物与神祇，同时社会也需要宗教以维持精神上的律法与治安。"[②]

狄奥尼索斯崇拜是一个很小的历史现象，但在这个崇拜发展脉络中，我们却看到了"文明"和"野蛮"、"规范"和"无序"、"正常"和"反常"的对立与平行。从远古的希腊到现代，人们的社会生活中好像从未缺少过纵欲和狂欢。所以，真正的人类历史是文明和不文明交织在一起、携手前行的。基于此，狄奥尼索斯的情绪疏导和释放功能得以穿过上古和中世纪，在近现代的历史中多有体现。即使是在基督教一统西欧的时代，也有狄奥尼索斯式的嘉年华。

而今天的世界，理性和欲望、正常和反常的斗争更加激烈。因为今天的世界俨然已是消费的世界，媒体、广告引导着人们的消费。在这样的世界里，每个人都渴望成功、渴望释放，同时又被更多的规则束缚着。与古代的希腊世界相比，今天的世界更是存在着大量的文明异化所带来的问题，尤其是大量的心理问题和心理疾病，抑郁、自杀等现象越来越普遍。面对这些问题，可能并没有根本的解决方法，但是，狄奥尼索斯式的情绪疏导会起到某种安全阀的作用。因此，虽然没有了集体的狄奥尼索斯崇拜活动，但是具有其功能的活动遍及全球。比如戏剧演出，比如观看足球比赛的球迷的狂热行为，比如嘉年华的狂欢，等等，都会成为狄奥尼索斯式的情绪疏导的替代品。

狄奥尼索斯的另一种社会功能是，它表述了现代社会中一种无法言说的

---

① ［英］罗素：《西方哲学史》，何兆武、李约瑟译，第39页。

② ［英］马林诺夫斯基：《巫术科学宗教与神话》，李安宅译，北京：中国民间文艺出版社，1986年，第37页。

情绪，对现代人来说，他具有某种象征意义。

狄奥尼索斯所代表的原始生命力以及疯狂仪式所表达的对日常生活的反叛，自文艺复兴以来，常常被人们借用，来表达不同时期的精神和文化诉求。它可能是一种奢华、安逸生活和快乐享受主义的象征，当现代人试图挖掘自身真实人性的时候，狄奥尼索斯浮现出来，成为一个焦点。在传统的基督教的世界观或者受到围攻或者备受忽视的时代里，狄奥尼索斯的形象为人们提供了一种独特的思想和生活方式。对某些人来讲，狄奥尼索斯代表了人以何种姿态活在世界上的最合理的范型；对另外一些人来说，狄奥尼索斯则代表了一种喜爱幻想胜于现实的深层倾向。①

人是非理性的，实际上，在他们内心深处，他们也不愿意与非理性分手，而是一直在努力平衡内心的原始本性和文明的趋向性。狂饮暴食、取闹作乱等的社会现象仍然随处可见，这说明人类还想利用狂欢这种古老的形式，却又无法达到洗涤罪恶的目的，因为人已经不知道自己想洗涤的罪恶是什么。面对文明异化带来的各种问题，当西方社会试图在自己的传统文化中，找到一种象征，或者一种表述时，自然而然地用到了“狄奥尼索斯”这个词。狄奥尼索斯有一种功能，他能穿越于世界的三个维度——自然、人和神。人来自自然，却渴望成为神。狄奥尼索斯通过超越这些基本的划分，能够把人转换成动物或者转换成神。通过他的现身，他把个人从其生活的环境中解放出来。在这些方面，狄奥尼索斯与那个遥远而严肃的上帝成为鲜明的对照。他具有的超越界限的融合功能使其成为一种无界限的象征。

狄奥尼索斯就如一个万花筒，折射出不同社会中光怪陆离的文化和社会心态。而发展到今天，“狄奥尼索斯”这个词已经承载了太多现代西方文化的内涵。他的存在是以一种新的含义出现的，可能是一种心理情绪的表达，也可能是尼采定义的一种生活的精神，虽然其现代含义至今并没有统一起来，但是其象征意义是明显的，那就是原始的、涌动的生命力。阿瑟·伊文思（Athur Evans）在其专著《迷狂之神：狄奥尼索斯的性角色和疯狂》里表达过一种愿望，希望狄奥尼索斯成为能把西方现代文明从军国主义、个人主义、对自然环境的无休止的破坏、男权主义以及把人变成物的渊薮中解救出来的力量。这种力量意义深远而复杂，是一种生命中最为重要的东西，这种无法言说的情绪，除了用狄奥尼索斯这个词以外，无法用语言和词汇清晰表达。

于是，古希腊的狄奥尼索斯崇拜成为一个对现代人依然有意义的概念和象征。

① Park McGinty，*Interpretation and Dionysos：Method in the Study of a God*，p.1.

结　语

穿过冬季狄奥尼索斯节日里的喧闹，在春季城市酒神节的剧场里接受人们的献祭，在秋季葡萄丰收节上笑看丰收的狂欢，不间断地显圣于各地进行的神秘仪式上，狄奥尼索斯就这样一直鲜活地跳跃在希腊人的生活里。人们盼望着狄奥尼索斯的节日，正如他们热切地盼望着丰收，盼望着生命的放纵。尼采在《悲剧的诞生：尼采美学文选》中，高度评价了狄奥尼索斯节日的意义，他说："几乎在所有的地方，这些节日的核心都是一种癫狂的性放纵……然而一旦类似的冲动终于从希腊人的至深根源中爆发出来，闯开一条出路，抵抗便很成问题，甚至不可能了。……与巴比伦的萨克亚节及其人向虎猿退化的陋习相比，希腊人的酒神宴乐含有一种救世节和神化日的意义。"[①]正是这种生命的色彩为希腊人日常单调、艰苦的生活送去了慰藉和欢乐，使他们得以在生命的道路上继续前行，而狄奥尼索斯崇拜也因此成为古希腊文明的核心成分。

但是，狄奥尼索斯崇拜又不仅仅存在于古希腊文明中。在跨文化的视野下，狄奥尼索斯崇拜在历史的长河中，曾经与不同时期的多种文化发生了互动、交流和冲突。它的起源背景是整个地中海世界的古代文化，它是地中海世界的产物，是"相似的原因同样地作用于地区不同国度不同但结构相似的人类头脑的产物"[②]。在旧石器时代的母亲神崇拜里，能够找到与狄奥尼索斯崇拜相似的因素。在米诺斯宗教里，这种相似的因素又增加了很多，米诺斯宗教中的树和蛇、女神和圣婴也是狄奥尼索斯崇拜所刻意强调的内容或标志性特征。米诺斯文化和迈锡尼文化相互影响之下，古希腊宗教里最主要的神已经出现并具有了各自的功能。约公元前 1300 年，狄奥尼索斯的名字出现在迈锡尼线形文字 B 泥版上。随着葡萄种植技术从古代西亚传播到希腊，狄奥尼索斯崇拜的特殊需求与葡萄酒的宗教致幻作用相融合，狄奥尼索斯从树神变成了酒神，并衍生出其他多种功能。

荷马时代是古希腊城邦兴起和形成的重要阶段，狄奥尼索斯崇拜与城邦政治发生了某种关联，据史料记载，一些城邦的僭主不约而同地推崇狄奥尼索斯崇拜，在雅典，梭伦改革、庇西忒拉图的僭主政治和克里斯提尼改革都

① ［德］尼采：《悲剧的诞生：尼采美学文选》，周国平译，第 8 页。

② ［英］弗雷泽：《金枝：巫术与宗教之研究》，徐育新等译，第 560 页。

曾借助和推动过狄奥尼索斯崇拜，也促使这种崇拜渐渐进入城邦政治的“中心”，成为雅典民主政治体系的一部分，并衍生出戏剧这一文学形式，为古代希腊人的生活提供了一个心理释放的安全阀。狄奥尼索斯崇拜的存在使希腊人在发展理性精神的同时，也保留了强烈的感性认识，从而为希腊人构建了既重视理性又重视感性的社会心理结构。伯罗奔尼撒战争之后，希腊城邦出现危机，狄奥尼索斯崇拜的秘仪广受欢迎，人们希冀从中得到救赎和来世的允诺。

希腊化时代，古希腊宗教面对着各种文化冲突——来自东方文化的影响、传统宗教的衰落和希腊化君主的政治干预等。种种矛盾冲突中，狄奥尼索斯崇拜却因其自身所具有的整体融合性，吸收了东方神秘主义因素，成为个人救赎的宗教。意大利南部出土的金质书页和阿普利亚陶瓶反映出狄奥尼索斯对于死亡和来世的重要意义。同时，关于狄奥尼索斯征服小亚细亚乃至印度的传说，也使希腊化君主大力推崇狄奥尼索斯，并在节日期间举办大规模的游行活动，彰显国王的野心和奢华。

希腊化时代的狄奥尼索斯崇拜以秘仪为主要形式，但也有其他的组织活动。“欢呼酒神者”和“狄奥尼索斯的艺人”是两种不同的群体组织。前者是享受酒会的人，后者是出演戏剧的演员所组织的行会。希腊的戏剧随着这些演员的步伐传到了整个希腊世界，之后传到了整个罗马帝国，甚至在东方社会也产生了影响，狄奥尼索斯的形象出现在中亚、南亚等地的希腊化城市和建筑遗存中，反映出东西方文化交流的源远流长。

罗马文化总体上是对希腊文化的继承和发展，狄奥尼索斯在罗马宗教里有相对应的神——里贝尔。罗马共和国时期，巴库斯秘仪（狄奥尼索斯崇拜的秘仪形式）还出现过发展的高潮，吸引了众多信徒。但是，由于担心群众聚集活动有伤风化并有可能威胁到罗马的统治结构，元老院严令禁止了巴库斯秘仪。除了与罗马政治文化存在的冲突外，狄奥尼索斯崇拜还遭遇了在帝国时期成为国教的基督教。耶稣与狄奥尼索斯在表面上有很多相似之处，基督教的仪式与秘仪之间也有相似性。保罗在其家书里也曾提到，狄奥尼索斯崇拜曾影响过他的传教活动。这些细节之处显示出狄奥尼索斯崇拜对基督教的直接影响，说明尽管狄奥尼索斯崇拜最终在基督教的打压下消失，但其中的某些因素已被基督教吸收，成为基督教文化的一部分。

文艺复兴时期，群体性的狄奥尼索斯崇拜的实践活动不复存在，随着古典文化复兴的狄奥尼索斯变成了一种人文精神，体现在米开朗基罗的雕刻作品里，体现在提香的油画里，也体现在洛伦佐的诗篇里。18 世纪理性主义时代，德国诗人荷尔德林在诗歌里，用“狄奥尼索斯”表达了对自由的向往和对专制的反抗，他对狄奥尼索斯的关注直接影响到尼采。《悲剧的诞生》构建了狄奥尼索斯与阿波罗之间的二元对立关系，同时狄奥尼索斯的非理性因素得到近现代学者的认识。此后，尼采阐释的狄奥尼索斯精神成为西方创造性思想的表达。在数千年的时光流转中，狄奥尼索斯又成为西方文明的内核。

而在狄奥尼索斯崇拜发展的横切面上，我们既可以看到多种文化之间的交流和互动，也可以看到古希腊文化内部多种因素之间的相互影响。

第一，在古代地中海世界的多元文化背景之下，我们能够看到古代西亚、北非文明与古希腊文明之间的互动关系。一直以来，狄奥尼索斯所具有的东方特征备受争议，人们认为这种崇拜来自东方文明。狄奥尼索斯最早是树神，与古埃及的俄赛里斯、叙利亚的阿多尼斯、弗里吉亚的阿蒂斯等神具有相似性，与谷物女神有着许多联系。但这样的神不是神秘主义的东方宗教的专属，整个地中海地区的民族都有这种特征。狄奥尼索斯崇拜从地中海世界的多元文化母体中吸取了营养，进而完成了自己的希腊本土化进程。在古风时代，希腊文化又经历了布克特所称的“东方化革命”，在这个过程中，狄奥尼索斯崇拜吸收了古代西亚和古代埃及等东方文明中与之相似的神的特征，形成了独具魅力的专属于古希腊的狄奥尼索斯崇拜。

第二，在希腊文明内部多元性文化碰撞与交流的视角下，狄奥尼索斯崇拜亦成为我们理解古代希腊社会的关键。狄奥尼索斯崇拜具有多重特点，它既是古希腊城邦公共生活的一部分（如城市酒神节、戏剧演出），是城邦正式承认的一种宗教，与古希腊的城邦政治生活水乳交融，又在很多方面疏离于城邦（如秘仪和疯狂仪式），否认和超越了城邦。可以说，作为一种宗教形式下的生活方式，狄奥尼索斯崇拜同时涉及了城邦的公共空间和私人生活。

在城邦的公共空间里，起源于狄奥尼索斯祭仪的戏剧具有特殊的政治和文化内涵。戏剧是献给狄奥尼索斯的演出，剧场中心的狄奥尼索斯祭坛、歌队的功能以及保留至今的戏剧文本，无不体现出狄奥尼索斯自始至终都是古希腊戏剧中最核心的因素。在雅典，由于狄奥尼索斯崇拜与民主政治之间的密切关系，城市酒神节及节日上的戏剧演出也成为民主政治意识形态的表达渠道。

第三，狄奥尼索斯崇拜表达了对文明异化的反抗。生活在文明社会中的人们，在享受着文明成果的同时，也承受着文明异化带来的恶果。社会关系失调、道德危机、社会心理危机等问题直接威胁着人类的生存和发展。因此，反对和克服当代文明异化的斗争，已成为全人类的迫切任务。而在这方面，狄奥尼索斯崇拜在古希腊社会中所起的作用能够给我们带来一定的启示。在狄奥尼索斯的祭仪中，有猥亵淫荡的狂欢活动，有离开织布机的妇女在山间游荡，也有狂女们疯狂舞蹈和生食幼兽，这些疯狂和暴力的行为作为对异化文明的一种反抗，恰恰为人们提供了一条心理宣泄的渠道，反过来确保了古希腊社会的理性与和谐。

正因如此，狄奥尼索斯才能在文艺复兴之后得以复活，才能成为表达人文精神的载体，并在现代欧美世界中仍然具有文化上的象征意义。19 世纪西方文化基本是以理性和科学为主导的，但尼采之后，新的文化评价标准产生了，非理性思潮发展起来，狄奥尼索斯成为非理性主义最形象化的表达，它超越了文化传统设置的种种禁锢，表达了一种不受压抑的生命力，代表着与理性主义的对抗。20 世纪六七十年代之后，狄奥尼索斯又被赋予了新的含义，成为西方人表达内心情感的一个专有名词。在全球化的今天，狄奥尼索斯不仅仅是雅典街头小酒馆的店名，还表达着人类内心深处一种无法言说的情感。

综上所述，在跨文化的视野下，无论是从历史的纵向发展来看，还是从文化之间的横向交流互动来看，狄奥尼索斯崇拜都是我们理解西方文化的一个关键点。理解了围绕这一文化现象形成的网络关系，能够让我们看到从古至今在不同文化之间存在着一种供给关系：在狄奥尼索斯崇拜发展的各个阶段，不同文化间的交流与冲突恰恰带来了文明的生长。狄奥尼索斯崇拜这一文化现象如此，整个西方文明的发展也是如此。

参考文献

一、古典著作与译著

[德] 埃利希·诺伊曼：《大母神——原型分析》，李以洪译，北京：东方出版社，1998 年。

[德] 恩格斯：《家庭、私有制和国家的起源》，《马克思恩格斯选集》第 4 卷，北京：人民出版社，1972。

[奥] 弗洛伊德：《图腾与禁忌》，杨庸一译，北京：中国民间文艺出版社，1986 年。

[德] 海德格尔：《荷尔德林诗的阐释》，北京：商务印书馆，2000 年。

[德] 尼采：《悲剧的诞生：尼采美学文选》，周国平译，北京：生活·读书·新知三联书店，1986 年。

[法] 让·韦尔南：《神话与政治之间》，余中先译，北京：生活·读书·新知三联书店，2001 年。

[法] 让·韦尔南：《希腊思想的起源》，秦海鹰译，北京：生活·读书·新知三联书店，1996 年。

[法] 让·韦尔南：《古希腊的神话与宗教》，杜小真译，北京：生活·读书·新知三联书店，2001 年。

[法] 让·维尔南：《希腊人的神话和思想——历史心理分析研究》，黄艳红译，北京：中国人民大学出版社，2007 年。

[古希腊] 阿里斯托芬：《阿里斯托芬喜剧两种》，罗念生译，长沙：湖南人民出版社，1981 年。

[古希腊] 阿里斯托芬：《罗念生全集》第 4 卷，上海：世纪出版集团，2004 年。

[古希腊] 埃斯库罗斯：《悲剧两种》，罗念生译，北京：人民文学出版社，1979 年。

[古希腊] 埃斯库罗斯等：《古希腊悲剧经典》，罗念生译，北京：作家出版社，1998 年。

[古希腊] 柏拉图：《柏拉图的〈会饮〉》，刘小枫等译，北京：华夏出版社，2003 年。

[古希腊] 柏拉图：《柏拉图对话集》，王太庆译，北京：商务印书馆，2004 年。

[古希腊] 柏拉图：《柏拉图全集》（第 3 卷），王晓朝译，北京：人民出版社，2002 年。

[古希腊] 柏拉图：《理想国》，郭斌和、张竹明译，北京：商务印书馆，2002 年。

[古希腊] 荷马：《荷马史诗·奥德赛》，王焕生译，北京：人民文学出版社，1998 年。

[古希腊] 荷马：《荷马史诗·伊利亚特》，罗念生、王焕生译，北京：人民文学出版社，2003 年。

[古希腊] 赫西俄德：《工作与时日　神谱》，张竹明、蒋平译，北京：商务印书馆，1991 年。

[古希腊] 克莱门：《劝勉希腊人》，王来法译，北京：生活·读书·新知三联书店，2002 年。

[古希腊] 欧里庇得斯：《欧里庇得斯悲剧集》，周作人译，北京：中国对外翻译出版公司，2003 年。

[古希腊] 普鲁塔克：《希腊罗马名人传》，席代岳译，长春：吉林出版集团有限责任公司出版，2009 年。

[古希腊] 色诺芬：《回忆苏格拉底》，吴永泉译，北京：商务印书馆，2002 年。

[古希腊] 色诺芬：《经济论》，张伯健译，北京：商务印书馆，1983 年。

[古希腊] 色诺芬：《长征记》，崔金戎译，北京：商务印书馆，2015 年。

[古希腊] 希罗多德：《历史》，王以铸译，北京：商务印书馆，2001 年。

[古希腊] 希罗多德：《历史》，徐松岩译注，北京：中信出版社，2013 年。

[古希腊] 修昔底德：《伯罗奔尼撒战争史》，谢德风译，北京：商务印书馆，1978 年。

[古希腊] 修昔底德：《伯罗奔尼撒战争史》，徐松岩、黄贤全译，桂林：广西师大出版社，2004 年。

[古希腊] 亚里士多德：《诗学》，陈中梅译注，北京：商务印书馆，1999 年。

[古希腊] 亚里士多德：《亚里士多德选集：政治学卷》，颜一编，北京：中国人民大学出版社，1999 年。

[美] 保罗·麦克金德里克：《会说话的希腊石头》，晏绍祥译，杭州：浙江人民出版社，2000 年。

[美] 古斯塔夫·缪勒：《文学的哲学》，孙宜学、郭洪涛译，桂林：广西大学出版社，2001 年。

[美] 理安·艾斯勒：《圣杯与剑——“男女之间的战争”》，程志民译，北京：社会科学文献出版社，1997 年。

[美] 诺尔曼·布朗：《生与死的对抗》，冯川、伍厚恺译，贵阳：贵州人民出版社，2009 年。

[美] 威尔·杜兰：《世界文明史· 希腊的生活》，幼狮文化公司译，北京：东方出版社，1999 年。

[美] 伊迪丝·汉米尔顿：《希腊方式——通向西方文明的源流》，徐齐平译，杭州：浙江人民出版社，1988 年。

[日] 池田大作、[英] 威尔逊：《社会与宗教》，梁鸿飞、王健译，成都：四川人民出

版社，1991 年。
［瑞士］荣格：《心理学与文学》，冯川、苏克译，北京：生活·读书·新知三联书店，1987 年。
［苏］谢·亚·托卡列夫：《世界各民族历史上的宗教》，魏庆征译，北京：中国社会科学出版社，1985。
［英］伯高·帕特里奇：《狂欢史：从古希腊到二十世纪》，刘心勇、杨东霞译，上海：上海人民出版社，2014 年。
［英］凯莱特：《宗教的故事》，曹国臣、刘宗峨译，南京：江苏人民出版社，1999 年。
［英］凯瑟琳·勒维：《古希腊喜剧艺术》，傅正明译，北京：北京大学出版社，1988 年。
［英］罗素：《西方哲学史》，何兆武、李约瑟译，北京：商务印书馆，1995 年。
［英］马林诺夫斯基：《巫术科学宗教与神话》，李安宅译，北京：中国民间文艺出版社，1986 年。
［英］汤因比：《历史研究》，曹未风等译，上海：上海人民出版社，1986 年。
［英］维利斯·哈特诺尔：《简明世界戏剧史》，李松林译，北京：中国戏剧出版社，1986 年。
［英］詹·乔·弗雷泽：《金枝：巫术与宗教之研究》，徐育新、汪培基、张泽石译，北京：中国民间文艺出版社，1987 年。

二、国外相关论著

A. D. Trendall and T. B. L. Webster，*Illustrations of Greek Drama*，London：Phaidon，1971.

A. F. Bierl，*Dionysos und die Griechische Tragodie*，Tübingen：Classica Monacensia，1991.

A. F. Jaccottet，*Choisir Dionysos. Les Associations Dionysiaques ou la Face Cachée du Dionysisme*，Zurich：Akanthus，2003.

A. Henrich，“Entry on Dionysos”，*The Oxford Classical Dictionary*，Edited by Simon Hornblower and Antony Spawforth，3rd edition，Oxford：Oxford University Press，1996.

A. Henrichs，“‘He Has a God in him’：Human and Divine in the Modern Perception of Dionysus”，in T. Carpenter and C. Faraone (eds.)，*Masks of Dionysus*，New York：Ithaca，1993.

A. Henrichs，1978：“Greek Maenadism from Olympias to Messalina”，*Harvard Studies in Classical Philology* 82.

A. Henrichs：“Between Country and City：Cultic Dimensions of Dionysos in Athens and Attica”，in M. Griffith and D. J. Mastronarde（eds.），*Cabinet of the Muses. Essays on Classical and Comparative Literature in Honor of Thomas G. Rosenmeyer*，Atlanta：Scholars Press，1990，pp.257～277.

A. W. Pickard-Cambridge，*The Dramatic Festivals of Athens*，Oxford：The Clarendon Press，1968.

A. W. Pickard-Cambridge，*The Theatre of Dionysus in Athens*，Oxford：The Clarendon Press，1946.

A. Woodward，*Ezra Pound and the Pisan Cantos*，London and Boston：Routledge，1980.

A.N. Athanassakis，"Homeric Hymns to Dionysos"，*The Homeric Hymns*，Baltimore：The Johns Hopskins Unviversity Press，1976.

Albert Henrichs，1984："Loss of Self，Suffering，Violence：The Modern View of Dionysus from Nietzsche to Girard"，*Harvard Studies in Classical Philology*，Vol. 88.

Alberto Bernabé，etc.，(eds.,)，*Redefining Dionysos*，Berlin：De Gruyter，2013.

Alciphron，Aelian, and Philostratus, *Letters*，Trans.，by A. R. Benner and F. H. Fobes, Loeb Classical Library, Cambridge: Harvard University Press, 1949.

Alison Frantz，1965："From Paganism to Christianity in the Temples of Athens"，*Dumbarton Oaks Papers*，Vol 19，pp.185～205.

Allaire C. Brumfield，*The Attic Festivals of Demeter and their Relation to the Agriculture Year*，Salem：NH，1981.

Andrew Dalby，*Geoponika：Farm Work：A modern translation of the Roman and Byzantine farming handbook*，Prospect Books，2011.

Anthony Woodward，*Ezra Pound and the Pisan Cantos*，London and Boston：Routledge，1980.

Anton Powell (ed.)，*The Greek World*，London and New York：Routledge，1997.

Antonia Tripolitis，*Religions of the Hellenistic-Roman Age*，Grand Rapids：William B. Eerdmans Publishing Company，2002.

Apollodorus，*The Library*，Trans.，by J. G. Frazer，The Loeb Classical Library，Cambridge：Harvard University Press，reprint，1995.

Aristophanes，"Lysistrata"，in Whitney J. Oates and Eugene O' Neill（eds.），*The Complete Greek Drama*，Vol.2，New York：Random House，1938.

Aristotle，*Athenian Constitution*，Trans.，by H. Rackham，Cambridge：Harvard University Press，1952.

Aristotle，*Nichomachean Ethics*，Oxford：Oxford University Press，2009.

Aristotle，*Parts of Animals. Movement of Animals. Progression of Animals*，Trans.，by A. L. Peck, Loeb Classical Library, Cambridge：Harvard University Press，1937.

Aristotle，*Politics*，Trans.，by H. Rackham，Cambridge：Harvard University Press，1932.

Athenaeus，*The Deipnosophists*，Trans.，by C. B. Gulick，Cambridge：Harvard University Press，1933.6. Aristophanes，'Acharnians'，in Whitney J. Oates and Eugene O' Neill， ed.，*The Complete Greek Drama*，Vol.2，New York：Random House，1938.

Athenaeus，*The Learned Banqueters*，Edited and Trans.，by S. Douglas Olson，Cambridge：Harvard University Press，2006.

B. C. Dietrich，*The Origins of Greek Religion*，Berlin and New York：Walter de Gruyter，1974.

B. Snell，*The Discovery of the Mind*，New York：Evanston，1960.

Barry B. Pwoell，*Classical Myth*，New Jersey：Prentice-Hall，2001.

C. F. Terrell，*A Companion to the Cantos of Ezra Pound*. Vol. 2，Berkeley and Los Angeles：University of California Press，1984.

C. Orrieux and P. Pantel，*A History of Ancient Greece*，Trans.，by J. Lloyd，Malden：Blackwell，1999.

C. W. Clairmont，*Patrios Nomos：Public Burial in Athens During the Fifth and Fourth Centuries B. C.*，London：Clarendon Press，1983.

Callimachus，*Callimachus*，Trans.，by A. W. Mair and G. R. Mair，The Loeb Classical Library，Cambridge：Harvard University Press，reprint，1989.

Callimachus，*Epigrams*，The Loeb Classical Library，Cambridge：Harvard University Press，reprint，1989.

Carl Kerény，*Dionysos：Archetypal Image of Indestructible Life*，Trans.，by R. Manheim，Princeton：Princeton University Press，1979.

Caroline Houser，*Dionysos and His Circle：Ancient Through Modern*，The Fogg Art Museum：The Stinehour Press，1979.

Charles Segal，*Dionysiac Poetics and Euripides' Bacchae*，Princeton：Princeton University Press，1997.

Christiane Sourvinou-Inwood，*Tragedy and Athenian Religion*，Oxford：Rowman and Littlefield Publishers，2002.

Christine Alexander，1955："A Roman Silver Relief：The Indian Triumph of Dionysos"，*The Metropolitan Museum of Art Bulletin*，New Series，Vol. 14，No. 3，pp. 64～67.

Cornelia Isler-Kerényi，*Dionysos in Archaic Greece：An understanding through Images*，Trans.，by Wilfred G. E. Watson，Leiden and Boston：Brill，2007.

D. B. Redford，*Egypt，Canaan，and Israel in Ancient Times*，Princeton：Princeton University Press，1992.

D. J. Phillips and D. Pritchard (eds.)，*Sport and Festival in the Ancient Greek World*，Swansea：Classical Press of Wales，2003.

D. M. Schaps，1998："What Was free about an Athenian Woman？" *Transactions of the American Philological Association*，Vol.128，pp.161～189.

Dan Stanislawski，1975：“Dionysus Westward：Early Religion and the Economic Geography of Wine”，*Geographical Review*，Vol. 65，No. 4.

Daniel Ogden (ed.)，*A Companion to Greek Religion*，Oxford：Blackwell Publishing，2007.

David Pritchard，2004：“Kleisthenes，participation，and the Dithyrambic contests of late Archaic and classical Athens”，*Phoenix*，Vol. 58，No. 3/4，pp. 208～228.

Demosthenes，*On the Crown*，Cambridge: Cambridge University Press, 2001.

Diodorus Siculus，*Library of History*，Trans.，by C. H. Oldfather，The Loeb Classical Library，Cambridge：Harvard University Press，reprint，1998.

E. C. Keuls，*The Reign of the Phallus：Sexual Politics in Ancient Athens*，Berkeley：California University Press，1985.

E. Issac，*Geography of Domestication*，New Jersey：Prentice-Hall，1970.

E. R. Dodds，*Euripides：Bacchae*，Oxford：The Clarendon Press，1953.

E. R. Dodds，*The Greeks and the Irrational*，Berkeley：University of California Press，1951.

E.，Hallager，M. Vlasakis and B. Hallager，1992：“New Linear B Tablets from Khania”，*Kadmos* 31，pp.61-87.

Edith Hall，Fiona Macintosh and Amanda Wrigley（eds.），*Dionysus since 69：Greek Tragedy at the Dawn of the third Millennium*，Oxford：Oxford University Press，2004.

Edward Hyams，*Dionysus：A Social History of the Wine Vine*，New York：The Macmillan Company，1965.

Emily Vermeule，*Aspects of Death in Early Greek Art and Poetry*，Berkeley，Los Angeles and London：University of California Press，1979.

Emily Vermeule，*Greece in the Bronze Age*，Chicago and London：The University of Chicago Press，1964.

Eric Csapo and William J. Slater，*Context of Ancient Drama*，Ann Arbor：The University of Michigan Press，1995.

Erika Simon，*Festivals of Attica：An archaeological commentary*，Madison：The University of Wisconsin Press，1983.

Erwin Rohde，*Psyche：The Cult of Souls and the Beliefs in Immortality among the Greeks*，London：Routledge，2000.

Eugene O' Neill，*The Great God Brown：Classic Drama*，Createspace Independent Pub，2014.

Euripides，*Bacchae. Iphigenia at Aulis. Rhesus*，Trans.，by David Kovacs，The Loeb Classical Library，Cambridge：Harvard University Press，2003 .

Euripides，*Bakkhai*，Trans.，by R. Gibbons，with Introduction and Notes by Charles Segal，Oxford：Oxford University Press，2001.

Euripides，*Cyclops*，London：William Heinemann，Loeb Classical Library，1912.

Euripides，*Hippolytus*，London：William Heinemann，Loeb Classical Library，1912.

Euripides，*Madness of Hercules*，London：William Heinemann，Loeb Classical Library，1912.

Euripides，*Trojan Women, Iphigenia Among the Taurians, Ion*，Trans.，by David Kovacs，The Loeb Classical Library，Cambridge：Harvard University Press，1999.

Ezra Pound，*The Cantos of Ezra Pound*，New York：Patheon Books，1983.

F. Frontisi-Ducroux，*Le Dieu-masque，un figure du Dionysos d' Athènes*，Paris，1991.

F. Sokolowski，*Lois Sacrées des Cités Grecques*（Ecole Francaise d' Athènes，Travaux et Mémoires 18），Paris，1969.

F. W. Danker，*Benefactor：Epigraphic Study of a Graece-Roman and New Testsment Semantic Field*，St. Louis：Clayton Publishing House，1982.

F. W. Walbank，A. E. Astin，M. W. Frederiksen，R. M. Ogilvie，*The Cambridge Ancient History*，second edition，Vol. VII，part I，*The Hellenistic World*，Cambridge：Cambridge University Press，1984.

François de Polignac，*Cults，Territory，and the Origins of the Greek City-State*，Chicago：The University of Chicago Press，1995.

Fritz Graf and Sarah Iles Johnston，*Ritual Texts for the Afterlife：Orpheus and the Bacchic Gold Tablets*，London and New York：Routledge，2007.

Froma I. Zeitlin，"Playing the Other：Theater，Theatricality，and the Feminine in Greek Drama"，in J. J. Winkler and F.I. Zeitlin，*Nothing to do with Dionysos ? Athenian Drama in its Social Context* Princeton，New Jersey：Princeton University Press，1990，pp.63～96.

G. M. Sifakis，1965："Organization of Festivals and the Dionysiac Guilds"，*The Classical Quarterly*，Vol. 15，No. 2，pp. 206～214.

G. Mylonas，*Eleusis and the Eleusinian Mysteries*，Princeton：Princeton University Press，1969.

G. Sissa and M. Detienne，*The Daily Life of the Greek Gods*，Trans.，by Janet Lloyd，Stanford：Stanford University Press，2000.

Gilbert Murray，*Four Stages of Greek Religion*，New York：Columbia University Press，1912.

Guy Hedreen，1994："Silens，Nymphs，and Maenads"，*Journal of Hellenic Studies* Cxiv，pp47～69.

Guy Hedreen，2004："The return of Hephaistos：Dionysiac processional ritual and the creation of a visual narrative"，*The Journal of Hellenic Studies*，Vol. 124，pp.38～64.

H. A. Shapiro，*Art and Cult under tyrants in Athens*，Mainz am Rhein：von Zabern，1989.

H. D. F. Kitto，*Greek Tragedy：A Literary Study*，London and New York：Routledge，2003.

H. Idris Bell，*Cults and Creeds in Graeco-Roman Egypt*，New York：Philosophical Library，

1953.

H. W. Parke，*Festivals of the Athenians*，London：Thames and Hudson，1977.

Helen Cullyer，2005："A Wind That Blows from Thrace：Dionysus in the Fifth Stasimon of Sophocles 'Antigone' "，*The Classical World*，Vol. 99，No. 1，pp. 3～20.

Helmut Koester，*History，Culture，and Religion of the Hellenistic age*，Philadelphia：Fortress Press，1990.

Herodotus，*Histories*，Trans.，by A. D. Godley，The Loeb Classical Library，Cambridge：Harvard University Press，1995～1999.

Hesiod，*Theogony. Works and Days. Testimonia*，The Loeb Classical Library，Cambridge：Harvard University Press，2006.

Homer，*Iliad*，Trans.，by A. T. Murray，The Loeb Classical Library，Cambridge：Harvard University Press，2nd edition，1999.

Homer，*The Odyssey*，Trans.，by A. T. Murray，The Loeb Classical Library，Cambridge：Harvard University Press，reprint，1945.

Horace, *Odes,* Hertfordshire: Wordsworth Editions Ltd, 1999.

I. Lada-Richards，*Initiating Dionysos*. Oxford：Oxford University Press，1999.

Iamblichus，*On the Mysteries*，Trans., by Thomas Taylor, Michigan: Wizards Bookshelf, 1984.

Ida Thallon Hill，*The Ancient City of Athens，Its Topography and Monuments*，London：Methuen，1953.

J. D. Beazley，*Attic Red-Figure Vase-Painters*，Oxford：Clarendon Press，1963.

J. D. Mikalson，*The Sacred and Civil Calendar of the Athenian Year*，Princeton：Princeton University Press，1975.

J. Gould，*Myth，Ritual Memory，and Exchange*，Oxford：Oxford University Press，2001.

J. K. Davies，*Wealth and the Power of Wealth in Classical Athens*，Salem，N.H.，1981.

J. K. Davis，"Religion and the State"，in John Boardman，N. G. L. Hammond，D. M. Lewis，M. Ostwald (ed.)，*The Cambridge Ancient History，IV*，Cambridge：Cambridge University Press. 2nd edition，1988.

J. Kilien，2001："Religion at Pylos：The Evidence of the Fn Tablets"，*Aegaeum* 22，pp. 435～443.

J. McInerney，1977："Parnassus，Delphi and the Thysiades"，*GRBS* 38.3，pp.263～283.

J. P. Vernant，P. Vidal-Naquet，*Myth and tragedy in Ancient Greece*，Brighton：Zone Books，1988.

J. Winkler in id. And F，I. Zeitlin (eds.)，*Nothing to do with Dionysus*? Princeton：Princeton University Press，1990.

J. Winkler, 1985: "The Ephebes' Song", *Representations* Summer, p.41.

Jacob Burckhardt, *The Greeks and Greek Civilization*, Trans., by Sheila Stern, New York: St. Martin's Press, 1998.

Jan N. Bremmer, "Greek Maenadism Reconsidered", *Zeitschrift für Papyrologie und Epigraphik*, Bd. 55, 1984.

Jan N. Bremmer, *Greek Religion*, Oxford: Oxford University Press, 1994.

Jane Harrison, *Prolegomena to the Study of Greek Religion*, 3rd edition, Cambridge: Cambridge University Press, 1922.

Jean-Pierre Vernant, *Myth and Society in Ancient Greece*, Trans., by Lloyd, Brighton: Zone Books, 1980.

Jennifer Larson, *Ancient Greek Cults: A Guide*, New York and London: Routledge, 2007.

Jerry Bentley and Herbert Ziegler, *Traditions and Encounters: A Global Perspective on the Past: From the Beginning to 1000*, 5th edition, McGraw-Hill, 2011.

John Boardman, Jasper Griffin and Oswyn Murray, *The Oxford History of Greece and the Hellenistic World*, Oxford: Oxford University Press, 1986.

John Boardman, N. G. L. Hammond, D. M. Lewis, M. Ostwald (eds.), *The Cambridge Ancient History, IV*, Cambridge: Cambridge University Press, 2nd edition, 1988.

John Travlos, *Pictorial Dictionary of Ancient Athens*, London: Thames and Hudson, 1971.

Jonathan M. Hall, "Polis, Community, and Ethnic Identity", *The Cambridge Companion to Archaic Greece*, H. A. Shapiro (eds.), Cambridge: Cambridge University Press, 2007, pp.40-60.

Jonh Herington, *Poetry into Drama: Early Tragedy and the Greek Poetic Tradition*, Berkeley: University of California Press, 1985.

Josiah Ober and Barry Strauss, "Drama, Political Rhetoric and the Discourse of Athenian democracy", in J. J. Winkler and F. I. Zeitlin (eds.), *Nothing to do with Dionysos? Athenian Drama in its Social Context*, Princeton: Princeton University Press, 1990, pp.237-270.

Justina Gregory, *Euripides and the Instruction of the Athenians*, Ann Arbor: The University of Michigan Press, 1991.

Karen Bassi, *Acting Like Men*, Ann Arbor: University of Michigan Press, 1998.

Keith Branigan, *The Tombs of Mesara*, London: Duckworth, 1970.

L. B. Zaidman and P. S. Pantel, *Religion in the Ancient Greek City*, Cambridge: Cambridge University Press, 1989.

L. Surette, *A Light from Eleusis: A Study of Ezra Pound's Cantos*. Oxford: Clarendon Press,

1979.

L.S. Dembo，1973：‘The modern Spirit and Dionysus and the City’，*Boundary* 2，Vol. 1，No. 3，pp.716～721.

Laszlo Versényi，1962：“Dionysus and Tragedy”，*The Review of Metaphysics*，Vol. 16，No. 1，pp. 82～97.

Livy，Book I and II，Trans. by B. O. Foster，The Loeb Classical Library，Cambridge：Harvard University Press，1967.

M. Beard，J. North and Simon Price，*Religions of Rome*，2 Vols.，Cambridge：Cambridge Univcrsity Prcss，1998.

M. Detienne，2001：“Forgetting Delphi between Dionysus and Apollo”，*CP*，96.2，pp.141-158.

M. Detienne，*Dionysos Slain*，Trans.，by M. Muellner and L. Muellner，Baltimore：The Johns Hopkins University Press，1977.

M. Dillon，*Girls and Women in Classical Greek Religion*，London：Routledge，2002.

M. Edwards，1960：“Representation of Maenads on Archaic Red Figure Vases”，*Journals of History Studies* 80，pp.78～87.

M. Grant，*Myths of The Greeks and Romans.* New York：New American Library. 1962.

M. Griffith and D. J. Mastronarde（eds.），*Cabinet of the Muses. Essays on Classical and Comparative Literature in Honor of Thomas G. Rosenmeyer*，Atlanta：Scholars Press，1990.

M. H. Jameson，“The asexuality of Dionysus”，T. H. Carpenter and C. A. Faraone (eds.)，*Masks of Dionysus*，Ithaca and London：Cornell University Press，1993，pp.44～64.

M. I. Finley，*The World of Odysseus*，London：Penguin Books，1979.

M. Simpson，*Gods and Heroes of the Greeks：The Library of Apollodorus*，Amherst：University of Massachusetts Press，1976.

M. W. Dickie，1995：The Dionysiac Mysteries in Pella，*ZPE* 109.

Marcel Detienne，1998：“Oublier Delphes entre Apollon et Dionysos”，*Gradhiva* 24，pp.11～20.

Marcel Detienne，*Dionysos At Large*，Trans.，by Arthur Goldhammer，Cambridge：Harvard University Press，1989.

Margarete Bieber，*The History of the Greek and Roman Theatre*，Princeton：Princeton University Press，1961.

Marianne McDonald and Michael Walton，*The Cambridge Companion to Greek and Roman Theatre*，Cambridge：Cambridge University Press，2007.

Marianne McDonald and Michael Walton，*The Cambridge Companion to Greek and Roman*

Theatre，Cambridge：Cambridge University Press，2007.

Marija Gimbutas，*The Living Goddesses*，Berkeley：University of California Press，1999.

Mario Vegetti，"The Greeks and Their Gods"，P. Cartledge (ed.)，*The Cambridge Illustrated History of Ancient Greece*，Cambridge：Cambridge University Press，1998.

Martin P. Nilsson，*A History of Greek Religion*，New York：The Norton Library，1964.

Martin P. Nilsson，*Cults，Myths，Oracles and Politics in Ancient Greece*，Lund：C.W.K. Gleerup，1951.

Martin P. Nilsson，*The Dionysiac Mysteries of the Hellenistic and Roman Age*，New York：Aron，1975.

Martin P. Nilsson，*The Minoan-Mycenaean Religion and Its Survival in Greek Religion*，Lund：C. W. K. Gleerup，1968.

Marvin W. Meyer，*The Ancient Mysteries：A Sourcebook，Sacred Texts of the Mystery Religion of the Ancient Mediterranean World*，Philadelphia：University of Pennsylvania Press，1987.

Mary C. Sturgeon，1977："The Reliefs on the Theater of Dionysos in Athens"，*American Journal of Archaeology*，Vol. 81，No. 1，pp. 31～53.

McNally，1978："The Maenad in Early Greek Art"，*Arethusa* 11，pp.101～135.

Menander, Vol. I-III, Edited and Trans., by W. G. Arnott, The Loeb Classical Library，Cambridge：Harvard University Press，2000.

Mogens Herman Hansen，*Polis：An Introduction to the Ancient Greek City-State*，Oxford：Oxford University Press，2006.

N. Loraux，*Tragic Ways of killing a Woman*，Cambridge，Mass.：Harvard University Press，1987.

N. Wilson，1982："Observations on Aristophanes' Lysistrata"，*GRBS* 23，pp.157～163.

Nancy Evans，*Civic Rites：Democracy and Religion in Ancient Athens*，Berkeley and Los Angeles：University of California Press，2010.

Nonnos，*Dionysiaca*，Trans.，by W. H. D. Rouse，The Loeb Classical Library，Cambridge：Harvard University Press，reprint，1995.

O. Murray，*Early Greece*，Stanford：Stanford University Press，1980.

O. Murray，*Sympotica：A Symposium on the Symposium*，Oxford：Oxford University Press，1990.

O. Taplin，*Greek tragedy in Action*，London：Methuen，1978.

O. Taplin，*The Stagecraft of Aeschylus*，Oxford：Clarendon Press，1977.

P. Brook Manville，*The Origins of Citizenship in Ancient Athens*，New York：Princeton University Press，1990.

P. Cartledge，*Aristophanes and His Theatre of the Absurd*，London：Bristol Classical Press. 1990.

P. E. Easterling (ed.)，*The Cambridge Companion to Greek Tragedy*，Cambridge：Cambridge University Press，2000.

P. E. Easterling and J.V. Muir (eds.)，*Greek Religion and Society*，Cambridge：Cambridge University Press，1985.

Park Mcginty，*Interpretation and Dionysos：Method in the Study of a God*，The Hague：Mouton Publishers，1978.

Paul Harvcy，（cd.），*Thc Oxford Companion to Classical Literature*，Oxford：The Clarendon Press，1966.

Pausanias，*Description of Greece*，Trans.，by W. H. S. Jones，*The Loeb Classical Library*，Cambridge：Harvard University Press，reprint，1998.

Pindar，*Nemean Odes，Isthmian Odes，Fragments*，Trans.，by W. H. Race，*The Loeb Classical Library*，Cambridge：Harvard University Press，reprint，1997.

Plato，*Laws*，Trans.，by R. G. Bury，The Loeb Classical Library，Cambridge：Harvard University Press，reprint，1961.

Plato，*The Republic*，Trans.，by Paul Shorey，The Loeb Classical Library，Cambridge：Harvard University Press，reprint，1937.

Plato，Vol. I，Trans.，by H. N. Fowler，The Loeb Classical Library，Cambridge：Harvard University Press，reprint，1999.

Pliny，*Natural History*，Trans., by D. E. Eichholz, Cambridge: Harvard University Press, 1962.

Plutarch，*Lives*，Trans.，by Bernadotte Perrin，The Loeb Classical Library，Cambridge：Harvard University Press，1914～1926.

Plutarch，*Moralia*，Trans.，by Frank Cole Babbitt，London：William Heinemann，1927.

R. Cormack，“The temple as the cathedral”，in C. Roueche and K. T. Erim (eds.)，*Aphrodisias Papers*（JRA Supp. 1），Ann Arbor，MI，pp.75～88.

R. Holloway，“The Crown of Naxos”，*ANSMN* 1962.

R. K. Sinclair，*Democracy and Participation in Athens*，Cambridge：Cambridge University Press，1988.

R. Meiggs and D. M. Lewis，*A Selection of Greek Historical Inscriptions*，Oxford：Clarendon Press，1969.

R. Schenner，*Performative Circumstances：From the Avant Garde to Ramlila*，Kolkata：Seagull books，1983.

R. Stroud，1968：“The sanctuary of Demeter and Kore”，*Hesperia* 37.

Renate Schlesier (ed.), *A Different God? Dionysos and Ancient Polytheism*, Berlin: De Gruyter, 2011.

Richard Seaford, "The hyporchema of Pratinas", *Maia* 29～30, 1977～1978.

Richard Seaford, 1988: "The Eleventh Ode of Bacchylides: Hera, Artemis, and the Absence of Dionysos", *The Journal of Hellenic Studies*, Vol. 108, pp. 118～136.

Richard Seaford, *Dionysos*, London and New York: Routledge, 2006.

Richard Seaford, *Euripides Bacchae*, Cambridge: Cambridge University Press, 1996.

Richard Seaford, *Reciprocity and Ritual: Homer and Tragedy in the Developing City-State*, Oxford: Clarendon Press, 1995.

Robert Parker, "Early Orphism", in Anton Powell (ed.), *The Greek World*, London and New York: Routledge, 1996.

Robert Parker, *Athenian Religion: A History*, Oxford: Clarendon Press, 1997.

Robert Parker, *Miasma: Pollution and Purification in Early Greek Religion*, Oxford: Clarendon Press, 1983.

Robert Parker, *Polytheism and Society at Athens*, Oxford: Oxford University Press, 2005.

Robin Osborne and Simon Hornblower (eds.), *Ritual, Finance, Polis: Athenian Democratic Accounts*, Oxford: Clarendon Press, 1994.

Robin Sowerby, *The Greeks: An Introduction to Their Culture*, London and New York: Routledge, 1995.

S. B. Pomeroy, *Goddesses, Whores, Wives and Slaves: Women in Classical antiquity*, New York: Schocken Books, 1975.

S. Cole, "Procession and Celebration at the Dionysia", in R. Scodel (ed.), *Theatre and Society in the Classical World*, Ann Arbor: University of Michigan Press, 1993.

S. Peirce, 1988: "Visual Language and the Concepts of Cult on the 'Lenaia Vases'", *Classical Antiquity*, Vol.17, pp.80～84.

Scott Scullion, 1994: "Olympian and Chthonian", *Classical Antiquity*, Vol. 13, No.1.

Sherman Miller Stanage, "Violatives: Modes and Themes of Violence", in Sherman Stanage (ed.), *Reason and Violence: Philosophical Investigations*, Totowa: Rowman and Littlefield, 1974.

Simon Goldhill and Robin Osborne, *Performance Culture and Athenian Democracy*, Cambridge: Cambridge University Press, 1999.

Simon Goldhill, 'The Great Dionysia and Civic Ideology', J. J. Winkler and F. Zeitlin (eds.), *Nothing to do with Dionysos? Athenian Drama in Its Social Contest*, Princeton: Princeton University Press, 1990.

Simon Hornblower and Antony Spawforth, *The Oxford Classical Dictionary*, 3rd edition, Oxford: Oxford University Press, 1996.

Simon Price, *Religions of the Ancient Greeks*, Cambridge: Cambridge University Press, 1999.

Sophia Aneziri, "World Travelers: the Associations of Artists of Dionysus", in Richard Hunter and Ian Rutherford, (eds.), *Wandering Poets in Ancient Greek Culture: Travel, Locality and Pan-Hellenism*, Cambridge: Cambridge University Press, 2009, pp.218～236.

Sophie Mills, *Euripides Bacchae*, London: Duckworth, 2006.

Stephen A. Black, *Eugene O' Neill: Beyond Mourning and Tragedy*, New Haven: Yale University Press, 1999.

Strabo, *Geography of Strabo*, Trans., by Horace Leonard Jones, The Loeb Classical Library, Cambridge: Harvard University Press, 1988～1999.

Susan Guettel Cole, "Finding Dionysus", Daniel Ogden (ed.), *A Companion to Greek Religion*, Oxford: Blackwell Publishing, 2007.

Susan Guettel Cole, 1980: "New Evidence for the Mysteries of Dionysos", *GRBS* 21, pp. 231～237.

T. H. Carpenter and C. A. Faraone (eds.), *Masks of Dionysus*, Ithaca: Corneu University Press, 1993.

T. H. Carpenter, *Dionysian Imagery in Archaic Greek Art*, Oxford: Clarendon Press, 1986.

T. H. Carpenter, *Dionysian Imagery in Fifth-Century Athens*, Oxford: Clarendon Press, 1997.

T. Taylor, *Iamblichus on the Mysteries of the Egyptians, Chaldeans and Assyrians*, London: Bertram & Dobell, 1895.

T. Unwin, *Wine and the Vine: A Historical Geography of Viticulture and the Wine Trade*, London and New York: Routledge, 1991.

Theocritus, *The Greek Anthology,* Edited by A. S. F. Gow, Cambridge: Cambridge University Press, 2008.

Theophrastus, *Enquiry Into Plants,* Trans., by Arthur Hort, The Loeb Classical Library, Cambridge: Harvard University Press, 1916.Tyrtaeus, Solon, Theognis, Mimnermus, *Greek Elegiac Poetry,* Edited and Trans., by Douglas E. Gerber, The Loeb Classical Library, Cambridge: Harvard University Press, 1999.

Thomas R. Martin, *Ancient Greece: From Prehistoric to Hellenistic Times*, New Haven & London: Yale University Press, 1996.

Thucydides, *History of the Peloponnesian War*, Trans., by C. F. Smith, The Loeb Classical Library, Cambridge: Harvard University Press, reprint, 1999.

Tom B. Jones, *Ancient Civilization*, Chicago: The University of Chicago Press, 1960.

Ulrich von Wilamowitz-Moellendorff, *My Recollections: 1848-1914*, Trans., by G. C. Richards, London: Chatto & Windus, 1930.

Valdis Leinieks, 1974～1975: "The Iliad and the Epic Cycle", *Classical Outlook* 52, pp.62～64.

Valdis Leinieks, *The City of Dionysos: A Study of Euripides's Bakchai*, Stuttgart und Leipzig: B. G. Teubner, 1996.

Victor Parker, "Tyrants and Lawgivers", in H. A. Shapiro (ed.), *The Cambridge Companion to Archaic Greece*, Cambridge: Cambridge University Press, 2007.

W. Burkert, *Homo Necans: The Anthropology of Ancient Greek Sacrificial Ritual and Myth*, Trans., Peter Bing, Berkeley: University of California Press, 1983.

W. J. Slater, 1976: "Symposium at Sea", *HSCP* 80, pp.161～170.

W. K. C. Guthrie, *A history of Greek Philosophy*, Vol.3, Cambridge: Cambridge University Press, 1969.

W. K. C. Guthrie, *A History of Greek philosophy*, Vol.3, Cambridge: Cambridge University Press, 1969.

W. K. C. Guthrie, *The Greeks and Their Gods*, Boston: Beacon, 1962.

W. K. C. Guthrie, *The Greeks and Their Gods*, London: Methuen, 1950.

W. R. Connor, "City Dionysia and Athenian Democracy", W. R. Connor, M. H. Hansen, K. A.Raaflaub, B. S. Strauss, *Aspects of Athenian democracy*, Copenhagen: Museum Tusculanum Press, 1990.

W. R. Connor, 1987: "Tribes, Festivals and Processions; Civic Ceremonial and Political Manipulation in Archaic Greece", *Journal of Hellenic Studies* Cvii, pp.40～50.

Walter Burkert, "Near Eastern Connections", in J. M. Foley (ed.), *The Blackwell Companion to Ancient Epic*, Malden, MA and Oxford: Blackwell, 2005.

Walter Burkert, *Ancient Mystery Cults*, Cambridge: Harvard University Press, 1987.

Walter Burkert, *Greek Religion: Archaic and Classical*, Cambridge: Harvard University Press, 1985.

Walter Otto, *Dionysos: Myth and Cult*, Trans., by R.B.Palmer, Bloomington and London: Indiana University Press, 1965.

William Allan, 2004: "Religious Syncretism: The New Gods of Greek Tragedy", *Harvard Studies in Classical Philology*, Vol. 102, pp. 113～155.

Xenophon, *Anabasis*, Trans., Carleton L. Brownson, The Loeb Classical Library, Cambridge and Massachusetts: Harvard University Press, 1980.

Xenophon, *Constitution of the Lacdaemonians*, trans., E. C. Marchant, The Loeb Classical

Library，Cambridge and Massachusetts：Harvard University Press，1993.
Xenophon，*Hellenica*，Trans.，by Garleton L. Brownson，Loeb Classical Library，Cambridge：Harvard University Press，1961.

三、国内相关论著

毕会成：《庇西特拉图：带卫队的梭伦——庇西特拉图的历史地位谈》，《辽宁师范大学学报（社会科学版）》2002 年第 4 期。
曹路生：《国外后现代戏剧》，南京：江苏美术出版社，2002 年。
程曦：《原始宗教民主初探》，《安庆师范学院学报（社会科学版）》1999 年第 1 期。
葛承雍：《‘醉拂菻’：希腊酒神在中国——西安隋墓出土驼囊外来神话造型艺术研究》，《文物》2018 年第 1 期。
胡志毅：《神话与仪式：戏剧的原型阐释》，上海：学林出版社，2001 年。
黄洋：《希腊城邦的公共空间与政治文化》，《历史研究》2001 年第 5 期。
蒋苓：《论‘特尔菲神谕’在希腊古典时代的主要社会功能》，《佳木斯大学社会科学学报》1997 年第 4 期。
金惠敏、薛晓源编：《评说‘超人’：尼采在中国的百年解读》，北京：社会科学文献出版社，2001 年。
刘建明主编：《宣传舆论学大辞典》，北京：经济日报出版社，1993 年。
罗念生：《论古希腊戏剧》，北京：中国戏剧出版社，1985 年。
马小朝：《宙斯的霹雳与基督的十字架：希腊神话和〈圣经〉对西方文学的发生学意义》，上海：学林出版社，1999 年。
彭兆荣：《仪式谱系：文学人类学的一个视野》，四川大学博士学位论文，2002 年。
施治生、郭方主编：《古代民主与共和制度》，北京：中国社会科学出版社，1998 年。
孙惠柱：《谁的蝴蝶夫人——戏剧冲突与文明冲突》，北京：商务印书馆，2006 年。
王来法：《古希腊及罗马的神秘仪式》，《世界宗教研究》1996 年第 1 期。
王倩：《20 世纪希腊神话研究史略》，西安：陕西师范大学出版总社有限公司，2011 年。
王邵励、张季云：《戏剧公演与雅典城邦政治》，《世界历史》2007 年第 4 期。
魏凤莲：《狄奥尼索斯崇拜探析》，《世界历史》2005 年第 3 期。
吴晓群：《古代希腊的献祭仪式研究》，《世界历史》1999 年第 6 期。
徐晓旭，《古代希腊宗教：一项‘长时段’的考察》，《古代文明》2007 年第 4 期。
晏绍祥：《世界上古史》，北京：中国人民大学出版社，2009 年。
俞建村：《跨文化视阈下的理查·谢克纳研究——以印度和中国为例》，上海戏剧学院博士论文，2008 年。

张广智：《克丽奥之路》，上海：复旦大学出版社，1989 年。
张坚：《多重时间：从风格到‘图像研究’——‘重置的文艺复兴’及其争议》，《文艺研究》2017 年第 7 期。
张强：《〈帕罗斯碑〉译注》，《古代文明》2007 年第 2 期。
张志刚：《宗教学是什么》，北京：北京大学出版社，2002 年。
赵林：《西方宗教文化》，武汉：武汉大学出版社，2005 年。
周作人：《欧洲文学史：周作人自编文集》，止庵校订，石家庄：河北教育出版社，2002 年。
朱狄：《艺术的起源》，北京：中国社会科学出版社，1982 年。
朱狄：《原始文化研究——对审美发生问题的思考》，北京：生活·读书·新知三联书店，1988 年。

四、相关网址

http：//www.tech-food.com/kndata/1000/0001082.htm. 2012/3/15，9.14 am.
http：//www.cs.utk.edu/mclennan/BA/OM/BA/JO-Anth.html.
http：//www.theoi.com/Text/AeschylusFragments2.html，2011 年 8 月 15 日 10：52.
http：//www.theoi.com/Text/AeschylusFragments2.html，2011 年 8 月 15 日 10：52.
http：//www.yxtvg.com/toutiao/5212768/20170613A03JPN00.html.
http：//blog.sina.com.cn/s/blog_3fbbbf070102wfxr.html.

后　记

这本书最初是我的博士论文《狄奥尼索斯崇拜研究》，博士毕业后，断断续续修改了十几年的时间。在这个过程中，狄奥尼索斯已成为我内心的神灵，带着我飞越千山万水，在希腊的博物馆、图书馆、古剧场和山林中寻觅他的踪迹。

感谢我的导师黄洋老师。他为我指明了研究方向，让我可以通过狄奥尼索斯这一视角去窥探古希腊文明的博大精深。感谢他为我的书稿写下了《序一》，他的两千多字对狄奥尼索斯的理解超过了我整本书的写作。

感谢杨少波老师。他是另一个对狄奥尼索斯充满热情的人，他熟悉狄奥尼索斯留在瓶画、雕刻和建筑物上的图像，熟悉哲学和文学里的狄奥尼索斯。他旅居希腊多年，在中希文化的交流中俨然成为一个召唤者，召唤着中国学者前往希腊探寻西方文明的源头。感谢他为我的书稿写下了《序二》，让我通过他华美的文字再次感受到了他对中国文化的自豪和对希腊文化的热情。

感谢郭小凌老师、王以欣老师、徐松岩老师、晏绍祥老师、裔昭印老师、李政老师，他们都曾在我的课题研究中给过我指导，让我受益匪浅，同时也让我感受到了学者的严谨、宽厚和仁爱。

感谢余琛瑱、汪瑞、武鹏、陈悦等相识在希腊的朋友，2009年秋天到2010年夏天，那段时光永远温暖。

感谢俞祖华老师、刘波老师、高春常老师、张淑清老师、高贤栋老师等鲁东大学的领导和同事们，他们在工作中给了我极大的包容和支持。

感谢科学出版社的编辑，通过她们的帮助，这本书得以获得国家社科基金后期资助项目，并顺利结项和出版。当然，本书难免错误和疏漏，请同行及读者批评指正。

感谢我的家人，感谢我的两个聪慧善良的女儿，给了我生命的慰藉。

交稿之际，发现要感谢的人非常之多。不能一一列举，但在这里我想说的是，感谢你们，你们都是我心中的狄奥尼索斯大神，让我在历经无数的挫折与悲伤之后，仍然能感受到阳光的温暖。

魏凤莲

2021年10月

彩　图

彩图1　维伦多尔夫的维纳斯神像
（图片来源：维也纳自然史博物馆）

彩图2　斯巴达出土的新石器时代的女神雕像
（现藏于希腊国家考古博物馆）

彩图3　公元前1650～1550年米诺斯蛇女神

（a）

（b）

彩图4　索菲罗斯绘制的迪诺调酒罐，展示了帕洛斯和忒提斯的婚礼场面
（现藏于大英博物馆）

（a）

（b）

彩图5　弗朗索瓦调酒罐及细部“赫菲斯托斯的归来”
（Cornelia Isler-Kerenyi，*Dionysos in Archaic Greece*：*An Understanding Through images*，Trans.，by Wilfred G.E. Watson，Leiden：Brill，2007，figure 42）

彩图6　黑绘瓶画上的狄奥尼索斯，
手持牛角杯
（源自庇兹利陶瓶数据库，编号19736）

彩图7　黑绘瓶画上的狄奥尼索斯，
手持堪萨罗斯大酒杯
（现藏于加拿大皇家安大略博物馆）

彩图8　阿提卡黑像陶上的两只眼睛，
两只眼睛中间是狄奥尼索斯面具
（现藏于美国大都会艺术博物馆）

彩图9　帕台农神庙上的狄奥尼
索斯雕像
（现藏于大英博物馆）

彩图10　阿提卡红像陶上的“雅典娜的诞生”
（引自http://www.theoi.com）

彩图11　多多那（Dodona）出土的塞勒诺斯青铜小雕像
（现藏于希腊国家考古博物馆）

彩图12　身披豹皮、手拿堪萨罗斯酒杯的狄奥尼索斯，他的两侧是四个萨提儿
（现藏于哈佛大学艺术博物馆）

彩图13　公元前5世纪的黑像陶，描绘了挂着狄奥尼索斯面具的柱子
（现藏于纽约大都会艺术博物馆）

彩图14　两只眼睛中间的狄奥尼索斯
（现藏于哈佛大学艺术博物馆）

彩图15　花月节上儿童使用的小酒罐
（现藏于希腊国家考古博物馆）

彩图16　狄奥尼索斯与水手的故事
（源自庇兹利陶瓶数据库，编号310403）

彩图17　坐在骡车里的狄奥尼索斯
（现保存在密西西比大学）

彩图18　描绘了宙斯从大腿里取出婴儿狄奥尼索斯的场景红绘瓶画
（现藏于波士顿艺术博物馆）

彩图19　公元前520年巨大的狄奥尼索斯雕像
（作者摄于希腊国家考古博物馆）

彩图20　凯拉美克斯（Kelameikos）遗址出土的奈斯克斯（约公元前330～前310年）
（作者摄于希腊国家考古博物馆）

彩图21　描绘了狄奥尼索斯和冥界场景的青铜酒罐
（作者摄于韦尔吉纳考古博物馆）

彩图22　阿提卡“眼睛杯”
（作者摄于雅典基克拉底斯艺术博物馆）

彩图23　红绘瓶画上的狄奥尼索斯，手持权杖，倚在坐榻上
（现藏于大英博物馆）

彩图24　阿提卡红像陶，描绘了男子醉酒的画面
（作者摄于雅典卫城博物馆）

彩图25　狂欢的狄奥尼索斯、萨提儿和狂女，中间拿着巨大牛角酒杯的是狄奥尼索斯
（现保存在密西西比大学）

彩图26　与蛇共舞的狂女们
（引自http://www.vroma.org/images/mcmanus-images /maenad1.jpg）

彩图27　狂女的典型形象
（引自http://www.beazley.oz.ac.uk/CGPprograms/Dict/image/maenads3.jpg）

彩图28　阿里阿德涅和狄奥尼索斯（公元前510～前500），阿提卡黑像陶
（现保存在密西西比大学）

彩图29　阿提卡红像陶上挑酒罐的男子
（作者摄于雅典卫城博物馆）

彩图30　浮雕：男子踩踏葡萄的劳动场面
（作者摄于希腊国家考古博物馆）

彩图31　描绘了狄奥尼索斯秘仪的庞贝古城别墅壁画，约公元前50年
（引自http://web.uvic.ca/grs/bowman/gods）

彩图32　米开朗基罗的雕像《酒神巴库斯》

（引自https://meishu.chazidian.com/s1658/）

彩图33　提香的油画《巴库斯与阿里阿德涅》

（引自http://www.yxtvg.com/toutiao/5212768/20170613A03JPN00.html）

彩图34　提香的油画《酒神的狂欢》

（引自https://www.mei-shu.com/famous/27374/artistic-34694.html）

彩图35　卡拉瓦乔的油画《酒神巴库斯》

（引自http://www.youhuaaa.com/page/painting/show.php?id=41781）

彩图36　卡拉瓦乔的油画《扮作酒神的自画像》

（引自http://www.youhuaaa.com/page/painting/show.php?id=41811）